Guerreiro Ramos e a redenção sociológica

FUNDAÇÃO EDITORA DA UNESP

Presidente do Conselho Curador
Herman Jacobus Cornelis Voorwald

Diretor-Presidente
José Castilho Marques Neto

Editor-Executivo
Jézio Hernani Bomfim Gutierre

Conselho Editorial Acadêmico
Alberto Tsuyoshi Ikeda
Célia Aparecida Ferreira Tolentino
Eda Maria Góes
Elisabeth Criscuolo Urbinati
Ildeberto Muniz de Almeida
Luiz Gonzaga Marchezan
Nilson Ghirardello
Paulo César Corrêa Borges
Sérgio Vicente Motta
Vicente Pleitez

Editores-Assistentes
Anderson Nobara
Henrique Zanardi
Jorge Pereira Filho

EDISON BARIANI JUNIOR

Guerreiro Ramos e a redenção sociológica

Capitalismo e sociologia no Brasil

editora
unesp

© 2011 Editora UNESP

Direitos de publicação reservados à:
Fundação Editora da UNESP (FEU)

Praça da Sé, 108
01001-900 – São Paulo – SP
Tel.: (0xx11) 3242-7171
Fax: (0xx11) 3242-7172
www.editoraunesp.com.br
www.livraria.unesp.com.br
feu@editora.unesp.br

CIP – BRASIL. Catalogação na fonte
Sindicato Nacional dos Editores de Livros, RJ

B232g

Bariani Junior, Edison
 Guerreiro Ramos e a redenção sociológica: capitalismo e sociologia no Brasil / Edison Barani Junior. São Paulo: Editora Unesp, 2011.
 Apêndices
 Inclui bibliografia e cronologia
 ISBN 978-85-393-0150-8
 1. Ramos, Guerreiro, 1915-1982. 2. Sociologia – Brasil. 3. Capitalismo – Brasil. I. Título.

11-4213   CDD: 301
                                                                             CDU: 316

Este livro é publicado pelo projeto *Edição de Textos de Docentes e Pós-Graduados da UNESP* – Pró-Reitoria de Pós-Graduação da UNESP (PROPG) / Fundação Editora da UNESP (FEU)

Editora afiliada:

Asociación de Editoriales Universitarias
de América Latina y el Caribe

Associação Brasileira de
Editoras Universitárias

*Dedico este livro a todos aqueles
que não tiveram a chance de chegar até aqui,
mas propiciaram que chegássemos.*

*E a meu pai,
que me ensinou a não dobrar os joelhos
a ninguém neste mundo.*

Agradecimentos

Todo trabalho intelectual é coletivo.

Por isso, agradeço aos meus professores, dentre eles Jorge Lobo Miglioli e Maria Rita Cortes.

Aos professores Ângelo Del Vecchio, Milton Lahuerta, Ariston Azevedo e Lucia Lippi de Oliveira por suas contribuições por ocasião da defesa de doutoramento.

À professora Lucia Lippi pela disposição e pela generosidade com as quais estimula o trabalho dos que ainda iniciam a vida intelectual.

A Ariston Azevedo pela incansável disposição para contribuir e pela generosidade desinteressada com que compartilha seus conhecimentos, seus materiais e suas informações sobre Guerreiro Ramos.

A L. A. Alves Soares, infatigável, pela vitalidade, pelo inconformismo e pela inquietude com que encara a vida intelectual.

Aos meus familiares, que suportaram minha ausência com resignação e, espero, sem nenhum prazer nisso. À Eliana, Lina e Ligia, três pilares de minha vida.

Ao meu amigo e interlocutor Marcio Scheel, cuja capacidade, seriedade e obstinação dispensam comentários.

Agradeço especialmente ao Programa de Pós-Graduação em Sociologia da Faculdade de Ciências e Letras (FCL) da Unesp, *campus* de Araraquara (SP), pela oportunidade, e à Fundação de Amparo à Pesquisa do Estado de São Paulo (Fapesp), que concedeu a bolsa que viabilizou a execução deste livro.

Finalmente, ao professor, orientador, supervisor e amigo José Antonio Segatto que, de modo sutil, pela dedicação mais ainda do que pela expressividade, pela ação mais ainda do que pela palavra, pelo exemplo mais do que pelo discurso, pela autoridade do silêncio mais do que pela retórica, mostrou-me que não há vida intelectual sem a dignidade do compromisso, não há compromisso sem o empenho na ação, não há ação sem a dedicação e não há dedicação sem paixão e missão intelectuais.

A vida intelectual é uma possessão.

Guerreiro Ramos

Partindo do princípio fundamental do pensamento dialético – isto é, do princípio de que o conhecimento dos fatos empíricos permanece abstrato e superficial enquanto ele não foi concretizado por sua integração ao único conjunto que permite ultrapassar o fenômeno parcial e abstrato para chegar a sua essência concreta e, implicitamente, para chegar à sua significação – não cremos que o pensamento e a obra de um autor possam ser compreendidos por si mesmos se permanecermos no plano dos escritos e mesmo no plano das leituras e das influências. O pensamento é apenas um aspecto parcial de uma realidade menos abstrata: o homem vivo e inteiro. Este, por sua vez, é apenas um dos elementos do conjunto que é o grupo social. Uma ideia, uma obra só recebe sua verdadeira significação quando é integrada ao conjunto de uma vida e de um comportamento. Além disso, acontece frequentemente que o comportamento que permite compreender a obra não é o do autor, mas de um grupo social (ao qual o autor pode não pertencer) e, sobretudo, quando se trata de obras importantes, o comportamento de uma classe social.

Lucien Goldmann (1979, p.7-8)

SUMÁRIO

Prefácio   15
Introdução   25

1 Trincheiras   31
2 Às armas: a crítica conflagrada   103
3 A arte da guerra   181
4 A utopia desarmada   263
5 O saber (re)velado   279

Referências bibliográficas   305
Anexo: cronologia   331
Apêndices   337

PREFÁCIO

Como diz Edison Bariani Junior, a vida e a obra de Alberto Guerreiro Ramos nos falam dos dilemas da sociologia no Brasil e dos dilemas da sociedade brasileira. Sua trajetória e sua obra podem exemplificar os desafios enfrentados pelos intelectuais no Brasil. Guerreiro foi homem de seu tempo e, portanto, comprometido com as lutas daquele momento. Se for possível sintetizar a análise aqui apresentada, pode-se apontar como questão central em Guerreiro Ramos a criação de um pensamento nacional autêntico, livre da sociologia alienada entendida como fruto da transplantação e importação de ideias.

A pesquisa que Bariani apresenta envolveu um enorme trabalho de leitura atenta da obra de Ramos, o estabelecimento da relação entre sua trajetória nas diferentes instituições das quais tomou parte e o contexto político entre 1930 e 1964. É uma obra de fôlego que mostra os dramas, os impasses do fazer sociologia fora dos centros hegemônicos: envolveu aproximação, empatia mesmo com Ramos e, ao mesmo tempo, distância que, talvez, só o tempo permita. As qualidades da análise de Bariani e da obra de Guerreiro ficam evidentes ao leitor que se aventurar a percorrer as páginas da tese, agora publicada como livro.

Escolho enfatizar algumas questões em detrimento de outras. Tentarei também dar indícios da abrangência da sua pesquisa. Em primeiro lugar, vale a ressalva feita por Bariani: Guerreiro Ramos produziu na chamada fase heroica da sociologia, quando quase tudo parecia possível, quando o exercício da sociologia não era entendido como profissão e sim como missão intelectual de salvação da própria sociologia e da nação.

Estendo-me um pouco mais na atuação de Guerreiro e na análise feita por Bariani a respeito do Departamento de Administração do Serviço Público (Dasp), da burocracia e de seu papel no processo de transformação da sociedade brasileira, pois considero ser menos conhecida e menos valorizada, enquanto outras fases e reflexões do autor já foram mais discutidas.

Guerreiro Ramos, preterido na carreira universitária, vai para o Dasp e dali para a Assessoria da Casa Civil da Presidência da República no governo Vargas onde eram elaborados projetos que davam forma à política de nacionalização e desenvolvimento. Participar dessas instituições fez que se defrontasse com questões sociais prementes e tivesse de buscar fundamentos teóricos conceituais para abordá-las. Assim, a instrumentalização do conhecimento, a experiência social e as implicações político-pragmáticas do saber compõem o cotidiano da práxis de Ramos.

Bariani confere especial importância à experiência pioneira desse departamento, peça estratégica para a racionalização do poder federal no Brasil. A modernização do setor estatal envolvia o enfrentamento da cultura política baseada na sociabilidade patrimonialista da sociedade civil, ou seja, envolvia romper com o funcionalismo entendido como "asilo das fortunas desbaratadas".

Sabemos que o Estado Novo fortalece o poder central tentando esvaziar a força do poder local. É esta ditadura que implanta o gerenciamento minimamente impessoal dos negócios do Estado. Com o Dasp, os critérios do serviço público passaram a ser guiados pela competência e pelo mérito, com a instauração de concursos e organização de carreiras – superando o favoritismo e o apadrinhamento e aumentando as oportunidades de emprego que beneficiavam uma classe média em ascensão. Para reforçar sua análise, Bariani recorre a Werneck Viana, em *A revolução passiva*, que nos diz ter sido o Dasp que trouxe para o Brasil "o taylorismo, a racionalização do trabalho, a ideologia do produtivismo, este nosso bizarro americanismo forjado pelo Estado".

Os desafios para institucionalizar o moderno no país – com a superação do privatismo, da exclusão e do autoritarismo – se fazem presentes na reflexão de Guerreiro Ramos no espaço da *Revista do serviço público*. Ali ele discute a necessidade de intervenção social sob a forma do planejamento e o papel dos sociólogos em sociedades nas quais estão ausentes as forças de integração espontânea dos indivíduos e dos grupos. Ganha então destaque o pensamento de K. Mannheim e seu planejamento democrático.

A reflexão sobre o histórico da organização racional do trabalho o leva a considerar que o gerenciamento racional da administração pública não é só um modelo de gestão, mas o produto de um amadurecimento histórico-social, ou seja, resultado do estágio evolutivo de superação do privatismo. Segundo Ramos, a universalização do capitalismo impõe o processo de racionalização. A organização racional-legal solaparia as bases patrimonialistas do país, ainda que tendo que fazer um caminho combinado entre formas modernas e arcaicas. Aqui são centrais as reflexões de Max Weber.

Com o fim do Estado Novo, os embates entre tradicionalismo e racionalização, entre clientelismo e burocracia se fazem presentes na vida social e também no próprio Dasp, mostrando o quão arraigado é o clientelismo na cultura brasileira. A crítica de Guerreiro ao privatismo que impede o novo estágio da administração pública coincide com sua crítica a importações de modelos em dissonância com a situação específica do país. O sociólogo nega os possíveis avanços da transplantação de ideias, de instituições, de normas de comportamento, experiência esta que tem na criação do serviço público em moldes modernos um exemplo significativo.

Essa questão faz reabrir um debate, um conflito que tem atormentado diversas gerações de pensadores no Brasil: é possível reformar a sociedade por meio da legislação ou a legislação deveria se adequar à realidade social?

Diante das resistências da ordem anterior, da cultura enraizada dificultando a mudança de padrões do comportamento, Ramos

18 EDISON BARIANI JUNIOR

tentará identificar os obstáculos, dar subsídios para as ações transformadoras e promover formas de atualização das mentalidades arraigadas. O Estado representaria naquele momento o agente defensor do público e portador do moderno. O Estado, como agente da modernização, capaz de se sobrepor aos interesses privatistas da sociedade, é identificado à administração pública esvaziada de sua condição política, tal como já fizera Alberto Torres, sociólogo sempre citado como maior por Guerreiro.

As ações transformadoras, diante de um país sem povo ou sem consistente estrutura de classes, sem sociedade civil organizada, cabem à elite que cede espaço aos quadros técnico-científicos da burocracia para exercer a função pública e a tarefa de impor a racionalidade ao país. Tais quadros assumem ares de uma *intelligentsia* de Estado.

Guerreiro Ramos fala disso em diferentes textos e volta a esse ponto em *Administração e estratégia do desenvolvimento*. Nas sociedades em transição haveria uma mistura de papéis da burocracia e da intelectualidade, do técnico-científico e do ideólogo. As elites pouco equipadas para a tarefa de modernizar cedem lugar à *intelligentsia* ligada ao setor estatal. Tarefa mais de missão intelectual do que política, mais de salvação do que de negociação, mais de construção do que de rotinização, diz Bariani. A política com seus interesses, conflitos, instituições e rituais é vista como esfera que obstaculiza a ação transformadora do Estado.

Para Bariani, a passagem pelo Dasp marcou Ramos. Foi a partir dela que ele esboçou o "conflito cultural" entre racional e irracional, entre o moderno (supremacia do Estado, antiliberalismo, intervenção, planejamento e administração burocrática) *versus* cultura do atraso (patrimonialismo, privatismo, clientelismo). Também foi a partir do Dasp que Guerreiro atentou para o fato de que a transplantação de instituições, de condutas e de formas de organização dos países centrais não funcionaria; elas não seriam funcionais à realidade brasileira. A modernidade só seria atingida por meios próprios. Era preciso atingir a modernidade conforme sua condição particular e para que isso fosse possível era preciso forjar os instrumentos teóricos, aparelhar a sociologia para dar conta da complexidade da realidade brasileira. Aqui Ramos está atualizando uma crítica que vem pelo menos desde os anos 1920 e que se expressa na "recusa ao mimetismo".

Ele busca em Mannheim e em Weber conceitos e teorias, recorre a autores nacionais do passado (Visconde do Uruguai, Silvio Romero, Euclides da Cunha, Alberto Torres, Oliveira Vianna), assim como aos sociólogos da época (E. Willems, Florestan Fernandes, Donald Pierson, Roger Bastide) para acessar análises, interpretações que o ajudem a destrinchar os impasses do processo de modernização do Brasil. Sua leitura desses autores se faz, como já foi mencionado, à luz da questão central: o problema da transplantação das ideias, das instituições e de seu desajuste à realidade do país.

Bariani apresenta a trama entre a produção sociológica dos livros de Ramos, as experiências institucionais e o contexto político--ideológico. Para produzir a nova sociologia brasileira Guerreiro questionará e polemizará com seus contemporâneos, entre eles Costa Pinto, Roger Bastide e Florestan Fernandes. Segundo Guerreiro, a sociologia deveria se livrar do seu caráter alienado e de seus instrumentos importados. Este seu posicionamento referente à necessidade de reconstruir a sociologia em novas bases e criar uma autêntica sociologia brasileira encontra diferentes opositores e níveis de discordância. Vale mencionar a leitura de um dos seus críticos mais "leves", Roger Bastide, que diz estar aquele confundindo o equacionamento teórico da sociologia com a construção de uma sociologia aplicada.

Com esse tipo de preocupação em mente Ramos voltará às origens da sociologia ao tratar do tema do negro. O tratamento dado ao negro na sociologia brasileira será outro importante exemplo da inadequação das ideias transplantadas. Ao fazer o histórico das visões sobre o negro, delineia correntes que já se debruçaram sobre o tema e constrói suas teses sobre a situação histórico-sociológica do negro na sociedade brasileira. O problema do negro seria uma manifestação da patologia do branco e requereria um procedimento fenomenológico de praticar "um ato de suspensão da brancura".

Daí fazer a seguinte consideração: "A condição do negro no Brasil só é sociologicamente problemática em decorrência da alienação estética do próprio negro e da hipercorreção estética do branco brasileiro, ávido de identificação com o europeu", já que "o negro é povo, no Brasil".

Para além da discussão teórica e histórica, Guerreiro também atuará no Teatro Experimental do Negro (TEN), participará de congressos, promoverá sociodramas, escreverá artigos para a revista *Quilombo*. Pode-se imaginar que essa experiência e vivência do sociólogo seja a matriz do que ele chamará mais tarde de "sociologia em mangas de camisa". A questão do negro, ou melhor, de como a sociologia lidava com o negro atingia-o pessoalmente.

Ramos colocou-se a tarefa de rever criticamente a evolução e o estágio da sociologia no Brasil. Procedeu à análise crítica do que existia. Pensou na construção da nova sociologia. Isso seria possível já que a sociedade brasileira já estava forjando os sujeitos intelectuais para repensá-la. A atualização da sociologia tinha que responder às exigências da transformação social, ser autêntica, deixar de ser enlatada. Sintetiza Bariani: A sociologia deveria se reinventar e reinventar o Brasil!.

O ponto alto na tarefa de fundar uma sociologia nacional se dá com a noção de "redução" sociológica. Ramos dedicou-se a ela em diversos momentos e relê seu esforço no prefácio de *A nova ciência das organizações* (1989). Este seria o método para realizar a "assimilação crítica" do conhecimento produzido no exterior. Bariani reconhece a "redução" como esforço teórico de interpretar e assimilar ideias ao tratá-las (todas) como construções carregadas de singularidades e particularidades sociais e históricas.

Guerreiro participou também do Grupo de Itatiaia, do Instituto Brasileiro de Economia, Sociologia e Política (Ibesp) e do Instituto Superior de Estudos Brasileiros (Iseb). As questões centrais então se referem ao desenvolvimento e à transformação da sociedade. Aqui se faz presente o pensamento da Cepal e o papel da *intelligentsia* como vanguarda esclarecida e ator principal na construção de um projeto capaz de unir sociedade e Estado. Para falar do Iseb, Bariani tem de passar por vários autores que já se dedicaram ao tema, como Caio Navarro de Toledo, Renato Ortiz, Bolivar Lamounier, Vanilda Paiva, Octávio Ianni, Daniel Pécaut, Alfreso Bosi, Luiz Carlos Bresser-Pereira, Carlos Guilherme Mota e Paulo Freyre, entre outros.

As posições de Ramos quanto ao desenvolvimento, à industrialização, a como enfrentar os obstáculos e agir politicamente são similares às de outros autores de sua época, valendo lembrar as formulações de Ignácio Rangel. Ramos, assim como outros sociólogos, não consegue identificar coesão e maturidade nas classes sociais. Reconhece a incapacidade de o povo tomar em suas mãos o destino do país e foca suas análises no problema das elites e de suas ideias transplantadas. Recolhe uma tradição fértil de estudos sociológicos (em Silvio Romero, Euclides da Cunha, Alberto Torres, Oliveira Vianna) para a qual era marcante a inexistência efetiva do povo e a presença do idealismo alienado da elite.

Se esta era a posição original do autor ela será alterada quando, sob as novas condições, o povo, livre das condições de consumo e adestramento de bens culturais transplantados, passa a ser considerado capaz de fazer uma criação original. A versão faseológica da sociedade brasileira deixou marcas na produção intelectual do autor e ajuda-o a escapar do que Bariani identifica como círculo vicioso ou impasse teórico: "A superação das condições predominantes dependia da iniciativa de sujeitos (...) submetidos e influenciados pelas mesmas condições adversas"!

Eram as novas condições históricas que permitiam aspirar à fundação de uma sociologia e da própria sociedade. A *intelligentsia* passava a ter um papel pedagógico – em vez de tutelar o povo, educá--lo. Após a participação no Iseb e inserido da luta política, Ramos diagnostica o povo como ator privilegiado no cenário político.

As nuances das posturas teóricas, as oscilações no campo político-ideológico, as posturas da luta propriamente política vão sendo apresentadas aos leitores, como já mencionei, por meio da análise da trajetória e da obra do sociólogo. Os temas, os termos alteram--se ao longo de sua intensa e diversa participação em instituições e agências, mas permanece como constante certo messianismo salvador que só então tem como foco o povo.

A categoria "revolução brasileira" surge em Ramos como substituta de mudança social, conceito norte-americano a ser superado. Suas análises sobre a revolução assim como sobre o nacionalismo como ideia-força seguem, por assim dizer, a uma sistemática comum. Ele começa a proceder a uma classificação tipológica das modalidades equivocadas, depois parte para pensar tais categorias a partir das condições históricas do momento que considera capaz de superar o peso do passado. Esse procedimento metodológico é recorrente.

Bariani ainda procede a uma análise dos textos do sociólogo que acompanham a República de 1945 a 1964. Tais textos estão tratando a "crise do poder" – uma forte incongruência entre o exercício do poder e a realidade social do país (e nome também de livro publicado em 1961). Guerreiro criticou os partidos, a universidade, os sindicatos, as doenças do trabalhismo. Para analisar a realidade política do país procederá à classificação de tipos ideais de política expressos na política de clã, da oligarquia populista e de grupos de pressão.

Centra fogo nas posições de esquerda. Elege como interlocutores e adversários o Iseb, o PCB e o marxismo-leninismo. É preciso lembrar que também criticou a direita e suas famílias intelectuais em *A ideologia da ordem* e *A ideologia da Jeunesse Dorée*, artigos publicados em *A crise do poder no Brasil* (1961). Guerreiro adota, pode-se dizer, a polêmica como método capaz de liquidar as falsas interpretações e, a partir desse questionamento, esboçará suas reflexões e construções teóricas capazes da dar conta da realidade social.

Pode-se considerar que esse "guerreiro" não conseguiu realizar o que pretendia fazer; pode-se arguir que, ao desconsiderar a política como campo relevante da vida social acabou desconhecendo as regras do jogo de poder tanto no campo acadêmico quanto político-ideológico. Leu pouco Maquiavel e Gramsci!

A trajetória de Ramos, segundo Bariani, pode ser lida como marcada por desilusões: a do servidor público com a importância e o amesquinhamento privatista da burocracia, a do sociólogo com o descompromisso da inteligência com o país, a do político com a baixeza do jogo do poder. Ele parte para o exílio no qual deixa de lado o processo político nacional e passa a repensar a modernização como processo geral, mundializado.

É quase impossível mencionar nos limites de um prefácio todos os ângulos e pontos de vista trabalhados por Bariani em sua densa análise sobre Guerreiro Ramos. Em relação à Guerreiro só posso repetir o que já disse sobre ele: inteligência brilhante, teve *insights* memoráveis que se mostram a cada dia mais atuais. Sua "sociologia em mangas de camisa" parece estar mais próxima da realidade de hoje, quando os sociólogos estão atuando em ONGs, do que quando formulou tal perspectiva.

Guerreiro Ramos encontra-se ainda relativamente esquecido, sendo lembrado principalmente no campo da administração. O trabalho de Bariani ajuda-nos a entender as razões ao mostrar o valor, o significado, a ressonância de sua passagem pelo Dasp em sua construção de uma sociologia brasileira e em sua interpretação do Brasil. A sociologia no Brasil precisa recuperar isso!

Lucia Lippi Oliveira,
pesquisadora e professora
da Fundação Getúlio Vargas (RJ).

INTRODUÇÃO

> *Sociologia sem práxis é nonsens.*
>
> Guerreiro Ramos

Na sociologia brasileira, Alberto Guerreiro Ramos (1915-1982) ocupa uma posição particular: baiano de Santo Amaro da Purificação, sociólogo, poeta, ensaísta, professor, pesquisador, deputado federal (PTB da Guanabara), militante do movimento negro, nacionalista, integralista (na juventude), técnico em administração do Departamento de Administração do Serviço Público (Dasp), integrante do Grupo de Itatiaia, Instituto Brasileiro de Economia, Sociologia e Política (Ibesp), Instituto Superior de Estudos Brasileiros (Iseb), docente na Escola Brasileira de Administração Pública (Ebap) da Fundação Getúlio Vargas, na Universidade do Sul da Califórnia, nos Estados Unidos, e na Universidade Federal de Santa Catarina. Autor de muitas vivências, erudito, engajado, polemista feroz, defendeu febrilmente suas posições e posicionou-se *incontinenti*; produtor de uma obra de temas diversos, influências várias, originalidade e contundência, foi uma espécie de consciência incômoda da sociologia brasileira.[1]

---

1 Sobre os dados biográficos do autor, foram consultados, sobretudo, Oliveira, L. (1995), Soares (1993), Matta (1983) e Nascimento, A. (2003a). Ver também cronologia da vida e obra do autor (Anexo).

26 EDISON BARIANI JUNIOR

Crítico voraz da subserviência às ideias importadas, do descaso com o público e do descompromisso com o país, angariou tantos desafetos quanto pôde acumular, polemizou duramente com outras figuras de vulto na sociologia brasileira (Florestan Fernandes, Luiz Costa Pinto, Emilio Willems e Roger Bastide, para citar alguns)[2] e tentou retomar o que acreditava ser a herança da linhagem crítica do pensamento social no Brasil: Silvio Romero, Euclides da Cunha, Alberto Torres e Oliveira Vianna.

Participante de alguns dos mais influentes círculos da inteligência brasileira no período 1943-1964 (Dasp, Assessoria de Vargas, Ibesp, Iseb),[3] engajou-se na política brasileira empunhando as bandeiras do nacionalismo, da autonomia, da industrialização e do desenvolvimento, batendo-se em defesa da publicização do Estado, da construção da nação e da sociedade civil – tarefas do povo com o norte da *intelligentsia*.

No pós-1964, derrotado politicamente e alijado de uma carreira universitária no Brasil, exilou-se nos Estados Unidos, onde veio a obter o sonhado reconhecimento acadêmico e passou a ocupar-se com a crítica da modernidade, da razão instrumental, da visão unilateral sobre a existência humana e da concepção teleológica ingênua da história.

Em Guerreiro Ramos – que sonhou um dia com uma sociologia nacional e um capitalismo autônomo no Brasil – a sociologia brasileira teve um de seus críticos menos complacentes, mais ácidos e o mais intransigentemente apaixonado; sua trajetória confunde--se momentaneamente com a própria sociologia brasileira. Já seu destino destoa da acomodação: seus feitos referem-se a uma fase tragicamente heroica dessa sociologia, momento no qual muito (se não tudo) ainda parecia possível e por fazer. O exercício da sociologia era menos uma carreira que uma missão:[4] uma missão cujo propósito

---

2 Já ensaiamos um balanço preliminar dessas discussões, em Bariani (2003a).

3 Antes já havia participado da fundação do Centro de Cultura Católica e da Faculdade de Filosofia, ambos na Bahia.

4 A respeito da relação entre missão e profissão no exercício intelectual das ciências sociais no Brasil, ver Lahuerta (1992, 1997, 1999).

GUERREIRO RAMOS E A REDENÇÃO SOCIOLÓGICA **27**

estava, para Ramos, eivado de um salvacionismo – na época Mário de Andrade (1972, p.41) definiu a sociologia como "a arte de salvar rapidamente o Brasil" – e, também, singularmente, de uma atitude redentora, que pretendia refundar a sociologia e a nação em novas bases, agora redimidas de seus pecados originais.

No intuito de situar o pensamento do autor, o período da história brasileira compreendido entre 1930-1982 é considerado – sem que nos detenhamos necessariamente nele – com privilégio do interregno 1930-1964, período no qual não só a produção intelectual e a atuação política do autor são mais intensas e efetivas,[5] mas também por ser um momento crucial da história da sociedade brasileira. Houve então profundas mudanças em sua densidade e configuração social e consolidou-se outro setor da classe burguesa dominante como dirigente, as classes subalternas irromperam no cenário político como novos sujeitos, conformou-se uma classe média de tipo moderno e, no plano intelectual, foram criadas as primeiras universidades e foi desencadeado o processo de institucionalização da sociologia brasileira; organizou-se um padrão e uma regularidade de produção científica e buscou-se interpretar a sociedade brasileira conforme novos moldes e exigências, em sua maioria, insistindo na diferenciação/distanciamento com o pensamento social anterior.

Tal período marca a consolidação do capitalismo e da sociologia no Brasil, o que não indica uma coincidência, mas a determinação – por parte do modo de produção – de um novo saber socialmente adequado às exigências econômicas, técnicas e de divisão do trabalho, bem como uma atualização de mentalidade no sentido de ajustar o saber às formas de racionalização e parâmetros legítimos de interpretação dentro da formação social e seus condicionantes ideológicos. Obviamente, esse contexto esboçado não pretende um completo cerceamento das circunstâncias sociais de inserção da problemática, já que relega – embora não desconheça – os condicionantes mais

---

5 Sobre a produção intelectual do autor, ver Costa, F. (1983), Soares (1993) e, principalmente, Azevedo (2006).

amplos de historicidade e sua força de permanência. Cremos estar essa lacuna amenizada pela consideração do período (1930-1982). Além disso, neste caso, a amplitude por si mesma talvez não seja uma virtude, pois se as ideias têm um enraizamento histórico-social, a profundidade e formas de expansão dessas raízes certamente escapam à nossa completa percepção, vez que se confundem com a própria história humana e todos os seus aspectos.

Desse modo, o que está proposto é o entendimento dos principais aspectos de uma obra significativa, original, elaborada por um intelectual profundamente atormentado com as dificuldades, insuficiências e possibilidades de apreensão mental das circunstâncias de sua existência individual, de grupo e do entorno social, bem como, ao fundo, com a perseguição às relações entre as aspirações à construção de um capitalismo nacional (logo, na época, autônomo) e de um saber fortemente imbricado com a realidade nacional: para o autor (em certo momento), uma *sociologia nacional* em recusa à transplantação de ideias e à determinação de temáticas e modelos externos, apartados e subjugando os verdadeiros interesses e necessidades oportunos para a superação da miséria brasileira, do atraso, do subdesenvolvimento.

Pretende-se também asseverar a indispensabilidade de dialogar como o autor e não simplesmente "dissecá-lo", já que muitos dos problemas que Guerreiro Ramos se propôs ainda assombram a sociedade e a sociologia brasileiras: se suas soluções, por vezes, detiveram-se no malogro, seus questionamentos continuam vivos e consequentes.[6] Nesse aspecto, no plano político, alguns – como José Murilo de Carvalho (2003c, p.6) – já o revisitam com base em uma espécie de ardil da história, notando a volta à atual cena política nacional de suas concepções, particularmente no que diz respeito à constituição do povo como sujeito político, da nação como espaço vital e da herança varguista, ironicamente, por meio de seus críticos tardios.

---

6 Entretanto, em alguns momentos, sentimo-nos premidos pelas circunstâncias a proceder a certo resgate da obra, como se o autor precisasse disso, dado certo desconhecimento insuflado pela crítica silenciosa do desprezo.

Cabe também advertirmos para os estreitos limites e as dificuldades de compreender e explicar a trajetória de um autor tanto fascinante quanto complexo e, em alguns momentos, contraditório. Primeiramente, abandonamos a tentativa de retalhar o autor e sua produção em fases definidas em benefício de uma consideração de seu caminho, pois só a totalidade tensa e dinâmica de seu percurso e sua conformação conferem certa fidelidade à apreensão do sujeito intelectual, de sua obra e as relações destes com determinado grupo social e sua visão de mundo.[7]

Em segundo lugar, envidamos esforços na abordagem da obra como pensamento vivo e tenso, seja no que diz respeito à atualidade de suas elaborações, seja no tratamento das ideias como forças atuantes em seus contextos, resguardada a historicidade dessa relação conflituosa e problemática (texto/contexto), tomada como situação dinâmica e não elemento do baú de ossos da crítica arqueológica, que lê o passado em função de um presente providencial. Por fim, mobilizamos uma concepção deliberada – e talvez insuficiente – no sentido de não pretender domar completamente ou exaurir a rica trajetória de um indivíduo e suas ideias (e condicionantes) na incompletude e precariedade de uma armação teórico-conceitual, um contexto imediato e a simples diluição num determinado grupo social, pois intentamos não reduzir a significação de uma experiência intelectual (e existencial) a uma construção lógica encravada num recorte espaço-temporal. Tanto as ideias quanto a vida serão sempre maiores que o texto e o contexto, e intangíveis para a nossa capacidade de explicá-los teórica e cabalmente.

---

7 O que, de outro modo, suscita problemas quando da interpretação de alguns momentos de sua obra, mormente quanto aos diferentes tratamentos – em diferentes momentos – dados pelo autor às mesmas questões e em certa homogeneização indevida, que perseguimos como sínteses e não denominador comum do pensamento deste.

1
TRINCHEIRAS

*Não pertenço a instituições, não tenho
fidelidade a coisas sociais; tudo o que é social,
para mim, é instrumento. Eu não sou nada,
estou sempre à procura de alguma coisa que
não é materializada em instituição, em linha
de conduta. Ninguém pode confiar em mim em
termos de sociabilidade, de institucionalidade,
porque isso não é para mim, não são funções
para mim. O meu negócio é outro.*

Guerreiro Ramos

Mesmo avesso ao engajamento institucional, Guerreiro Ramos esteve por vezes ligado a instituições que influenciaram sua trajetória. Cursou Ciências Sociais na Faculdade Nacional de Filosofia e Direito na Faculdade de Direito (ambas da então Universidade do Brasil, na cidade do Rio de Janeiro), formando-se, respectivamente, em 1942 e 1943. Recém-egresso da Universidade, esforçava-se em estabelecer relações entre o instrumental teórico que possuía e as circunstâncias da sociedade em que vivia, tateando a realidade brasileira e procurando desafios e respostas às inquietações (muitas delas

32   EDISON BARIANI JUNIOR

existenciais) que o acompanhavam – e algumas o acompanhariam por toda a sua vida.[1] Preterido na carreira universitária, entrou em profunda crise existencial.[2] Necessitando manter-se, passou a lecionar, por indicação de San Tiago Dantas, no Departamento Nacional da Criança, no Rio de Janeiro, ocupando a cadeira de Problemas Econômicos e Sociais do Brasil. Ainda em dificuldades financeiras e convidado por um amigo, candidatou-se a um emprego de técnico em administração no Departamento de Administração do Serviço Público (Dasp), sendo aceito de modo interino em 1943. Entre suas atribuições no órgão constava analisar projetos de organização (para órgãos policiais, penitenciárias, de estímulo à agricultura, por exemplo) e auxiliar na seleção de pessoal, cuja seção de recrutamento chegou a chefiar. Após aprovação em concurso em 1945 (apresentando o trabalho *Administração e política à luz da sociologia*), efetivou-se no mesmo ano como técnico em administração, apresentando

---

1   Paradoxalmente, sua passagem pela Universidade (ainda em fase de criação no Brasil naquele momento) não parece ter deixado marcas indeléveis em sua formação intelectual, até porque já ao iniciar tais estudos possuía considerável repertório cultural, já havia atuado em movimentos culturais e como assistente da Secretaria de Educação do Governo do Estado da Bahia, recrutado por Rômulo de Almeida (Soares, 2005, p.17). Inegável, contudo, que se a presença na Universidade não lhe moldou os conhecimentos, propiciou-lhe o intenso contato com um tema que viria a se consolidar como um dos seus principais objetos de estudo: a sociologia no Brasil (e suas mazelas).

2   Teria sido – segundo ele – indicado para suceder André Gros (na Cadeira de Política da Faculdade Nacional de Filosofia) e também para a de Jacques Lambert (Sociologia), mas assumiram Vítor Nunes Leal e Luiz de Aguiar Costa Pinto, respectivamente. Era 1943 – naquele contexto da Segunda Guerra e do Estado Novo –, e ele teria sido acusado por "comunistas" de "colaboracionista", por causa de seu passado integralista e sua ligação, desde a Bahia, com Landulfo Alves (Governador da Bahia) e o irmão Isaías Alves (Secretário Estadual de Educação). A partir daí, e durante toda a sua vida, acreditar-se-á (não somente por causa desse episódio) um perseguido político, por exercer certa independência de pensamento, não se aferrando, segundo ele, a seitas e conluios (Oliveira, L., 1995, p.140). Nesse período de 1942 a 1945 teria passado por intensa crise espiritual e vivido quase recluso. Nesse processo, teria perdido momentaneamente a fé (era profundamente católico) e definitivamente as ilusões acadêmicas (Nascimento, A., 2003a, p.96).

como requisito de mérito a tese *Uma introdução ao histórico da organização racional do trabalho*.[3] Com a posse de Getúlio Vargas (em 1951), distanciou-se do quadro do Dasp para integrar a equipe da Assessoria da Casa Civil do Presidente.[4] Simultaneamente, com a criação da Escola Brasileira de Administração Pública (Ebap) da Fundação Getúlio Vargas (em 1952) tornou-se professor dela, mantendo com a instituição estreita relação que duraria longos anos. Engajou-se, assim, diretamente na política ao integrar a mencionada Assessoria de Vargas e posteriormente o Grupo de Itatiaia, Instituto Brasileiro de Economia, Sociologia e Política (Ibesp) e Instituto Superior de Estudos Brasileiros (Iseb). Todavia,

---

3 Mais tarde (em 1963), deputado federal eleito, apresentará na Câmara dos Deputados um pioneiro projeto de lei (n. 984) para regulamentação da profissão de técnico em administração (Soares, 2005).

4 Também assessoraram Vargas – sob o comando de Rômulo de Almeida – Jesus Soares Pereira, Ignácio Rangel, Darcy Ribeiro, Otholmy Strauch, Cleantho de Paiva Leite, Lúcio Meira, Mário Pinto, entre outros. A Assessoria redigia discursos (pronunciados na Mensagem Programática, comunicação frequente do presidente) e elaborava projetos, mormente econômicos (daí sua notoriedade como Assessoria Econômica), que davam forma à política de nacionalização e desenvolvimento de Vargas. Agindo discreta e competentemente, recrutada em sua maior parte no próprio bojo do funcionalismo federal (não havia verbas suficientes às vezes nem para remunerar os assessores), a Assessoria de Vargas elaborou vários projetos: criação da Petrobras, do Fundo Nacional de Eletrificação, Eletrobrás, Plano Nacional do Carvão, Coordenação de Aperfeiçoamento de Pessoal de Nível Superior (Capes), Reforma Administrativa, Carteira de Colonização do Banco do Brasil, Instituto Nacional de Imigração, Comissão Nacional de Política Agrária, Comissão de Desenvolvimento Industrial, Banco do Nordeste do Brasil, Plano Nacional do Babaçu, de planejamento para indústria automobilística, seguro agrícola e crédito rural etc. Segundo D'Araújo (1992, p.152): "A criação dessa Assessoria, quando da instauração do Governo [Vargas], representa um fato inédito no Brasil. Pela primeira vez um governo brasileiro criava um órgão permanente de planejamento encarregado de estudar e formular projetos sobre os principais aspectos da economia do país". Sobre o tema, pode-se ver também o depoimento de Jesus Soares Pereira (Lima, M., 1975), as teorizações econômicas (Bielschowsky, 2004) e a análise de Rômulo de Almeida e outros (Szmrecsányi & Granziera, 2004).

34 EDISON BARIANI JUNIOR

continuou afastado da universidade, só vindo a ter propriamente uma carreira acadêmica no exílio, nos Estados Unidos.[5]

O pertencimento a tais instituições (Departamento Nacional da Criança, Assessoria de Vargas, Fundação Getúlio Vargas e, mormente, Dasp, Grupo de Itatiaia, Ibesp, Iseb) e as circunstâncias que o envolvem têm relevância contextual (mesmo limitada e momentânea) na análise da trajetória do autor.

Tomada como lócus e processo social, a instituição pode ser considerada uma sociedade em miniatura, o que não lhe confere – ao final e em definitivo – nem autonomia social, nem prerrogativa na explicação sociológica (Fernandes, 1991, p.171-2).[6] Possuir uma dinâmica própria, desfrutar de uma posição diferenciada no interior da sociedade, ter ritmos e rumos não ajustados automaticamente ao movimento do todo, em suma, exceder uma simples engrenagem do sistema não a torna (a instituição) soberana ou sequer independente. Mas tal condição que a particulariza também pode proporcionar-lhe – em relação à sociedade – uma atuação mais que meramente funcional ou disfuncional (Merton, 1970) ou mecanicamente articulada: pode situar-se numa posição de empuxo ou tensão e, no limite, até mesmo de contradição à própria sociedade que a envolve, identificando-se ou contrapondo-se à totalidade, afirmando ou negando os influxos do processo social geral.

---

5 A Ebap priorizava a formação de quadros técnicos; já o Iseb, embora dedicasse seus esforços ao ensino e difusão social do conhecimento, não pode ser considerado estritamente um órgão acadêmico, uma vez que pretendia exercer um papel de intervenção política ativa (e muitas vezes direta) que destoava da preocupação institucional, canônica e ritual de uma academia. Fato curioso é que Guerreiro Ramos, antes mesmo de se graduar no Rio de Janeiro, já era Catedrático da Cadeira de Sociologia da Faculdade de Filosofia da Bahia, dadas suas relações com o Governo Estadual quando da fundação daquela universidade. Os seus estudos e sua estadia no Rio de Janeiro eram custeados por bolsa concedida também por aquele governo, no entanto, após graduar-se, perdeu as subvenções e a cadeira (Nascimento, A., 2003a, p.96; Oliveira, L, 1995, p.132).

6 Não dispõe, portanto, de completa autonomia – inclusive na construção de ideias e tomada de decisões, como supõe, por exemplo, Douglas (1998).

GUERREIRO RAMOS E A REDENÇÃO SOCIOLÓGICA 35

Também o indivíduo se relaciona com a instituição de modo tenso, se as formas sociais às quais é submetido (coerção, exterioridade, seleção, recompensa, sanção etc.) circunscrevem suas possibilidades e condicionam suas ações. Assim tais ações não são absolutamente determinadas, irrefletidas ou automáticas e estão simultaneamente condicionadas por uma forma superior (mais determinante) de sociabilidade que lhe fornece subsídios para conformação de seu modo de existência e consciência social, a saber, sua maneira de inserção na estrutura social sob as formas predominantes de ordenação das ações sociais em fluxo: os grupos, mormente as classes sociais.

A participação de Guerreiro Ramos em certas instituições, se não determinou cabalmente os rumos de sua trajetória, fez que se defrontasse com exigências em termos de vivência, formulação consequente das questões sociais prementes e aparelhamento teórico conceitual para abordá-las, tornando imperativa a tomada de decisões no que diz respeito à postulação de temas e problemas, opções teórico-conceituais, ambiente e postura intelectual, instrumentalização do conhecimento, experiência social e implicações político-pragmáticas do saber, sobretudo, na interiorização da relação teoria-prática quando da assunção de uma práxis – momento constitutivo da inserção social coletiva.[7] Todavia, se o autor como sujeito intelectual não pode ser tomado como espécie de "superconsciência" social, sua existência e estatuto de integração impõem-lhe o estabelecimento de relações teórico-racionais na interpretação das circunstâncias e assunção de papéis sociais.

---

7 Serão consideradas mais detidamente algumas instituições que elegemos como de maior relevância na trajetória do autor e cuja produção intelectual deste, intrínseca ou concomitante à instituição, possa ser aferida. Como critérios serão utilizadas a interpretação da relação do autor com a instituição no que diz respeito às questões e inquietações que por meio dela advieram e a influência dessas questões na trajetória do autor. Na construção contextual das instituições, foram arrolados (logo, selecionados) fatos e textos – tanto da produção das instituições quanto dos analistas destas, uma vez que os textos são parte importante (embora não suficiente, daí o uso de outras fontes) da constituição do contexto (La Capra, 1985, 1992).

36   EDISON BARIANI JUNIOR

Dasp, administração, política e modernização

No período no qual Guerreiro Ramos esteve no Dasp, segundo ele próprio, a rotina de suas funções o entediava; seu temperamento forte e irrequieto não se aplacava em exercer um trabalho dessa natureza, que anos depois ele definiu simplesmente como "chato" (Oliveira, L., 1995, p.146).

No entanto, o Dasp (em seu contexto e atribulações) foi um sugestivo laboratório para que Ramos inicialmente atentasse para alguns dos problemas cruciais do Brasil, o que notoriamente pautou suas reflexões a respeito da complexidade social do país. Eram questões como a efetivação da administração, a transplantação de ideias, a função pública e a do intelectual, a relação entre Estado e sociedade, o público e o privado, o patrimonialismo, a relação entre racionalidade e irracionalidade, modernização e tradicionalismo, o caráter do Estado, as formas e os arranjos entre as forças políticas, a conformação e dinâmica das classes sociais, a cultura política e suas implicações, os entraves ao desenvolvimento, o desenvolvimento como racionalização, modernização como tarefa nacional e o papel do Estado nessa empreitada – entre outras colaterais.

Guerreiro Ramos, no departamento, praticamente iniciou uma carreira profissional e colaborou na *Revista do serviço público*, resenhando livros. Nesse período, sua produção foi marcada por textos quase sempre modestos e imediatos. Sua tese para efetivação no cargo – *Uma introdução ao histórico da organização racional do trabalho* (1949) – é o que possui maior fôlego.[8]

Fruto de uma experiência pioneira, o Dasp foi parte da iniciativa de reforma e planejamento que inaugurou uma nova feição dos órgãos estatais no Brasil: somente a partir dele organismos planejadores e

---

8 Adiante, ainda neste capítulo, encetamos breve análise desse material. O autor colaborou também, em 1941, na revista *Cultura política*, escrevendo sobre literatura latino-americana. Para um balanço dessa produção, ver Azevedo (2006). Em 1937, já havia publicado um livro de poemas (*O drama de ser dois*) e, em 1939, um de ensaios (*Introdução à cultura*), ambos escritos ainda na Bahia, e o último publicado já no Rio de Janeiro.

GUERREIRO RAMOS E A REDENÇÃO SOCIOLÓGICA **37**

fiscalizadores de caráter técnico-burocrático ganharam importância.[9] Entretanto, ele não fincou suas raízes no ar, a sociedade brasileira é profundamente marcada por uma sociabilidade baseada no favor, no personalismo, no clientelismo, no fisiologismo, na promiscuidade entre o público e o privado, na corrupção, na exclusão. Um terreno nada fértil para o empreendimento, o Dasp ainda assim acumulou forças, resistiu e manobrou até onde pôde. Suas ações foram marcadas pelas dificuldades de viabilização inerentes e seu percurso por tensões e contradições que se acumulavam em virtude do atrito entre o caráter de suas funções (racionais-legais) e a cultura política e sociabilidade (patrimonialista) na qual se inseria. Seus dilemas são, de certo modo, os dilemas de toda a modernização no Brasil, que o avanço do capitalismo não somente não dirimiu, como também potencializou.

Previsto no artigo 67 da Constituição Federal de 10 de novembro de 1937 e criado no início do Estado Novo pelo Decreto-lei n. 579, de 30 de julho de 1938 (Brasil, 1938), o Dasp tinha amplas atribuições como órgão de consultoria, seleção, planejamento e fiscalização (ver apêndice A).[10] Em sua criação (e posterior desempenho), consta a procura por um

---

9 Para Draibe (1985, p.104), foram do Dasp "[...] as primeiras iniciativas no sentido de concretizar a ação industrializante do Estado, sob a forma de planos globais dos investimentos estatais". Já para Ianni (1996, p.38), é o Conselho Federal de Comércio Exterior – criado pelo Decreto n. 24.429, de 20 de junho de 1934 e instalado em 6 de agosto de 1934 por Vargas – que deve ser considerado o primeiro órgão brasileiro de planejamento governamental.

10 No seu período inicial, de maior influência (1938-1945), o Dasp teve como presidente Luiz Simões Lopes (1903-1994), que exerceu diversos cargos na administração pública, entre os quais: Oficial de Gabinete da Secretaria da Presidência da República (1930-1937), Presidente do Conselho Federal do Serviço Público Civil (1937-1938), Presidente da Comissão de Orçamento Geral do Ministério da Fazenda (1939-1945), Presidente da Comissão de Orçamento da República (1940-1945), Presidente da Comissão de Estudos e Projetos Administrativos no Governo Juscelino Kubitschek (1956-1961), membro do Conselho de Administração do Banco Nacional de Desenvolvimento Econômico (1956), membro e presidente do Conselho de Cooperação Técnica da Aliança para o Progresso (Contap) (1965-1969), membro da comissão de peritos para estudar o Programa de Administração Pública da Organização das Nações Unidas (1966), Presidente da Sociedade Nacional de Agricultura (1969-1979). Foi também fundador (em 1944) da

38   EDISON BARIANI JUNIOR

modelo de gestão que propiciasse racionalidade e excelência produtiva com rigor técnico, impessoalidade e autonomia. As influências teóricas dessa engrenagem seriam buscadas – segundo Wahrlich (1983, passim) – em Francisco Campos (e sua primazia na confecção da Constituição de 1937), Max Weber, Henri Fayol, Luther Halsey Gulick, Frederick Winslow Taylor e, sobretudo, em William F. Willoughby.

Entre as ideias principais da teoria da administração de Willoughby, constam: 1) a consideração dos princípios da administração como passíveis de aplicação universal, 2) a separação entre política e administração e 3) a menção a um departamento de administração geral como órgão de apoio direto e imediato ao chefe do Executivo. Tais elaborações eram particularmente congruentes com a pretendida armação político--institucional brasileira naquele momento.[11]

No intento de romper os estreitos limites dados pela organização do Estado e da máquina administrativa – que moldados pelos interesses predominantes na Primeira República minimizavam em muito o escopo e a intensidade das manobras políticas e de gestão por parte do poder central –, o Estado Novo criou o Dasp visando modernizar o setor estatal, imprimir novos ritmos e rumos à dinâmica político-administrativa e arrastar consigo a frágil sociedade civil.

A situação brasileira, já descrita como de "completa debilidade (ou mesmo ausência) de sociedade civil" (Coutinho, 2000, p.21), não favorecia a ebulição de demandas sociais legítimas. O que havia de efetivamente organizado, como já havia afirmado Tobias Barreto

---

Fundação Getúlio Vargas, a qual presidiu até 1992 (Histórico dos Presidentes da FGV, 2006). Simões Lopes também será um dos responsáveis pela acolhida de Guerreiro Ramos na Fundação Getúlio Vargas, quando da cassação e proscrição do sociólogo pelo regime militar, em 1965.

11 Quem primeiro mencionou tal teoria do departamento de administração geral no Brasil teria sido Gustavo Capanema (outro importante personagem do Estado Novo) em fins de 1935 (Wahrlich, 1982, p.282). Caberia investigar em que medida certo caldo de cultura positivista e castilhista – heranças presentes na formação de Vargas – teriam influenciado nessa construção institucional, em razão do caráter autoritário e da pretensão (um tanto seletiva) dessas doutrinas em submeter a política institucional ao crivo "científico" (Barretto, 1989; *Curso de introdução ao pensamento político brasileiro*, 1982).

(Meneses, 1962, p.103), era o Estado, um Estado configurado pelos estreitos interesses da classe dominante, sob as hostes dos seus sócios, as burguesias dos países centrais.

Hegemônico, um liberalismo oligárquico dominava a cena política e restringia não só a participação das outras classes nos assuntos de Estado, como também a própria autonomia relativa (possível) deste em relação à limitação dos anseios excessivamente particulares que exigiam as benesses do mando. Estado e classe dominante praticamente se confundiam, se identificavam em larga medida, inviabilizando a organização e atuação estatal de modo mais amplo, racional e moderno. Nos níveis operacionais da máquina administrativa, predominava um funcionalismo público que já havia sido descrito como "o grande asilo das fortunas desbaratadas da escravidão" (Nabuco, 2000, p.106), inchado, um tanto incompetente e perdulário das receitas públicas.

Numa guinada antiliberal, o Estado Novo fortaleceu o poder central e garantiu-lhe razoável capacidade decisória à revelia dos interesses particularistas e do poder local, embora sem participação ativa da incipiente sociedade civil, mormente suas classes subalternas. Efetivava-se então a concepção, preconizada por Alberto Torres (1982b, p.117) já em 1914, de que a única força capaz de promover a coesão e o dinamismo da sociedade brasileira era "o aparelho político-administrativo, com seus vários órgãos".

Diante da fragilidade de alguns grupos sociais, ausência de democracia e privilégio arbitral da posição estatal, a ditadura incumbiu-se de implantar o gerenciamento minimamente impessoal dos negócios do Estado, cabendo ao autoritarismo bloquear muitos canais dos quais se serviam os particularismos e viabilizar o surgimento de uma administração burocrática e racional. Segue-se, no entender de Faoro (1987, v.2, p.725), que "o quadro administrativo domina a cúpula, com forças nacionais e não regionais, capaz de vencer veleidades localistas".

Nessa nova disposição, o Dasp foi um órgão que – funcionando como órgão de inovação e modernização administrativa, liderando a efetiva organização do aparato público-estatal e atuando como centro irradiador de influências renovadoras – se tornou peça estratégica de um sistema racionalizador no âmbito do Poder Executivo Federal (Nogueira, 1998,

40 EDISON BARIANI JUNIOR

p.94). Ele se desdobrava ainda nos estados por meio do "daspinhos" (departamentos estaduais) que, sob controle federal, funcionavam como "uma espécie de legislativo estadual" e corpo supervisor para o Interventor no Estado e o Ministério da Justiça, submetendo também os prefeitos municipais ao seu jugo (Souza, M. do C. C. C., 1976, p.96).

Daí foi apenas um passo para que no Estado Novo a política fosse "eliminada", "tudo se discutia como se se tratasse de assunto puramente técnico, a ser decidido por especialista" (Carvalho, 2003b, p.110).

A tentativa de modernização do país (e a melhoria da administração) passava pela desobstrução das artérias políticas, intoxicadas pelo emaranhado de interesses localizados que obstaculizava o fluxo da racionalidade administrativa. Coube mormente ao Dasp isolar as pressões dessa teia de interesses e normatizar a administração da gestão racional dos negócios do Estado. Nas palavras de Guerreiro Ramos (1966, p.448), deu-se, entre 1930 e 1945, uma "verdadeira revolução administrativa, tal o porte das modificações de estrutura e de funcionamento que se verificaram em nosso serviço público federal".

Era o primeiro grande passo em direção à burocratização do serviço público e à criteriosa contratação de pessoal, baseada agora nas exigências de competência e qualificação. Com o Dasp, os critérios – antes calcados nas relações pessoais (favor, apadrinhamento etc.) – passaram a ser orientados pelo mérito e pela competência, instaurando concursos e carreiras, superando o favoritismo e estendendo as oportunidades de emprego. A classe média que surgia seria a grande beneficiária desse processo (Iglésias, 1993, p.254-5).

Assim, as mudanças legitimavam-se não apenas pelos anseios de modernização, eficiência e cuidado administrativo, mas também por abrir brechas institucionais à participação (técnico-política) – embora em cargos de menor poder decisório – e à ascensão social de uma classe média instruída e desejosa de oportunidades.[12] Segundo Luiz Werneck

---

12 A(s) classe(s) média(s), enquanto grupo social, já se insinuava como ator no cenário político por meio da contestação do caráter oligárquico da Primeira República (mormente pelo Tenentismo) e pela presença no movimento insurrecional de 1930 (Rosa, 1933; Ramos, 1961; Jaguaribe, 1972; Forjaz, 1977). Visões divergentes estão em Fausto (1978) e Saes (1975). O Estado Novo

Vianna (1997, p.184), o Dasp "trará o taylorismo, a racionalização do trabalho, a ideologia do produtivismo, este nosso bizarro americanismo forjado pelo Estado".

Todavia, possuidor de imensos poderes, o órgão (hipertrofiado) usurpava funções, monopolizava decisões e desconsiderava as rotinas institucionais de representação, considerando-se imune às pressões clientelísticas. Com isso, entre outros expedientes, o Estado Novo tentava dobrar os joelhos das oligarquias,[13] especialmente algumas ainda relutantes e que se apoiavam no clientelismo (ainda incrustado na máquina estatal) como tipo de dinâmica decisória:[14] ao criar um rígido setor técnico estatal, o regime escolhia as arenas e os momentos para travar as disputas políticas e ganhava poder de barganha ao endurecer no trato administrativo das questões, dissociando na superfície o administrativo do político, uma vez que as decisões políticas estavam nas mãos do Governo Federal e da ditadura que o controlava – e algumas vezes apenas nas mãos de Vargas. As questões não podiam mais passar por cima ou pelas frestas da rede administrativa, deviam antes ser tratadas tecnicamente e, como Vargas detinha o controle estratégico do direcionamento das decisões técnicas, teriam de passar pela negociação política com o poder central – racionalidade técnica e astúcia política imbricavam-se nessa rede.

Obviamente, essa arquitetura não era tão sólida e infalível quanto talvez possa parecer. Ainda assim, tal estrutura – associada a outras estratégias de repressão, cooptação, convivência e aproximação – [15]

---

também propiciará ao grupo espaços institucionais de expressão/circunscrição cultural (e legitimação do regime).

13 Paralelamente, também obstaculizava o surgimento de novas lideranças políticas e vedava a participação político-institucional da esquerda e da direita mobilizadora (como o integralismo).

14 Definições (distintas) do conceito de clientelismo estão em Nunes, E. (1997) e Carvalho (1998). Tentamos aqui uma síntese conceitual, tanto analítica quanto histórica.

15 O regime contava com o Departamento de Imprensa e Propaganda (DIP), que mantinha canais de expressão intelectual como as revistas *Ciência política* e *Cultura política* (na qual Guerreiro Ramos colaborou), e o Ministério da Educação e Saúde, chefiado por Gustavo Capanema, articulador de projetos educacionais e culturais na edificação estado-novista – ver Schwartzman,

42 EDISON BARIANI JUNIOR

garantiu quase uma década de poder a um Estado reformador, que fez incisões em questões prementes e alterou as bases sociais de um país moldado em relações privatistas e clientelísticas, o que não é pouco.[16]

O planejamento, na modalidade que assumiu, passava a fazer parte do desenvolvimento capitalista, modificando as formas de controle do Estado e influenciando a dinâmica da sociedade. As possibilidades para uma intervenção desse porte foram abertas graças a uma particular conjuntura interna/externa, derivada de mudanças estruturais e certo arranjo de classes.[17] Não obstante, dentro das escolhas históricas possíveis, a habilidade de Vargas e do grupo no poder foi invulgar.[18]

Bomeny e Costa (2000). Por outro lado, também possuía mecanismos repressivos e lançava mão de prisões e intimidações.

16 Interveio em questões sociais, políticas, trabalhistas, administrativas, econômicas etc., embora tenha negligenciado a questão agrária, que talvez fosse o fiel da balança, já que uma intervenção modernizadora nesse âmbito poderia descontentar profundamente as oligarquias em geral e seus aliados, contribuindo para organizá-las em torno de algo comum, mudando a correlação de forças e estremecendo o equilíbrio do arranjo do bloco no poder.

17 As origens da ideologia e da prática do planejamento governamental no Brasil devem-se, segundo Octávio Ianni (1996, p.68-9), a "[...] uma combinação privilegiada de condições (economia de guerra, perspectivas de desenvolvimento industrial, problemas de defesa nacional, reestruturação do poder político e do Estado, nova constelação de classes sociais) que transformou a linguagem e a técnica do planejamento em um componente dinâmico do sistema político-administrativo. Ou melhor, a linguagem e a técnica do planejamento foram incorporadas de forma desigual e fragmentária, segundo as possibilidades apresentadas pelo sistema político-administrativo e os interesses predominantes do setor privado da economia. Essa é a razão por que, ao mesmo tempo em que se ensaiava a política econômica governamental planificada, desenvolvia-se a controvérsia sobre os limites da participação estatal na Economia". No âmbito internacional, ascendia o capitalismo monopolista e a economia do *laissez faire* perdia espaço para o intervencionismo, como o indicam: as mudanças no padrão monetário internacional, a ascensão do nazismo e do fascismo, o New Deal nos Estados Unidos, a crescente influência de teorias econômicas como o keynesianismo e mesmo a impressionante modernização econômica da União Soviética. Para uma recensão dos fatos desse período ver Mauro (1976) e para uma análise das teorias econômicas e a influência que exerceram ver Barber (1971), Rima (1987) e, no Brasil, Lima, Heitor (1976).

18 É insofismável aqui a influência do gênio político de Vargas (Peixoto, 1960; Brandi, 1983; Tavares, 1982; Silva, 2004).

GUERREIRO RAMOS E A REDENÇÃO SOCIOLÓGICA   43

Contudo, o privatismo ainda possuía profundas raízes e, superada uma conjuntura negativa, voltou à carga cobrando a hegemonia perdida.

Com a queda de Vargas em 1945 e o fortalecimento de outra vertente burguesa de extração mais liberal, as funções do Dasp foram drasticamente reduzidas, limitando-o a um órgão de estudo e de orientação administrativa (Draibe, 1985, p.298).

No Governo Dutra, segundo Cunha (1963, p.108-9), o Dasp sofreu críticas na imprensa e no Parlamento, correndo o risco de ser extinto; sobreviveu então com seus poderes diminuídos (especialmente alijado da confecção do orçamento) e com seu prestígio arranhado, não sendo poucos os técnicos que o abandonaram, procurando melhores posições nos organismos internacionais e nos Ministérios.[19]

A burocracia (os técnicos do Dasp), todavia, resistia. Guerreiro Ramos permanecia no órgão, mas viria a lamentar os efeitos que a queda de Vargas e o fim do Estado Novo produziram na administração federal. Outra concepção (autointitulada "democrática") vigia, a partir de então, no órgão esvaziado em muitas de suas funções administrativas e como vetor de poder, e grassavam novamente na administração as antigas formas do clientelismo. "Na prática, a 'reestruturação democrática' do Dasp favoreceu a distribuição política de empregos, independentemente do controle do sistema de méritos e concursos" (Draibe, 1985, p.298).

A atuação do Dasp havia granjeado muitos desafetos entre os interesses até então sem peias, encarregado de zelar pela legislação e aplicar de modo impessoal as determinações, e descontentou desde setores poderosos até os pequenos apadrinhados.[20] O poder que teria

---

19 Em 1947, foi proposta e recusada sua extinção e, mais tarde, em 1967, foi criado o Departamento Administrativo do Pessoal Civil, que conservou a sigla Dasp, mas na verdade já era outro órgão (Avellar, 1976, p.329). Finalmente, em 1986, o Decreto n.93.211, de 3 de setembro, extinguiu o Dasp e criou a Secretaria de Administração Pública da Presidência da República (Sedap) (Brasil, 2006). A respeito da cronologia da legislação sobre o Dasp, ver apêndice A.

20 "Determinando a Constituição a proibição de acumular cargos públicos, coube ao Dasp fazer cumprir a norma, o que lhe valeu a malquerença de quantos tiveram de despojar-se de outros empregos ocupados na administração federal, estadual ou municipal" (Avellar, 1976, p.290).

44 EDISON BARIANI JUNIOR

acumulado, a visão técnica que o movia e a investidura de guardião da eficiência e moralidade públicas granjearam-lhe inimigos dentro até do próprio governo. A sistemática imposta pelo Dasp ao serviço civil contrariava interesses, parecendo mesmo às autoridades dos vários ministérios que o departamento se arvorava em superministério (Avellar, 1976, p.290).[21] Com a mudança da conjuntura política, os ataques vieram de vários lados, tendo o Dasp contra si, segundo Edson Nunes (1997, p.54), o fato de que teria sustentado um processo de centralização sem precedentes no país, o que teria permitido identificá-lo como um "rebento da ditadura".

É comum na literatura a respeito do Estado Novo detectar um dado arranjo de classes, um equilíbrio de poder e/ou certo bonapartismo – além do talento político – que deram amplos poderes a Vargas e uma liberdade de manobra poucas vezes conseguida na história da República, o que teria lhe facultado a possibilidade de um governo forte e poder necessário para fazer incisões profundas na estrutura do Estado brasileiro, paradoxalmente, implementando a administração burocrática (impessoal) sob o lastro do personalismo carismático e autocrático. No entender de Graham (19-, p.8), as reformas administrativas nas "sociedades em transição" só seriam possíveis sob a égide de um governo forte. Entretanto, seria possível organizar um governo forte – naquela conjuntura de agudas tensões, enfrentamento entre classes e emergência de demandas sociais – sem recorrer a algum tipo ou nível de autoritarismo?

A questão, refletida no pensamento social no Brasil, remete a duas vertentes que se opunham, mas na verdade constituíam duas faces da mesma moeda: intervencionistas, para os quais as livres demandas perturbariam o processo de racionalização e só o comando autoritário propiciaria um ambiente asséptico para a organização administrativa, e liberais, para os quais qualquer racionalização que tivesse como base o estatal (e não o privado) padeceria com o autoritarismo, ainda que

---

21 Agamenon Magalhães, em artigo publicado na *Folha da manhã*, de Recife, em 18 de setembro de 1940, afirmava: "Quando estive no Rio, o ano passado, ouvi muita gente grande e importante dizer que ou o Estado Novo acaba com o Dasp ou o Dasp acaba com o Brasil" (apud Wahrlich, 1983, p.317).

GUERREIRO RAMOS E A REDENÇÃO SOCIOLÓGICA   45

a manutenção de interesses particulares e elitistas não lhes parecesse autoritária.[22]

Os termos notoriamente têm como referência a célebre discussão e suas várias facetas entre duas posições que marcaram o ambiente e os antecedentes daquele período: dever-se-ia estruturar e reformar a sociedade por meio da legislação e institucionalização ou tais mecanismos deveriam adequar-se à realidade social em questão? Legislar ou proceder? As normas regeriam os fatos ou os fatos seriam imperativos perante as normas? Inventar o novo ou inovar o inventado? Deliberar para a modernidade ou modernizar (numa expressão cara a essa geração) a realidade nacional.

Numa das formulações a respeito dessa contenda, Wanderley Guilherme dos Santos (1978, p.93 et seq.)[23] distingue entre o liberalismo doutrinário e o autoritarismo instrumental, o primeiro configurado por "[...] sucessivas facções de políticos e de analistas que, desde meados do século XIX, sustentavam a crença de que a reforma político-institucional no Brasil, como em qualquer lugar, seguir-se-ia naturalmente à formulação e execução de regras legais adequadas", citando como exemplos Tavares Bastos e, "talvez", Assis Brasil e Rui Barbosa, tendo mais tarde a UDN como herdeira. Já o autoritarismo instrumental seria compartilhado pelos que criam "que as sociedades não apresentam uma forma natural de desenvolvimento" – daí o papel do Estado na determinação desses rumos – e "[...] que o exercício autoritário do poder é a maneira mais rápida de se conseguir edificar uma sociedade liberal, após o que o caráter autoritário do Estado pode ser questionado e abolido". Contar-se-iam entre esses Francisco Campos, Azevedo Amaral e Oliveira Vianna, não fortuitamente artífices do Estado Novo e em parte mantenedores de uma herança que Guerreiro Ramos reivindicaria para si como a corrente mais lúcida quanto ao entendimento da realidade brasileira. Entretanto, Guerreiro não a assumiria cabalmente: viria mais tarde (nos anos 1950) a alardear o nascimento do povo e tecer críticas ao

---

22 Os termos "liberais" e "intervencionistas" já haviam sido mencionados por Pécaut (1990, p.94).

23 Um precursor desse tipo de análise é Oliveira Vianna (1930), ao opor o pensamento de Alberto Torres ao de Rui Barbosa.

46   EDISON BARIANI JUNIOR

elitismo das posições dessa corrente; insurgir-se-ia contra esses antigos axiomas que persistiam em perpetuar – por meio dessas duas correntes principais do pensamento social brasileiro – suas influências, a saber: que a modernização no Brasil só seria possível pelo alto e pela força da lei ou do autoritarismo.

Naquela conjuntura dos anos 1940, todavia, a ambiência teórico--conceitual estava calcada nesse verdadeiro cabo de guerra entre as correntes referidas (mesmo alguns setores da intelectualidade de esquerda postavam-se entre os marcos da disputa) que se defrontavam, seja confundindo democracia com liberalismo, seja apelando ao Estado demiurgo. Em comum, apenas a crença no moderno, na necessidade de desenvolvimento do capitalismo como forma de superar a miséria nacional e toda sua pesada herança arcaica.

Nesses embates entre tradicionalismo e racionalização, burocracia e clientelismo, vicissitude e desventura, o caso do Dasp reflete as contradições da sociedade brasileira em busca da modernização, seu ocaso ilustra e enriquece o histórico dos infortúnios nas tentativas de adequar certa realidade social aos imperativos da evolução do capitalismo.

É certo que a iniciativa de administração moderna desencadeada por meio do Dasp não poderia fazer tábua rasa da realidade brasileira. O clientelismo arraigado na sociabilidade e na cultura política trazia elementos que desafiavam a impessoalidade e a generalidade burocrática que porventura quisesse se estabelecer. Mais ainda, na prática, o que se observa é que em última instância a administração burocrática foi incapaz de resistir aos assédios privatistas: a própria organização administrativa e sua dinâmica enraizavam-se numa sociabilidade eivada de clientelismo – seja na sociedade civil, seja no Estado – engendrando a particular constituição que a administração e a burocracia tiveram no Brasil.[24]

Não se tratava, portanto, apenas do uso clientelístico das formas de gestão, nem simplesmente da instrumentalização política por parte do poder central num contexto ditatorial, mas de como a institucionalização

---

24 Sobre a requisição e persistência de certa "cultura cívica" para o êxito modernizador, ver Putnam (1996).

GUERREIRO RAMOS E A REDENÇÃO SOCIOLÓGICA **47**

do moderno se construiu num país no qual uma herança de privatismo, exclusão e autoritarismo assombra o domínio público.

Os desafios desse processo colocavam-se, também, para Guerreiro Ramos. Como entender – em que pesasse sua posição burocrático-estatal – que as formas do moderno aqui implantadas, ainda que prescritas para as devidas necessidades, não se coadunassem funcionalmente com a estrutura social? Que os mecanismos de transformação do país e os obstáculos preexistentes não se eliminassem mutuamente, convivessem e até mesmo, por vezes, se confundissem inextricavelmente num mesmo emaranhado de instituições e ideias, inclusive internamente ao próprio Estado (tido como o principal agente da transformação)?

Emergiam aí para o autor, lentamente, os sentimentos de que não bastaria simplesmente que quiséssemos ser modernos e que as receitas do capitalismo central não nos fariam inelutavelmente modernos. Talvez nossa sina fosse a condenação – como havia vaticinado Euclides da Cunha (1982, p.60) – a sermos originalmente (singularmente) modernos ou não sê-lo.

Estimulado pelas questões candentes, Guerreiro Ramos exerceu modestamente, a partir de 1946, sua criação intelectual no Dasp, em artigos na *Revista do serviço público* (ligada ao órgão), muitas vezes resenhando livros. Apesar do formato restrito e dos estreitos limites para o raciocínio teórico, fez daquele espaço editorial um campo para aprendizado e exercício de reflexão sistemática.

Em *A divisão do trabalho social*, resenha crítica sobre o livro de E. Durkheim, lê-se um comentário respeitoso, atento à contribuição fundamental à sociologia e, sobretudo, às possibilidades do planejamento como forma de intervenção social, sobretudo na administração.[25] Preocupado com a erosão da ordem social, alerta para o papel dos sociólogos e a planificação como forma de contenção dos desequilíbrios, controle social e consequente garantia de convivência social

---

25 Ao ressaltar que a "obra foi uma das primeiras a propor uma visão unitária das transformações sociais", já anuncia sua preferência pela visão sociológica totalizante, preferência essa que o levaria, nos anos 1950, às polêmicas posições de crítica da sociologia praticada no Brasil (Ramos, 1957b).

48 EDISON BARIANI JUNIOR

democrática, bem como para a importância da ilustração da elite, o esclarecimento dos dirigentes e a função de uma *intelligentsia* no Brasil.

Uma sociedade de que estão ausentes as forças de integração espontânea dos indivíduos e dos grupos, só poderá manter-se ou por métodos policiais ou por métodos administrativos compreensivos. A preponderância de uns ou de outros dependerá da preparação sociológica dos grupos governantes.

Não estou certo de que o problema tecnológico do governo se resolveria mediante a fórmula, um tanto platônica, de pôr os sociólogos no lugar dos governantes, mas, com certeza, sua solução será tanto mais assegurada quanto maior for a capacidade dos dirigentes de assimilarem os conhecimentos recém-atingidos pelas ciências sociais.

Por este motivo, cresce de importância o papel dos órgãos de estado maior, naturalmente incumbidos de pôr ao alcance dos governantes os conhecimentos técnicos e científicos das ciências sociais, sem os quais a administração da sociedade será aleatória e torpe. (Ramos, 1946b, p.161-2).

A temática do planejamento – uma constante – também domina um artigo posterior (*Notas sobre a planificação social*), no qual ressalta a importância de K. Mannheim e censura duramente *O caminho da servidão*, de Hayek. Problematizando o tema, propõe um estudo mais acurado da planificação e prudentemente aponta que deva ser tomada como "[...] uma questão em debate, cuja solução ainda não está suficientemente amadurecida e, portanto, há de não condená-la ou aplaudi-la em bloco, pois a adesão a certo enunciado científico não pode ser fundada em tendências emocionais" (Ramos, 1946c, p.163). Ele adverte que, com a ascensão dos monopólios, a competição não mais regularia as relações sociais: "estamos vivendo já numa sociedade planificada [...] O que nos interessa é saber agora que espécie de planificação é necessário realizar, tendo-se em vista as necessidades da democracia". Diante disso, os pontos de vista possíveis seriam "o capitalista, o fascista e o comunista", e observa que os dois últimos "[...] estão ainda dentro do

GUERREIRO RAMOS E A REDENÇÃO SOCIOLÓGICA   49

marco capitalista da história e pretendem apenas substituir os detentores do atual controle dos meios de produção por outros detentores, motivo porque não são propriamente revoluções, mas golpes de estado". Observa ainda que "[...] tanto a planificação fascista como a comunista padecem de tendências de índole reacionária muito fortes, pois ambas pretendem impor uma unidade cultural à sociedade, sem compreender a estrutura fundamental da nossa época" (ibidem, p.164).[26] Define então – baseado em Mannheim – a planificação democrática como "[...] uma autoconsciência da sociedade atual ou, melhor, é a realização de sua essência. É menos um intento de reconstruí-la em bases favoráveis a este ou aquele grupo do que um intento de liberar as suas forças genuínas reprimidas." (ibidem, p.165).

Naquele momento, incorpora-se ao pensamento de Guerreiro Ramos um ponto de vista culturalista e a concepção de *fases* (faseológica).[27] Mannheim tornava-se uma influência poderosa sobre o autor (como o seria para toda sua geração). A planificação democrática surge como uma alternativa ao fascismo, comunismo e neoliberalismo e orientada para a interpretação da sociedade brasileira conforme suas particularidades, donde começa a aflorar a preocupação com a

---

26 Saliente-se que por essa época Guerreiro Ramos ainda não havia feito uma ampla leitura de Marx, como ele próprio admitiu mais tarde (ver Oliveira, L., 1995, p.145). Conhecia certamente, mas talvez não muito mais que isso, a *Contribuição à crítica da economia política*, que leu na edição traduzida por Florestan Fernandes (editora Flama), ao qual tece elogiosos comentários pelo prefácio que o sociólogo paulista introduzira àquela obra (Ramos, 1946a). Embora posteriormente tenha conhecido melhor (e até se aproximado deles) Marx e marxistas como Lukács, Rosa Luxemburg, Karl Korsh, Lucien Goldmann etc., bem como visitado a China, Iugoslávia e a União Soviética a convite do Partido Comunista Brasileiro (PCB), manteve sempre razoável distância do comunismo. Antes de morrer chegou a definir o marxismo como "a maior desgraça na história do pensamento brasileiro" (Oliveira, L., 1995, p.168).

27 O culturalismo presente tem forte influência de Mannheim e Alfred Weber, já o conceito de fases (ou concepção faseológica), segundo o qual a história das sociedades seria balizada por fases histórico-culturais relativamente progressivas, é creditado a Franz Carl Miller-Lyer (1857-1916), autor de *As fases da cultura* (1908), *O sentido da vida e a ciência* (1910) e *A família* (1912). Tal concepção também foi usada por alguns outros autores brasileiros, como Helio Jaguaribe.

50 EDISON BARIANI JUNIOR

assimilação do conhecimento vindo do exterior. Seria assim necessário postular a questão da planificação e mudança social "de um modo não ideológico, isto é, em termos da estrutura fundamental de nossa época e não de arquétipos" (ibidem, p.165).

É com Max Weber, entretanto, que se dá a maior empatia. Ao resenhar *Economia e sociedade*, quando do lançamento da edição mexicana (provavelmente o primeiro comentário sobre a obra no Brasil), afirma que

> é a tentativa mais bem-sucedida de estabelecimento de uma ciência sociológica da história, e, por isto mesmo, de uma sociologia efetiva, [...] é a partir de Max Weber que a sociologia se emancipa definitivamente do normativismo, liberta-se de certa tendência reformista que a impelia a invadir, não sem os clamores das vítimas, os feudos da moral, da religião, da profecia e da filosofia. (Ramos, 1946a, p.129-30)

Por meio de uma leitura perspicaz de Weber, Guerreiro Ramos desperta teoricamente para a teoria da organização, o estudo da burocracia e da administração, além de extrair dali subsídios metodológicos. Todavia, a prudência weberiana no trato da sociologia como forma de ação, contra o normativismo, parece não ter afetado o ímpeto do jovem Guerreiro, inebriado pelas possibilidades de intervenção social.[28]

Ele não se deixa levar por uma possível leitura antimarxista da obra, não intentando uma inversão do materialismo histórico; atenta sim para a amplitude e o não determinismo metodológico da obra de Weber. A leitura é permeada por certa reverência que revela mais que uma admiração intelectual: Ramos identifica ali uma posição teórica

---

28 É de M. Weber, segundo ele, a influência mais intensa que sofrera. Porém, desde então até o final dos 1960, intensifica a construção de uma sociologia que prima pela intervenção e conscientização social. Em 1981, comentando sua proximidade com Weber e os anseios políticos desse (apesar da tentativa de separar ciência e ação política), sentenciou: "Weber era um isebiano, um ibespiano" (Oliveira, L., 1995, p.166), o que indica algo sobre a leitura que fazia da obra de Weber: se a ciência não era subsídio imediato para a política, também não estariam radicalmente separadas.

que vinha ao encontro das suas concepções espiritualistas. Sua interpretação norteia-se – além do culturalismo – por certo existencialismo (refletido na leitura de Weber), que se sobrepõe à anterior proximidade do sociólogo brasileiro com o espiritualismo cristão da revista *L'Esprit* e o neotomismo de Jacques Maritain.

> Esta concepção [de Weber] de ciência é eminentemente antis-socrática. O conceito socrático de ciência supunha uma relação conatural entre o indivíduo e o universo. A ciência, segundo Sócrates, está infusa no homem e este a adquire desenvolvendo-a dentro de si como um embrião se desenvolve no seio materno. A concepção típico-ideal da ciência é o reverso do socratismo. O espírito humano e o mundo são inconversíveis. O homem está ilhado e nenhuma garantia possui de que a sua ciência seja uma expressão verdadeira do que o mundo é em si mesmo. Assim sendo, importa menos conhecer a forma ou substância do universo do que conhecer como podemos dominá-lo ou conjurar a sua irracionalidade. A concepção típica ideal da ciência exprime o desespero da consciência humana diante do fracasso da explicação religiosa ou mágica das forças do mundo histórico. Ela é representativa de uma época secularizada em que os padrões sagrados foram radicalmente minados pelo trabalho corrosivo da razão. (ibidem, p.132)

Inspirado por Weber, opõe o sagrado ao profano e o encantamento do mundo à razão, termos que embasarão – poucos anos depois – sua análise sobre a relação entre o tradicional e o moderno, objeto de sua tese sobre a organização racional do trabalho (Ramos, 1950).

Apesar das lições de Durkheim, a influência de Mannheim e o encantamento com Weber, as preferências de Guerreiro Ramos não se refreavam. Em outro artigo ele demonstra apreço pela pesquisa empírica, pela técnica dos *surveys* e pela sociologia estadunidense, representada pela Escola de Chicago e seu mais ilustre arauto no Brasil à época, Donald Pierson.

52 EDISON BARIANI JUNIOR

Um aspecto que tem sido negligenciado no Brasil, na formação dos especialistas nos vários ramos das ciências sociais, é o treinamento dos mesmos, no emprego dos métodos e no manejo das técnicas de pesquisa. A não ser a rara exceção da Escola Livre de Sociologia e Política de São Paulo, onde o Prof. Donald Pierson mantém um curso de pesquisa social, não sabemos nenhuma outra entidade universitária em que se considere a pesquisa social como uma disciplina autônoma.

Um dos maiores serviços prestados ao desenvolvimento dos estudos sociais, no Brasil, pelo Sr. Donald Pierson é, precisamente, o de ter difundido, entre nós, um sistema de referências para o estudo de pesquisa social (Ramos, 1947, p.147).[29]

Ao optar por visões sociológicas totalizadoras, Ramos, conhecedor de um leque de referências teóricas sistematizantes, ressentia-se de um instrumental mais leve, de técnicas de pesquisa e questionários que o capacitassem a abordar mais diretamente dados quantitativos e situações empíricas que agora – por força de suas ocupações profissionais – [30] se prestavam à sua análise, uma vez que só tinha como

---

29 Donald Pierson, então professor da Escola Livre de Sociologia e Política de São Paulo, ofereceu um curso no Rio de Janeiro e Guerreiro Ramos, com sua curiosidade insaciável, tomou contato com a sociologia "norte-americana" (ver Oliveira, L., 1995, especialmente cap.3: "Donald Pierson e a sociologia no Brasil"). Para um contato com a obra do autor, ver Pierson (1972). Quanto à Escola de Chicago e à ecologia humana, ver os volumes de divulgação organizados por Pierson (1948; 1970) e a síntese de Coulon (1995).

30 O autor, em virtude de seu envolvimento profissional no Departamento Nacional da Criança e no Dasp, passava a ocupar-se de temas como a puericultura, pauperismo, saúde, medicina popular, mortalidade infantil, imigração, padrão de vida etc. A versatilidade e a abrangência de conhecimentos de Guerreiro Ramos eram evidentes já nos cursos que ministrava nessa época: se na disciplina de Sociologia do Curso de Administração do Dasp seu enfoque era eminentemente teórico-conceitual e clássico (Ramos, 1948), na disciplina de Problemas Econômicos e Sociais do Brasil do Curso de Puericultura e Administração do Departamento Nacional da Criança, sua abordagem era comparativa e quantitativa (Ramos, 1949).

referência, nesse aspecto, o método e os estudos monográficos de Le Play —[31] provavelmente assimilados por meio da influência de Silvio Romero e Oliveira Vianna, admiradores do pensador francês, que pretenderam readequar tal método à realidade brasileira, numa chave culturalista (Rodríguez, 2006).

Nessas breves resenhas escritas por Guerreiro Ramos já aflora a preocupação, um tanto formalizadora e especulativa, com a utilização da sociologia como instrumento de intervenção social, sobretudo na gestão racional dos recursos e organização administrativo-estatal. O fundamento dessa ação é o planejamento democrático, entendido então menos como operação direcionada a fins e mais como desobstrução de entraves, forma de dar livre curso às potencialidades, às forças latentes numa sociedade que se candidatava à modernização, tomada aí como processo relativamente orgânico.

A influência de Weber faz-se sentir enormemente na já mencionada tese de 1949 que Ramos apresenta ao Dasp, na qual o objetivo seria "[...] mostrar que a Organização Racional do Trabalho é consequência de um longo processo de secularização, no transcurso do qual apareceu, tardiamente na civilização ocidental, uma atitude laica do espírito humano, em face da natureza e da sociedade" (1950, p.8-9). Nesse texto, ele discorre sobre o conceito de trabalho na civilização ocidental, taylorismo, fordismo e o percurso da administração até a contemporânea sociologia do trabalho.[32]

O erudito trabalho de síntese (e ostentação) conclui que a organização racional do trabalho só se produz em sociedades nas quais

---

31 Fréderic Le Play (1806-1882), francês, autor de obras como *Os trabalhadores europeus* (1855), *Reforma social na França* (1864), *Organização da família* (1871), *Organização do trabalho* (1872) e *Constituição essencial da humanidade* (1881), foi criador de um método monográfico por meio do qual sondava a vida social utilizando-se de dados quantitativos, como, por exemplo, os referentes ao orçamento familiar – tema do qual Guerreiro Ramos também se ocupou, aproveitando as formulações do autor.

32 As referências aqui são os estudos weberianos sobre a burocracia, administração, patrimonialismo, o sagrado e o profano (presentes em *Economia e sociedade*) e o estudo –paradigmático – da ética como secularização, em *A ética protestante e o espírito do capitalismo* (Weber, 1997, 1989, respect.).

54 EDISON BARIANI JUNIOR

predomina o espírito antitradicional e laico, não se desenvolvendo em outras nas quais o sagrado se sobrepõe ao racional e secular. Os Estados Unidos seriam o campo mais fértil para tal; já a América Latina, Ásia e Oceania muito menos, pois nessas a indústria seria algo incipiente e a maior parte de suas populações não teria ainda emergido das "culturas de *folk*". Mannheim, Hans Freyer (quanto ao planejamento e à sociologia como intervenção social) e a Escola de Chicago (quanto aos estágios de evolução do tradicional ao moderno), entre outros, estão presentes na análise como referências teóricas.

As considerações sobre o histórico da organização racional do trabalho convergem para o ponto crucial deste: a análise da administração pública, mormente no Brasil. Segundo o autor, as circunstâncias de um gerenciamento racional dos negócios nessa esfera não seriam um assunto meramente técnico ou institucional, um simples modelo de gestão, e sim produto de um amadurecimento histórico-social, dependente do alcance de determinado estágio evolutivo de superação do privatismo

Na administração pública, a racionalização é, antes, uma fase da evolução do Estado que uma tecnologia propriamente dita. Ela surge, sob a forma do que Max Weber chamou burocracia, naqueles tipos de Estado em que, sob influência do constitucionalismo, se afirma o predomínio da função pública sobre a feudalidade e a soberania territorial, ou seja, do interesse universal sobre o interesse particular. (ibidem, p.113)

Tal processo histórico avançaria segundo a formulação tipológica weberiana, na qual os tipos de dominação sucedem-se mais ou menos progressivamente, denotando o advento da racionalidade e da dessacralização do mundo. Isso posto, para assentar-se, a organização racional-legal haveria de solapar as bases patrimonialistas de dada sociedade, instaurando-se em tempo e intensidade conforme as características próprias da formação social. "A superação da administração patrimonial pelo desenvolvimento da administração racional ocorre mais ou menos lentamente, conforme a composição social de cada país" (ibidem, p.117). Guerreiro Ramos assevera que a universalização do capitalismo impõe um caráter relativamente inexorável ao processo de racionalização, embora de modo lento e tensamente articulado com a ordem anterior, "o que explica a coexistência de elementos burocráticos com elementos patrimoniais dentro de uma mesma sociedade" (ibidem, p.119).

Destarte não usa a tipologia weberiana ingenuamente: ele atenta para a idealização dos tipos, as especificidades das sociedades e a não imanência de sentido e ritmo na história. Cada sociedade, no processo de modernização e racionalização, percorreria um caminho próprio e combinaria, de modo ímpar, formas modernas e arcaicas. Assim, não existiriam formas puras, mas formas eminentemente híbridas, "umas mais que as outras", de administração pública (ibidem, p.118).

Pautado pela transformação histórica, o avanço desse tipo de organização dependeria de uma análise social que identificasse e tornasse possível a superação de resistências à mudança entrincheiradas em mentalidades, formas culturais ou hábitos cristalizados pelo tradicionalismo substituindo-os por formas modernas, congruentes com a efetivação da nova ordem.

A racionalização assume algumas peculiaridades na esfera da administração pública. Aí ela é uma questão eminentemente sociológica, antes de ser de qualquer outra natureza.

A racionalização na esfera da administração pública não se converte em mera aplicação do saber técnico na organização de atividades. É, principalmente, um processo de transformação do aparato estatal, que se opera a custa da diminuição (e até anulação) da eficácia da tradição, ou melhor, que implica a substituição de *folkways* por *technicways*. (ibidem, p.12)[33]

Assim, haveria uma tendência de intensificação do processo de racionalização, mas não progressiva e implacavelmente de modo a

---

33 Aqui Weber dá lugar às influências da sociologia estadunidense (desde que não entendida como algo monolítico), especificamente William Graham Sumner e Alice Davis, respectivamente. Adiante, será lembrado Edward Sapir e não faltam referências a W. I. Thomas e W. Ogburn.

eliminar o passado e fazer tábua rasa da sociedade em que atuaria. Sua evolução seria difícil e inconstante, defrontando-se com a ordem anterior e a cultura enraizada, que o obstaculizariam. Dentre essas formas de resistência, a cultura exerceria um papel fundamental: a imposição da nova ordem não bastaria, só com a mudança dos padrões de comportamento seria possível viabilizar a racionalização modernizadora.

A arrebatadora marcha da racionalização pensada por Weber teria como contraponto a força da cultura e a manutenção de condutas (lições tomadas ao culturalismo e à Escola de Chicago). Função primordial nesse processo teria a sociologia, à qual cumpriria entender a sociedade, identificar os obstáculos, dar subsídios às formas de embasamento da ação transformadora e promover formas de atualização das mentalidades arraigadas.

No caso brasileiro, a herança de privatismo, para Ramos, ainda impedia a consolidação da racionalidade administrativa:

No Brasil, a racionalização da administração pública defronta-se com sérios obstáculos, principalmente oriundos de sua formação histórica. Pode afirmar-se, mesmo, que a sua introdução em nossa máquina corre por conta daquele idealismo utópico, característico das elites brasileiras e extensamente estudado por Oliveira Vianna.

A verdade é que a estrutura social e política do país ainda não apresenta até hoje condições capazes de tornar plenamente efetivo, em nossa administração pública, um sistema racionalizado.

Uma tradição de patrimonialismo permeia o Estado brasileiro que, até recentemente, se pulverizava socialmente em "organismos monocelulares", clãs parentais, clãs feudais, clãs eleitorais, de puro direito privado e carecia daquela unidade orgânica e compacta a que se referia Von Stein. (ibidem, p.24)[34]

---

34 Lorenz von Stein (1815-1890), teórico social e historiador do século XIX, um dos fundadores da sociologia alemã, influenciado por Hegel e sistematicamente lido por Marx e Engels, posteriormente retomado por H. Freyer e H. Marcuse; elaborou uma interpretação dialética da história na qual a ideia básica era, segundo Marcuse, o antagonismo entre Estado e Sociedade. Ver Marcuse (1978) e Freyer (1944).

GUERREIRO RAMOS E A REDENÇÃO SOCIOLÓGICA   57

Em auxílio às abrangentes formulações teóricas das quais se servia, o autor lança mão de autores nacionais para dar conta da peculiaridade da sociedade brasileira e viabilizar a crítica ao patrimonialismo em sua caracterização local. Utiliza-se de Gilberto Freyre e sua crítica ao mandonismo, de Nestor Duarte e a análise da ordem privada e, principalmente, de Oliveira Vianna e sua crítica da organização clânica e do familiarismo. Vianna ainda lhe fornecerá subsídios para a crítica da importação de ideias por parte de uma classe dirigente considerada alheia à realidade brasileira (o idealismo das elites) (ibidem, p.124-5).[35]

A administração pública no Brasil, nesse contexto, não teria ultrapassado o "estágio patrimonialista", uma vez que a pressão do privatismo e do familiarismo perturbaria a estrutura governamental, legando à administração pública "[...] o caráter a que [Edward] Sapir chamaria 'espúrio', visto nela não se integram perfeitamente os processos burocráticos. Registra-se, pois, dentro de nossa administração pública, um verdadeiro *conflito cultural*, como já lembrara o sociólogo brasileiro Emílio Willems" (ibidem, p.128-9).

Por suas incumbências e seu caráter precursor, o Dasp, nesse contexto, estaria no olho do furacão, assim como a burocracia que o compunha – inclusive o próprio Ramos.

Este conflito cultural retrata-se com maior agudeza naquilo que se poderá chamar "processo do Dasp", órgão pioneiro da implantação da racionalização na administração federal, cujo destino vem sendo

---

35 Guerreiro Ramos refere-se particularmente às seguintes obras: de Oliveira Vianna, *Instituições políticas brasileiras, O idealismo da Constituição, O idealismo político no Império e na República*; de Nestor Duarte, *A ordem privada e a organização nacional*; e, de Gilberto Freyre, *Casa grande e senzala*. Quanto a este último, Guerreiro Ramos valoriza um interessante aspecto de sua obra que permanece um tanto descuidado. "Tudo se deixou [no Brasil], porém, à iniciativa particular [...] Claro que daí só poderia resultar o que resultou: de vantajoso, o desenvolvimento da iniciativa particular estimulada nos seus instintos de posse e de mando: de maléfico, a monocultura desbragada. O mandonismo dos proprietários de terras e escravos. Os abusos e violências dos autocratas das casas-grandes. O exagerado privatismo ou individualismo dos sesmeiros" (Freyre, 1983, p.244-5).

58   EDISON BARIANI JUNIOR

ultimamente discutido pela opinião pública e assume as proporções de um caso de consciência do país. Tal "processo" não deixa de ser dramático, pois muitos o sentem no espírito e na carne. (ibidem, p.130)

Mesmo saindo em defesa do departamento, não poupa críticas à importação de modelos em dissonância com a situação específica do país e cita, como exemplo negativo, a influência de Willoughby (também uma das mais presentes no Dasp) na instituição do Conselho Federal do Serviço Público Civil, em 1936, com características de órgão de administração geral, embora pondere que, naquelas circunstâncias, representaria algum progresso.

A Lei n. 284 [de 28 de outubro de 1936] representa uma verdadeira transplantação no Brasil das ideias sobre racionalização administrativa, em voga nos Estados Unidos, especialmente na forma por que são expostas por Willoughby. Muitas reservas poderiam ser feitas a esta maneira de introduzir tais ideias em nossa administração federal. É porém incontestável que, de qualquer modo, a Lei 284 assinala um avanço na história administrativa do Brasil. (ibidem, p.133)[36]

Guerreiro Ramos também defende o Dasp contra o assédio que sofria por parte da oposição liberal, porta-voz das resistências privatistas

---

36 Mais tarde, em *O processo da sociologia no Brasil* (Ramos, 1953, p.39-40), voltará ao ponto negando os possíveis avanços da transplantação e caucionando uma evolução orgânica das estruturas, lenta, porém baseada no confronto com as experiências sociais: "Formalmente, operaram-se desde a Lei de n. 284, de 1936, mudanças no arcabouço administrativo federal. Mas foram mudanças promovidas sem fundamento na pesquisa sociológica de nossas condições. Mudanças que cortaram de uma noite para o dia, 'a golpes de decretos', tradições de trabalho cuja validade não foi arguida, discutida, ponderada, como era imprescindível. Sacrificou-se tudo a novíssimas técnicas importadas, sem se refletir que elas de nada valeriam sem as suas premissas comunitárias. Mas em nome delas, subvertemos estruturas burocráticas, que vinham se formando lentamente, que, portanto, vinham sofrendo os testes da vida ou de uma experiência até multissecular".

à modernização administrativa. "O que resta a dizer é que, no presente momento, a evolução da racionalização da administração, no Brasil, está perturbada pela reorganização política que se vem operando desde 29 de outubro de 1945" [deposição de Vargas e fim do Estado Novo] (ibidem, p.134).

A defesa dos privilégios, do privatismo, seria também reivindicação de organizações políticas partidárias, que não primariam pela coerência "ideológica". Antes, representariam interesses específicos que se aglutinariam para conquistas particulares, assediando o Estado em busca de acesso a benesses.

Este "privatismo", até o momento crônico na vida brasileira, exprime-se, na esfera política sob a forma de partidos de *patronagem*, isto é, partidos sem unidade ideológica, meras agremiações ou ajuntamentos de gânglios que, interferindo na administração pública, retardam, quando não paralisam de todo, o processo de sua burocratização. (ibidem, p.125)[37]

O advento da modernização capitalista como processo de racionalização é tomado então por Ramos como processo menos político que cultural, enfrentamento entre o privatismo e a racionalização, entre a burocratização e o patrimonialismo (entendidos como tipos ideais), consistindo em um conflito cultural no qual a administração pública defrontar-se-ia com o tradicionalismo e suas vicissitudes arraigadas. O Estado seria, naquele momento, o agente defensor do público e portador do moderno, capaz de dissolver os embaraços postos por esse tradicionalismo.

Assim, naquele período, particularmente no Estado Novo, os intelectuais aproximaram-se do Estado e mantiveram com ele uma relação tão íntima quanto complexa, predominando uma visão dele como bastião da modernidade.

---

37 Oliveira Vianna (1987) também define os partidos políticos como ajuntamentos "ganglionares".

60 EDISON BARIANI JUNIOR

A ideologia de Estado que se consolida neste momento tem como um dos seus pilares a ideia de que o Estado é mais moderno que a sociedade. Ele é a sua razão e consciência, impedindo-o de se dilacerar nos seus pequenos conflitos de interesse e assim obstaculizar a constituição da vontade nacional. (Vianna, L., 1985, p.40)

Ao reeditar análises anteriores (de modo um tanto mais sofisticado), mormente de Alberto Torres, o autor releva a condição do Estado como grande baluarte da modernização, único agente capaz de se sobrepor aos interesses privatistas da sociedade civil. No entanto, tal concepção do Estado de um lado identifica-o à administração pública e esvazia-o de sua condição política, assim como em Torres (Bariani, 2007), mas de outro elide a participação dos grupos sociais no processo de mudança.

No entender de Guerreiro, não havia ainda um "povo", uma estrutura de classes formada, uma sociedade civil organizada e tampouco um grupo social coeso e apto a subsidiar a mudança necessária. Os grupos sociais existentes só se reuniam em torno do achaque aos bens públicos e na defesa de privilégios. Uma elite dirigente – mesmo em seus despreparo, "idealismo" e alheamento para com a realidade brasileira – aparece como dignitária do progresso, sob os auspícios dos quadros técnico-científicos da burocracia pública, então cientes de sua função e da tarefa de impor a racionalidade. Esses quadros adquiriam ares de uma *intelligentsia de Estado* (idem, 2003b) e o Dasp era um ambiente profícuo para isso.[38]

Eminentemente políticas, as elites mostravam-se, para Ramos, aquém das necessidades, despreparadas para a tarefa de modernizar o

---

38 Entretanto, em tese, os quadros técnico-científicos alojados no Estado poderiam, na ausência de grupos-sujeitos competentes e mesmo do povo como encarnação da nação, indicar formas e nortes para a tomada de decisões e, quem sabe, formular projetos políticos? Ou ainda, o exercício continuado das formas de organização administrativa poderia, ao final, proceder a mudanças estruturais? Poderia a burocracia investir-se de interesses políticos próprios e/ou desempenhar funções absolutamente autônomas, tecendo assim um projeto próprio de modernização? Guerreiro Ramos, no contexto do pós-1964, voltará a ocupar-se dessas e outras questões em *Administração e estratégia do desenvolvimento* (1966).

GUERREIRO RAMOS E A REDENÇÃO SOCIOLÓGICA 61

país, e caberia então a essa *intelligentsia* ligada ao setor estatal esclarecer as elites e fazer agir o gigante (o Estado) – acordado em 1930 e posto em marcha em 1937 – no sentido de organizar a nação (recomendação deixada pela geração imediatamente anterior) e modernizar o país. Era uma tarefa que, ao final, afigurava-se muito mais da inteligência, de missão intelectual, que propriamente política; muito mais de salvação que de negociação, de construção que de arranjo e rotinização. Nessa concepção – e num contexto de sociedade em transição – misturavam--se os papéis da burocracia e da intelectualidade, do técnico-científico e do "ideólogo", as tarefas da administração pública e o projeto político de Estado, indicando como Guerreiro Ramos ainda estava ligado aos intelectuais da geração anterior e à autoimposta missão de criar a nação e organizar o país.[39]

A política – com seus interesses, conflitos, instituições e rituais – parecia para Ramos irracional demais, demorada demais, injusta demais; surgia-lhe mais como tática protelatória que mecanismo decisório, obstaculizava a ação do Estado. Assim, a política em seu teor de con-flituosidade, ao menos nesse contexto, atuaria para ele como fator perturbador da administração pública e da racionalidade modernizante que, naquelas circunstâncias, o Estado Novo lograra construir.[40] A modernização deveria ser defendida da interferência irracionalista da embrionária sociedade civil, seus interesses e seus vícios, deixando ao Estado a tarefa primordial.

Essa perspectiva tinha como vértice social a classe média que emer-gia da profissionalização do ofício militar, da institucionalização dos ofícios do saber, da reestruturação produtiva propiciada pela moderni-zação (industrialização primária, burocratização, formação de quadros técnicos) e da urbanização e sua demanda por serviços. Insurgente num passado então recente (oposição ao regime oligárquico da I República, Tenentismo, Movimento de 1930), amparada no Estado Novo, mas

---

39 Segundo Alzira Abreu (2005), será o despreparo técnico dos intelectuais – ainda presos a valores universalistas – que alijará os isebianos dos papéis decisivos nos governos dos anos 1950.

40 Logo depois, na Assessoria de Vargas, reverá suas posições e aprofundará sua compreensão do país, como ele mesmo admitiu (Oliveira, L., 1995, p.147).

62 EDISON BARIANI JUNIOR

ainda alijada da participação política institucional, buscava sua afirmação no exercício do saber técnico ou científico (principalmente abrigado no Estado), para o qual advogava preponderância nos imperativos da modernização.[41]

A passagem pelo Dasp marcou a trajetória de Guerreiro Ramos: embora daí não se possa concluir que foi essa *a* experiência que o levou a determinadas posições, não há demasiado risco em afirmar que não *por causa* dela, mas sobretudo *com* ela esboçou naqueles anos uma noção de que o advento do moderno era principalmente um "conflito cultural", enfrentamento entre o racional e o irracional. A cultura do moderno (supremacia do Estado, antiliberalismo, intervenção, planejamento e administração burocrática) chocava-se com a cultura do atraso (patrimonialismo, privatismo, clientelismo). Só não percebia ele que, com a imbricação entre o novo e o velho, as formas do moderno – oriundas da evolução do capitalismo – trariam consigo a lógica do interesse, legitimando o privatismo mesmo em suas formas mais arcaicas.

No Dasp, o autor inteirou-se da problemática brasileira e sua complexidade, atentou para o fato de que a transplantação de instituições, condutas e formas de organização dos países de capitalismo central não seriam funcionais na realidade brasileira. No entanto, não seria possível simplesmente relegar os instrumentos e experiências daqueles países – aí precisamente residia o dilema: alcançar a modernidade por meios próprios e, no entanto, utilizar-se dos meios possíveis; ser outro sem deixar de ser si mesmo, articular o particular e o geral, o estrutural e o funcional. Já não era possível simplesmente refazer a trajetória dos países desenvolvidos; o Brasil não poderia galgar os mesmos degraus que aqueles países, haveria de trilhar seu próprio caminho rumo à modernização, porém conforme sua condição particular. Para enfrentar os desafios dessa condição, seria preciso forjar instrumentos teóricos próprios, adequados ao entendimento da realidade brasileira,

---

41 As pretensões políticas dessa classe têm em Rosa (1933) um dos seus defensores de primeira hora. Quanto à relação dessas com a modernização, ver Johnson (1961); sobre as classes médias e a política no período em questão, ver Carone (1985) e Saes (1975; 1984).

GUERREIRO RAMOS E A REDENÇÃO SOCIOLÓGICA   63

aparelhar a sociologia (consciência dessa realidade) para dar conta da complexidade da situação.

O arsenal em construção

Nesse período de incrementação de temas e problemas, consolidava-se para Guerreiro Ramos a seleção de um instrumental teórico. Trazia de antes a influência do neotomismo de Jacques Maritain e o existencialismo cristão expresso na revista *L'Esprit* e na obra de Nicolai Berdiaev, entre outras.[42] Tais concepções espiritualistas são, a partir de então, filtradas e certo culturalismo ganha contornos mais sólidos por meio de outros autores. O conceito de W. Pinder de contemporaneidade do não coetâneo e a concepção faseológica da história de Franz Carl Miler-Lyer são utilizados para entender a originalidade do Brasil como sociedade na qual coexistiriam diferentes tempos numa dada fase histórica.

Também duas grandes influências começam ali a tomar corpo: as de Karl Mannheim e Max Weber, combinadas ainda de modo frágil com uma preocupação empírica que buscava subsídios na sociologia norte--americana. A preocupação com a cultura (em sentido amplo) ainda é dominante: apesar da influência admitida e da presença de Donald Pierson (Oliveira, L., 1995, p.139), não parece ser fortuita a opção pela Escola de Chicago, uma vez que foi por meio desta que o empirismo, a técnica dos *surveys* e a preocupação com o fato aliaram-se a uma considerável atenção à cultura enquanto constituída de formas enraizadas de consciência, comportamento, construção material, sociabilidade etc.

Emergem também as influências do pensamento social brasileiro em sua obra, embora de modo periférico, pois se os temas concernentes à realidade brasileira já ganhavam centralidade em suas preocupações, as

---

42 Contam-se aí, na imensa curiosidade intelectual do autor: Heidegger, Jaspers, Rilke, literatura em geral e particularmente a francesa (segundo ele, Daniel Rops, François Mauriac, Albert Daudet etc.), autores brasileiros etc. (Oliveira, L., 1995, passim).

influências teóricas eram ainda basicamente de autores estrangeiros.[43] Uma ainda tênue linha já o liga a certa herança intelectual que – crítica do liberalismo e desconfiada da capacidade (ou mesmo da existência efetiva) da sociedade civil e do "povo" – busca interpretar o Brasil como algo original, apontando o transplante de ideias e instituições, procurando instrumentos teóricos próprios para essa tarefa e vislumbrando a modernização como uma tarefa eminentemente prática, pragmática, organizativa, de construção da nação a partir do Estado, a despeito ou até à revelia dos interesses particulares presentes na sociedade civil. Precariamente, essa tradição – nomeada por Ramos como a linhagem crítica do pensamento social brasileiro – pode ser assim esboçada: Visconde do Uruguai (Paulino José Soares de Sousa), Silvio Romero, Euclides da Cunha, Alberto Torres, Oliveira Vianna...[44]

Todavia, se a visão do Brasil que emanava desses autores contemplava uma ânsia de síntese, o aspecto rarefeito e mais ou menos dedutivo que as embasa lentamente se tornava claro para o autor. A partir de então, ele busca na sociologia acadêmica e profissionalizada que nascia elementos empíricos e mais cuidadosamente coletados: daí a crescente

---

43 Das obras mencionadas na bibliografia de *Uma introdução ao histórico da organização racional do trabalho,* conta-se 171 autores, sendo 159 estrangeiros e apenas 12 brasileiros, dentre os quais o mais citado é o próprio Guerreiro Ramos, com oito obras.

44 Nessa linhagem "crítica" Guerreiro Ramos – por vezes – acrescentará, mais adiante, João Ribeiro. Quanto a outros autores, nota-se que a presença de Gilberto Freyre na obra de Guerreiro Ramos, nesse período, é devida à crítica ao privatismo e mandonismo, e não às considerações sobre o negro. Como esse, a maioria dos autores, inclusive os da linhagem mencionada, será censurada pela visão racista ou pelo menos não lúcida desse tema. Nota-se também que os autores cronologicamente mais próximos que também se situam na continuidade dessa herança, principalmente os "teóricos do Estado Novo" e do "autoritarismo" (instrumental ou não), não marcam presença em sua obra (exceto Oliveira Vianna), como Azevedo Amaral, Francisco Campos, Almir Andrade, entre outros. Apesar também da admiração de Guerreiro e a influência sofrida de Jacques Maritain e do pensamento cristão tomista, autores cristãos brasileiros próximos dessa tendência também não são mencionados: Tristão de Ataíde (Alceu Amoroso Lima), Jackson de Figueiredo, Jônatas Serrano etc. Mais tarde, Guerreiro Ramos (1961) analisará criticamente esses últimos num ensaio nomeado "A ideologia da ordem".

GUERREIRO RAMOS E A REDENÇÃO SOCIOLÓGICA 65

menção a autores como Emílio Willems, Fernando de Azevedo, Florestan Fernandes (abundam citações de obras desses autores, bem como de Donald Pierson e Roger Bastide). Nesse aspecto, Guerreiro também colabora com a revista *Sociologia*, editada pela Escola Livre de Sociologia e Política de São Paulo e considerada a primeira revista eminentemente acadêmica das ciências sociais no Brasil.[45]

Em dois trabalhos dessa época, publicados naquela revista, nota-se a influência (temática e na abordagem) da sociologia norte-americana e da ecologia humana (principalmente da Escola de Chicago) no tratamento de fenômenos como a pobreza, a medicina popular e a mortalidade infantil, vistos como frutos da ambiência.[46]

> O pauperismo não é apenas uma condição econômica. É também uma condição cultural e psicológica. Ao baixo poder aquisitivo das massas corresponde um repertório de costumes, tradições e atitudes. A pobreza é uma condição econômica e cultural e um estado de espírito. Ambos (condição e estado) têm a sua inércia, oferecem resistência à mudança. Quando se diz que os altos coeficientes de mortalidade infantil se correlacionam com o baixo poder aquisitivo, não se diz tudo. Para maior precisão seria necessário mencionar que eles se correlacionam com a "cultura de *folk*", característica da pobreza. (Ramos, 1951b, p.252)

O problema da transplantação de ideias aflui também e passa a ser uma das questões centrais na obra do autor. A princípio, a crítica tem em foco a transplantação de instituições – influência de sua experiência profissional e das considerações sobre administração e direito público de Paulino José Soares de Sousa (o Visconde do Uruguai).

---

45 Posteriormente, promoverá um acerto de contas com essa sociologia, condenando-lhes a excessiva ocupação com "minudências" da vida social (Emilio Willems), a "ideologia profissional" de sociólogo e a forma de conceber a sociologia (Florestan Fernandes).

46 *Pauperismo e medicina popular* e *O problema da mortalidade infantil no Brasil*, ambos publicados em *Sociologia*, em 1951.

No Brasil, a administração precedeu a sociedade. Éramos no início do século XVI, um território sobre o qual viviam alguns povos organizados sob a forma tribal. A partir de 1530, data em que se funda São Vicente, começam a ser transplantadas para o nosso país, pré-fabricadas, por assim dizer, as instituições administrativas de Portugal, de uma das mais desenvolvidas nações do mundo, naquela época. Em 1549 já aqui funcionavam mecanismos administrativos que na Europa tinham sido elaborados demorada e lentamente no decorrer de vários séculos.

A sociedade brasileira, por força de sua formação, não teve a oportunidade de elaborar lentamente, por ensaios e erros, as soluções dos seus problemas. Estes, uma vez pressentidos, eram tratados pelos métodos experimentados ou em uso na metrópole.

Quando o país e se tornou independente de Portugal, já o vício de adotar para os seus problemas soluções prontas tinha deitado raízes profundas. Os modelos deixaram de vir de Portugal e passaram e a ser importados da França, da Inglaterra, dos Estados Unidos, principalmente (idem, 1951a, p.1-2).

Definido como mal de origem, o empréstimo de iniciativas descoladas da estrutura social traria não só problemas adaptativos como também reforçaria hábitos – e suas consequências – de importar soluções. Alheias à realidade presente, as organizações mostrar-se-iam contraproducentes...

Na verdade, as instituições administrativas não têm nenhum poder mágico ou imanente de resolver os problemas. Elas só rendem em função umas das outras e do meio nacional onde atuam. É inócuo transplantá-las de um país para outro de condições radicalmente diferentes. (ibidem, p.40).
[...] nenhuma instituição burocrática, nenhum esquema de organização tem qualidades imanentes. Sua eficácia depende das estruturas sociais e econômicas onde se encaixam [...]. Certas instituições, uma vez transplantadas, não encontram na sociedade

GUERREIRO RAMOS E A REDENÇÃO SOCIOLÓGICA **67**

receptora elementos fixadores ou condições que possibilitem o rendimento que elas apresentam nas sociedades doadoras. Muitas vezes são reinterpretadas, a fim de exercerem alguma função na nova estrutura social. (ibidem, p.2-3)

Problemas como o da mortalidade infantil, o pauperismo, as deficiências de saúde e outros seriam agravados por tal disfunção, uma vez que as formas de combate utilizadas teriam como vício do deslocamento contextual a ineficiência (ou inconsequência) de resultados. Daí a pretensão do autor em analisar as políticas públicas e realizar um estudo de caso da administração federal, pois os equívocos apontados nada mais seriam do que "aspectos particulares do desajustamento de toda a máquina governamental à realidade sociológica e econômica do país" (ibidem, p.4).[47]

Se a relação disjuntiva entre a estrutura social e as instituições tomava corpo na análise levada a cabo pelo autor, os reflexos do deslocamento e suas decorrências nas representações sociais (com ênfase no pensamento técnico e científico) ainda não eram claros. Ele próprio utilizou conceitos e avaliações que, mais tarde, certamente consideraria "importados".[48]

---

47 Todavia, para ele, um amplo equacionamento do(s) problema(s) só seria alcançado com a transformação faseológica da sociedade, o atingir de uma nova e superior fase civilizatória.

48 Por exemplo, ao pesquisar padrões de vida, considera que "para uma avaliação dos níveis de vida da população brasileira, pode-se utilizar estas referências [percentagem de gastos com alimentação, vestuário, habitação, combustível e iluminação e outros, no orçamento familiar], especialmente os orçamentos modelos propostos pelo *National War Labor Board* e pelo *National Industrial Conference Board*. Ambos foram elaborados tendo em vista populações de assalariados e famílias médias de cinco pessoas" (Ramos, 1951a, 16). Obviamente, as famílias (e as necessidades, costumes e consumo) estadunidenses diferiam em muito das famílias brasileiras, mais ainda nos anos 1950, quando o Brasil ainda era um país cuja maioria da população vivia na zona rural. Em 1952, Guerreiro Ramos dirigirá o planejamento e execução da Pesquisa Nacional de Padrão de Vida e, em 1958, tecendo considerações sobre o uso da redução sociológica (no livro de mesmo nome) reconsiderará a questão, dando-se conta do equívoco cometido em 1951, sem, entretanto, retratar-se (Ramos, 1996, p.80-2).

68   EDISON BARIANI JUNIOR

O arsenal teórico guerreiriano ressentia-se de um aparelhamento para enfrentar as questões numa plataforma superior, basicamente de um método que o habilitasse a se desvencilhar do cipoal de referências cruzadas, de conceitos simbolicamente retorcidos quanto aos seus referenciais. Já vislumbrava no horizonte teórico as implicações dessa orientação metodológica, ainda que a percebesse também a partir de um legado estrangeiro e confundisse o equacionamento teórico da questão com a construção de uma sociologia aplicada.[49]

Quando importamos sistemas legais ou instituições burocráticas de outros países, procedemos, de certa forma, como os nativos do Taiti [que enterraram ferramentas esperando que dali nascessem casas prontas]. Esperamos que eles aqui realizem os mesmos efeitos de lá, sem atentarmos para as diferenças estruturais entre a sociedade brasileira e as sociedades que procuramos imitar.

O reconhecimento de que a eficácia das instituições não lhes é inerente, mas depende das estruturas nas quais elas se integram está suscitando o desenvolvimento de uma Sociologia e de uma Antropologia aplicadas. Os ingleses, por exemplo, estão pondo ambas em uso na administração de suas colônias na África. (ibidem, p.2)

Em breve, despertaria para o fato de os problemas e o modo como os propunha implicarem uma vultosa tarefa, que de forma alguma se resumiria à construção de uma sociologia aplicada, mas sim, conforme consideraria, na reconstrução da sociologia em novas bases, ou melhor, na construção de uma autêntica sociologia brasileira, nacional.

Ao procurar e juntar peças no sentido de organizar teoricamente uma orientação sociológica sólida, Guerreiro Ramos avançava num modo de pensar a sociedade brasileira como algo novo e particular, diferente dos "países centrais",[50] mas ainda fazia uso de um instrumental

---

49 Crítica que, veremos, lhe será feita por Roger Bastide (1953).
50 O termo denota a influência da Cepal – mormente as formulações de Raul Prebish – que opunha os países e economias capitalistas centrais aos periféricos (ver também Bielschowsky, 2004).

nos moldes de um complexo quebra-cabeça, pois a heterogeneidade social e teórica era um desafio a vencer.

O Brasil é um mosaico de culturas, já observou R. Lynn Smith. O *gradient* que Robert Redfield e outros sociólogos registraram no México pode ser observado no Brasil, assinalam-se numerosos graus culturais, desde a "civilização" até a chamada "cultura de *folk*". (ibidem, p.21)

Essas culturas diferenciadas, esse complexo cultural comportaria diversas visões de mundo – uma *Weltanschauung* na acepção mannheimiana – que habitariam uma mesma fase, na qual coexistiriam diferentes tempos históricos, configurando uma "contemporaneidade do não coetâneo" (ibidem, p.41).[51]

A heterogeneidade sincrônica e diacrônica do complexo cultural brasileiro identificada pelo autor trazia consigo o desafio à compreensão teórica e a sedução do ecletismo para dar conta de realidade tão ímpar. Era preciso entender a sociedade brasileira, requisito para transformá--la, mas o arsenal teórico disponível havia sido forjado para (e por) outras sociedades, significativamente diferentes.

Naquele início dos anos 1950, ao abordar a sociedade brasileira com base na transplantação, na forma reflexa e não autêntica da vida social, pairava sempre, para Guerreiro Ramos, a percepção de algo de insuficiente: para o entendimento do país, para pleitear as tarefas da organização da nação, para instrumentalizar o conhecimento e direcioná-lo à prática da transformação e, assim, para aplacar sua voracidade intelectual e ânsia de engajamento. Buscaria então as armas necessárias também num duplo movimento: puxando o fio da história e resgatando as tentativas anteriores de construção de uma teoria crítica imbricada à realidade brasileira e empreendendo uma dura crítica da sociologia no Brasil.

---

51 O conceito de contemporaneidade do não coetâneo, tomado a Wilhem Pinder, que será largamente utilizado pelo autor (e também terá uso comum entre os isebianos) no sentido de indicar a coexistência de diferentes tempos histórico--sociais numa mesma sociedade.

Grupo de Itatiaia, Ibesp e os *Cadernos de nosso tempo*

Envolvido diretamente com a política nacional ao ingressar na Assessoria de Vargas, a partir de 1952 Ramos participou do Grupo de Itatiaia – que, em suas palavras, teria sido formado "com o objetivo de entender o governo brasileiro" (Oliveira, L., 1995, p.148). Também foi um dos fundadores do Ibesp e do Iseb. Para ele, o Ibesp foi "um encontro de estudiosos". Já o Iseb teria sido feito, em suas palavras, à sua revelia, "praticamente, pelo Jaguaribe; foi ele quem fez tudo... Do Ibesp eu gostava, participei, mas o Iseb, é aquela coisa... Objetivamente eu não entendo" (ibidem, p.154).

No Ibesp, Guerreiro Ramos publicou nos *Cadernos de nosso tempo* (editados pelo instituto) os artigos: *Padrão de vida do proletariado de São Paulo* (*Cadernos...* n.1), *O problema do negro na sociologia brasileira* (n.2), *A ideologia da Jeunesse Dorée* (n.4) e *O inconsciente sociológico* (n.5).[52] Se em *Padrão de vida do proletariado de São Paulo* sonda as condições de vivência dessa classe, em *A ideologia da Jeunesse Dorée* analisa a visão social de uma "família" de intelectuais bem-nascidos – Alceu Amoroso Lima (Tristão de Ataíde), Afonso Arinos de Melo Franco e Otávio de Faria – que primariam pelo elitismo, intelectualismo e reacionarismo. Por fim, *O inconsciente sociológico* recupera o legado de autores, como Virgínio Santa Rosa, Martins de Almeida e Azevedo Amaral, a cuja tendência ao esquecimento e diminuição – impulsionada, segundo ele, por sociólogos e antropólogos de "treino especialíssimo" – opunha-se.

Concomitantemente, publicou nesse período, entre outras obras, *O processo da sociologia no Brasil* (1953), *Cartilha brasileira do aprendiz de sociólogo* (1954), *Esforços de teorização da realidade brasileira politicamente orientados de 1870 a nossos dias* (nos Anais do I Congresso Brasileiro de Sociologia, editados em 1955) e *Sociologia de la mortalidad infantil* (publicada no México, em 1955).[53]

---

52 *A ideologia da Jeunesse Dorée* e *O inconsciente sociológico* foram republicados posteriormente em *A crise do poder no Brasil*, obra do autor datada de 1961.

53 A produção individual do autor – no período no qual esteve ligado ao Grupo de Itatiaia, Ibesp e Iseb – será analisada adiante. Neste capítulo, limitar-nos-emos

GUERREIRO RAMOS E A REDENÇÃO SOCIOLÓGICA 71

O Grupo de Itatiaia – embrião do Ibesp e do Iseb – [54] teve início a partir de agosto de 1952, no Parque Nacional de Itatiaia (entre RJ e SP), em local cedido pelo Ministério da Agricultura (cujo ministro era João Cleophas), quando começou a se reunir, ocasionalmente, um grupo de intelectuais "paulistas" e "cariocas", alguns deles católicos, antigos integralistas, conservadores e outros de posições mais à esquerda.

Vargas, que já estimulava a Cepal (então Comissão Econômica para a América Latina, depois também para o Caribe), segundo D'Araújo (1992), teria discretamente incentivado as reuniões em Itatiaia.

A tônica dos debates, inicialmente, era a discussão teórica por parte de estudiosos, que tinham em comum certa configuração intelectual, influências de alguns autores e um desejo de impulsionar um pensamento genuinamente brasileiro.

à produção coletiva da instituição (Ibesp) e às análises críticas sobre a produção (de Guerreiro Ramos e dos autores em geral) na instituição (Iseb). Se no Dasp (e no Departamento Nacional da Criança) a iniciante produção do autor estava diretamente relacionada aos temas e problemas envolvidos na rotina institucional e mesmo profissional, já nas outras instituições (Grupo de Itatiaia, Assessoria de Vargas, Ibesp e Iseb), embora haja relações entre os temas propostos e a produção do autor, tal relação não é tão direta, e é antes mediada pelo caráter das instituições: de estudos e abertura de temas, não focado em relativamente estreito leque de temas, nem no desempenho de uma função (profissional) restrita e/ou baseado na eficiência organizacional, mas de estudos, (livre) exercício intelectual de análises e intervenção social. O autor também, mais maduro e cuja obra se complexificava, tende a incrementar o inventário temático-analítico e declinar das questões excessivamente pontuais e localizadas. Todavia, isso não inviabiliza a análise baseada nas instituições como ambiente de produção intelectual, mas requer sim maior cuidado na confecção de nexos causais, seja entre o autor (e obra) e a instituição, seja entre a instituição e a sociedade na qual se insere. Obviamente, sem perder de vista a relação – mais determinante – da trajetória do autor com a sociedade brasileira em seu contexto histórico.

54 Para Helio Jaguaribe (1979d, p.94; 2005, p.31), o início de tudo teria sido o grupo da "5ª página", que em 1949 mantivera no *Jornal do comércio*, do Rio de Janeiro, aos domingos, o equivalente a um suplemento cultural, no qual se discutiam os problemas do país. Participaram do grupo Israel Klabin, Oscar Lorenzo Fernandez, Jorge Serpa Filho, Candido Mendes de Almeida e o próprio Jaguaribe – também coordenador. O proprietário e diretor do jornal era Elmano Cardim, e Augusto Frederico Schmidt, o responsável pela viabilização do espaço editorial.

72 EDISON BARIANI JUNIOR

Embora o grupo se consolide no Rio de Janeiro e ali finque raízes, nos primórdios, os intelectuais "paulistas" – sobretudo ligados ao Instituto Brasileiro de Filosofia (IBF) e à *Revista brasileira de Filosofia* – participaram do começo das discussões em Itatiaia.[55] Os "paulistas" – Roland Corbisier, Ângelo Simões de Arruda, Almeida Salles, Paulo Edmur de Souza Queiroz, José Luiz de Almeida Nogueira Porto, Miguel Reale[56] e também um professor italiano chamado Luigi Bagolini – eram liderados por Vicente Ferreira da Silva (filósofo cujos seminários eram muito conhecidos na cidade de São Paulo) que, como outros pensadores, guardava certo distanciamento da institucionalização e do ensino filosófico ministrado na Universidade de São Paulo (USP) – de inspiração europeia, francesa (em essência) devido às "missões"[57] – e eram pejorativamente chamados por João Cruz Costa, professor uspiano, de "filósofos municipais".[58]

---

55 O IBF, propagador de certo "existencialismo-culturalista" (segundo Helio Jaguaribe), foi criado (em 1949) conjuntamente pela Reitoria da Universidade de São Paulo (USP) e por um grupo que editava a revista *Colégio* (Roland Corbisier, Almeida Salles, Paulo Edmur de Souza Queiroz e outros); além de editar a *Revista Brasileira de Filosofia*, o IBF organizava os Congressos Nacionais de Filosofia e tinha como seu principal animador Miguel Reale e, entre seus membros, na seção fluminense, Helio Jaguaribe. Ver Paiva (1986, p.29) e Pécaut (1990, p.108).

56 Alguns deles tiveram anteriormente experiências com o integralismo, como Roland Corbisier, Almeida Sales e Miguel Reale – que foi importante ideólogo do movimento. Entre os "cariocas", havia também quem houvesse passado por tal experiência, como Vieira Pinto e o próprio Guerreiro Ramos. A conversão à esquerda de boa parte desses intelectuais aponta para a peculiaridade do integralismo como movimento que (à direita) deu guarida a jovens descontentes de classe média (Candido, 1978), assim como (à esquerda) o comunismo o fez (Rodrigues, L., 1986). Sobre o integralismo ver Trindade (1974), Chasin (1978), Vasconcelos (1979), Chauí (1985, 1986) e Cavalari (1999).

57 As "missões" estrangeiras, no início da USP, influenciaram no ensino de várias disciplinas, especialmente a filosofia, na qual professores franceses deixaram profundas marcas. Ver Massi (1989).

58 Houve também quem transitasse pelas duas "escolas": José Arthur Giannotti foi encaminhado por Oswald de Andrade – em fins dos anos 1940 – para o seminário de Vicente Ferreira da Silva, vindo posteriormente a romper com esse – no início dos anos 1950 – e ganhar destaque na USP e, posteriormente, no Cebrap (Giannotti, 1974, p.26-7).

GUERREIRO RAMOS E A REDENÇÃO SOCIOLÓGICA 73

Os outros participantes ("cariocas") eram Oscar Lorenzo Fernandez, Ignácio Rangel, José Ribeiro de Lira, Israel Klabin, Cid Carvalho, Cleantho de Paiva Leite, Fabio Breves, Ottolmy da Costa Strauch, Heitor Lima Rocha, Rômulo de Almeida e Moacyr Félix de Oliveira. Além desses, os que mais tarde formariam o Ibesp e o Iseb e ficariam conhecidos (juntamente com Álvaro Vieira Pinto, Roland Corbisier e Nelson Werneck Sodré) como "isebianos históricos" (Paiva, 1986) foram[59] Guerreiro Ramos, Helio Jaguaribe e Cândido Mendes de Almeida (Jaguaribe, 1979d, p.95; Pécaut, 1990, p.108; Pereira, Alexsandro, 2005, p.254). Esses compartilhavam com os paulistas – mormente seu líder – algumas influências comuns, mas segundo Paiva (1986, p.32) distinguiam-se:

> [...] os "isebianos históricos" beberam nas mesmas fontes que Vicente Ferreira da Silva [hegelianismo, existencialismo, fenomenologia, culturalismo etc.]. Parece distingui-los o fato de que aqueles dirigiram suas preocupações para a sociedade, enquanto este permaneceu, como nos mostra sua produção ulterior, preso à reflexão sobre o indivíduo, condenando mesmo o caminho seguido pelos isebianos.

O principal articulador do grupo nas reuniões em Itatiaia, Helio Jaguaribe, aglutinava em torno de si as mais variadas personalidades. Entretanto, quando as discussões ultrapassaram a especulação filosófica, incomodados – sobretudo pelas posições e volúpia intelectual de Jaguaribe, que advogava a aplicação teórica à realidade brasileira no sentido da mudança social – os paulistas (conservadores na maioria) desligaram-se do grupo; só Roland Corbisier permaneceu (ibidem, 53).[60]

---

59 Nelson Werneck Sodré – assim como Juvenal Osório Gomes – agregar-se-ia ao grupo em 1955 (Pécaut, 1990, p.108).

60 Segundo Roland Corbisier, Vicente Ferreira da Silva teria anunciado aos "paulistas" sua impossibilidade em enfrentar intelectualmente H. Jaguaribe, abdicando assim da liderança dos "paulistas" que, como grupo, dissolveu-se (Jaime, 2000, p.325-6).

74 EDISON BARIANI JUNIOR

Em 1953, cristalizada sua vocação de estudos dos problemas brasileiros, o grupo remanescente das reuniões em Itatiaia cria o Instituto Brasileiro de Economia, Sociologia e Política (Ibesp) e passa a editar os textos das discussões sob o nome de *Cadernos de nosso tempo*, publicados entre 1953 e 1956, totalizando cinco volumes que vieram a marcar época. Colaboraram nos *Cadernos* Alberto Guerreiro Ramos, Cândido Mendes de Almeida, Carlos Luís Andrade, Ewaldo Correia Lima, Fábio Breves, Heitor Lima Rocha, Helio Jaguaribe, Hermes Lima, Ignácio Rangel, João Paulo de Almeida Magalhães, José Ribeiro de Lira, Jorge Abelardo Ramos, Moacyr Félix de Oliveira e Oscar Lorenzo Fernandez (Schwartzman, 1979). Tinha início uma forma de interpretação (e engajamento) ainda inédita no Brasil. "A importância do Ibesp e dos *Cadernos* é que eles contêm, no nascedouro, toda a ideologia do nacionalismo, que ganharia força cada vez maior no país nos anos subsequentes, e serviriam de ponto de partida para a constituição do Instituto Superior de Estudos Brasileiros" (ibidem, p.3).

O Ibesp (diferentemente do Iseb), mesmo não sendo composto de modo homogêneo e com seus encontros extemporâneos, mantinha certa organicidade nas análises e produções, derivada das discussões conjuntas e prévias dos textos publicados, o que torna possível uma análise sistemática de suas formulações.

Os trabalhos publicados nos *Cadernos de nosso tempo* geralmente não contêm citações e/ou preocupações acadêmicas. Eram textos de construção e síntese que denotavam a preocupação essencial dos autores: influir decisivamente na realidade brasileira. Entre os temas abordados, estavam o Estado, o pensamento social no Brasil, os agentes e fenômenos político-sociais, a economia, posição na geopolítica e a condição do negro (cf. Ramos, 1979), entre outros. Nos textos, concebidos individual ou coletivamente (e sempre discutidos), os autores abordavam questões urgentes da sociedade brasileira – naquela década de 1950 – e, mais que diagnosticar, por vezes, apontavam formas de equacionar os problemas.

Embora mantivessem um caráter engajado e não acadêmico, alguns textos – hoje lançados à margem – trazem interessantes contribuições teóricas a questões que viriam à berlinda nos anos posteriores. Em *O que*

GUERREIRO RAMOS E A REDENÇÃO SOCIOLÓGICA   75

é ademarismo – publicado nos *Cadernos...* n.2 (jan./jun. 1954) – Helio Jaguaribe enfrenta o então fenômeno político (e social) do "ademarismo", que à época surgia como uma esfinge na política brasileira.[61] Na tentativa de desvendá-lo, empreende uma análise do populismo – um dos grandes temas a partir do final dos anos 1950 no Brasil e na América Latina – fortemente influenciada por um pragmatismo político e pelo pensamento de Ortega y Gasset (1933), no que se refere à análise do comportamento político das massas:

> O populismo, de que o ademarismo é a expressão brasileira, constitui a manifestação política das massas que persistiram como tais, por não terem seus membros logrado atingir a consciência e o sentimento de classe e por tender a se generalizar, como protótipo da comunidade, o tipo psicossocial do homem-massa. (Jaguaribe, 1979b, p.26)

Também são de Jaguaribe (1979a; 1979c) as análises baseadas na identificação de certo *patrimonialismo* presente na sociedade brasileira e na definição do Estado republicano brasileiro como *Estado cartorial*, isto é, como condicionado pela solução de continuidade da "necessidade" – por causa do clientelismo político-eleitoral e à dependência do consenso tácito – de prover com empregos públicos a classe média, inchando a burocracia civil e militar e legando aos particulares o cumprimento de funções administrativas que seriam públicas. Tal análise viria a pontuar alguns dos primeiros usos do conceitual weberiano nas interpretações sobre a promiscuidade entre o público e o privado no Brasil,[62] bem como da caracterização da classe média como grupo (em

---

61 Tal perplexidade derivava – dentre outros motivos – das características do fenômeno, que incluía tanto um enraizamento oligárquico e autoritário quanto um significativo apelo popular, a ponto de a candidatura de Ademar de Barros ter o apoio de setores de esquerda.

62 Lembremos que a primeira edição de *Os donos do poder*, de Raymundo Faoro (1987), considerado um dos precursores dessa abordagem, é de 1958. Tal artigo foi publicado originalmente como *A crise brasileira* (*Cadernos de nosso tempo* 1, out./dez. 1953).

76   EDISON BARIANI JUNIOR

sua maioria) alienado e moralista, de tendência conservadora e de opções políticas pautadas pela vigência de valores tanto idealistas quanto hipócritas, vindo a servir aos desígnios de um setor reacionário da burguesia. O udenismo em geral e o fenômeno do lacerdismo em particular viriam a relevar tal preocupação.

Todavia, a preocupação central dos autores ibespianos era acerca das possibilidades e formas de alcançar o desenvolvimento, pensado como a transformação qualitativa essencial e geral que poderia redimir a miséria brasileira, num processo que, de modo expresso, compreenderia os mais variados aspectos (econômico, político, cultural etc.), já que não deveria simplesmente "ser concebido como empreendimento industrial e comercial" (Lima, Hermes, 1979, p.82).[63]

Como suposto ao processo de desenvolvimento, pleiteavam a necessidade de uma *ideologia*, concebida no sentido de um amplo projeto que visasse aos interesses objetivos das classes sociais em luta contra o atraso: "Ideologia, genericamente, é o conjunto de valores e de ideias que apresentam como razoável e desejável um determinado projeto ou estatuto convivencial para a comunidade, a partir dos interesses situacionais de uma determinada classe ou grupo social" (Ibesp, 1979, p.239). Assim, uma ideologia consistiria, essencialmente, "na formulação de uma pauta de valores e de sua articulação num projeto social dotado de eficácia histórica". Tal caráter só poderia ser comprovado *a posteriori*; todavia, *a priori*, poder-se-ia "determinar, formalmente, as condições de que se devem revestir os valores e seu projeto de realização para que uma ideologia logre eficácia histórica" (Jaguaribe, 1979a, p.148).

Conforme sua adequação em relação às condições sociais e às exigências históricas, a ideologia seria "autêntica" ou não, autenticidade essa que – como é também sugerido por Jaguaribe – só revelar-se-ia *post festum*, com a verificação de sua eficácia depois de consumadas as experiências do período:

---

63 Outro conceito frequentemente usado, o de *planejamento*, é visto como importante instrumento da racionalização e equacionamento dos problemas da sociedade brasileira, dentre eles, a questão econômica, cuja análise acusava influência das teorias do desenvolvimento formuladas pela Cepal.

GUERREIRO RAMOS E A REDENÇÃO SOCIOLÓGICA   77

As opções políticas são sempre relativas e, por mais objetivos e válidos que sejam os métodos empregados para se chegar a elas, escapam à possibilidade de julgamento em termos de estrita verdade ou erro. Neste campo, não há verdades; há decisões. Estas serão racionais ou arbitrárias, autênticas ou inautênticas, representativas ou não. O que importa, por isso mesmo, é empreender o esforço de esclarecimento necessário para assegurar a validade das decisões. (Ibesp, 1979, p.171)

Assim...

Não se pode aprisionar a História em fórmulas. Não há para os problemas históricos soluções definitivas, universais e permanentes. Mas há soluções autênticas e inautênticas, profundas e superficiais. As soluções que correspondem aos imperativos históricos do momento, e o satisfazem em profundidade, inauguram ciclos e se convertem em marcos para o subsequente processo do devenir histórico. (Jaguaribe, 1979a, p.147)[64]

No entanto, concebiam o desenvolvimento como uma espécie de missão histórica, e mais, se o apresentavam como conceito amplo (histórico, econômico, político, cultural...), frequentemente, no arrematar teórico crucial das questões, predominava em muito o aspecto econômico, esfumando os outros aspectos como colaterais ou simplesmente efeitos daquele.

As dificuldades do desenvolvimento, necessariamente, levavam à conceituação das deficiências, das fragilidades na formação histórica brasileira – daí a interpretação da condição do Brasil como país moldado pelo colonialismo, semicolonialismo e subdesenvolvimento:

---

64 Mesmo tendo como alicerce a concepção faseológica (ou de fases) não há, nesse momento, nos escritos uma noção de imanência histórica como viria a ser acentuada por alguns críticos, o processo político é visto como algo "aberto", produto da relação entre as escolhas e as condições.

78 EDISON BARIANI JUNIOR

O colonialismo, mais do que uma situação política, é uma situação econômico-social, caracterizada pela dependência de uma determinada comunidade – a comunidade colonial – para com outra comunidade – a metropolitana – ou para com outros países econômico-socialmente autônomos. Nesse sentido econômico--social, que não implica necessariamente a dependência política, as duas principais características do colonialismo são, em primeiro lugar, o fato de a comunidade colonial estar organizada como um instrumento a serviço de sua metrópole ou, de modo geral, dos países econômico-socialmente autônomos. Em segundo lugar, o fato de que a comunidade colonial só poder desenvolver-se com impulsos exógenos. É esta segunda característica que torna relativamente sem importância o estatuto político da sociedade colonial, cuja dependência para com o exterior nem decorre basicamente da coação política nem constitui para tal sociedade unicamente um ônus, mas antes representa sua própria forma de existência. As comunidades coloniais, de certo modo, são núcleos geográfica e socialmente descentralizados das sociedades que desempenham para com elas a função de metrópole. (Ibesp, 1979, p.175)

Não era inédita a interpretação do processo histórico brasileiro por meio do conceito de colonialismo. A novidade da abordagem ibespiana é a concepção do fenômeno como algo generalizante, sistêmico, tanto enraizado quanto dinâmico, no rastro das elaborações de Balandier (1976) e Sartre (1968).[65]

Segundo a análise ibespiana, o Brasil teria sido colonial até meados do século XIX. A partir daí, adquiriria uma condição semicolonial: "O semicolonialismo, como indica o termo, caracteriza uma situação intermediária entre o colonialismo e a autonomia econômico-social" (Ibesp, 1979, p.176). Tal condição perduraria até os primeiros decênios do século XX quando, a partir dos acontecimentos de 1930 e da II Guerra

---

65 Posteriormente, o conceito de *colonialismo* será retomado e revisto para dar conta, também, da situação cultural brasileira – como, por exemplo, nas formulações de Corbisier (1958) e Sodré (1961). Nos anos 1960, o termo (de modo análogo) será cristalizado por Frantz Fanon (1979).

GUERREIRO RAMOS E A REDENÇÃO SOCIOLÓGICA **79**

Mundial, passaria ao subdesenvolvimento. Já este é definido como "um fenômeno econômico-social de caráter global, cuja explicação se tem de encontrar *na análise histórico-sistemática do processo econômico-social de cada país*" (ibidem, p.173, grifos nossos), sendo subdesenvolvidas as economias "[...] que, por deficiência de seus fatores de produção, especialmente por falta de capital, não disponham, por conta própria, da possibilidade de dar aos seus fatores, em regime de pleno emprego, a máxima utilização permitida pela técnica existente, num momento dado" (ibidem, p.176-7).

Assim, mesmo havendo preocupação com uma definição ampla e profunda do subdesenvolvimento, bem como a respeito da particularidade da relação e situação de cada país para com o processo global,[66] predomina uma definição de caráter estritamente econômico, relegando a clarificação dos laços particulares da situação brasileira e incorrendo numa explicação genérica da relação, aplicável praticamente a qualquer caso.

No que diz respeito à posição brasileira na geopolítica, pleiteavam os ibespianos uma posição de equidistância e neutralidade com relação à polarização Estados Unidos-União Soviética, neutralidade essa firme, mas sem isolamento, uma vez que o país não teria cacife político para bancar uma posição radicalmente independente, sendo tático e prudente aguardar o fortalecimento de uma terceira posição que se consolidava em outros países então chamados "não alinhados".[67]

Analogamente, havia uma análise das classes sociais e suas relações, visando identificar os interesses, horizontes de ação e prováveis arranjos

---

66 Esta será no início dos anos 1960 uma das preocupações centrais do trabalho de Cardoso e Falleto (1975): definir a situação específica de cada país com relação à dependência e ao subdesenvolvimento, não os englobando numa mesma posição, ou seja, proceder à análise concreta da situação concreta.

67 Em 1955, contestando o domínio soviético, estadunidense e o colonialismo, reuniram-se na Conferência de Bandung, na Indonésia, os líderes de vários Estados asiáticos e orientais (Afeganistão, Arábia Saudita, Birmânia, Camboja, Laos, Líbano, Ceilão, República Popular da China, Filipinas, Japão, Índia, Paquistão, Turquia, Síria, Israel, República Democrática do Vietnã, Irã, Iraque, Vietnã do Sul, Nepal, Iêmen do Norte) e africanos (Etiópia, Líbia, Libéria e Egito). Adeririam às posições também Índia e a então Iugoslávia.

80 EDISON BARIANI JUNIOR

políticos que poderiam viabilizar um projeto de desenvolvimento. Ainda que presente como influência teórica, o marxismo é demasiadamente modificado na análise pela predominância do nacionalismo, pois alguns supunham que "a rigidez da explicação marxista implicou no menosprezo de fatores como as nacionalidades, que se mostrou na realidade histórica, muito mais poderosa do que a suposta solidariedade de classe" (Fernandez, 1979, p.101).

A burguesia era vista como uma classe que sofria com a escassez de capital, sendo este – consideradas as consequências – o principal fator da alienação que a acometeria. Além disso, haveria um "despreparo ideológico" (principalmente da burguesia industrial) e uma "falta de representatividade ideológica", daí

[...] o fato de manter artificialmente na direção de classe o setor da mesma [burguesia mercantil e oligarquias] ligado a uma economia superada e reacionária, e como consequência, o fato de o Estado não estar prestando à classe os serviços que lhe poderia proporcionar e de os interesses burgueses não encontrarem a defesa e as facilidades de expansão com que poderiam contar, em termos que viriam de encontro aos interesses das demais classes. (Ibesp, 1979, p.241)

Cumpriria ao "setor industrial de nossa burguesia assumir mais decididamente, inclusive para fins político-sociais, a liderança econômica que já exerce" (ibidem, p.240).

O proletariado, em seu setor urbano, teria como interesses diretos a expansão e a diversificação do parque industrial brasileiro. Já no setor rural, os ibespianos assinalavam que o "trabalhador rural, ou mais especificamente, o *campesinato*, precisa, imperiosa e urgentemente, da racionalização de nosso sistema agrário, em termos de elevação da produtividade rural e da abolição dos processos e do regime semicoloniais de produção" (ibidem, p.241).[68] Ou seja, na visão dos autores, os interesses da "classe proletária" se orientariam, "de modo geral,

---

68 Além da divisão entre proletariado "urbano" e "rural", aparentemente há uma confusão conceitual (ou identificação) entre proletariado rural e campesinato.

GUERREIRO RAMOS E A REDENÇÃO SOCIOLÓGICA   81

segundo duas linhas: a do aumento da produtividade e da produção e da melhoria das condições de vida e das oportunidades de acesso aos níveis superiores da sociedade" (ibidem, p.241).

Uma "comunidade de interesses" uniria o proletariado ao setor industrial da burguesia, sendo indispensável para ambos uma aliança para alavancar o desenvolvimento, pois, tal como esse setor burguês (dentro das circunstâncias de solidariedade nacional que o momento exigia), o proletariado não teria autonomia e representatividade suficientes para encampar autonomamente um projeto:

A falta de representatividade das ideologias operárias correntes no Brasil se revela, como ocorre com a ideologia burguesa corrente, pelo fato de o proletariado ser conduzido ao culto personalista de chefes carismáticos – em vez de à compreensão dos interesses da classe e à sua defesa organizada – e ainda pelo fato de mobilizar os trabalhadores contra a produtividade e no sentido de um assistencialismo paternalista. (ibidem, p.242)

Não se trataria assim de implementar "programas utópicos", mas de esclarecer os trabalhadores a respeito de seus "verdadeiros interesses", isto é, o socialismo não seria uma bandeira adequada ao momento histórico; o desenvolvimento sim, obviamente entendido como desenvolvimento capitalista, seria imperativo.

A classe média[69] tenderia a reivindicar "facilidades de consumo" e persistiria no "parasitismo burocrático", engalfinhando-se na disputa de empregos públicos. Por um lado, ela consideraria os problemas sociais e econômicos em termos idealistas e moralistas, beneficiando com suas posições a burguesia mercantil e as oligarquias que se apoiariam "na opinião pública pequeno-burguesa e nas Forças Armadas, para prolongar, em seu benefício, o subdesenvolvimento e o semicolonialismo". Por outro lado, caberia "aos quadros técnicos e administrativos e aos intelectuais da classe média a tarefa de desmascarar essa mistificação"

---

69   Não identificamos nos textos uma definição rigorosa dos setores sociais médios. Por vezes, classe média e pequena-burguesia confundem-se.

82 EDISON BARIANI JUNIOR

(ibidem, p.242-3). Promover a superação do subdesenvolvimento e da política de clientela seria tarefa – dentre essa classe média – para uma parcela ilustrada, de formação técnica ou intelectual e desvinculada do parasitismo de interesses.

Nesse quadro, a relação de auxílio econômico-social do Estado para com a classe média era vista como clientelismo e cartorialismo; para com o proletariado, como assistencialismo e paternalismo. Já o auxílio à burguesia industrial seria uma questão estratégica econômica e política. Ao analisar a configuração das classes, o projeto ibespiano identificava um hiato: "[...] estabeleceu-se um descompasso entre a nossa vida civil, cada vez mais impulsionada, sob a liderança da burguesia industrial, no sentido do desenvolvimento, e nossa vida política, que permaneceu sob o controle das velhas elites dirigentes" (ibidem, p.221). Desse modo,

> A revolução política de que necessitava e continua necessitando o país, e para a qual havia e há cada vez mais condições favorecedoras e até determinantes, era e é uma revolução orientada para o desenvolvimento econômico-social, tendo por objetivo imprimir ao Estado a funcionalidade e a eficácia de que carece e ajustar o processo político ao econômico-social. Tratava-se e continua a se tratar de liquidar o poder político dos remanescentes da oligarquia rural, de acabar com a política de clientela e de estabelecer uma política ideológica que ajuste a organização, o funcionamento e a orientação do Estado aos imperativos do desenvolvimento e às novas forças econômico--sociais do país. (ibidem, p.237)

A reorganização funcional passaria pela atuação de um setor da sociedade civil profundamente atento às necessidades do Estado: *a intelligentsia*.

> Se tal crise [a "crise brasileira"] vier a persistir sem solução, no que se refere à reforma do Estado e à modificação do processo político-social, a solução se imporá, de qualquer modo, no sentido de um reequilíbrio entre o Estado e a sociedade civil.

GUERREIRO RAMOS E A REDENÇÃO SOCIOLÓGICA **83**

[...] A principal dessas condições [para a reforma do Estado] é a intervenção, no processo político-social brasileiro, de *uma vanguarda esclarecida e eficaz, apta a despertar, nas novas forças dirigentes de nosso processo econômico-social, a consciência de seus interesses e das possibilidades de serem eles atendidos em termos convenientes para toda a comunidade.* (Ibesp, p.237, grifos nossos)

Caberia à *intelligentsia* – como "vanguarda esclarecida" e ator social privilegiado em termos de consciência – propor alternativas, pensar a reforma do Estado, esclarecer e sintetizar interesses, em suma, elaborar um projeto que unisse – reorganizando – sociedade civil e Estado, a partir deste como instância proeminente da transformação. Tal papel de vanguarda, ao que parece, era reivindicado pelo próprio Ibesp.

Segundo um analista, o Ibesp evoluiu "de um mero grupo de estudos para um grupo intelectual com projeto político próprio" (Schwartzman, 1979, p.4) e contribuiu originalmente para a sedimentação de várias ideias-força que marcariam indelevelmente o ambiente político e intelectual brasileiro:

[...] o Ibesp foi responsável por uma série de ingredientes que teriam uma presença duradoura no ambiente político brasileiro: o desenvolvimento de uma ideologia nacionalista que se pretendia de esquerda, em contraposição aos nacionalismos conservadores do pré-guerra; a difusão das ideias de uma "terceira-posição" tanto em relação aos dois blocos liderados pelos Estados Unidos e União Soviética quanto em relação aos pensamentos marxista e liberal clássico; uma visão interessada a respeito do que ocorria nos novos países da África e Ásia; a introdução do pensamento existencialista entre a intelectualidade brasileira; e, acima de tudo, uma visão muito particular e ambiciosa do papel da ideologia e dos intelectuais na condução do futuro político do país. (ibidem, p.5-6)[70]

---

70 Cabe esclarecer, em contraponto a Schwartzman, que a introdução do pensamento existencialista tem no Ibesp um precursor somente no sentido de sua aplicação à interpretação da sociedade brasileira.

E sua originalidade radical estaria na forma de atuação intelectual:

> O que dá ao Ibesp sua característica inovadora na história do pensamento político brasileiro é que, pela primeira vez, um grupo intelectual se propõe a assumir uma liderança política nacional por seus próprios meios. Neste sentido, o Ibesp é radicalmente novo. Ele se diferencia dos pensadores políticos do passado que acreditavam que seriam suas ideias, se corretamente aplicadas – fossem elas liberais, católicas ou conservadoras –, que iriam transformar a sociedade. E se diferencia, também, dos pensadores de influência marxista, que se alinhavam, física e intelectualmente, com um setor da sociedade que, acreditavam, viria um dia a liderá-la, ou seja, a classe operária. Para os primeiros, as ideias políticas fariam tudo; para os segundos, elas podiam pouco. Para o Ibesp, eram os intelectuais, mais do que suas ideias ou partidos, que poderiam, um dia, tomar o destino do país em suas mãos. (ibidem, p.4)

Mesmo conhecido como a ante-sala do Iseb, o Ibesp não é o passado necessário do Iseb. Talvez mesmo o Iseb não seja a realização 'natural' do intento ibespiano: apesar dos componentes, das influências e das análises que perduraram, o Grupo de Itatiaia e o Ibesp têm uma história própria, abordagens diferenciadas e, sobretudo, uma inserção original no contexto brasileiro. Na "transição" para o Iseb permaneceram nomes como Helio Jaguaribe, Nelson Werneck Sodré, Roland Corbisier, Ignácio Rangel, Cândido Mendes de Almeida e Guerreiro Ramos, entre outros, e manteve-se a influência da análise econômica da Cepal, da aplicação do existencialismo à realidade social, a posição de engajamento... Todavia, a forma como se organizava e as funções às quais aspirava mudaram.

O Ibesp procurou congregar intelectuais e constituir-se como uma *intelligentsia*, acentuando a posição mannheimiana da intersticialidade, da flutuação social dessa camada socialmente "desvinculada" – embora não ausente das relações de classe (cf. Mannheim, 1972; 1974) –, funcionando menos como um ator político de posição determinada e mais como ator "ilustrado", de posições caleidoscópicas num amplo leque de análise, procurando elaborar sínteses e, concomitantemente, identificar faces da mesma questão e relacionar os interesses das classes aos projetos possíveis. Em suma, o Ibesp não se notabilizou como "partido" político dos intelectuais e sim como pretensa "consciência social" teórica dos dilemas do país.

No período na Assessoria de Vargas, Grupo de Itatiaia e Ibesp, Guerreiro Ramos começou a se envolver com outros temas que lhe seriam caros daí em diante, como a condição do negro e o preconceito, o pensamento social e a sociologia no Brasil, aspectos políticos e econômicos – e não tanto administrativos – da estrutura social etc. Alargaram-se e aprofundaram-se seus temas e análises, emergiu uma preocupação com a estrutura social, sua dinâmica e seus vários aspectos, tendo realce as formas de organização política e tomada de decisões – provavelmente fruto da proximidade com o exercício do poder. Nesse sentido, sob os imperativos da efetividade e pragmatismo no exercício do poder, Guerreiro Ramos participou da confecção de uma interpretação diagnóstica da sociedade brasileira, problemas e eventuais possibilidades de superação. Esse projeto, exposto basicamente nos *Cadernos de nosso tempo*, prescreveu boa parte da agenda política-intelectual e fixou marcos para a interpretação teórica – sobretudo em chave nacionalista – daquele período em diante. A busca de uma visão totalizante e descompromissada, nos termos de uma desvinculação em relação aos interesses imediatos de classes sociais, levou os artífices do projeto e Guerreiro Ramos em particular à tentativa de se qualificarem no papel de uma *intelligentsia*, ainda muito próxima do Estado, mas agora também em busca de lastros na sociedade civil, de cuja aptidão política e organizativa, mas menos da efetividade, ele ainda duvidava.

Iseb: fábrica de controvérsias

Em 1955, é fundado o Instituto Superior de Estudos Brasileiros (Iseb). Guerreiro Ramos – um dos fundadores e diretor do Departamento de Sociologia – integra-o até 1958, quando rompe com Helio Jaguaribe e deixa o instituto. Durante sua estadia, o sociólogo promoveu cursos

86 EDISON BARIANI JUNIOR

regulares e proferiu várias conferências, produzindo também significativa parte de sua obra, principalmente *Condições sociais do poder nacional* (1957), *Ideologias e segurança nacional* (1957), *Introdução crítica à sociologia brasileira* (1957) e *A redução sociológica* (1958).[71]

O Iseb nasceu e morreu em circunstâncias curiosas, em momentos confusos, por meio de decretos assinados por figuras inexpressivas da política brasileira exercendo provisoriamente o poder: foi criado em 1955, por um decreto do Governo interino de Café Filho, e extinto em 13 abril de 1964, por decreto de Ranieri Mazzili (Presidente provisório).[72]

No início, o instituto congregava em seus conselhos curador e consultivo uma enorme gama de personalidades, das mais variadas tonalidades ideológicas: Anísio Teixeira, Roberto Campos, Gilberto Freyre, Sérgio Buarque de Holanda, Miguel Reale, Horácio Lafer, Pedro Calmon, Augusto Frederico Schmidt, Sérgio Milliet, Paulo

---

71 *Condições sociais do poder nacional* e *Ideologias e segurança nacional* seriam incluídas – logo após – em *O problema nacional do Brasil* (publicado em 1960); quase todo o livro é composto de artigos e conferências de quando o autor integrava o Iseb. Desse modo (e pela temática e abordagem), o livro talvez seja o mais "isebiano" do autor – embora publicado posteriormente à sua estadia. A análise dessa produção será efetuada adiante (no capítulo 3). Nesta seção nos limitaremos a enfocar a produção sobre o Iseb e utilizá-la – cotejada e complementada com outras fontes – como base contextual (limitada) para o entendimento da trajetória do autor estudado.

72 Há indícios de que Vargas (animador da Cepal, do Grupo de Itatiaia e Ibesp), por meio do Ministro da Educação (Antonio Balbino) e de seu Chefe de Gabinete (Gilberto Amado), criaria o instituto se seu governo não fosse bruscamente interrompido – seria então um projeto em andamento, daí sua criação no governo seguinte (Jaguaribe, 1979d, p.95). Há, entretanto, motivos que indicam nova disposição para o empreendimento. Ainda que vigorem alusões do Iseb com a Escola Superior de Guerra, o Colégio de Mexico e a pretensão a Collège de France, Alberto Torres já havia idealizado a criação de um instituto para estudar a realidade brasileira e também uma Universidade Brasileira (no Rio de Janeiro, capital da República), congregando as faculdades de ensino superior, *um instituto de estudos dos problemas nacionais* e órgãos de classe (advogados, engenheiros etc.). O Iseb, fundado em 1955, no governo Café Filho, pelo Ministro da Educação Cândido Mota Filho, admirador e autor de livro sobre Alberto Torres (*Alberto Torres e o tema de nossa geração*, 1931), de certo modo propiciou a realização da ideia (Iglesias, 1982a, p.27).

GUERREIRO RAMOS E A REDENÇÃO SOCIOLÓGICA   87

Duarte, Heitor Villalobos, Fernando de Azevedo, San Tiago Dantas etc. Tinha como diretor Roland Corbisier e como responsáveis pelos departamentos Álvaro Vieira Pinto (Filosofia), Cândido Mendes (História), Ewaldo Correia Lima (Economia), Helio Jaguaribe (Ciência Política) e Alberto Guerreiro Ramos (Sociologia). Eles, juntamente com Nelson Werneck Sodré – remanescentes do Ibesp – influenciariam os rumos do instituto.

Ao longo da existência do Iseb, mudanças de personalidades e de posicionamento político, tom das análises e tonalidades ideológicas, levaram os comentaristas a distinguir possíveis "fases" em sua trajetória. Daniel Pécaut (1990, p.112-3) identifica três etapas: 1) do início (1955) até crise gerada em torno do livro de Helio Jaguaribe e, logo a seguir, o afastamento de Guerreiro Ramos, 1958; 2) desse acontecimento até as desavenças na disputa eleitoral presidencial entre Jânio Quadros e marechal Lott (1960); 3) da configuração esquerdista até 1964 (o fechamento). Já Caio Navarro de Toledo (1982, p.186-9) define também três etapas (sem detalhar datas) e limita-as do seguinte modo: 1) início de posições ideológicas ecléticas e conflitantes; 2) período da ideologia nacional-desenvolvimentista, 3) defesa das reformas de base.

Octávio Ianni (1985, grifos do autor) identifica sumariamente duas fases: uma primeira na qual teria maior ascendência o modelo de desenvolvimento capitalista "neobismarckiano, nacional-desenvolvimentista ou do nacionalismo-desenvolvimentista" (1955-1958) e uma segunda fase – mais "heterogênea" ou mesmo "contraditória" – na qual predominou o modelo de "capitalismo nacional" (1958-1964). Helio Jaguaribe (1979d, p.96-7; 2005) percebe três fases: 1) do início até a crise de 1958, na qual o instituto tinha vocação "teorizante" e "problematizante"; 2) de 1959 até 1960 (sob a direção de Roland Corbisier), de caráter predominantemente "militante"; 3) de 1959 até 1964, eminentemente militante, de radicalização na direção de um "socialismo populista". Jorge Miglioli (2005, p.63), provavelmente considerando as mudanças de personagens, problemas e atitudes políticas e intelectuais, define duas fases: 1) do início até 1958 e 2) daí até 1964.

Nesses breves nove anos, vários conflitos – choques de personalidades, de análises, posicionamentos políticos (inclusive eleitorais)

88   EDISON BARIANI JUNIOR

etc. – agitaram o Iseb: o estreitamento do grupo de participantes, as disputas internas, o controverso apoio à candidatura presidencial do marechal Lott, a polêmica em torno do livro de Helio Jaguaribe (*Nacionalismo na atualidade brasileira*, 1958), as críticas de Guerreiro Ramos a Jaguaribe e a Álvaro Vieira Pinto,[73] a pressão da UNE no sentido de um alinhamento ideológico, o boicote orçamentário,[74] as diferenças entre o nacionalismo dos antigos isebianos e o esquerdismo dos novos, entre outros.

---

73 Quando da publicação do referido livro de Jaguaribe, Guerreiro Ramos teceu críticas ao "entreguismo", "oportunismo" e às ligações daquele como o grande capital. Numa dessas críticas, publicada – segundo cremos – sob o pseudônimo de X. X. X., na *Revista brasiliense*, afirma: "O Sr. Jaguaribe também conclama a burguesia brasileira a promover o desenvolvimento econômico e social do Brasil, assumindo a liderança das classes sociais. Mas para isso, seria necessário que houvesse uma burguesia brasileira, no sentido sociológico da palavra, consciente, unida e independente, a 'classe para si', como dizia Marx. Ora, é sabido que isso infelizmente não acontece ainda entre nós. Se tomarmos o conceito de burguesia, no sentido estritamente econômico, como composto de industriais e comerciantes, principalmente, ninguém desconhece que a indústria brasileira está minada por indústrias estrangeiras, de países imperialistas, que visam nos manter sob o domínio colonial, ou de subdesenvolvimento. Além das indústrias, em outros setores de atividades existem interesses estrangeiros entre nós como veremos adiante. E os representantes destes interesses estrangeiros, quando não dominam, influem no Parlamento, na Imprensa, nas Entidades de Classe [...] A função do nacionalismo brasileiro, na etapa histórica atual, consiste em dar consciência à burguesia, em uni-la, em libertá-la dos liames e da influência estrangeira" (X. X. X., 1959, p.40). Segundo Nelson Werneck Sodré (1978a; 1992) haveria também elementos de luta pelo poder na instituição e questões pessoais na disputa. Helio Jaguaribe (1979d, p.96; 2005), parte na questão, argumenta que Guerreiro Ramos queria tomar o controle do instituto e transformá-lo em instrumento de "militante proselitismo". Já Guerreiro Ramos não deixou exposição pública dos motivos do ocorrido. Em decorrência da crise, ambos deixaram o Iseb. Já a crítica às elaborações de Álvaro Vieira Pinto, veremos adiante, estão em *A filosofia do guerreiro sem senso de humor* (Ramos, 1963, p.193-216). Nesse período Guerreiro Ramos, ao contrário de Vieira Pinto, já não era mais membro do Iseb.

74 Quando da preparação do Orçamento da União para 1961 (em 1960), ainda no Governo JK, a rubrica "Iseb" teria sido excluída do orçamento do Ministério da Educação, segundo Nelson Werneck Sodré (1992, p.194), pelo deputado Tarso Dutra, deixando o instituto na penúria financeira.

GUERREIRO RAMOS E A REDENÇÃO SOCIOLÓGICA   89

Não obstante, os conflitos não se limitavam à convivência interna. Os analistas e comentaristas que se debruçaram sobre o Iseb travaram (e travam) severas batalhas: de fábrica de ideologias, órgão oficial (ou oficioso) do governo (JK) a bastião da esquerda nacionalista e revolucionária, muito foi dito a seu respeito.[75]

Em livro pioneiro e já notório sobre o assunto, Caio Navarro de Toledo (1982) desconstrói ideologicamente o discurso do que chamou "fábrica de ideologias". Em sua visão, a produção isebiana, além de ter pouco rigor teórico, confundiria ciência e ideologia e esposaria uma posição não democrática, na qual o elitismo e tecnocracia da *intelligentsia*, pretendendo tutelar as classes dominadas, hipotecariam apoio a uma suposta burguesia nacional,[76] levando a um equivocado projeto de desenvolvimento, que não seria equivalente – como criam os isebianos – à autonomia e liberação nacionais. Seria ainda a ideologia isebiana de inspiração intelectualista e de classe média.

Mais tarde, o mesmo autor caracterizaria o instituto como "aparelho ideológico de Estado", embora não na acepção althusseriana (Toledo, 1986) e, analisando-lhe a influência marxista, localizaria um "marxismo indigenista" nas formulações dos autores (idem, 1998). Em

---

75 A maioria dos autores – advertimos – embora não deixe claro, debruça-se sobre o Iseb em seu "momento nacional-desenvolvimentista" (entre 1955 e 1958) e extrapola o diagnóstico para todo o período. Parece-nos ainda controvertida a questão de se referir a uma "ideologia isebiana", ou mesmo um "pensamento isebiano": a pluralidade de autores e as diferenças teóricas entre eles (muitas vezes relegadas ao mesmo "saco de gatos") e os diferentes momentos do instituto desafiam análises que, eventualmente, não respeitem tais matizes. Para um posicionamento a respeito, ver Dante Moreira Leite (1969, p.319): "[...] embora seja até certo ponto incorreto falar numa ideologia do Iseb – pois alguns cientistas que com ele colaboraram nem sempre aceitaram os mesmos esquemas de pensamento – parece possível delimitar os seus objetivos básicos". Já para Jorge Miglioli (2005, p.64), "O Iseb não seguia uma linhagem teórica única".

76 Conceito não consistente, segundo Toledo, pois também não haveria da parte dos isebianos uma teoria rigorosa das classes sociais. Já Virgilio Roma de Oliveira Filho (1999) localiza na produção de alguns isebianos (Helio Jaguaribe e Nelson Werneck Sodré) uma coerente e plausível análise das classes sociais, bem como uma consequente posição política progressista que daria conta dos desafios do momento histórico.

90 EDISON BARIANI JUNIOR

texto recente (*Iseb: ideologia e política na conjuntura do Golpe de 1964*), ao ocupar-se mais do "último Iseb" (1959-1964) e opô-lo ao Instituto de Pesquisas e Estudos Sociais (Ipes), o autor salienta que, apesar dos equívocos políticos e ideológicos, o Iseb "deve ser lembrado como uma instituição cujos intelectuais se comprometeram com a defesa de causas progressistas e de caráter democrático" (idem, 2005, p.162-3). Ao radicalizar certo posicionamento presente em Toledo, Maria Sylvia de Carvalho Franco (Chauí; Franco, 1985, p.153-4), em tom bem menos prudente (e um tanto genérico), avalia que os isebianos teriam sustentado a "consciência burguesa em sua autojustificação", a saber:

[...] a razão instrumental em suas variantes de técnica, de ciência social, política científica; a visão da história como movimento natural percorrendo o caminho que necessariamente leva à epifania e uma classe salvadora; a instalação de um todo harmonioso unificado pelo bem comum e equitativamente atravessado pelo progresso e pela justiça. (Franco, 1985, p.154)

O que produziria "miragens" cristalizadas no jargão científico ou filosófico e que travestiria

[...] o senso comum em conhecimento, usando simples definições indemonstradas, postulando o iluminismo de uma classe e concebendo sua antropomorfização, com o autoritarismo disfarçado em revolução social, com as projeções soterológicas apelando para o obscuro sentimento das massas e para o misterioso sentido do destino. (ibidem, p.154)

Desconfiado do caráter oficial e instrumental atribuído ao Iseb, Renato Ortiz (1994, p.46) traz ao debate um componente problematizador das análises anteriores: o contexto social. Ao referir-se a Caio Navarro de Toledo, argumenta que, na análise deste último, permaneceria "um descompasso entre a realidade e a crítica, uma vez que os conceitos são articulados ao nível político e a crítica é sobretudo de caráter filosófico". Afirma, então, que a atualidade do pensamento do Iseb

GUERREIRO RAMOS E A REDENÇÃO SOCIOLÓGICA   91

estaria justamente no fato de não se constituir numa "fábrica de ideologia" do governo Kubitschek, pois se o Estado desenvolvimentista "procurou uma legitimação ideológica junto a um determinado grupo de intelectuais, não é menos verdade que os avatares desta ideologia caminharam em um sentido oposto ao do Estado brasileiro".

Já ao se referir a Maria Sylvia de Carvalho Franco, discorda da alegação de que os escritos isebianos sejam um "coquetel filosófico", "uma distorção do idealismo", "um arranjo indigenista do marxismo" e muito menos uma "leitura sem rigor", uma vez que, desse modo, "seria difícil, dentro dessa perspectiva, entender o porquê da hegemonia de um pensamento que se difunde praticamente em toda a esquerda brasileira".

Logo, se o período Kubitschek fosse um "tempo de ilusões" [expressão da autora], também seria necessário descobrir a que realidade essas ilusões corresponderiam (Ortiz, 1994, p.49).

Bolívar Lamounier (1978, p.154) também questiona a envergadura das análises que não se deteriam no contexto e, mais ainda, promoveriam certa inversão ideológica ao partir de um "simplismo": tudo o que se referisse à categoria "nação" seria ideologia, o que dissesse respeito às classes seria a verdade – a crítica da ideologia. Assim se elaboraria "um dicionário, ou uma errata", simplesmente substituindo os termos "povo", "nação", "desenvolvimento nacional", por "burguesia, ou mistificação burguesa, ou pequeno-burguesa". O autor também esboça sua própria – e original – crítica: "o Iseb jamais elaborou uma teoria satisfatória da organização e da representação política.[77] A contrapartida do nacional-desenvolvimentismo no terreno propriamente político parece ter sido um populismo ou plebiscitarismo implícito" (ibidem, p.156). Ainda, invertendo determinadas posições, localiza virtudes isebianas e posições ideologizantes dos críticos, que veriam um "obscurecimento ideológico dos problemas de organização política autônoma da classe operária" no que seria – nos trabalhos do Iseb – "um diagnóstico substantivo" que identificaria a superorganização dos setores conservadores,

---

77 Mais tarde, Daniel Pécaut (1990, p.188) retornaria à indagação – e estendendo-a a toda intelectualidade nacionalista – ao notar a inexistência, no período, de textos que discutissem as formas de representação e de delegação de poderes.

92 EDISON BARIANI JUNIOR

"antinacionais" (a burguesia agrário-mercantil, a classe média parasitária etc.), os quais controlariam o Congresso Nacional e outros pontos estratégicos na estrutura de poder. Os isebianos, assim, teriam inserido uma problemática da organização dos débeis setores "progressistas" e afirmado o imperativo de uma ampla aliança entre esses setores e o Poder Executivo.

O uso do conceito de "obscurecimento" pelos críticos do Iseb estaria associado "a certa incapacidade de compreender que o mundo real da política impõe alianças e barganhas, explícitas ou tácitas, as quais sempre se refletem na linguagem teórica", e tal equívoco teria levado esses críticos a diagnosticar como ilegítima a atuação do Iseb, quando este propunha encontrar e definir um terreno de aliança política (ibidem, p.157-8).

Em contrapartida às críticas de Bolívar Lamounier quanto às deficiências na construção de uma análise das instituições e da representação, e às de Caio Navarro de Toledo quanto à análise das classes, Vanilda Paiva (1986, p.155) estabelece conexões entre as elaborações filosóficas do Iseb, a análise das classes sociais e uma estratégia política "lúcida" em relação ao arcabouço institucional.[78] Para ela, os isebianos teriam proposto a tarefa de "iluminar o caminho" da burguesia industrial nacional, apontando-lhe seus verdadeiros interesses e formulando as estratégias necessárias à conquista da hegemonia política, e não somente à transição da "consciência ingênua" à "consciência crítica" por parte dessa burguesia industrial:

A estratégia de tal conquista passava pelos caminhos da democracia parlamentar, supondo uma conquista política através do voto: seu fundamento era uma frente nacional pelo desenvolvimento formada por diversas classes que se reconciliavam exatamente através da aquisição da "consciência crítica" que lhes permitiria entender a realidade, captar suas exigências, seus limites "faseológicos", aceitar

---

78 Ressalte-se que a autora detém-se primordialmente numa "fase" inicial do Iseb, aproximadamente até 1958, quando predominam os "isebianos históricos" (Paiva, 1986).

e promover a mudança comandada pela razão e pela prática do diálogo permitido e estimulados pelas práticas políticas características da liberal-democracia. (ibidem, p.155)

Aflui a importância da educação como instrumento transformador – e daí o acréscimo de um novo elemento às análises: se "publicações, cursos seminários poderiam ser os instrumentos para atingir as classes dominantes e a classe média", outros instrumentos seriam igualmente perseguidos para atingir as massas, já que a "educação destas era de grande importância dentro da estratégia isebiana, porque seu voto era essencial para a realização de suas propostas política e econômico-social", daí a ênfase na conscientização e organização ideológica dessas massas (ibidem, p.137-8).[79]

De modo peculiar, Jorge Miglioli (2005, p.69) toca num tema pouco cuidado: "Nenhum professor do Iseb se interessou em defender a ideia de um Estado democrático nesse processo ["de transformação econômica, social e política da sociedade brasileira"]. A democracia foi um tema quase ausente no período, não só entre os isebianos".[80]

Por seu turno, Octávio Ianni (1985) identifica no modelo de desenvolvimento capitalista isebiano – da fase inicial, a saber, de "ideologia do desenvolvimentismo" –, calcado principalmente no pensamento de Helio Jaguaribe, as seguintes características: 1) uma compreensão dualista da sociedade brasileira; 2) a proposta de um "Estado funcional" para o desenvolvimento; 3) a direção de tal Estado, conforme uma ideologia do desenvolvimento, pelas "elites esclarecidas e deliberantes" (mormente empresários industriais e intelectuais); 4) omissão do papel das classes sociais, salvo o que corresponderia à burguesia empresarial ou industrial; e 5) a necessidade de um Estado autoritário para a realização do projeto. Ou seja, uma forma de modernização conservadora para o avanço do ciclo da revolução burguesa no Brasil.

---

79 Em sentido contrário, Vale (2006) critica os isebianos pelo desdém com relação à educação.

80 Uma possível exceção é a preocupação com esse debate por parte do PCB, na *Declaração de Março de 1958* (Konder, 1980; Segatto, 1981, 1995, 2003).

94   EDISON BARIANI JUNIOR

À procura da resposta às análises que pecavam pelas deficiências contextuais, Luiz Carlos de Oliveira Marinho (1986, p.165) estuda o Iseb no seu "contexto histórico", isto é, analisando os governos de Vargas (1951-1954), de Kubitschek, Jânio e Jango. Ele conclui que "o Iseb, apesar de sustentado pelo Estado, não permaneceu encastelado em si mesmo", nunca teria sido uma "usina" ideológica instalada no centro do poder e manipuladora, teria sim uma "postura ideológica" que seria "permeável às manifestações não só do Estado, mas de qualquer grupo politicamente ativo no interior da sociedade brasileira", permeabilidade que possibilitaria "rever e mudar o perfil dos próprios alinhamentos políticos em função dos novos rumos tomados pelo Brasil".[81]

Ao contrário, eximindo os isebianos da condição de conselheiros de Juscelino Kubitschek, mais pela elevada estatura do governante que pela influência daqueles intelectuais, Maria Victória de Mesquita Benevides (1976, p.241), em estudo sobre o governo JK, reduz o Iseb a "outro recurso habilmente usado pelo Executivo para a propaganda do desenvolvimento e, principalmente, para o fortalecimento do Estado". Todavia, para Alzira Alves de Abreu (2005, p.103-4), o isebiano, considerado um "intelectual de transição", não seria mais o "bacharel", o "idealista" de valores humanistas e literários, nem ainda o detentor de um "saber técnico". Justamente por isso os isebianos não teriam sido intelectuais influentes num governo (JK) orientado para o desenvolvimentismo e não necessariamente para o nacionalismo.

Já Daniel Pécaut (1990, p.110) tenta elucidar a relação Iseb-Estado sem, entretanto, negligenciar que, tendo momentos diferentes, consequentemente dever-se-ia diferenciar os posicionamentos políticos nas várias fases do instituto e suas nuanças. "O primeiro Iseb prolongou a tradição de 1930. O intelectual fala a partir da posição do poder, enquanto intérprete da modernização. Nesse papel, aproxima-se de outras elites modernizadoras, militares, tecnocratas etc." (ibidem, p.38). Todavia, ao final, alinhar-se-ia à esquerda.

---

81 Outra tentativa – focada na conduta dos intelectuais – de apreender o Iseb na "perspectiva de seu tempo" foi feita por Alexsandro Eugenio Pereira (2003).

GUERREIRO RAMOS E A REDENÇÃO SOCIOLÓGICA **95**

Reconstruindo o contexto, Pécaut apela à memória dos críticos para lembrar que a ideologia nacional que os isebianos propunham estaria em consonância com o nacionalismo largamente difundido na opinião pública, que tais posições estariam presas às cisões que dividiriam tanto as elites quanto as classes médias brasileiras e, por fim, que os isebianos teriam se engajado à esquerda à medida que se acentuavam as tensões políticas e estariam indiscutivelmente ao lado das forças progressistas, assim percebidos tanto por seus aliados quanto por seus adversários. "Durante o governo Goulart, os isebianos alinharam-se ao lado das outras organizações que, desde o PCB até a Ação Popular, lutavam pelas reformas de base. Esquecer esses dados, como fazem com frequência os críticos de 1980, leva a desvalorizar o alcance dos temas da ruptura e da racionalidade" (ibidem, p.124).

Sobre o mesmo panorama histórico, Alfredo Bosi (1980, p.IV) vislumbra outro Iseb, caracterizado como "arremedo de resistência" à integração Brasil-imperialismo e difusor de uma "ideologia conciliante e ineficaz", que tenderia "a imitar, a curto prazo, os males que a fizeram nascer, males do gigantismo industrial e burocrático". Em contrário, Helio Jaguaribe (1979d, p.109) assevera o fato do Iseb ter sido uma "*intelligentsia* contestatária do Brasil primário-exportador e representativo de uma coligação de setores progressistas, orientados para o desenvolvimento econômico-social e a afirmação autonomizante do nacionalismo".

Ao reivindicar a herança isebiana, Luiz Carlos Bresser-Pereira (2004) não deixa de apontar que o Iseb superestimou a capacidade do setor moderno da economia em absorver mão de obra do setor marginalizado, não deu a devida importância à elevação do nível de vida e capacidade empresarial dos setores marginalizados ou excluídos do desenvolvimento, subestimou as táticas do imperialismo para impor políticas econômicas aproveitando-se da fragilidade dos países endividados externamente e da falta de consciência nacional de suas elites e, finalmente, não se deu conta de que não bastaria acumular capital e agregar progresso técnico – seria também preciso que o país se mantivesse solvente financeiramente, crescendo com seus próprios recursos, pois o endividamento externo implicaria a alienação das elites

96   EDISON BARIANI JUNIOR

e imobilização do Estado, agravando a dependência e inviabilizando o projeto nacional.[82]

Por sua vez, Carlos Guilherme Mota (1980) ressalta o "nacionalismo ingênuo" e a produção ideológica (logo anticientífica) cujo teor teria servido às justificações juscelinistas. Tais considerações, todavia, seriam alvo de veemente contestação de Nelson Werneck Sodré (1978b, p.133), que a dirigiria também – porém de modo respeitoso – à análise de Caio Navarro de Toledo. Para Sodré, Mota – "o travesti impune" – representaria o "serviçal da reação", mas apresentar-se-ia como adversário dela, conduta reconhecida pela farsa de apresentar-se sempre como inimigo e, todavia combater "não a reação e seus valores" e sim "a oposição à reação e os que a compõem e nela militam, com todas as dificuldades – dificuldades que correspondem, simetricamente, às facilidades com que o travesti desempenha as suas tarefas". Também seria Mota, nas palavras de Sodré, representante do "rebotalho" universitário que se formou no pós-1964, que primaria pelo "carreirismo" e pela mútua proteção à sombra do poder, de que seria exemplar a "máfia docente" que teria se formado em São Paulo.

Por fim, Paulo Freyre identificou no Iseb um marco, uma nova forma de ver o Brasil, que teria invertido a tendência do intelectual brasileiro à fuga e ao alheamento da realidade brasileira.

O Iseb, que refletia o clima de desalienação política característico da fase de transição era a negação desta negação, exercida em nome da necessidade de pensar o Brasil como realidade própria, como problema principal, como projeto [...] Era identificar-se com o Brasil como Brasil. A força do pensamento do Iseb tem origem nesta identificação com a realidade nacional. (apud Paiva, 1986, p.83)

Sem dúvida o Iseb permanece um capítulo desafiador do pensamento social no Brasil. Com o tempo – ao que parece – as paixões estão

---

82 O anacronismo da análise, funcionando como retrocesso justificador do momento ideológico no qual escreve, torna o autor um herdeiro incômodo para o Iseb.

GUERREIRO RAMOS E A REDENÇÃO SOCIOLÓGICA   97

arrefecendo e as análises estão lucidamente aproximando-se de um entendimento mais amplo da questão, o que talvez proporcione uma revisão histórica que problematize os estigmas isebianos: arcar com um enorme ônus do passado, pagar uma imensa parcela das dívidas – não somente suas – do nacionalismo, desenvolvimentismo, aliança de classes, ilusão quanto a uma burguesia pretensamente comprometida com o nacionalismo etc. As críticas ao Iseb, salvo algumas mais agudas, poderiam – em sua maioria e sem grandes contorcionismos nos argumentos – ser dirigidas a grande parte das forças consideradas progressistas no período (e estendida mesmo à esquerda mais contestadora). A crítica, em geral, elegeu o instituto como bode expiatório, porém as trevas de 1964 caíram sobre todos e em muito sobre o Iseb, que se tornou vítima e culpado.[83]

Segundo Schwartzman (1979, p.6): "O Iseb foi, essencialmente, uma tentativa de levar à frente os ideais do Ibesp. Daí sua marca e daí, em última análise, o seu fracasso". Certamente o Iseb foi uma das formas (possíveis) de desenvolvimento (radicalizado) do projeto Ibesp, talvez uma das mais pragmáticas; daí derivar seu fracasso é outra história.

O Iseb[84] institucionalizou-se, alargou o espectro das análises, agregou novos temas e aventurou-se tanto no debate intelectual quanto na intervenção política e social, procurando uma maior inserção – fosse atuando como interlocutor do Estado e de alguns governos (mormente o de Juscelino Kubitschek), fosse ministrando cursos e comunicações (algumas realizadas em outros recantos do país) e influenciando intelectuais, estudantes, sindicalistas e outros componentes da sociedade civil, bem como militares. Como instituição de saber, funcionou também como ator político, engajando-se diretamente nas questões

---

83 O conteúdo valorativo e mesmo moral dos termos aqui utilizados é deliberado, já que em boa medida as análises sobre o instituto primam pelo juízo de valor – inevitável, porém não recomendável como condutor da análise – positivo ou negativo a respeito de sua atuação. A abundante adjetivação dos argumentos utilizados já fornece um indício desse procedimento.

84 A referência ao Iseb como coletivo de intelectuais é aqui encaminhada no sentido de sintetizar posturas e formulações, senão gerais, ao menos predominantes, sem elidir o fato de que as produções individuais dos autores – e de Guerreiro Ramos em particular – se dão com razoável nível de diversidade.

98   EDISON BARIANI JUNIOR

e atracando-se na luta ideológica. Em sua proximidade com o Estado e convicção de seu privilégio de interpretação da realidade nacional, persistiam seus liames com a geração intelectual anterior e com o Ibesp. Entretanto, já não intenta organizar o Estado e construir a nação a partir deste ou diagnosticar de modo socialmente desvinculado as aspirações nacionais de alcance do moderno.

Ao indicar a existência de uma estrutura de classes e a emergência de decorrentes reivindicações, o Iseb avoca para si a posição de organizador dessa emergente sociedade civil, da qual se arvora em representante. Representação esta que 1) não passa pela delegação (ocasional) de poderes, mas pela interpretação dos interesses profundos ("objetivos") dos diversos grupos sociais e o equacionamento do interesse "geral"; 2) funciona de modo a mediar a relação dessa sociedade civil (seus interesses e reivindicações) com o Estado; 3) elege o Estado – baseado na representação legítima de interesses – para efetivar o interesse "geral". Portanto – em alusão aos críticos que ressaltam a omissão na reflexão sobre a representação política e seus mecanismos – fica claro que, embora houvesse reconhecimento por parte do Iseb da importância da representação, o primordial dessa representação não era o aspecto institucional: a "verdadeira" representação dava-se pela identificação (em ambos os sentidos) dos anseios sociais e sua representação "ideológica".[85]

Também a "negligência" quanto à questão da democracia, se por um lado deriva da concepção do desenvolvimento capitalista como processo orgânico – amplo, coerente e socialmente articulado nos vários aspectos – que traria consigo os avanços sociais em termos de participação, renovação de mentalidades, cidadania etc., por outro, se tomada a democracia simplesmente em termos de permeabilidade à participação política e garantias mínimas de representação no Estado, tal "negligência" pode ser creditada também ao modo de entender a representação política, já que o acesso ao Estado estaria garantido pela

---

85 O Iseb assessorou parlamentares – principalmente na Frente Parlamentar Nacionalista – na formulação de projetos e, ao menos dois dos seus participantes (Roland Corbisier e Guerreiro Ramos, então ex-integrante) foram deputados federais.

"correta" identificação do interesse geral. Esse interesse geral era o desenvolvimento, entendido como processo capitalista autônomo e nacional.

Ao identificar o interesse geral – que não é necessariamente comum às distintas classes sociais – o Iseb persistia no papel de *intelligentsia* (agora não no sentido mannheimiano) e procurava formular os termos da efetivação racional dos anseios sociais, a ideologia.[86] Tal *intelligentsia* já não se orientava por perscrutar os interesses das classes (e racionalizá-los), trazê-los à tona no xadrez político, mas identificar-lhes a legitimidade na composição de um projeto nacional. Já não se tratava da empreitada ibespiana de estabelecer "um reequilíbrio entre o Estado e a sociedade civil" e sim de exercitar o comando da sociedade civil – e suas reivindicações perante o Estado – na transformação da sociedade brasileira. As pretensões da *intelligentsia* (não mais de Estado ou mannheimiana e desvinculada) já se confundiam com as da vanguarda civil e intelectual, representação "partidária".

Entretanto, diagnosticados interesses antagônicos dentro da sociedade civil, tal formulação ideológica não poderia contemplar os diversos grupos (classes) e seus interesses, vez que alguns grupos não se mostravam solidários ao empreendimento e outros interesses eram necessariamente incompatíveis. Daí alguns dos dilemas do Iseb que podem dar pistas para o entendimento de sua trajetória: como conciliar o papel de *intelligentsia* com a opção deliberada por determinados grupos e interesses (com o papel de vanguarda)? Como organizar e mobilizar a sociedade civil sem se chocar com a atuação do Estado como ator político central num contexto de mediação ideológica e não institucional? Como pensar a nação (e o nacional) como comunidade num contexto de afluência de interesses antagônicos? Como postular o desenvolvimento do capitalismo em termos nacionais e autônomos – e num contexto imperialista! – se os sujeitos sociais não se apresentavam obstinadamente para reivindicar a hegemonia do processo? Como implementar um projeto hegemônico a partir de uma direção postiça, vez que as

---

86 Nota-se (pela influência de Mannheim) que o que se antagoniza aqui à ideologia não é a ciência, mas a utopia.

100 EDISON BARIANI JUNIOR

tarefas seriam eminentemente burguesas? E, no limite, poderia uma *intelligentsia* – ainda que em sua pretensão de vanguarda – ser portadora de um projeto hegemônico?

Essa intelectualidade, em sua ânsia de universalidade, representava – no limite – interesses que advinham de determinada verticidade social.

> A ausência de um "povo" caracteriza o passado brasileiro, no momento em que os intelectuais do Iseb escrevem, afirma-se a existência de uma sociedade civil que não possui ainda a devida expressão política. Ao se colocarem como representantes legítimos do "povo", o que eles de fato estão procurando realizar é dar às classes médias um papel político que elas não possuíam até então. Neste sentido a proposta política só pode ser reformista, nunca revolucionária. (Ortiz, 1994, p.64)

Ademais, poderiam as "classes médias" serem portadoras de um projeto social, ainda que reformista? Tal projeto, malgrado a heterogeneidade social desse grupo, poderia derivar de uma visão de mundo específica? Talvez a análise da trajetória representativa de Guerreiro Ramos possa fornecer elementos para a resposta.

Em sua passagem pela Assessoria de Vargas, Grupo de Itatiaia, Ibesp e Iseb (na década de 1950), Guerreiro Ramos deu-se conta de que subjacentes às interpretações da sociedade brasileira agiam (e de como o faziam) aguerridas forças e interesses expressos não somente teoricamente, mas, sobretudo, politicamente.

A política (e sua racionalidade própria) mostrava-se sempre presente nas questões, permeava todo o corpo social, transbordava para além dos marcos de contenção de uma luta entre razão e antirrazão. O Estado (e a administração) – então campeão da racionalidade – já lhe parecia mais uma arena que propriamente um combatente, uma arena a ser ocupada por agentes políticos temerários em domar o gigante e sujeitá-lo aos seus interesses. Situar-se e combater era um imperativo da práxis; afinal, a mudança, a modernização, o desenvolvimento já não eram exclusivamente tarefas da elite política e da *intelligentsia*, pois afloravam grupos

GUERREIRO RAMOS E A REDENÇÃO SOCIOLÓGICA 101

minimamente coesos na sociedade civil. Para Guerreiro, se os sujeitos desse processo ainda estavam se qualificando quanto às armas, a principal delas ele já empunhara: a sociologia.

2
ÀS ARMAS: A CRÍTICA CONFLAGRADA

A sociologia é ciência por fazer.

Guerreiro Ramos

No início dos anos 1950, a produção sociológica de Guerreiro Ramos adquiriu alguma maturidade. Ele produziu nessa década uma série de livros. Dentre os principais constam *O processo da sociologia no Brasil* (1953), *Cartilha brasileira do aprendiz de sociólogo* (1954), *Introdução crítica à sociologia brasileira* (1957), *A redução sociológica* (1958) e *O problema nacional do Brasil* (publicado em 1960, mas cujos textos foram todos produzidos na década de 1950).

Nesse período, também se envolveu em algumas polêmicas com Costa Pinto, Roger Bastide e Florestan Fernandes. Com Costa Pinto, sobre a questão do negro e o preconceito, havia certo ressentimento como combustível; com Roger Bastide foi algo "amigável", talvez o único pelo qual Guerreiro mantivesse certo respeito intelectual, tanto que – ademais o cuidado de Bastide na argumentação – não se dispôs a atacá-lo; já com Florestan Fernandes a contenda tomou proporções importantes, não tanto por causa da notoriedade ou inflexão, e sim pelos termos e a agenda que puseram em questão terem marcado época e influenciado os rumos da sociologia no Brasil.

104   EDISON BARIANI JUNIOR

Todos esses empreendimentos no sentido de produzir material crítico e de debate convergiam com a atitude de Guerreiro Ramos de promover uma ampla revisão da produção sociológica brasileira. A sociologia, naquele momento de acerba transformação do país, era tida como principal instrumento de consciência social, e Guerreiro, interpretando o momento, empunhava-a não só naquele sentido, mas também como instrumento de autoconsciência social e, logo, de autoconsciência e construção nacional.

A sociologia é então tomada pelo autor como arma primordial na luta pelo desenvolvimento do país, atuando em duplo *front*: instrumentalmente, na interpretação e formulação das questões nacionais e, reflexivamente, promovendo a depuração crítica necessária à sua instrumentalização. Assim, para qualificar-se como arma eficaz, a sociologia deveria se destituir de seu caráter alienado e de seus instrumentos importados, sob pena de conceber equivocadamente a realidade que deveria transformar. Todavia, poderia ela resgatar-se, regenerar-se e reconstruir o país em novas bases?

Defrontou-se então o autor com a produção sociológica do seu tempo, promovendo aguda crítica e, simultaneamente, empreendendo um resgate das elaborações teóricas anteriores que, de seu ponto de vista, enfrentaram corajosamente o desafio de construir um conceitual apropriado à abordagem da sociedade brasileira. Nesse resgate, deparou com as origens da sociologia no Brasil, autores que reivindicou como predecessores e, também, com um tema incômodo: o negro.

O negro trazia consigo uma importante questão social e histórica: o preconceito. Tal questão, irresoluta, ameaçava qualquer projeto de comunidade nacional, pois como construir a nação sem integrar plenamente como cidadã uma grande parte da população? Não bastasse isso, a questão do preconceito, ao postular "o negro" enquanto "objeto", trazia intimamente para Ramos (como negro e sociólogo) um componente extremamente desagradável: como sujeito do conhecimento via-se, concomitantemente, reduzido a "objeto" de estudo.

Não obstante os estatutos das ciências humanas e as pretensas imbricações teórico-metodológicas entre sujeito e objeto, punha-se para o autor um dilema exasperante: a própria sociologia que o guindou a certa condição de classe, emprestando-lhe prestígio intelectual, agora ameaçava postá-lo na passiva condição de objeto de reflexão – inclusive alheia.

O "problema" do negro e a sociologia do preconceito

Ao abordar a questão do negro no Brasil, Guerreiro Ramos não pôs de lado a crítica da metodologia, da importação equivocada de conceitos e da transplantação de ideias. Ele conduziu suas investigações sem desvencilhar o tema das formas de tratamento dadas pela ciência social da época e sem seccionar o "objeto" das abordagens feitas pelos sociólogos, já que, no seu entender, eram faces do mesmo problema: em certa medida, formas que convergiam ou dinâmicas que se reforçavam.

Em *O problema do negro na sociologia brasileira*,[1] afirma o autor que o negro teria sido estudado no Brasil "[...] a partir de categorias e valores induzidos predominantemente da realidade europeia. E assim, do ponto de vista da atitude ou da ótica, os autores nacionais não se distinguem dos estrangeiros, no campo em apreço" (Ramos, 1979, p.39).

Haveria uma inadequação no uso de conceitos como raça, aculturação e mudança social, pois, suporiam um "quietismo" da sociedade brasileira, uma visão estática – logo conservadora – que desconsideraria as consequentes atualizações. O olhar dos antropólogos e sociólogos brasileiros estaria eivado de um estranhamento que reporia o objeto como algo exótico, à maneira dos estrangeiros verem o país e o tema.

---

1 Publicado inicialmente nos *Cadernos de nosso tempo* n.2 (jan./jun. 1954). As citações aqui feitas referem-se ao texto dos *Cadernos...*, porém republicado na coletânea elaborada por Schwartzman (1979).

Eis que o histórico das visões sobre o negro no Brasil teria, segundo o sociólogo, três correntes fundamentais:

1) A corrente autonomista do pensamento sociológico no Brasil, cujos estudos sobre o negro teriam sido inaugurados por Silvio Romero e continuados por Euclides da Cunha, Alberto Torres e Oliveira Vianna e que, "mesmo errando ao focalizar o tema ('raça'), soube vencer a tentação de tratar o negro no Brasil como um elemento exótico e petrificado" (ibidem, p.51).

2) A *corrente monográfica*, fundada por Nina Rodrigues e continuada por Arthur Ramos, Gilberto Freyre e os imitadores deste, ao contrário da primeira corrente, abordariam a questão de um ponto de vista estático, interessando-se pelo negro como "assunto", pelo seu passado e a sobrevivência desse passado no presente.[2]

3) Uma terceira corrente, a mais antiga, que se configuraria predominantemente sob a forma de comportamentos que de escritos,[3] caracterizando-se "pelo propósito antes de transformar a condição humana do negro na sociedade brasileira do que descrever ou interpretar os aspectos pitorescos e particularíssimos da situação da gente de cor" (ibidem, p.42).

---

2 Nessa corrente, que contaria com os escritores estrangeiros (Debret, Rugendas, Maria Graham, Koster, Kidder), inclui também, mesmo considerando as diferenças de método e técnica científicos, Roger Bastide, Florestan Fernandes, Donald Pierson, Charles Wagley e Thales de Azevedo: "Todos o veem [o negro] como algo estranho, exótico, problemático, como não-Brasil, ainda que alguns protestem o contrário" (Ramos, 1979, p.56). Tal posição de Guerreiro Ramos desafia as interpretações que veem uma ruptura crítica no trato da "questão racial" entre as análises dos "explicadores" do Brasil (cujo modelo é Gilberto Freyre) e a "sociologia científica" da segunda metade do século XX, principalmente a produzida na USP. Ver Mota (1980), Costa, E. (1999) e Arruda, M. (1995).

3 Neste sentido – de considerar como pensamento social ou político elaborações antes exercidas que formuladas teoricamente, ao nível da *práxis* e não somente do *logos* – Guerreiro Ramos é precursor de trabalhos como o de Faoro (1994).

GUERREIRO RAMOS E A REDENÇÃO SOCIOLÓGICA **107**

[...] marcos desta evolução foram os trabalhos do africano Chico Rei que, em Minas Gerais, no princípio do século XVIII, organizou um movimento para alforriar negros escravos; *as confrarias, os fundos de emancipação,* as *caixas de empréstimo,* irmandades e juntas, instituições que recolhiam contribuições de homens de cor destinadas à compra de *cartas de alforria;* as insurreições de negros muçulmanos no Estado da Bahia; os chamados *quilombos* [...] o movimento abolicionista em que sobressaíram Luiz da Gama e José do Patrocínio, intelectuais negros, e outras iniciativas e associações como o Clube do Cupim em Recife, as Frentes Negras de São Paulo e da Bahia. (ibidem, p.65, grifos do autor).

Os teóricos mais próximos dessa posição seriam dois intelectuais brasileiros (brancos): Joaquim Nabuco e Álvaro Bomilcar.[4]

Na delimitação das correntes, é evidente a valorização positiva, por parte do autor, das interpretações que supõe considerar a especificidade da sociedade brasileira e o uso de um instrumental teórico adequado e, maior ainda, das que atribuem ao negro um papel ativo no processo de libertação, elevando-o à condição de sujeito social e político.[5]

No transcorrer da análise também aflora uma característica de Guerreiro Ramos: sua crítica ácida e mordaz, que não poupava os

---

4 Nabuco é lembrado principalmente por *O abolicionismo* (escrito em 1883) e sua formulação a respeito do "mandato da raça negra", já Bomilcar pela organização de um movimento social e político que pretendia liquidar a discriminação contra o negro, e por sua obra *O preconceito de raça no Brasil* (1916), na qual defende a criação de uma sociologia brasileira para esclarecer cientificamente a questão. Álvaro Bomilcar (1874-1957) – cearense, formado em direito, militar e funcionário público, católico militante e próximo ao integralismo – foi um dos principais animadores da revista *Brazilea* (1917-1918 e 1931-1933). Influenciado por Tobias Barreto, Silvio Romero, Farias Brito, Alberto Torres e Manoel Bomfim, professou certo nacionalismo – sobretudo antiportuguês, mas chegou a resvalar pelo antissemitismo – e promoveu uma severa crítica das elites brasileiras. Escreveu ainda *A política no Brasil ou o nacionalismo radical* (1920) e *A conquista no conceito moderno* (1926) (ver Oliveira, A., 2002).

5 Embora um tanto relegado, esse tipo de análise tem representantes recentes – malgrado as distintas abordagens – em Moura (1988) e Saes (1985).

108   EDISON BARIANI JUNIOR

adversários de ironias e de um humor cortante. Destilou seu veneno contra Luiz Costa Pinto, Florestan Fernandes, Álvaro Vieira Pinto e Arthur Ramos, entre outros. Tratando da questão do negro, fez uma de suas vítimas: Nina Rodrigues.

> Nina Rodrigues é, no plano da ciência social, uma nulidade [...] Não há exemplo no seu tempo de tanta basbaquice e ingenuidade. Sua apologia do branco nem maliciosa é [...] É sincera, o que o torna ainda mais insignificante se se pretende considerá-lo sociólogo ou antropólogo. Há notícia de que ele foi um homem bom, um professor digno e criterioso, mas os seus amigos, pretendendo fazê-lo passar à história como cientista, fizeram-lhe verdadeira maldade, pois a sua obra, neste particular, é um monumento de asneiras [...] a melhor homenagem que se pode prestar às qualidades do cidadão comum Nina Rodrigues é fazer silêncio a respeito de sua obra. (ibidem, p. 54)

Durante sua trajetória, Ramos promoveu uma particularíssima fusão de erudição, preocupação metodológica, engajamento e humor cáustico, valorizando o estilo e o efeito sem sacrificar a profundidade – e sacrificando os adversários, talvez mesmo a ética, para manter a blague.

Embora nutrisse uma crítica admiração pela corrente autonomista, identificava-se com a terceira corrente, cujo amadurecimento se corporificava, segundo ele, no trabalho do Teatro Experimental do Negro (TEN).[6] No TEN, em 1949, Guerreiro Ramos ajudou a

---

6 Fundado em 1944, o TEN tinha como referência a Frente Negra Brasileira (1931-1937) e, entre outras atividades, patrocinou as Convenções Nacionais do Negro (nas cidades de São Paulo, em 1944, e do Rio de Janeiro, em 1947), a Conferência Nacional do Negro (no Rio de Janeiro, em 1949) e o Congresso do Negro Brasileiro (Rio de Janeiro, em 1950). Além disso, editava o jornal *Quilombo* (dirigido por Abdias Nascimento), enaltecia a participação social do negro e promovia grupos de terapia e encontros tanto irreverentes quanto contestadores: concursos de beleza entre negros, artes plásticas cujos símbolos eram negros (às vezes em substituição aos arquétipos brancos) etc. Para uma

GUERREIRO RAMOS E A REDENÇÃO SOCIOLÓGICA 109

fundar o Museu do Negro e o Instituto Nacional do Negro,[7] bem como promover (juntamente com Abdias Nascimento e Edison Carneiro) o Congresso do Negro Brasileiro e a Conferência Nacional do Negro. Instalou também, no Instituto Nacional do Negro, o Seminário de Grupoterapia, no qual realizou experiências de psicodrama e sociodrama com vistas a dirimir os efeitos do preconceito de cor.

Liderado por Abdias Nascimento, o TEN representava, segundo Guerreiro,

> [...] uma reação de intelectuais negros e mulatos que, em resumo, tem três objetivos fundamentais: 1) formular categorias, métodos e processos científicos destinados ao tratamento do problema racial, no Brasil; 2) reeducar os 'brancos' brasileiros, libertando-os de critérios exógenos de comportamento; 3) e 'descomplexificar' os negros e mulatos, adestrando-os em estilos superiores de comportamento no país. (ibidem, p.67)

O TEN buscava a integração social do negro numa posição não subalterna. Abdias Nascimento – por ocasião do I Congresso Negro – assinalava que o movimento pretendia indagar quais os meios de que poderia lançar mão para organizar associações e instituições que pudessem "oferecer oportunidades para a gente de cor se elevar na sociedade", já que existiria no Brasil "uma elite de cor capaz de infundir confiança às classes dominantes", cujo movimento não seria um mero "diversionismo", não visaria a "objetivos pitorescos" e nem se caracterizaria "por aquela irresponsabilidade que infelizmente tem prejudicado a maioria das iniciativas dos negros no Brasil" (apud ibidem, p.67).[8]

---

visão do teatro negro e suas propostas, ver Fernandes (1972a), Guimarães (2002), Nascimento, E. (2003) e Semog & Nascimento (2006).

7 Órgão do TEN encarregado da "pesquisa sociológica", cuja diretoria Guerreiro Ramos assumiu (Souza, Márcio, 2000, p.39).

8 Em editorial (*Nós*) no primeiro número de *Quilombo*, afirmava: "Nós recusamos o 'gheto', a linha de cor [...] Nada temos com partidos, nem os chamados

110 EDISON BARIANI JUNIOR

Já Ramos afirmava em documento escrito em 1949 (*Relações de raça no Brasil*): "É necessário instalarem-se na sociedade brasileira mecanismos integrativos de capilaridade social capazes de dar função e posição aos elementos da massa de cor que se adestrarem nos estilos das classes dominantes" (ibidem, p.68).

Em 1948, em conferência promovida pelo TEN no auditório do Ministério da Educação, em homenagem a Georg S. Schuyler (jornalista que fazia reportagens no Brasil para o *Pittsbourgh Courier*, órgão da imprensa negra estadunidense), Guerreiro Ramos anunciou algumas "teses" sobre a situação do negro, a saber:[9]

1) O problema do negro não é uniforme no Brasil, varia conforme a região, meio (rural ou urbano) e classe social. Haveria assim uma "psicologia diferencial do negro brasileiro".

2) A expressão "preconceito racial" não deveria ser usada no caso brasileiro, pois haveria preconceito racial em relação a quase todos os estrangeiros. O correto seria referir-se a "preconceito ou discriminação de cor".[10]

---

democráticos, nem de direita, nem de esquerda – que sempre exploram o negro eleitoralmente (Edison Carneiro). Muito menos advogamos uma política negra, mas sim uma vontade negra de ser brasileiros com as mesmas responsabilidades de todos os brasileiros" (Nascimento, A., 2003b, p.24).

9 Publicada como *Contactos raciais no Brasil*, em *Quilombo* n.1, p.8, dez. 1948.

10 O autor assinala a incorreção do termo "preconceito racial" quando relacionado à condição do negro no Brasil. Paradoxalmente, ele – ao menos até a metade dos anos 1950 – refere-se a "contatos raciais", "relações de raça", "democracia racial" etc. Embora passe – a partir dali – a evitar tais termos, provavelmente referia-se à sua crença momentânea no fato de haver uma questão "racial" (no sentido de como era interpretada por outrem) e mesmo relações de raça no Brasil, quando compreendesse outras "raças" presentes na sociedade brasileira. Entretanto, o negro nativo não constituiria outra raça, seria tão brasileiro e nacional quanto o branco, daí o preconceito ser de cor e não racial. Dificilmente se pode depreender na obra do autor – como em grande parte das menções de variados autores – o que entende conceitualmente por "raça", dado o descrédito quanto a uma definição científica do termo. Aparentemente, seu entendimento de "raça" estava norteado pela atribuição social de características "biológicas" (aparência física) e culturais (nacionais).

GUERREIRO RAMOS E A REDENÇÃO SOCIOLÓGICA **111**

3) Não haveria no Brasil linha de casta, o homem de cor (negro) assimilaria os padrões de cultura da classe dominante e, quando o fizesse, seria tratado de maneira "frontal" (em relações sociais horizontais), embora houvesse certa tendência do homem branco a evitar relações frontais com negros em "situações ornamentais ou de acepção estética (diplomacia, salões elegantes, casamentos, escolas militares etc.)".

4) O homem de cor das classes inferiores manifestaria forte ressentimento contra o homem de cor de elevada categoria social, o que deveria ser depurado por "métodos de sociologia psicodinâmica".

5) O homem de cor brasileiro não seria um "híbrido cultural, um ambivalente, hesitante entre duas heranças", e sim prestaria lealdade à cultura da classe dominante. Assim, ele próprio consideraria "pitorescos" os traços das culturas africanas.

6) Já o mestiço brasileiro ver-se-ia da perspectiva do branco, tendendo a disfarçar as marcas raciais.

7) O que se entenderia por cultura negra no Brasil, para "desespero dos sociólogos e antropólogos", existiria ao nível do exótico, sendo instrumentalizada por "mulatos ladinos numa espécie de indústria turística do pitoresco".

8) O mestiço brasileiro seria um "ansioso" (conforme a definição de Max Scheler). Para ele, "ser mais, valer mais" – em comparação com outros – seria mais importante que sua condição objetiva.

9) O padrão estético da população brasileira seria o branco; os negros e os mulatos prefeririam casar-se com pessoas mais claras (idem, 2003c, p.26).[11]

Na esteira dessas conclusões, ele organiza no Instituto Nacional do Negro o Seminário de Grupoterapia (idem, 2003a, 2003f) – inspirado

---

11 Guerreiro Ramos sabia exatamente o que falava: um ano antes – a 31 de maio de 1947 – havia se casado com Clélia Calasans de Paula, bela moça branca da classe média carioca.

112 EDISON BARIANI JUNIOR

nas ideias do médico e sociólogo austríaco Jacob L. Moreno, criador da sociometria – visando por meio do psicodrama (idem, 2003d) e do sociodrama (idem, 2003e) promover a "catarse" dos componentes patológicos do comportamento de brancos e negros, purgar os indivíduos de "conservas culturais" que propiciariam o preconceito e exorcizar a "heteronomia" das condutas, aparelhando-os à socialização de modo horizontal e à aceitação das diferenças sociais.

Tais componentes "patológicos" estariam socialmente difusos e, logo, presentes também no comportamento dos indivíduos cientificamente treinados (sociólogos e antropólogos) para estudar a questão da discriminação e do preconceito. Sugere o sociólogo que os estudiosos deveriam se afastar dos falsos problemas e tematizar as "verdadeiras" questões, vez que algo seria o "negro-tema" e, outro, distinto, o "negro-vida":

> O negro-tema é uma coisa examinada, olhada, vista, ora como ser mumificado, ora como ser curioso, ou de qualquer modo como um risco, um traço da realidade nacional que chama a atenção.
>
> O negro-vida é, entretanto, algo que não se deixa imobilizar; é despistador, proteico, multiforme, do qual, na verdade, não se pode dar versão definitiva, pois é hoje o que não era ontem e será amanhã o que não é hoje. (idem, 1957b, p.171)

Ao inverter o ângulo de abordagem da questão, o autor assevera que o "problema" do negro no Brasil – da forma como estava posto – seria, na verdade, uma manifestação da "patologia social do '*branco*' brasileiro",[12] isto é, uma persistente desvalorização social e estética do negro, elaborada por uma minoria de "'brancos' letrados", que proviria do tempo em que os negros estavam numa condição social expressamente inferior. A permanência dessa mentalidade em outro contexto, desse anacronismo – que relegaria as mudanças na

---

12 Para o autor, *branco* é uma definição genérica, comum, vulgar, já que no Brasil vigoraria o mestiço, sendo poucos os brancos que não seriam frutos de miscigenação (Ramos, 1979, p.180, grifos do autor).

GUERREIRO RAMOS E A REDENÇÃO SOCIOLÓGICA 113

sociedade e desfiguraria o tipo "normal" – denotaria tal patologia. O preconceito de cor seria assim, praticamente, um fenômeno residual, cuja influência seria ainda sentida mesmo depois de ultrapassadas determinadas relações anteriormente presentes na estrutura social. Mais ainda, na maioria dos estudos, o preconceito seria não somente objeto, mas também *elemento* das análises: o estudioso despreparado negligenciaria o real motivo do preconceito e, não bastasse, reiteraria o próprio preconceito.

Superar definitivamente essa situação, mormente para o analista que se defrontasse com o problema, passaria pelo procedimento fenomenológico de praticar "um ato de suspensão da brancura", a fim de mostrar a precariedade dessa concepção de "branco" e pôr em relevo a "alienação estética do negro" numa sociedade miscigenada e europeizada como a brasileira (ibidem, p.194). Em termos de sociabilidade, passaria também pela afirmação da negritude; parodiando Nietzsche, assevera:

A negritude não é um fermento de ódio. Não é um cisma. É uma subjetividade. Uma vivência. Um elemento passional que se acha inserido nas categorias clássicas da sociedade brasileira e que as enriquece de substância humana. Humana, demasiadamente humana é a cultura brasileira, por isto que, sem desintegrar-se, absorve as idiossincrasias espirituais, as mais variadas. E até compõe com elas a sua vocação ecumênica, a sua índole compreensiva e tolerante. A cultura brasileira é, assim, essencialmente católica, no sentido de que nada do que é humano lhe é estranho. (idem, 2003b, p.117)[13]

Cumpriria ao indivíduo (e também ao estudioso) negro assumir essa subjetividade, afirmar o *niger sum*, isto é, a consciência de que

Sou negro, identifico como *meu* o corpo em que o meu eu está inserido, atribuo a sua cor a suscetibilidade de ser valorizada

---

13 Publicado originalmente em *Quilombo* n.10, p.11, jun./jul. 1950 (*Apresentação da negritude*).

114 EDISON BARIANI JUNIOR

esteticamente e considero a minha condição étnica como um dos suportes do meu orgulho pessoal – eis aí toda uma propedêutica sociológica, todo um ponto de partida para a elaboração de uma hermenêutica da situação do negro no Brasil. (idem, 1979, p.62)[14]

Guerreiro Ramos e o TEN também postulavam uma "democracia racial" para o país, porém não simplesmente como fato existente, dado da realidade brasileira, mas sobretudo como reivindicação, como projeto de integração nacional. "O Brasil deve assumir no mundo a liderança da política de democracia racial. Porque é o único país do orbe que oferece uma solução satisfatória do problema racial" (idem, 2003b, p.117). E mais: "o Brasil é uma comunidade nacional onde têm vigência os mais avançados padrões de democracia racial, apesar da sobrevivência, entre nós, de alguns restos de discriminação" (idem, 1957b, p.201).[15]

Guerreiro Ramos, utilizando-se dessa perspectiva, busca repor a questão do preconceito em novas bases:

[...] o problema do negro no Brasil é essencialmente psicológico e secundariamente econômico. Explico-me. Desde que se define o negro como um ingrediente normal da população do país, como povo brasileiro, carece de significação falar de um problema do negro puramente econômico, destacado do problema geral das

---

14 Influenciada pelas lutas nacionais dos africanos – mormente contra a colonização francesa – a afirmação do negro por meio da *negritude*, do orgulho da diferença como negatividade, como "racismo antirracista", já havia sido feita por Sartre (1960). Mormente em seu *Orfeu negro*, para ele, a negritude "é o ser-no-mundo do negro", a consciência de si do negro, que dialética e momentaneamente negaria o outro para afirmar-se. Cabe mencionar que uma das primeiras traduções do texto (em resumo) de Sartre foi elaborada por Ironides Rodrigues nas páginas do n.5 do jornal *Quilombo*, em 1950 (Sartre, 2003).

15 Uma análise da gênese do termo "democracia racial" está em Guimarães (2002). Afirma – curiosamente – esse autor que, embora a expressão seja atribuída a Gilberto Freyre, teria tido origem num relato de Roger Bastide que, juntamente com Florestan Fernandes, daria saída às críticas sobre a concepção. Freyre teria se referido raras vezes à "democracia social" e "étnica".

classes desfavorecidas e do pauperismo. O negro é povo, no Brasil. Não é um componente estranho de nossa demografia. Ao contrário, é a sua mais importante matriz demográfica. E este fato tem de ser erigido à categoria de valor, como o exige a nossa dignidade e o nosso orgulho de povo independente. *O negro no Brasil não é anedota, é um parâmetro da realidade nacional.* A condição do negro no Brasil só é sociologicamente problemática em decorrência da alienação estética do próprio negro e da hipercorreção estética do branco brasileiro, ávido de identificação com o europeu [...] À luz da sociologia científica, a sociologia do negro no Brasil é, ela mesma, um problema, um engano a desfazer – o que só poderá ser conseguido através de um trabalho de crítica e de autocrítica. (idem, 1979, p.63, grifos nossos)

Valor e ciência, pertencimento e objetividade, em vez de se excluírem, ou se perturbarem, complementam-se: a aceitação e o orgulho da condição seriam facilitadores da análise, expedientes que propiciariam uma visão mais lúcida da questão em todos os seus matizes e uma perspectiva adequada, senão privilegiada, a um entendimento inequívoco. Segundo Joel Rufino dos Santos (1995, p.28, grifos do autor),

Para Guerreiro Ramos, pois, negro não é uma raça, nem exatamente uma condição fenotípica, mas um topo lógico, instituído simultaneamente pela cor, pela cultura popular nacional, pela consciência da negritude como valor e pela estética social negra. Um indivíduo preto de qualquer classe, como também um mulato intelectual ou um branco nacionalista (por exemplo) podem ocupar esse lugar e dele, finalmente, visualizar o *verdadeiro* Brasil [...]
Enquanto a sociologia modernizante busca, num trabalho de Sísifo, descrever o lugar do negro na sociedade brasileira, o sociólogo *populista* Guerreiro Ramos descobriu que o negro ele próprio é um lugar de onde descrever o Brasil. Penso ser essa ideia – o negro como lugar – a mais original contribuição de Guerreiro Ramos à compreensão do dilema nacional.

116 EDISON BARIANI JUNIOR

No entanto, Guerreiro Ramos afirma também que "os problemas 'antropológicos', do índio e do negro, são aspectos particulares do problema nacional, *de caráter eminentemente econômico e político*", o que aparentemente é uma contradição, mas justificável pela interpretação de que "nossos problemas culturais, no sentido antropológico, são particulares e dependentes da fase de desenvolvimento econômico do Brasil. A mudança faseológica de nossa estrutura automaticamente solucionará tais problemas" (1979, p.41, grifos nossos).

Ou seja, os problemas "psicológicos" são, em última instância, expressão de dada fase cultural (e seus aspectos econômicos, sociais e políticos) em que o país se encontraria. A influência dos países centrais levaria à submissão cultural e estética que propiciaria a promoção de valores estéticos estranhos à realidade nacional, importados, daí a superfetação do "branco" e a depreciação e alienação do negro. Ora, também o preconceito – por meio da "hipercorreção estética do branco brasileiro, ávido de identificação com o europeu" – teria como componente o alheamento da realidade brasileira, ou seja, seria outra faceta da importação de ideias e imitação de condutas.

Excluído do rol dos pesquisadores envolvidos, Ramos, ainda que lhes reconheça o cuidado técnico, critica os trabalhos sobre o negro compreendidos nos estudos sobre relações raciais feitos na década de 1950 por encomenda da Unesco, insurgindo-se particularmente contra o de Costa Pinto.[16]

---

16 O projeto de estudo das relações raciais no Brasil foi concebido em 1949 por Arthur Ramos e viabilizado, em 1950, pelo Departamento de Ciências Sociais da Unesco e pela figura de Alfred Métraux. Do projeto original, constavam Costa Pinto, no Rio de Janeiro, Thales Azevedo, na Bahia, e René Ribeiro Costa, no Nordeste (Pinto, 1978). Paralelamente, integraram-se Edison Carneiro, na Amazônia, Fernando Henrique Cardoso e Octavio Ianni, no Sul, e Florestan Fernandes e Roger Bastide, em São Paulo. O resultado do trabalho desses últimos (Fernandes e Bastide) foi publicado em 1955 (*Relações raciais entre brancos e negros em São Paulo*), e depois em 1959 (*Brancos e negros em São Paulo*). Além desses, participaram Charles Wagley, Oracy Nogueira e outros. Alguns escritos foram reunidos e editados sob direção de Charles Wagley

GUERREIRO RAMOS E A REDENÇÃO SOCIOLÓGICA · 117

Costa Pinto e Guerreiro Ramos, na mesma década de 1950, promoveram uma polêmica – em livros e em artigos na imprensa carioca – sobre a referida questão do negro.[17] Um balanço dessa querela foi feito por Marcos Chor Maio (1996, p.10), segundo o qual "a agenda política de Guerreiro seria composta pelos seguintes tópicos: a afirmação da singularidade dos negros com a eliminação dos recalques advindos do passado, ascensão social e econômica e constituição de uma *intelligentsia*". Já Costa Pinto, criticando Ramos e o TEN, diagnosticava, segundo Maio (1996, p.15), que "a modernização capitalista gerava um processo de diferenciação interna entre os negros, com o surgimento de uma pequena classe média, constituída de intelectuais, formando assim uma elite negra". Essa elite, nas palavras de Costa Pinto, buscava "se identificar com os padrões de comportamento das classes dominantes", sendo uma "legítima

---

(*Races et classes dans le Brésil rural*), outros constituíram obras independentes. Na USP, o projeto teve alguma continuidade na Cadeira de Sociologia I, sob direção de Florestan Fernandes e contando com Fernando Henrique Cardoso, Octavio Ianni e Renato Jardim (ver Massi, 1986 e Schwarcz, 1999). Resenhas de como os intelectuais e cientistas viam a questão racial no final do século XIX e início do XX estão em Schwarcz (1993) e Skidmore (1976b).
Já Costa Pinto, autor de *O negro no Rio de Janeiro*, de 1953, é qualificado por Guerreiro Ramos como autor de "grosseiro plágio" (Ramos, 1979, p.61, nota 19), sem maiores explicações. Provavelmente se referia a *Lutas de família no Brasil*, publicado em livro por Costa Pinto em 1946 e que seria uma cópia de um original francês, talvez do livro de Jacques Lambert (professor de C. Pinto), *La vengeance privée et les fondements du droit public international*. Guerreiro ainda fustiga: "Os estudos sobre o negro no Brasil sob o patrocínio da Unesco foram realizados dentro do melhor padrão técnico, com exceção do que se refere ao negro no Rio de Janeiro que foi confiado a Luiz Aguiar da Costa Pinto, cidadão sem qualificações morais e científicas. Este carreirista, *double* de sociólogo" (Ramos, 1957b, p.154, nota 19). Os ataques – explícitos da parte de Guerreiro e implícitos da parte de Costa Pinto – suceder-se-ão. Um dos motivos, aparentemente, seria a perda (por parte de Guerreiro) da Cadeira de Sociologia na Universidade do Brasil para o outro (Bariani, 2003a).

17 Também naquele período do final dos anos 1940 até o final da década de 1950, Costa Pinto polemizou com Emilio Willems e Florestan Fernandes, tecendo duras críticas à sociologia "acadêmica" (para uma consideração preliminar do debate ver Bariani, 2003a).

118 EDISON BARIANI JUNIOR

expressão da pequena burguesia intelectualizada e pigmentada" (apud ibidem, p.15).[18]
Se para Guerreiro e o TEN havia uma "patologia social do 'branco' brasileiro" e uma "ideologia da brancura", para Costa Pinto,

> [...] do mesmo modo que se pode aqui mais uma vez repetir que não há um problema do *negro* – pois o problema é o branco que tem sobre o negro falsas ideias e age de acordo com essas ideias falsas – também se poderia dizer, inversamente que a ideia da negritude não é negra – é branca, é o reflexo invertido, na cabeça de negros, da ideia que os brancos fazem sobre ele, é o resultado da tomada de consciência (também em termos falsos, diga-se de passagem) da resistência que o branco faz à ascensão social do negro. É, em suma, um racismo às avessas. (ibidem, p.16)

À análise existencial-psicológica de fundo socioculturalista e à *intelligentsia* negra – elitizada, intelectualizada e sedenta de aceitação social por parte da elite brasileira – Costa Pinto opõe a mudança social e o potencial transformador do negro proletário, portador de uma consciência e atitude diferenciadas, que deveria transformar-se de "negro em si" em "negro para si".[19]

Por seu turno, Ramos valoriza a condição do negro como sujeito (autônomo e responsável por seu destino social) e uma visão dinâmica da questão. Todavia, o processo de integração fica subsumido aos anseios de reconhecimento de uma elite negra e as contradições sociais desse processo ofuscadas.

---

18 Os trechos de autoria de Luiz de Aguiar Costa Pinto aqui citados – e provenientes do trabalho de Maio (1996) – são de *O negro no Rio de Janeiro* (1953).

19 Sartre (1960, p.149), de certo modo, já havia insinuado os termos da controvérsia entre Guerreiro Ramos e Costa Pinto ao afirmar: "O que acontecerá se o negro despojando sua negritude em proveito da Revolução não quiser considerar-se senão como proletário? O que acontecerá se não se deixar mais definir senão por sua condição objetiva?".

GUERREIRO RAMOS E A REDENÇÃO SOCIOLÓGICA   119

As referências dão conta de que não havia mais somente "o" negro: os brutais elementos de desigualdade e diferenciação social presentes no processo de modernização capitalista no Brasil já faziam, entre os próprios negros – e entre os sociólogos e suas visões – distinções. Significativamente, o sociólogo, segundo relato de Abdias Nascimento, A. (2003a), teria passado, entre 1942 e 1945, "pela maior crise intelectual e espiritual de sua vida": marginalizado, sem reconhecimento acadêmico, relegado pela universidade, "exilado" no Rio de Janeiro, escorando-se no serviço público para sobreviver... Não obstante, ingressa no TEN e passa a ocupar-se com a militância no movimento negro, ao qual se dedicará intensamente até meados dos anos 1950, não fortuitamente, quando ingressa na Assessoria de Vargas, na Escola Brasileira de Administração Pública da Fundação Getúlio Vargas, no Grupo de Itatiaia, Ibesp e Iseb. Assim, no final dos anos 1950, a questão do negro não será mais objeto de sistemática atenção por parte do autor.

Ao menos pessoalmente, Guerreiro Ramos comprovava suas teses: se a afirmação da negritude resgatou sua autoestima, sua autoconfiança e capacidade de assunção de seu "destino social", de outro modo, ao ver-se aceito e "adestrado" na cultura da classe dominante, desfrutando de relações "frontais" com a elite "branca", afastou-se da questão do negro, só vindo a mencioná-la novamente em 1981 – em entrevista (Oliveira, L., 1995, p.174) pouco antes de sua morte – para queixar-se do país e da falta de reconhecimento de sua importância como sociólogo, por causa da sua condição de cor. Nessa ocasião, assume-se então como "mulato", como figura social "limite": "eu já sou entre os dois [...] Preto não confia em mim, branco não confia em mim. E mulato, você sabe, desconfia de mulato, porque mulato é malandro. Veja a minha situação como é".

Ao final da vida, solitário, sem desfrutar do reconhecimento do qual se acreditava merecedor, o autor isola-se no que acreditava ser o papel-limite na sociedade brasileira – o mulato, desajustado, não-integrado, em suas palavras *in between* (expressão provavelmente tomada a Eric Voegelin). Sentindo-se "de cor", mas incompreendido

120 EDISON BARIANI JUNIOR

por brancos e negros, apela a uma situação psicológica singular, intermediária, inconciliável.[20]

Daí a lacuna em seu entendimento da questão: não era suficiente aceitar-se como negro e se habilitar na "cultura dominante" para ser aceito pela elite brasileira. Foi preciso que ele se sentisse aceito pela elite – nas condições ditadas por ela – para esquivar-se do preconceito; nessas condições, a aura da negritude tornava-se a bênção do branqueamento: podia aceitar-se como negro, pois já desfrutava de uma posição "de branco".

Segundo Santos, J. (1995), ao definir de modo original "o negro como lugar", Guerreiro Ramos não atentou devidamente para a aversão (dissimulada) da elite brasileira ao "trânsfuga de cor" e ao fato de essa elite indicar claramente qual deveria ser esse lugar. Mais ainda, de indicar que os ritos de passagem compreendiam necessariamente a abdicação da negritude, o "descoloramento". Ser precariamente aceito ou tolerado implicava "reconhecer-se" como socialmente dócil e inferior; se postulante ao convívio deveria – além de apresentar como moeda requisitos econômicos, políticos e culturais – renunciar publicamente ao orgulho de ser negro, "limpar-se"' de corpo e alma, assumir sua "brancura de alma".

Faltava a Guerreiro Ramos a compreensão de que o êxito na assunção de sua subjetividade (individual) estava indefectivelmente atrelado à situação do negro em geral na sociedade (e do pobre em particular): não era possível escapar completamente ao estigma da cor enquanto o contingente "de cor" fosse estigmatizado. Assim, ao longo de sua trajetória – entre idas e vindas, ascensões e quedas,

---

20 É notável a semelhança, resguardados os contextos, com Joe Christmas, personagem de William Faulkner (1983) em *Luz em agosto*. Homem comum, sem prestígio, Christmas – acreditando ter "sangue negro" – torna-se esquivo, desconfiado e mesmo revoltado, atribuindo suas desgraças à sua condição de cor, mesmo quando não é reconhecido como negro ou mestiço. A propósito, foi, segundo o próprio Guerreiro, "paradoxalmente" nos Estados Unidos que se sentiu aceito e respeitado: "os EUA são um paraíso para mim! Paz, estabilidade, respeito, poder [...] Eu tenho uma casa enorme, um palácio [...] Tenho uma datilógrafa, telefone, computador, o diabo" (Oliveira, L., 1995, p.176).

GUERREIRO RAMOS E A REDENÇÃO SOCIOLÓGICA

reconhecimento (parcial) e marginalização, êxito e preconceito – Ramos via sua situação oscilar entre a condição de par e de pária.

O negro de classe média não atentava para a sutileza do preconceito e cria que sua posição de classe, *status* e aparelhamento cultural seriam suas senhas de passagem para uma integração plena e cidadã na sociedade brasileira.[21] As pretensões de participação política tinham correspondência nas de democratização social. A conquista da reivindicação do negro como povo (brasileiro) não o elevava à condição de igual e o mito da comunidade nacional exibia suas fissuras e contradições não só no terreno dos interesses antagônicos da estrutura de classes, mas a cor continuava a ser um estigma dentro das próprias classes sociais, uma vez que essas mesmas classes é que definiam socialmente a posição dos indivíduos na sociedade brasileira. Mais uma vicissitude da evolução do capitalismo no Brasil.

A sociologia crítica e a crítica da sociologia

Em nota prévia à sua primeira obra sistemática de crítica à sociologia no Brasil (*O processo da sociologia no Brasil*, de 1953), Guerreiro Ramos assim se expressa:

A elaboração deste estudo foi uma das tarefas mais desagradáveis que empreendi. Assumi diante das obras dos sociólogos brasileiros uma atitude de naturalista e, ao cabo do meu trabalho, verifiquei que havia tratado de pessoas que merecem o meu maior respeito e a minha admiração, como se o contrário desses sentimentos me animasse. Assim, o primeiro leitor irritado com o que se vai ler sou eu.

Tive vontade de rasgar o manuscrito. Mas uma reflexão me deteve o gesto e foi a seguinte: estas ideias aí enunciadas são fruto de uma longa experiência de estudo e meditação, não obedeceram a

---

21 Significativamente, ele menciona que sua ficha na comissão de inquérito elaborada pelos militares, quando de sua cassação como deputado e sujeito político, o definia como "Alberto Guerreiro Ramos: mulato, metido a sociólogo" (Oliveira, L., 1995, p.162).

122 EDISON BARIANI JUNIOR

um propósito mesquinho de denegrir quem quer que seja; parecem, ao contrário, atender a um imperativo, pelo menos de minha própria formação mental; *tenho o direito de me construir a mim próprio*. Aliás, é fácil perceber hoje na inteligência brasileira uma disposição para libertar-se das heteronomias que a entorpecem. Esta disposição vem sendo contida até agora. Estou certo, porém, de que não se conterá mais tempo. As alienações do pensamento brasileiro tornaram-se muito nítidas. Já são o tema esotérico das conversas discretas de muitos intelectuais patrícios. Vão tornar-se um tema exotérico das tribunas, do livro e do jornal. Mas, enquanto tal difusão não se registra, sabe Deus como é incômodo pensar em voz alta. Melhor, eu sei, seria escrever um estudo sobre colocação de pronomes... (p.5-6, grifos nossos)

Em tom resignado e confessional, Guerreiro Ramos argumentava sobre a sua impossibilidade de isenção quando se tratava da árdua tarefa de rever criticamente a evolução e o estágio – naquele início dos anos 1950 – da sociologia no Brasil, temática que vaticinava logo dominaria a pauta das ciências sociais no país.

Apercebendo-se da dificuldade do empreendimento, desculpava-se antecipadamente pelo modo acre com que, mais que o texto, a tarefa se impunha. O inadiável processo de revisão, segundo ele, acusava as transformações da sociedade brasileira ao cruzar a metade do século XX e os problemas e desafios que se insinuavam à sociologia. É notório o sentido de missão que o autor atribui ao trabalho (e a si próprio), requisitando um espírito temerário algo inconsequente ("melhor seria escrever sobre colocação de pronomes") para – com "atitude de naturalista", mas inextirpáveis escrúpulos de sociólogo – descer à cova dos leões munido apenas de sua fé no encargo (vocação).

Nesse processo, vislumbrava – nos moldes de seu culturalismo – o movimento da sociedade brasileira reconstruindo-se a si própria,[22]

---

22 Não é gratuito que como epígrafes à *Introdução crítica à sociologia brasileira* (1957b, p.15) – obra imediatamente posterior na qual continua sua empreitada –

GUERREIRO RAMOS E A REDENÇÃO SOCIOLÓGICA 123

revendo-se, segundo ele, por sua suma forma de autoconsciência (a sociologia) e forjando os sujeitos intelectuais que se encarregariam de repensá-la. "Construindo-se a si próprio", o sociólogo cria estar reconstruindo, ou melhor, redimindo a sociologia no Brasil e influenciando decisivamente os rumos desta e do seu entorno social.[23] Ensaiava também os primeiros esboços de uma dialética da mudança social, influenciada pelo empirismo de Gurvitch e pelo culturalismo – seja sociológico (H. Heller, H. Freyer, P.Sorokin e também K. Mannheim), seja filosófico (Berdiaev, Danilesvki, Spengler, Toynbee) –, bem como revisava os passos de Silvio Romero, Euclides da Cunha, Alberto Torres e Oliveira Vianna.

Em *O processo da sociologia no Brasil* e na primeira parte de *Introdução crítica à sociologia brasileira* ("Crítica da sociologia brasileira", escrita em 1954), alegando que o momento o exigia, lança-se à polêmica tomada como método – daí a necessidade de "provocar a polêmica, pois por meio dela é possível liquidar as moedas falsas que ainda circulam entre nós, com o seu valor discutível" (Ramos, 1957b, p.31). Já a segunda parte de *Introdução...*, constituída pela à época notória *Cartilha brasileira do aprendiz de sociólogo* (escrita também em 1954), tem como subtítulo "Prefácio a uma sociologia nacional", indicando seu intento de superar a fase de combate – de reavaliação crítica da produção sociológica – e avançar para a proposição de novos rumos, a saber, encerrar a fase polêmica e iniciar a construção propriamente dita de uma *sociologia nacional* – processo que culminará em *A redução sociológica* (de 1958).[24] Afirmava que, com a emergência no Brasil de condições para a efetivação do desenvolvimento nacional, era mister que a sociologia se pusesse na

---

cite excertos da *Lógica* de Stuart Mill, nos quais se lê que o problema fundamental das ciências sociais é encontrar as leis que regem a forma como um estágio social produz o subsequente, visto que, nesse processo, é o todo que produz o todo mais que qualquer parte produz outra parte.

23 Em seus termos: "não se trata rigorosamente de uma renascença. É, antes, um nascimento" (1957b, p.29). Porém, as palavras o traem já que não se pode fazer crítica do que ainda não nasceu.

24 *Introdução crítica à sociologia brasileira*, finalizado em 1956 e publicado no ano seguinte, reúne textos desse interregno 1954-1956.

124   EDISON BARIANI JUNIOR

ordem do dia. Se parodiarmos certo hegelianismo da época trocado em miúdos, podemos afirmar que se o real é o atual, a sociologia deveria atualizar-se para sua realização.

O processo de crítica sistemática da produção sociológica brasileira por parte do autor tem como pano de fundo suas interpretações a respeito da estrutura e dinâmica da sociedade brasileira. Entendia ele que transformações econômicas em curso indicavam (e exigiam) mudanças na dinâmica da *sociedade política*[25] e, logo, nas relações sociais. Isto é, a sociedade econômica condicionava a sociedade política que, por seu turno, deveria acusar determinada atualização das representações e condutas. A "estrutura atual" impunha uma nova práxis.

Guerreiro Ramos – tomando um marxismo de segunda-mão – indicava que, impelidas pelas forças produtivas, as relações de produção influenciavam as situações de classe no sentido de reforçar a constituição dessas classes, definir seus contornos, possibilidades e interesses objetivos. Tal arranjo insinuaria o início da maturidade da sociedade brasileira, que se erguia sob o peso do "imperialismo econômico", tentava livrar-se da submissão e consolidar a nação, cuja autonomia ainda estava represada pela maldição de nascença que a compelia a viver como o amanhã o ontem dos países centrais. Pois

Os países descobertos e colonizados são escassos de idiossincrasias e de imanência, são pseudomorfoses.[26] Sua formação é mais revolucionária do que evolutiva, visto que se procedeu à custa de transplantações. *Eles não têm história própria*, são versões da história de povos colonizadores, ou material etnográfico destes povos, para

---

25 Uma definição mais cuidadosa da noção de "sociedade política" encontra-se no capítulo seguinte. Para o momento, tomamo-la apenas como o conjunto das instituições e atores sociais participantes dos processos decisórios.

26 O autor, seguindo O. Spengler, define o termo como ocorrência de fenômeno no qual "uma velha cultura estranha impera sobre um país com tanta força que a cultura jovem, autóctone, não consegue respirar livremente e não logra constituir formas expressivas, puras e peculiares, nem sequer chegar ao pleno desenvolvimento de sua consciência" (Ramos, 1957b, p.84).

GUERREIRO RAMOS E A REDENÇÃO SOCIOLÓGICA   125

usar uma expressão de Danilevski. Assim, a inclinação dos países colonizados para adotar as ideias alienígenas obedece à lei da imitação do superior pelo inferior, formulada por Gabriel Tarde. Daí o fato de que *a história das ideias e das atitudes dos países colonizados reflete, sempre, os períodos por que elas passam nos países colonizadores*. É este um tipo de imperialismo mimético não baseado na coerção, mas assegurado pelo próprio fascínio que exercem sobre os colonizados as instituições dos povos colonizadores. (idem, 1953, p.11, grifos nossos)

Nesses termos, a sociedade brasileira seria afligida como reflexo imperfeito da civilização que desafortunadamente nos acometeu, espaço sem história de ideias sem raízes, transplantada, perdida numa maldição platônica na qual as ideias seriam reverberações precárias das verdadeiras criações. No entanto, a fase cultural que agora esta sociedade adentrava tornaria possível, segundo o sociólogo, alcançar certa mobilidade de ação e, em última instância, a autoconsciência social do país, tornando-se uma nação na plenitude do termo, pois até então para Guerreiro – como para Euclides da Cunha em *À margem da história* (1975) – o que havia era somente uma "ficção", uma nacionalidade criada a partir de uma teoria política (ibidem, p.22-3). Já nas palavras de Alberto Torres, para nossa desventura, "há sociedade *parvenues* [...], nações *rastaquouères*" (apud idem, 1957b, p.29). Urgia inaugurar a "autonomia material e moral do país".[27]

Faltavam, todavia, os sujeitos dessa transformação, vez que as classes, ainda em formação e politicamente imaturas, disso ainda

---

27 Naquele momento, era fortemente sentida na obra de Guerreiro Ramos a influência do culturalismo de Danilevski, do qual esposavam as ideias de que, na história, os períodos culturais seriam determinantes das civilizações, e estas sempre datadas e peculiares, porém, poderiam expandir-se por colonização ou por "enxerto", criando novas civilizações, além disso, a História universal não seria simplesmente o desenvolvimento contínuo da experiência europeia, não cabendo, assim, tratar outras experiências como algo residual. Ver Timasheff (1973).

126 EDISON BARIANI JUNIOR

não se poderiam encarregar. Guerreiro Ramos – subscrevendo as interpretações de alguns autores[28] – caracterizava então o "povo" (símbolo ideal das reivindicações autônomas) como algo amorfo, embora em formação (*in statu nascendi*), imediatamente incapaz da tarefa. Restava a "elite".

Na análise da sociedade brasileira, ao combinar nesse momento o culturalismo com elementos marxistas (relações de produção, forças produtivas, relações interestruturais de predominância material, relações de classe etc.), o autor concluía pela infância dessas relações, diminuindo-lhes a centralidade teórica. Voltava-se então para certo hegelianismo (um tanto ingênuo, chegando a resvalar no platonismo) para entender as modificações estruturais que intuía com argúcia. Eis um traço marcante da personalidade intelectual do autor: se por vezes lhe falta sofisticação e fineza de análise quando se trata de elucidar inter-relações econômico-sociais e estabelecer as devidas mediações, seu senso de oportunidade e sua intuição (aliados à sua verve) contornam obstáculos que seriam demais íngremes para seu instrumental teórico. Na falta da chave exata, usa o martelo com precisão demolidora.[29]

Propugnava por uma atualização da sociologia em relação às exigências da transformação social – premente na contradição entre as "forças produtivas e os quadros institucionais vigentes" (ibidem, p.101) – que arrebatava o país e passava a bradar por uma sociologia

---

28 Notoriamente: Tobias Barreto, Silvio Romero, Euclides da Cunha, Alberto Torres, Oliveira Lima etc.

29 Vide seus libelos contra a sociologia que seria praticada no país. Os "homens de prol", que tratariam a cultura como "sobremesa" e confundiriam ciência com "racionalização de frustrações"; as produções culturais – que passariam antes pelas alfândegas que pelas instituições "de saber" – seriam verdadeiros "enlatados ou conservas" (Ramos, 1953, p.33-4) e, em termos de compromisso, seriam como atividades lúdicas (do tipo do pif-paf). Também tais instituições técnicas e acadêmicas abrigariam esses homens sob o governo da liberalidade dos recursos públicos (daí a cooptação), assemelhando-se – como o autor contém-se, mas não se abstém de afirmar – a uma "casa da viúva Costa" (idem, 1957b, p.115). E serve-se das palavras de Graciliano Ramos para ultimar: "quem não tem vergonha na cara não pode ser sociólogo" (ibidem, p.33).

GUERREIRO RAMOS E A REDENÇÃO SOCIOLÓGICA   127

crítica, de responsabilidade e compromisso, despida de espírito de façanha (de "proeza") e adequada ao nível de autoconsciência social que a época requeria, uma vez que estariam sendo postas as condições para a superação do período de subalternidade da sociedade brasileira, quando, a partir de então, teria vida uma sociologia autêntica, isto é, uma sociologia ancorada em genuínas experiências cognitivas e não a partir de categorias e processos pré-fabricados exteriormente, sem autêntica gênese. Caso contrário, dominaria na sociologia brasileira a inautenticidade resultante de processos espúrios como alienação (alheamento), dedutivismo (dedução a partir de materiais estrangeiros), dogmatismo (adoção de argumentos de autoridade, "válidos" por si só) e simetria/sincretismo – febre de atualidade e hipercorreção na ânsia de acompanhar a produção estrangeira (ibidem, p.18-23).[30]

Isso posto, afirma: "a sociologia, no Brasil, será autêntica na medida em que colaborar para a autoconsciência nacional, na medida em que ganhar em funcionalidade, intencionalidade e, consequentemente, em organicidade" (ibidem, p.26). No entanto, ao relevar a necessária funcionalidade da sociologia, assinalava que uma posição científica de caráter funcional seria aquela "proporcionadora da autoconsciência ou do autodomínio da sociedade brasileira" (ibidem, p.123): forma-se então um círculo vicioso, já que sociologia seria autêntica – e possibilitaria autodeterminação – se fosse funcional, visto que funcional seria aquela sociologia que proporcionasse autodeterminação. O lapso lógico do raciocínio – e outros o sucederão – indicava a dificuldade de Guerreiro Ramos em dar conta de uma situação na qual a superação das condições predominantes dependia da iniciativa de sujeitos (e seus instrumentos) submetidos e influenciados pelas mesmas condições adversas, de tornar a superação processo de autossuperação. A sociologia – como autoconsciência social – deveria redimir-se dos males que a afligiam

---

30 Em sua caracterização das vicissitudes que assolariam a sociedade brasileira em geral, o autor retomará alguns desses conceitos (Ramos, 1960), como veremos no capítulo 3.

128 EDISON BARIANI JUNIOR

(importação, imitação de ideias) e, no limite, redimir a própria sociedade na qual se inseria.

Em busca do significado autêntico da cultura, o autor encaminha-se para um uso mais intenso dos conceitos existenciais, só que acusa ainda um incompleto domínio desse arsenal. Agregando outros elementos, procura puxar os fios dessa meada. Uma tentativa de saída desse labirinto insinua-se na referência que faz ao conceito elaborado por Edward Sapir (apud ibidem, p.152, grifos nossos):

> A *cultura autêntica* não é necessariamente alta ou baixa, é apenas inerentemente harmoniosa, equilibrada, a si mesmo satisfatória. É a expressão de uma atitude ricamente variada e, entretanto, de certo modo, unificada e consistente em face da vida, uma atitude que vê o significado de qualquer elemento de civilização em sua relação com todos os outros. É, falando de modo ideal, uma cultura em que nada deixa espiritualmente de ter sentido, em que nenhuma parte importante do funcionamento geral traz, em si, senso de frustração, de esforço mal dirigido ou hostil. Não é um híbrido espiritual de elementos contraditórios de compartimentos estanques de consciência que evitam participar de uma síntese harmoniosa.

Guerreiro Ramos requisitava agora para sua obra uma tessitura "dialética", que privilegiava o aspecto dinâmico, mutável e inacabado da sociedade em detrimento das contradições, isto é, a mudança social seria um processo que primaria pelo contínuo sócio--temporal e não pelo conflito atroz, um movimento algo orgânico e não causado pelo enfrentamento entre posições. Embora avance além desse posicionamento, não é gratuito que em momento futuro ele se referirá a uma "dialética da ambiguidade" – que fascinou José Murilo de Carvalho (2003a) – para ilustrar como se acomodariam as tensões na sociedade brasileira.[31]

---

31 Essa dialética da ambiguidade é definida por Guerreiro Ramos (1966, p.369) nos seguintes termos: "[...] ao mesmo tempo em que a estrutura social procura salvaguardar sua integridade, recorrendo ao formalismo, a fim de cooptar parte do excedente populacional, os cidadãos, ameaçados pelo fantasma da

GUERREIRO RAMOS E A REDENÇÃO SOCIOLÓGICA   129

Segundo aponta o autor, numa sociologia crítica e atual a dialética deveria ser posta nos seguintes termos:

a) não admite o primado sistemático de nenhum critério operatório de dialetização, nem tampouco se admite como um monismo determinista dialético; b) não admite a conclusão do processo histórico-dialético, nem sabe de antemão aonde conduz este processo; c) dialetiza as relações entre a teoria e a prática. (Ramos, 1957b, p.210)

Tal dialética, aplicada à análise de uma sociedade em rápida mutação – e por consequência refletida na sociologia que produzia –, alimenta certa confusão/sobreposição de conceitos. As transformações da estrutura social teriam como elementos a constituição das classes sociais e sua procura de rumos, mas quando o autor trata da questão da alienação que acometeria o grupo dominante e os sociólogos – como porta-vozes desse grupo ou mesmo como grupo culturalmente dominante, e há aqui outro imbróglio –, ele utiliza o conceito de "elite", desviando a questão de uma perspectiva de classe para uma questão de prestígio/privilégio político-cultural, de um contexto de luta de classes para uma polarização social elite-povo que, no fundo, não deixava de ter uma significação ética. "No Brasil, o homem culto e o homem do povo são espécies diferentes" (idem,

---

marginalidade social, recorrem ao formalismo, em busca de um lugar ao sol. A ambiguidade consiste em que, de um lado, a estrutura social resiste, com *esprit de corps*, a incorporar em seu seio elementos que possam desnaturá-la e, ao mesmo tempo, diligencia vencer essa resistência, pois, é compelida a pactuar com aqueles que aceitam acomodar-se; de outro lado, os cidadãos que projetam ascender na escala social forçosamente se afirmam pelo combate à rigidez da ordem constituída para, num momento subsequente, ajustar-se a tal ordem, desde que ela, de algum modo, supere a sua inércia, ou sua tendência ao imobilismo. Como nenhuma das partes cede tudo, o pacto que se estabelece entre ambas implica necessariamente o formalismo. A função latente do formalismo é transformar os polos de uma polaridade, nos termos de uma ambiguidade". Tal formulação mais cuidadosa da "dialética da ambiguidade" virá somente com *Administração e estratégia do desenvolvimento*, escrito a partir de 1964 e publicado em 1966.

130 EDISON BARIANI JUNIOR

1953, p.34), assinala. Desse modo, num contexto de formação nacional e afirmação existencial (e não estritamente de luta de classes) a "alienação" surge não como dominação e sim como "desentendimento entre as camadas populares e as camadas cultas" (ibidem, p.34) – distanciamento social que Silvio Romero, analogamente, havia nomeado como "disparate".[32]

O que se passa é que naquele momento Guerreiro Ramos – como de resto boa parte dos sociólogos brasileiros de então, que se digladiavam em problemas sobre feudalismo, capitalismo, classes, estamentos, castas etc. – não identificava coesão e maturidade nas classes sociais e, numa solução precária, opta pela oposição povo *versus* elite, na ânsia de refletir uma situação de grande distanciamento sociocultural entre grupos.[33]

Esse amálgama teórico do autor, que procurava um caminho crítico aglutinando instrumentos de análise de situações conflitivas sociais e existenciais, essa busca de uma base ontológica, mostrava-se ali frágil e apresentava rachaduras – algumas dessas "soluções" só viriam em *A redução sociológica* (de 1958). Como exemplo, pode-se notar que o uso indiscriminado do conceito de elite desloca a análise para uma incômoda indiferenciação entre elite política e cultural, termos que – apesar das desigualdades da sociedade brasileira – não são idênticos, daí um lapso apenas para escorregar para a identificação entre condução política e "inteligência", entre dirigentes e ilustrados (ou intelectuais). Pois aí o equívoco vem sob encomenda: nada mais próprio dos intelectuais brasileiros e particularmente dessa corrente que Guerreiro Ramos tanto prezava

---

32 Posteriormente, utilizará o termo alienação como negligência dos esforços de autodeterminação, comportamento estranho à realidade brasileira, de alheamento – definição de cunho existencial que manterá (Ramos, 1957b, p.22).

33 Assinale-se que já se fazia sentir na sua obra a influência de Ortega y Gasset (1933) e a caracterização por parte desse da polarização elite-massas. Entretanto, logo depois, até fustigado pela conjuntura política, esboçará um panorama da atuação das classes, o que ocorrerá principalmente a partir de *O problema nacional do Brasil* (1959).

GUERREIRO RAMOS E A REDENÇÃO SOCIOLÓGICA   131

como herança que o projeto de condução da nação por uma elite esclarecida.[34]

Num percurso comum a vários intelectuais brasileiros, ao detectar a incapacidade do povo em tomar nas mãos os destinos do país, procede à crítica do comportamento das elites. Segue assim os passos de Alberto Torres e Oliveira Vianna: condena nessas elites a "exemplaridade" como estratégia social e a tentativa de alteração da realidade social por meio das "boas" ideias e instituições, da correção do receituário antes que de adequação das formulações. Todavia, para Ramos,

> Oliveira Vianna viu aqui meia verdade; não a verdade toda. Isto porque aquela conduta inquinada de idealista-utópica foi, muitas vezes, menos decorrência de uma imitação voluntária do que um expediente pragmático a que tiveram imperativamente de recorrer a fim de racionalizar ou justificar interesses e reivindicações de grupos e facções atrelados a tendências nem sempre ilegítimas da sociedade nacional. (1957b, p.52)

Mais que simples arremedo, a transplantação de ideias (e instituições) corresponde agora (e isso marca um avanço em relação à anterior conceituação do termo) a estratégias de afirmação e mesmo de justificação de interesses, o que resvala então para a perigosa questão das ideias, sua instrumentalização e seu lugar – e suas muitas armadilhas.

No diagnóstico de Guerreiro Ramos, dar-se-ia uma falência da elite cultural (e dentre ela os sociólogos), identificada com a elite em geral, moldada sob os males da transplantação, já que

> Acontece muitas vezes que, por uma diminuição ou um faleci-mento da capacidade criadora das elites, as sociedades entram num

---

34 Eis que não são fortuitas nem desencontradas – lembremos Mannheim (1972) – as opções teórico-metodológicas e as posições e anseios políticos. Pécaut (1989) assinala a pretensão desses intelectuais – até 1945 – à posição de classe dirigente.

132 EDISON BARIANI JUNIOR

processo de desintegração ou de hibridização pelo uso e consumo extensivos de produtos culturais exógenos.

> No Brasil, os indivíduos que um dia vão constituir as camadas cultas sofrem, nos educandários que frequentam, uma castração sistemática dos membros intelectuais, que se entorpecem no exemplarismo cultural ou se obnubilam na aprendizagem de atitudes heteronômicas. (idem, 1953, p.33)

Segundo ele, desde José Bonifácio e com raras exceções, tal exemplaridade teria regido a ação das elites no Brasil, sempre em desencontro com o meio social. A despeito disso, estaria se formando "o capitalismo brasileiro e desenvolvendo-se uma cultura popular, um e outra destinados a constituir o lastro de uma individualidade histórica e autônoma" (idem, 1957b, p.87).

Já o povo, "livre" das condições de consumo e adestramento de bens culturais sob a égide da transplantação, como de toda e qualquer educação, em sua inocência e crueza cultural, estaria apto a herdar o céu das perspectivas da criação original: "na sociedade brasileira somente as camadas populares são criadoras, como atestam suas instituições e valores" (idem, 1953, p.33). Como os bons selvagens de Rousseau ou os ingênuos dos pensadores cristãos, o povo estaria livre do pecado original do mimetismo cultural, ironicamente, do mesmo modo como os proletários de Marx seriam "livres" para vender sua força de trabalho.[35]

Persistia nebulosa relação entre classes e contingentes (elite/povo), que agora se agravava pela situação sociocultural indicada pelo autor.[36] Seriam somente o consumo e o adestramento cultural que determinariam tal comportamento dos segmentos sociais? Tais

---

35 Aproximadamente uma década antes, em 1944, Astrojildo Pereira (1978), vislumbrando a expropriação do saber, já propunha entre as "tarefas da Inteligência" educar o povo pela "democratização da cultura".

36 Em 1957, ao resenhar *Introdução crítica à sociologia brasileira* para a *Revista brasiliense*, Elias Chaves Neto (1957, p.200) já cobrava de Guerreiro Ramos esclarecimentos em termos de caracterização das classes e seus posicionamentos na cultura e política nacionais.

GUERREIRO RAMOS E A REDENÇÃO SOCIOLÓGICA   133

mecanismos seriam determinantes da sociabilidade necessária para condicionar toda a vivência cultural, a despeito das outras experiências próprias da existência social? Haveria mecanismos de aspectos econômicos e políticos subjacentes a tais formas de sociabilidade? Por que a elite estava sujeita à influência da transplantação (e consequente alienação) e o povo imune? Pelo contato com a cultura importada? E o povo, não estaria também sujeito à "contaminação" por algo ainda mais degradado (a cultura já trazida azeda e agora regurgitada pela elite)?

Em *O processo da sociologia no Brasil*, o autor passou em revista – ou passou a ferros, melhor dizendo – o pensamento sociológico brasileiro desde a segunda metade do século XIX (estariam aí seus começos?). Para tanto, armou-se de um método – que W. G. dos Santos (1978) chamou (um tanto impropriamente) "ideológico" – logo depois explicitado e definido por Ramos como de "crítica objetiva da ideologia", que pleiteava capacitar o crítico a

> [...] ser capaz de enxergar o significado indireto ou implícito do produto intelectual, ou ser capaz de surpreender as verdadeiras "forças motrizes" que "movem" o produtor; é em suma, ser apto a ver a estreita vinculação do pensamento com a situação existencial do pensador [...] Fora desta pauta só é possível o esteticismo, o impressionismo. (1957b, p.30)

Munido desse método e da pretensão de diferenciar no Brasil a sociologia autêntica da alienada (e seus autores), que só passavam pelo crivo da "corporação de elogios mútuos" (ibidem, p.31), Guerreiro levou a cabo sua análise baseada no "critério objetivo" de aferição das ideias conforme "a congruência com os fatos" (ibidem, p.120). Com tal método, identificou duas correntes principais no pensamento sociológico brasileiro:[37]

---

37 Tal classificação tem uma construção paralela esboçada em artigo sobre a sociologia a respeito do negro no Brasil (Ramos, 1979) (ver o segundo tópico deste capítulo 2). Embora haja simetrias em relação às correntes, as formas são relativamente independentes.

134 EDISON BARIANI JUNIOR

1) Uma *corrente autêntica* – analogamente, já chamada "corrente crítica" – que seria comprometida com a dessatelização histórica, cujas formulações, apesar de certos equívocos pontuais, estariam sempre em busca da compreensão da realidade brasileira, utilizando para tanto instrumentos teóricos não imediatamente importados. Seus principais autores seriam Silvio Romero, Euclides da Cunha, Alberto Torres e Oliveira Vianna.[38]

2) Uma *segunda corrente* – em alguns momentos nomeada "alienada" – que se submeteria acriticamente aos ditames dos centros culturais dominantes, utilizando ideias e teorias de imediata importação para interpretar a realidade brasileira. Seria formada por Tobias Barreto (embora com desagravo por causa dos acertos deste em alguns pontos, como o caráter amorfo do povo),[39] Pontes de Miranda, Tristão de Ataíde, Pinto Ferreira e Mário Lins. Um sub-ramo – chamado "consular", pois representaria o episódio da expansão dos países centrais – dessa corrente seria formado por Nina Rodrigues, Gilberto Freyre e Artur Ramos e, assim como os cronistas estrangeiros que aqui estiveram, ressaltaria uma visão exótica, anedótica, excêntrica do país.

Haveria, no entanto, em situação peculiar (e positiva), o "caso de São Paulo", corporificado principalmente na obra de Fernando

---

38 Viria a acrescentar também Paulino Soares de Sousa (Visconde do Uruguai) como o primeiro sintetizador desse ponto de vista e, posteriormente, João Ribeiro.

39 Não nos esqueçamos que o apreço fez que Guerreiro Ramos retirasse da crítica de Tobias Barreto à sociologia – que este não admitia como ciência e identificava ao positivismo – uma das definições que usava (sociologia como "ciência por fazer") e também nomeasse sua proposta, em dado momento, como uma "sociologia em mangas de camisa" (Ramos, 1957b), em alusão a *Um discurso em mangas de camisa* com o qual Tobias Barreto brindou em 1877 os ouvintes do Clube Popular de Escada (PE), segundo ele, "[...] esta bela terra, onde, aliás, vim sepultar os dois mais caros objetos de meu coração e da minha fantasia: minha Mãe e meu futuro!" (Meneses, T., 1962, p.99).

GUERREIRO RAMOS E A REDENÇÃO SOCIOLÓGICA   135

de Azevedo e na Escola Livre de Sociologia e Política, o primeiro elogiado pelo seu empenho em angariar o prestígio universitário à sociologia, livrando-a do diletantismo insigne e insignificante dos autointitulados "sociólogos", e a segunda por ser a única escola que teria aliado a técnica e a prática à teoria sociológica. Referência também há a Florestan Fernandes como promissor antropólogo e talvez "nosso primeiro clássico". Todavia, curiosamente, Guerreiro Ramos não cita a Universidade de São Paulo, que já apresentava alguma produção mencionável.[40] De todo modo, São Paulo é lembrada pelo êxito na institucionalização do ensino e pesquisa em sociologia, fruto, segundo Guerreiro, de um projeto com finalidades práticas das elites governantes.[41]

Na avaliação do tratamento sociológico dado a questões sociais que envolviam setores subalternos da população, o autor assevera que o negro teve seu caminho para a evolução cultural prejudicado por estudos entre o saudosismo e o exótico. Já a antropologia sobre o índio teria seguido trilha diversa:

Sucedeu pragmaticamente. Através da obra do General Candido Mariano da Silva Rondon, de Roquete Pinto e, ultimamente, de Darcy Ribeiro, adquiriu categoria funcional, o que se traduz numa

---

40   Ver adiante toda a menção na seção sobre a polêmica envolvendo Florestan Fernandes e Guerreiro Ramos. Vale lembrar também que a referência a Florestan Fernandes como primeiro clássico na antropologia não é uma alusão à USP, já que a obra que havia projetado o autor era sua dissertação de mestrado (*A organização social dos tupinambá*), defendida na ELSP, sob a inspiração temática da escola e orientação de Herbert Baldus, em 1947. Já a tese de doutorado (*A função social da guerra na sociedade tupinambá*, de 1951), além de relativamente recente (Guerreiro escrevia em 1953) é, de certo modo, subsidiária daquele primeiro trabalho (Cerqueira, 2004; Sereza, 2005).

41   Guerreiro não menciona – como esses também não o mencionam – Edison Carneiro e L. A. Costa Pinto, autores de *As ciências sociais no Brasil*, publicado dois anos depois (1955). Assim, em dois dos primeiros balanços da sociologia no Brasil, mormente naqueles anos 1950, elaborados quase simultaneamente num ambiente teórico tão restrito, os autores ignoram-se solenemente. Outros balanços nos anos 1950 foram realizados por Djacir Menezes (1956) e Pinto Ferreira (1958a, 1958b).

136   EDISON BARIANI JUNIOR

política militante de aculturação, a cargo do Conselho Nacional do Índio e do Serviço de Proteção ao Índio. (Ramos, 1953, p.20).

Persistia, assim, na defesa da integração cultural de contingentes "marginalizados" (índios, negros), sem problematizar a diferença da condição do negro e da do índio, bem como as formas, os "custos" sociais (obviamente não financeiros) e os efeitos (talvez entrópicos) dessa "aculturação" do índio.[42] O sociólogo pouco se refere à questão do índio. Quando o faz transparece sempre algum desdém em relação ao "atraso cultural" em termos de organização dos nativos: quando, por exemplo, aborda a colonização no Brasil, afirma que, contrariamente aos espanhóis, que encontraram "povos" no México e no Peru, aqui os portugueses se defrontaram apenas com – utilizando a expressão de Danilevski – um "material etnográfico", uma "espécie de matéria inorgânica" (idem, 1957b, p.86).

Quanto aos autores citados da corrente crítica, se Silvio Romero – para Ramos – merece o título de "fundador da sociologia pragmática" no Brasil, tem lugar de maior destaque Alberto Torres, por ele considerado, assim como por Oliveira Vianna (1930), não só fundador da corrente autêntica, mas também a personagem- -ápice do pensamento sociológico no Brasil (idem, 1953, p.27).[43] No entanto, é em Mário de Andrade – estranhamente esquecido na obra de Guerreiro Ramos daí em diante – que identifica o papel do intelectual como líder criador, "caso raríssimo [no Brasil] de homem de letras emancipado da literatura", contrariando a sentença de Alberto Torres, segundo a qual o compromisso dos homens de letras seria apenas estético. Mário de Andrade teria exercido

---

42 Posteriormente, o autor viria a proscrever o conceito de aculturação, bem como os de raça, de estrutura e mudança social, por abordarem de modo estático a sociedade brasileira (Ramos, 1957b, p.125).

43 Euclides da Cunha e Oliveira Vianna também são tidos em alta conta, sendo que *Os sertões* seria uma "o primeiro marco da sociologia brasileira" e Oliveira Vianna aquele que (antes do próprio Guerreiro) teria levado mais longe a tradição crítica recebida em termos de desmascarar o idealismo descompromissado com a realidade nacional (Ramos, 1953, p.21-3).

"verdadeiro apostolado da genuína inteligência brasileira", comprometido com o meio e a crítica da inatualidade da inteligência artística brasileira, que desprezaria a funcionalidade social necessária à expressão (ibidem, p.36).[44] Analogamente, considerava o Movimento Modernista de 1922 como indicativo de "uma ânsia de liberação da atividade literária" que se estendeu às artes e arquitetura em geral (ibidem, p.36). Entretanto, mais tarde (já no início da década de 1980), afirma que teria sido em grande parte "uma nova moda" (idem, 1957b, p.32), que apesar de inovador em relação às circunstâncias agrárias do país de então e relevância dos temas nacionais, teria importado ideias e paradigmas ocidentais decadentes e sucumbido ao imobilismo regionalista, tornando-se, "em certa escala, uma *journée de dupes*" (idem, 1983a, p.534) – termo que também usaria para caracterizar a esquerda derrotada em 1964.

Ao salvar para si uma herança crítica, também reivindicada por Oliveira Vianna (1987), vê-se que, apesar de apontar erros pontuais, Guerreiro Ramos reconhece uma tradição fértil de estudos sociológicos no Brasil. Assim, também assumia – um tanto hesitante – as posições dessa corrente ao afirmar a inexistência efetiva do povo e o idealismo alienado da elite, agora sob as vestes de uma transformação da atitude e papel dos sociólogos no sentido do compromisso com a realidade nacional. O combate à alienação sociológica adquire aspecto de enfrentamento com o cosmopolitismo abstrato professado por essa elite: "o progresso da sociologia científica no Brasil só poderá ocorrer contra ou *malgré* os profissionais da 'linha auxiliar' da expansão cultural dos países imperialistas", visto que

---

44 Menciona-o (Mário de Andrade) em entrevista, ao final de sua vida, como "pernóstico", assim como outros paulistas. Não é improvável que algum acontecimento de caráter pessoal o tenha levado – como era do feitio de Guerreiro Ramos – a uma mudança de julgamento. No acervo de Mário de Andrade (sob guarda do Instituto de Estudos Brasileiros da USP), consta um exemplar de *Introdução à cultura*, de Guerreiro Ramos, com especial dedicatória a Mário. Todavia, o livro está praticamente intocado e não encontramos menção – em tempo algum – do escritor paulista à obra ou a Guerreiro Ramos. Não seria improvável que a indiferença tenha influenciado na atitude e julgamento de Guerreiro.

138 EDISON BARIANI JUNIOR

esses, afirma, "têm consciência disto e defendem os seus interesses investidos" (Ramos, 1957b, p.122). De modo sumaríssimo, o colonialismo cultural torna-se apanágio da elite informada pela sociologia alienada.

A questão sociológica vai ultrapassando a disputa teórica e erigindo-se em luta político-ideológica aberta – vide as várias polêmicas na qual o autor se envolverá (Bariani, 2003a). A ironia do autor já prenuncia o primeiro ato da tragédia do capitalismo nacional autônomo. Se faltam os termos exatos, já se percebem os argumentos da disputa nacionalismo *versus* entreguismo: "persistindo [os sociólogos consulares, não críticos] em suas posturas superadas, dão-me a impressão melancólica de atores que continuam no palco representando uma peça serôdia sem perceberem que o pano já desceu e o público já se retirou..." (Ramos, 1957b, p.122) – ironia hoje amarga, pois lembra mais o contexto das pregações nacionalistas e revolucionárias no pós-1964.

Ao promover a crítica da inatualidade e da alienação da sociologia praticada no Brasil e propor uma sociologia crítica, compromissada e profundamente imbricada com a realidade social sobre a qual se debruçava – ou melhor, arregaçava as mangas –, Guerreiro Ramos insinuava suas convicções e adiantava aspectos do projeto que compartilhará. No seu entender, tal sociologia só poderia ser *nacional*. Investe então contra as "ilusões" dos sociólogos, assinalando que "o ideal dos sociólogos é a sociologia 'universal'", ou seja, "nacionalmente descomprometida, uma sociologia tanto quanto possível aproximada, quanto ao grau de abstração, da física ou da matemática" (idem, 1953, p.7). Acrescenta ainda que "a universalidade da sociologia está muito distante do horizonte contemporâneo": a emergência de uma sociedade supranacional, acima dos regionalismos, era algo intangível para ele. Sociologicamente, tal processo seria explicável do seguinte modo: "o ideal da sociologia universal nos países líderes do pensamento sociológico é, assim, um sintoma de etnocentrismo. Nos países culturalmente coloniais, é uma superfetação compensatória do complexo de inferioridade de certos elementos de elite" (ibidem, p.9).

GUERREIRO RAMOS E A REDENÇÃO SOCIOLÓGICA   139

Todavia, legitima a preocupação universalista no terreno das possibilidades e acrescenta:

[...] cabe ao sociólogo o direito de proceder a um ato de fé na inteligência e acreditar na possibilidade da sociologia universal. O fato é que em todos os sistemas sociológicos criados até agora se flagrância o impacto de contingências espaço-temporais. Foram *imperativos práticos* que suscitaram o aparecimento da sociologia e são ainda estes imperativos que estimulam, atualmente, o seu desenvolvimento, nos vários países. Imperativos práticos peculiares a cada um desses países. Daí que em cada país se registra uma direção e uma problemática específicas do pensamento sociológico. (ibidem, p.8, grifos nossos)

Tal imperativo prático tomava corpo num projeto que se esboçava de tornar a sociologia instrumento de organização nacional e conhecimento socialmente disseminado, acessível ao saber comum para orientá-lo politicamente. Segundo Guerreiro Ramos, em todos os países nos quais a sociologia alcançou determinado desenvolvimento "depois de um período inicial em que é apresentada ao público esclarecido por divulgadores, passa a integrar-se eficazmente em sua superestrutura institucional, passa a ser utilizada como *instrumento de construção nacional*" (ibidem, p.9, grifos nossos). Ao decifrar a realidade nacional, a sociologia serviria ao conhecimento e à emancipação, "porque todas as soluções só são efetivas na medida em que forem peculiares. É a busca da autenticidade, a liquidação das heteronomias que manietam o país, que constitui hoje *o programa por excelência da sociologia no Brasil*" (ibidem, p.32-3, grifos nossos).

Ao atacar as teorizações sobre o "caráter nacional",[45] o temperamento do cidadão brasileiro (ideia elaborada pelas elites, segundo

---

45 A crítica às teorizações da ideologia do "caráter nacional brasileiro" também estava sendo feita – em tese de 1954 – por Dante Moreira Leite (1969, p.320). Na segunda edição o autor incluiu entre os analisados Guerreiro Ramos, tomando-o por "ensaísta brilhante, embora frequentemente pessoal e, portanto, parcial" que, na ânsia de produzir interpretações nacionais e generalizantes,

140 EDISON BARIANI JUNIOR

ele), assevera que "a história da sociologia no Brasil é, em larga margem, uma crônica de livros, ou de cadernos de deveres colegiais" (idem, 1957b, p.211). Caberia à sociologia erigir-se em saber criador:

> A tarefa iminente da sociologia no Brasil [...] é aplicar-se na denúncia destas e de outras alienações vigentes em nosso meio, é aplicar-se na criação das molduras, informá-las em comportamentos automáticos generalizados.
>
> *O problema da organização da sociedade brasileira* [...] [é] *primacialmente o problema da forma mesma que esta sociedade deve assumir, forma que, no caso do Brasil, tem de ser obra de criação sociológica.* A pesquisa desta forma é o tema número um da sociologia no Brasil. (idem, 1953, p.40-1, grifos nossos)

O Brasil deveria ser reinventado tendo a sociologia – "teoria militante da realidade nacional" (idem, 1957b, p.27) – como instrumento e o sociólogo como criador. Subjacente a esse raciocínio, deveria a sociologia elaborar a crítica de seus pressupostos, despir-se de seu caráter inautêntico e refazer-se em novos moldes. Em suma: deveria reinventar-se e reinventar o Brasil. Tornar a redenção autorredenção. Defende o autor, a partir daí, o imperativo de uma sociologia nacional, assim compreendida:

> A sociologia, como toda ciência, é universal. É um método de pensar, corretamente, os fatos. Este método não é um na Alemanha, outro na Inglaterra, outro na França, outro no Brasil. É o mesmo em toda a parte [...]
>
> Mas a universalidade da ciência, como técnica de pensar, não impede que a sociologia se diferencie nacionalmente. Esta diferenciação da sociologia é incoercível. Desde que o sociólogo só existe

---

desprezaria as pesquisas de pormenores e levaria água ao moinho dos ideólogos do "caráter nacional". Guerreiro Ramos, também em 1954, abordara a questão em "O tema da transplantação e as enteléquias na interpretação sociológica do Brasil" (Ramos, 1995).

GUERREIRO RAMOS E A REDENÇÃO SOCIOLÓGICA   141

nacionalmente, na medida em que o seu pensamento seja autêntico, terá de refletir as peculiaridades da circunstância em que vive. A sociologia se diferencia nacionalmente quanto aos temas e aos problemas do que trata. (ibidem, p.25).[46]

Existiriam, porém, os perigos do ufanismo nacional, daí as críticas a Oliveira Vianna e também à xenofobia, identificada em autores que seriam intuitivos em relação às mudanças em curso, mas pouco cuidadosos intelectualmente para abordar a questão nacional, como Álvaro Bomilcar, Nicolau Debané[47] e Jackson de Figueiredo (ibidem, p.64). Não bastaria o sentimento, haveria de se ter os instrumentos teóricos adequados. Citando K. Jaspers, Guerreiro alerta para o fato de que não existe ponto arquimediano fora do universo histórico, a partir do qual se possa elaborar uma concepção absoluta e definitiva da sociedade. Seria preciso assumir uma ótica *do ponto de vista nacional*,[48] que daria a perspectiva adequada para entender os problemas peculiares da sociedade brasileira, já que – lembrando Gurvitch – não existiria *a sociedade* e sim *sociedades* particulares (ibidem, p.57).

Segundo Ramos, não havia modo isento e mirante seguro para empreender a recriação da sociologia e a intervenção social a partir desta. A totalidade é reproduzida pela totalidade e é inexorável a visão perspectiva: não se pode descer do carro da história para consertá-lo e pô-lo novamente em movimento.

Não tardou, entretanto, a contestação: a publicação do mencionado livro *O processo da sociologia no Brasil* suscitou um escrito de

---

46 É mister aclarar a que Guerreiro Ramos se referia como método: "[...] ortodoxia metodológica só existe nos manuais e nas súmulas de aula dos *scholars*. Na verdade, os métodos são consubstanciais a uma motivação especulativa, são coetâneos do interesse do pesquisador, crescem e amadurecem simultaneamente com uma teoria. Daí que, embora seja útil a consulta ao patrimônio metodológico já acumulado, todo verdadeiro pesquisador é sempre autor de sua própria metodologia" (1953, p.21-2).

47 Cônsul brasileiro no Egito por vários anos.

48 Este viria a ser o nome da coluna que assinará a partir de 1958 (juntamente com Jesus Soares Pereira, Ignácio Rangel, Domar Campos) no jornal *Última hora*.

142 EDISON BARIANI JUNIOR

Roger Bastide[49] – "Carta aberta a Guerreiro Ramos" – na revista *Anhembi*. Precavido, Bastide imprime um tom pessoal, quase íntimo, e propõe uma "amigável palestra", afirmando:

> Somos obrigados a aceitar o seu ponto de partida. A ciência não é, como outrora se julgava, totalmente desligada dos sábios que a estudam e, como esses cientistas pertencem a nações ou a classes sociais diferentes, as condições nacionais ou econômicas acabam por refletir-se até no conhecimento que pretende ser objetivo. [...] isto posto, é preciso fazer três observações. Em primeiro lugar, que tais condições que pesam sobre a pesquisa são mais econômicas que nacionais. É mais "fácil" falar de uma sociologia burguesa que de uma sociologia inglesa, ou italiana, por exemplo. E isto já abre o caminho para a constituição de uma teoria sociológica válida mais universalmente, através de toda burguesia ou de todo proletariado [...] em segundo lugar, a ciência tende assumir a forma de uma atividade coletiva, em que todo país contribui com a sua quota, em que uma pesquisa começa na Alemanha, continua na Rússia e termina, por exemplo, nos Estados Unidos, sem se preocupar com as fronteiras que separam as pátrias; [...] por fim e sobretudo, deverá essa verificação da sociologia do conhecimento ser erigida em valorização? O fato deverá ser transformado em direito? E, a pretexto de que as condições nacionais ou econômicas intervêm, será preciso concluir que não devemos trabalhar senão pragmaticamente, a favor desta nação ou daquela classe, e não objetivamente? [...] estou de acordo com Max Scheler em que as condições exteriores à pesquisa são *idola* do gênero dos de Bacon, contra os quais é preciso lutar. Ou de Mannheim, segundo o qual a classe dos intelectuais podia até certo ponto transcender as lutas das ideologias

---

49 O sociólogo francês chegou ao Brasil em 1938 integrando a chamada "missão francesa", que dominaria o ensino das ciências sociais na recém-fundada Faculdade de Filosofia, Ciências e Letras da Universidade de São Paulo e, logo após a discussão com Guerreiro Ramos, em 1954, voltou à França, deixando no Brasil uma obra sobre temas variados e intensa influência sobre novos sociólogos que ajudou a formar, principalmente, Florestan Fernandes.

para estabelecer o dicionário das equivalências entre as diversas "perspectivas" da ciência. (1953, p.521-2, grifos do autor)

Nota-se que o autor tenta cuidadosamente demarcar a independência do método e conceitual sociológico em relação a contextos afetivos e "políticos" (relacionado a valores), mas não sociais (em sentido amplo), o que não é gratuito, pois reflete uma sensibilidade quanto ao condicionamento social do conhecimento. O que aflora assim é a intenção de expurgar os conteúdos valorativos, que descredenciariam a sociologia como ciência e a rebaixariam à ideologia.

[...] não há uma ciência de importação e uma ciência nacional. A sociologia é uma ciência universal ou que se esforça por encontrar um sistema de conceitos universais, desligados de qualquer contexto afetivo ou político [...]. Devemos esforçar-nos para passar [...] à situação do homem no "universo da ciência", que é o único autônomo. (ibidem, p.522)

O sociólogo brasileiro, no entender de Bastide, deveria servir-se dos métodos e conceitos vindos do exterior para o desenvolvimento da ciência, pois se "a alienação é um defeito [...] é o nacionalista que está alienado, e é a gratuidade que nos liberta". Nesse aspecto, um tipo de estudo objetivo deveria então se pautar pela generalidade, buscando tornar-se acessível a todas as culturas, pois

[...] o que caracteriza o trabalho científico sobre o negro brasileiro não será explicar fatos como o *candomblé* ou o *batuque* através de conceitos de uma ciência universal, através de categorias que não são válidas para o negro somente, mas também para o branco e para todos os homens, qualquer que seja a cor da sua pele? Levar o individual ao geral, situar os fatos brasileiros no conjunto dos fatos sociológicos já estabelecidos: é o mesmo que dizer que a ciência *mata o pitoresco*. É a sua [de Guerreiro Ramos] sociologia particularista que se arriscaria a atirar-nos no anedótico, não a nossa. (ibidem, p.525)

144 EDISON BARIANI JUNIOR

Com base nas elaborações de Guerreiro Ramos – que buscaria aplicar os métodos importados não absolutamente, mas aplicá-los adequadamente à realidade brasileira – o sociólogo francês responde estar "de pleno acordo". Entretanto, para ele, Ramos não estaria "contra a sociologia de importação [...], mas contra a sociologia teórica" e, para o sociólogo brasileiro, não haveria senão a "sociologia aplicada" (ibidem, p.526). Ainda adverte:

> 1) a sociologia revelar-se-á tanto mais fecunda quanto mais repousarem as suas aplicações em pesquisas teóricas inteiramente desinteressadas. 2) Não há uma ciência dos fins; a sociologia não nos pode dar valores ou ideais. Encontrar esses valores ou ideais, para um país dado, é a tarefa da *filosofia* social ou da política. O sociólogo não pode fazer outra coisa senão indicar os melhores meios para realizar fins que lhe são dados de fora [...] Uma sociologia "valorizada", como você parece por vezes desejar, seria uma sociologia falsificada. E como é fácil confundir os interesses do próprio partido ou da própria classe com os da nação, ela seria mais prejudicial do que útil ao Brasil. (ibidem, p.526)

E finaliza: "a sociologia será internacional, como a física, ou não existirá. Será desinteressada antes de tudo ou não terá aplicação prática. Seu admirador devotado – Roger Bastide" (ibidem, p.528).[50]

Bastide levantava argumentos no sentido de defender uma sociologia universal (embora não abstratamente universal), desinteressada e, logo, não valorativa – características que eram ícones da sociologia uspiana. Alegava ele que se enfraqueciam a solidariedade e as influências da condição nacional – e cita a nova divisão internacional do trabalho intelectual (e a USP era um símbolo disto com seus professores franceses, americanos, alemães, ingleses, brasileiros etc.) – e fortaleciam-se as de classe, pois já seria mais plausível falar

---

50 Impossível saber se a candura das palavras desarmou o espírito beligerante de Guerreiro Ramos. O fato é que ele – curiosamente – não se ocupou de responder, em contra-ataque como era seu estilo, tais questões. Talvez seja a única contenda da qual se eximiu.

em sociologia burguesa ou proletária que francesa ou brasileira. Ademais, a sociologia científica, desinteressada e expurgada de valores, não poderia fornecer fins, mas apenas meios para alcançar tais fins. Bastide indicava, assim, a força dos argumentos weberianos com relação à ciência como vocação, a posição mannheimiana da irracionalidade na política, a relação com valores de Max Scheler, bem como os resíduos durkheimianos (e positivistas) com os quais ele próprio imaginava ter rompido. Indicava também, inadvertidamente, o peso da influência que exercia sobre o jovem Florestan Fernandes que,[51] naquele momento, trabalhava com Bastide na pesquisa patrocinada pela Unesco sobre relações raciais.

Uma sociologia universal consequente, não normativa, não valorativa, cujo sistema de conceitos fosse igualmente universal e objetivo (leia-se separar os fatos dos valores): essa era a forma para Bastide. Somente o universo da ciência seria autônomo, mas qual seria tal universo? Algo paralelo à vida, valores, sentimentos, interesses, posições políticas? Se concordava com Guerreiro Ramos em não importar absolutamente métodos "exteriores", de imediato criticava-o por negligenciar a classificação da sociologia em teórica e aplicada. E era justamente a posição de Guerreiro, para quem o método não era uma profissão de fé, fidelidade a cânones ou um pergaminho sagrado, e sim uma construção coetânea aos interesses do pesquisador (e seu entorno social) e necessidades teóricas do entendimento de uma realidade específica. Na verdade, Bastide estava certo quanto à negligência da questão "sociologia aplicada *versus* teórica" ou sistemática (como se costumava chamá-la, lembrando Mannheim): para Guerreiro tal divisão não fazia o menor sentido, pois estava comprometido com a sociologia como práxis.

Por seu turno, Bastide, mais tarde, preocupar-se-á em elaborar um "método antietnocêntrico" e, em 1957, já de volta à França, afirmará: "o sociólogo que estuda o Brasil não sabe mais que sistema de

---

51 A discordância em relação à fidelidade a valores nacionais em detrimento da ciência será – veremos – a tônica da primeira crítica de Florestan Fernandes a Guerreiro Ramos, em 1958.

146 EDISON BARIANI JUNIOR

conceitos utilizar. Todas as noções que aprendeu nos países europeus ou norte-americanos não têm ali valor" (apud Queiroz, 1983, p.15). Ou Bastide mudara ou o Brasil era realmente peculiar.

A redução sociológica

A revisão do pensamento sociológico efetuada até então por Guerreiro Ramos, segundo ele mesmo, tinha como referência um método de crítica da ideologia, da visão de mundo (em termos mannheimianos) compartilhada pelos sujeitos e cotejada com o contexto no qual atuavam. No caso da sociologia brasileira, mesmo a corrente crítica – a mais avançada para ele em termos de interpretação da realidade nacional e que refletiria a consciência possível do período – [52] tropeçaria nas limitações dadas pelas circunstâncias históricas, que não favoreceriam o nascimento de uma sociologia autêntica. Chegado um momento no qual a fase cultural adentrada pela sociedade brasileira propiciaria um vislumbre de autoconhecimento social, urgia efetivar uma renovação no pensamento e atitude sociológicos no Brasil. Haveria um movimento de "centripetismo", "uma tensão dialética entre a estrutura anacrônica do país e sua estrutura em geração". Em termos superestruturais, "essa tensão traduziria um conflito de duas perspectivas: a do país velho e a do país novo, a da mentalidade colonial (ou reflexa) e a da mentalidade autenticamente nacional" (Ramos, 1996, p.68). Esta seria sua agenda:

1) a elaboração de um método de análise, suscetível de ser utilizado na avaliação do valor objetivo do produto intelectual, como integração do significado das obras nos fatos, e não como proeza ou afirmação meramente individualista;

---

52 G. Lukács e L. Goldmann – referências para o conceito de consciência possível – já faziam parte do repertório teórico do autor. Além dessas referências, também revela conhecer a obra de Georg Simmel, filósofo e sociólogo alemão até então pouco conhecido no Brasil, apesar de sua influência (indireta) por meio da sociologia estadunidense da Escola de Chicago (Ramos, 1957b, 1979).

GUERREIRO RAMOS E A REDENÇÃO SOCIOLÓGICA **147**

2) a revisão crítica de nossa produção intelectual realizada, até aqui, à luz dos fatos da vida brasileira; 3) o estímulo da autoanálise, como instrumento de purgação de equívocos e vícios mentais e de ajustamento do produtor intelectual às propensões da realidade. (idem, 1957b, p.30)

A redução sociológica, obra fundamental do autor, escrita em 1958, é o esforço maior de Guerreiro Ramos para embasar a construção de uma sociologia nacional e a peça maior de sua passagem pelo Iseb. Nessa obra, intenta condensar suas reflexões teórico-metodológicas até então formuladas, relevando o conceito (central) de *redução sociológica* que – acrescenta ele em prefácio à segunda edição, escrito em 1963 – teria como sentidos básicos:

1) redução como método de assimilação crítica da produção sociológica estrangeira [...] 2) redução como atitude parentética, isto é, como adestramento cultural do indivíduo, que o habilita a transcender, no limite do possível, os condicionamentos circunstanciais que conspiram contra a sua expressão livre e autônoma [...] 3) redução como superação da sociologia nos termos institucionais e universitários em que se encontra. (idem, 1996, p.11).

Conforme comentário de Ramos, expresso em esquema posterior (idem, 1989, p.XVI-XVII), o primeiro sentido já teria sido desenvolvido nos seus trabalhos dos anos 1950 – máxime em *O processo da sociologia no Brasil* (de 1953), *Cartilha brasileira do aprendiz de sociólogo* (de 1954), *Introdução crítica à sociologia brasileira* (publicada em 1957) e *A redução sociológica* (de 1958). O segundo estaria presente, sobretudo, em *Mito e verdade da revolução brasileira* (de 1963), e *A nova ciência das organizações* (escrito em 1972/3, e publicado somente em 1982) ocupar-se-ia do terceiro sentido. Todavia, tais sentidos viriam a adquirir essa significação a partir dos anos 1960 e seriam explicitados pelo autor a partir de 1963. Em 1958, ano da publicação de *A redução sociológica*, a obsessão do autor – ele

148 EDISON BARIANI JUNIOR

próprio o admitirá mais tarde, no já citado prefácio – era inaugurar uma sociologia nacional.

São as atuais condições objetivas do Brasil que propõem a tarefa de fundação de uma sociologia nacional. *De fundação, antes que de fundamentação*, pois não se trata de utilizar o repertório já existente de conhecimentos sociológicos para justificar orientação ou diretriz ocasional [...] Há que se fazer toda uma sociologia do fundamento e da fundação, que não pode ser realizada nesta oportunidade. O fundamento de uma sociologia verdadeiramente brasileira deve ser, antes de mais nada, um fato, um processo real, um dado concreto [...]
A redução sociológica é um método destinado a habilitar o estudioso a praticar a transposição de conhecimentos e de experiências de uma perspectiva para outra. *O que a inspira é a consciência sistemática de que existe uma perspectiva brasileira. Toda cultura nacional é uma perspectiva particular.* (idem, 1996, p.41-2, grifos nossos)[53]

A preocupação do autor naquele momento estava centrada na assimilação crítica do conhecimento produzido no exterior e no desenvolvimento da produção teórica brasileira. Assim, dirigia-se aos intelectuais ("a habilitar o estudioso"), particularmente os sociólogos, aos quais já vinha se referindo em alguns de seus escritos como *Cartilha brasileira do aprendiz de sociólogo, Meditações para os sociólogos em flor* e *Para uma sociologia em mangas de camisa* (idem, 1957b).
O público-alvo do autor era certa elite cultural, mormente a *intelligentsia* nacional, pois esta lhe parecia ainda o ator político privilegiado. As considerações a respeito de uma sociologia (e da redução sociológica) como instrumento crítico ao alcance dos leigos, do homem comum, do povo, como "saber de salvação" – e daí a crítica à sociologia como saber "esotérico" – viriam mais tarde, nos anos

---

53 No presente trabalho, mesmo quando nos referirmos à primeira e à segunda edição de *A redução sociológica*, utilizaremos a terceira edição, mais completa, pois contém – além da primeira e da segunda – textos importantes de outros autores.

GUERREIRO RAMOS E A REDENÇÃO SOCIOLÓGICA **149**

1960. A peça central dessa posição é o prefácio à segunda edição de *A redução sociológica* (escrito em 1963, revisto em 1964 e publicado na segunda edição, em 1965), máxime as críticas a Florestan Fernandes. A configuração da audiência fica clara quando o autor escolhe os interlocutores e os adversários:

> [...] as ciências sociais, na forma que assumiram nos meios acadêmicos oficiais, são, em grande parte, uma ideologia da dominação ["de uma minoria de empresários capitalistas europeus que constituem o centro dominante do Ocidente e do mundo"], na medida em que dificultam a compreensão global do processo histórico-social e distraem a atenção dos estudiosos para aspectos fragmentários desse processo. (idem, 1996, p.159)

Guerreiro Ramos delimita o campo de batalha, bem como sua trincheira, ao assinalar que as ciências, principalmente as sociais, não seriam imunes ao condicionamento histórico: "[elas] variam historicamente, e tem de ser examinadas à luz da *reciprocidade das perspectivas*" (termo tomado a Theodor Litt), assim, constituiriam em dado período "um aspecto integrado numa *totalidade de sentido*", e tributárias da cosmovisão de cada período histórico, não se poderiam pretender permanentemente válidas (ibidem, p.160, grifos nossos).

Como método – atitude (científica e social) e também forma de posicionamento ontológico – a redução sociológica teria, segundo descrição do autor, as seguintes características:

> 1) *É atitude metódica* [...] 2) *Não admite a existência na realidade social de objetos sem pressupostos* [...] 3) *Postula a noção de mundo* [...] 4) *É perspectivista* [...] 5) *Seus suportes são coletivos e não individuais* [...] 6) *É um procedimento crítico-assimilativo da experiência estrangeira* [...] 7) *Embora seus suportes coletivos sejam vivências populares, a redução sociológica é atitude altamente elaborada.* (ibidem, p.72-3, grifos do autor)

150   EDISON BARIANI JUNIOR

Ao longo do livro dirige-se quase sempre ao sociólogo como ser-no-mundo, portador de uma existência social e histórica determinada, a quem caberia entender e utilizar determinadas leis na prática da redução sociológica. A lei do comprometimento estabeleceria que nos países periféricos a ideia e a prática da redução sociológica estariam ao alcance somente daqueles sociólogos que adotassem "sistematicamente uma posição de engajamento ou de compromisso consciente com o seu contexto" (ibidem, p.105). Os problemas colocados à ciência social também não seriam casuais, obedeceriam à fase histórica – definida como totalidade dialética, porém só caracterizável *a posteriori* –[54] na qual a sociedade se encontrasse (lei das fases) e, também ao sociólogo, cumpriria reconhecer a validade da lei da universalidade dos enunciados gerais da ciência, porém submetendo o conhecimento "importado" à lei do caráter subsidiário da produção científica estrangeira: só assim lhe seria possível utilizar-se da razão sociológica, isto é, "uma referência básica, a partir da qual tudo o que acontece em determinado momento de uma sociedade adquire o seu exato sentido" (ibidem, p.29).

Na fundamentação teórica da redução repousa a noção de que a realidade social em sua complexidade seria tecida por entes em sistemática conexão de sentido, não sendo gratuitos os fatos da vida social, mas "referidos uns aos outros por um vínculo de significação" (ibidem, p.72).[55] Inferia daí a categoria *mundo*, na qual o sujeito,

---

54 Guerreiro Ramos, frequentemente, quando intui que seu voluntarismo sociológico e militante encaminha-se para uma teleologia da história, solapando o tão prezado culturalismo determinista, "atrasa o relógio" da teoria e afirma a constatação somente por meio da experiência realizada (*a posteriori*). São exemplos a questões da burocracia como possível agente de modernização em *Administração e estratégia do desenvolvimento* (capítulo) e aqui, em relação às fases, em *A redução sociológica*. O mesmo se dá com as formulações ibespianas (na maioria de H. Jaguaribe) em relação à questão da ideologia (ver o terceiro tópico do capítulo 1).

55 Por vezes, Guerreiro Ramos refere-se aos fatos sociais como fenômenos sociais totais, demonstrando que estava sintonizado com a crítica à qual era submetida a concepção de fato social (como algo, coisa) e o positivismo. Essa crítica, feita desde dentro por Marcel Mauss, sofria maior assédio de fora, mormente pela

GUERREIRO RAMOS E A REDENÇÃO SOCIOLÓGICA   **151**

sua consciência e os objetos estariam intrinsecamente relacionados, existindo em profunda imbricação uns com os outros. Assim, a consciência não seria uma forma de o entendimento se ocupar das coisas, mas sempre consciência "de algo", das coisas, referida sempre ao objeto. Também as ideias estariam enredadas nessa trama e, se construídas com base na ausência de consciência crítica e no uso da transplantação literal, alicerçadas na crença no axioma de que as mesmas ideias produziriam os mesmos efeitos em contextos distintos, configurar-se-ia a ingenuidade. O homem como ser social, como ser-no-mundo (e ser-do-mundo) encontrar-se-ia fatalmente inserido num determinado contexto: suas ações, formas de consciência, valores, em suma, sua visão de mundo (*Weltanschauung*) – que o autor define como a "totalidade transcendente à qual devem ser referidos os objetos para serem compreendidos" (ibidem, p.99) – estaria ancorada na sua existência histórica, logo, socialmente singular. Tal visão de mundo, entretanto, longe de ser uma "pura construção intelectual", deslocada da concretude das relações sociais, teria suportes sociais "de massa".[56]

O pensar (logo o pensamento científico e a sociologia em particular) só poderia ser algo relativizado, relacionado, dirigido a partir de uma perspectiva determinada. O sociólogo, como sujeito investigador, instrumentalizaria esse perspectivismo de cunho social e não individual na procura de um conhecimento autêntico, cuja funcionalidade estaria intimamente relacionada a uma intencionalidade dos sujeitos e referida à estrutura social e suas relações.[57] Não haveria,

---

sociologia de influência fenomenológica, tendo em Georges Gurvitch e Jules Monerot alguns dos teóricos mais dedicados.

56   O conceito teve diferentes usos em diferentes autores (W. Dilthey, K. Mannheim, L. Goldmann) que Guerreiro Ramos cita sem se preocupar com tal disparidade. Nas concepções de alguns desses autores, Mannheim (1972) e Goldmann (1976a, 1976b, 1979), a visão de mundo é sempre algo relacionado a uma classe social, nunca em termos de massa. Daí percebe-se que para o sociólogo brasileiro as classes (em formação) ainda não possuíam centralidade no entendimento da sociedade brasileira.

57   Embora qualifique a perspectiva como algo social, o autor não explicita a relação desta com os grupos sociais, aparentemente, tal relação é pensada mais

152 EDISON BARIANI JUNIOR

portanto, posição neutra, equidistante ou superior; os sociólogos estariam condenados à ação. "Todo teorizar é extensão do fazer ao nível da representação" (ibidem, p.108), sentencia.

Há nessa construção débito evidente para com a fenomenologia e a filosofia da existência: de Husserl (1980) tomou a noção de redução fenomenológica ou *epoqué* como atitude parentética – de pôr entre parênteses a existência efetiva do (ou de algo no) mundo – e as de intencionalidade, perspectivismo e consciência.[58] Já de Heidegger (1979, 1989) absorve os conceitos de funcionalidade, ser-no-mundo e mundo. Obviamente, a dificuldade de utilização sociológica desses conceitos fez Guerreiro Ramos reconstruí-los na medida de suas necessidades, expurgando, por exemplo, a transcendentalidade do sujeito (*eu*) em Husserl, substituindo-a pela determinação social e atenuando a dimensão existencial e ontologicamente dada que conceitos como ser-no-mundo e mundo adquirem em Heidegger, alterando-os no sentido de uma abordagem sociológica que privilegia as condições efetivas de vivência e sociabilidade histórico-social de restrita temporalidade, utilizando para tanto certas determinações do conceito de mundo elaborado por Mannheim. Há também, em certa medida, influência de Dilthey (e sua filosofia da vida) nessa construção – especialmente quanto ao conceito de mundo.[59]

---

em termos de *nação* – que na construção do autor não excluiria as relações de classe. Todavia, com frequência ele enfatiza a existência social num espaço vital. As raras vezes (em *A redução sociológica*) que se refere a grupos sociais, ele toma por exemplos povos e nações.

58 A noção de perspectivismo é apontada por alguns comentaristas como proveniente da influência de Ortega y Gasset. Todavia, as referências explicitadas por Guerreiro Ramos – e aqui interpretadas – são de extração fenomenológica: Husserl, Heidegger e os sociólogos T. Litt, A. Vierkandt, A. Shutz, M. Scheler, G. Gurvitch.

59 Nessa construção, a já comentada influência de Hegel, cuja herança – e de "seus continuadores revolucionários" – ele próprio admite (Ramos, 1957b, p.213), aflui mais como um elemento geral de formação cultural que um autor diretamente citado em suas formulações. Talvez certa concepção dialética da existência – e possibilidades de autoconsciência – histórica, bem como o privilégio do conceito de totalidade, sejam devedores de Hegel. Quanto a Karl Jaspers, sua influência não é algo seminal, mas deve-se mais à característica

GUERREIRO RAMOS E A REDENÇÃO SOCIOLÓGICA 153

No entanto, Guerreiro Ramos nega que sua redução sociológica seja uma fenomenologia do social, uma ciência eidética (no sentido husserliano) do social,[60] já que seu objetivo não seria conhecer o modo de ser do social e sim estabelecer, por meio do universal, uma perspectiva particular a partir da qual – conforme o imperativo de conhecer e a necessidade social de realização de seu projeto de existência histórica – uma comunidade, entendida aqui como nação, a "mais eminente forma contemporânea de existência histórica", poderia servir-se da experiência de outras comunidades (Ramos, 1996, p.50). Desse modo, a redução operaria em dois níveis básicos: 1) para ultrapassar a aparência imediata dos objetos no mundo e 2) assimilar criticamente a produção teórica estrangeira, subsidiando uma razão sociológica que, assemelhada à razão vital de Ortega y Gasset e à razão histórica de W. Dilthey, serviria como referência básica, a partir da qual o ocorrido em uma sociedade encontra um sentido apropriado e essa sociedade adquire sua personalização histórica (ibidem, p.129).

Subjacente a essa oportunidade histórica, estaria a análise de que a emergência de uma nova fase tornaria possível uma consciência crítica em virtude dos imperativos do desenvolvimento e das condições

---

de epígono de autores "maiores" (Kant, Weber, Kierkegaard, Heidegger) e à notoriedade de suas análises do mundo contemporâneo que propriamente ao peso de sua construção conceitual.

60 Em artigos publicados naquele ano de 1958, na revista *Estudos Sociais* (n.3/4), Benedito Nunes (1996) concorda com a afirmação de Guerreiro Ramos e salienta os aspectos críticos e reflexivos da redução. Já Jacob Gorender (1996) discorda e vê na redução a simples transposição do método de Husserl. Todavia, Teotônio Júnior (1958, p.194), em resenha febril publicada no mesmo ano, na *Revista brasiliense*, aproxima Guerreiro Ramos de um obtuso marxismo e ressalta: "A teoria da sociedade brasileira e a redução sociológica abrem-se-nos, assim, o caminho para uma teoria do mundo, do passado, do presente e do futuro, para uma nova concepção do espaço e do tempo, para, enfim, uma nova metafísica. Esta é a consequência lógica que Guerreiro Ramos não pôde tirar dado o caráter limitado do seu livro e sua obra à Sociologia. Consequência implícita, mas não afirmada". De fato, jamais afirmada. Apesar da inconsequência das palavras, temos uma ideia do impacto de *A redução sociológica* em alguns intelectuais, naquele momento.

154 EDISON BARIANI JUNIOR

sociais estruturais concomitantes, máxime a industrialização e seus efeitos principais (urbanização e melhoria dos hábitos populares de consumo), que possibilitaria – na presença de um conhecimento rigoroso – o afloramento de uma sociologia autêntica, emergindo como produto orgânico e histórico de uma cultura (nos termos de Freyer, 1944), uma sociologia nacional.

Assinala Guerreiro Ramos que a sociologia (como ciência) seria universal, pois 1) os povos estariam estreitamente relacionados no contexto do mundo e 2) todos reconheceriam nela um repertório teórico "geral" de enunciados, válidos universalmente. Todavia, o universal só seria alcançado – conforme a redução sociológica – por meio das mediações do local, do regional e do nacional. A possibilidade de uma sociologia nacional dar-se-ia então não por uma suposta variação dos seus princípios gerais de nação para nação, mas pela funcionalidade[61] das elaborações do sociólogo como "ser-em-situação", historicamente localizado, donde derivaria uma perspectiva própria, peculiar. Seria, portanto, o "caráter necessariamente particular de que se revestem os pontos de vista dos sociólogos, tanto quanto sejam significativa e funcionalmente adequados aos problemas da nação em que vivem" (Ramos, 1996, p.126) que caracterizaria como nacionais as sociologias. Assim, toda sociologia autêntica seria nacional.

A sociologia como algo universal só se realizaria na sociologia nacional, uma construção dialética peculiar de Guerreiro Ramos, segundo a qual o universal (como totalidade) "preexistiria" ao particular, o que não significa que sua sociologia seja simplesmente dedutivista, já que também o particular, por indução, configuraria a totalidade. Tal dialética fica deveras complicada pelo fato de Guerreiro Ramos não perceber que o todo "preexistente" e o todo ao qual chega pelo movimento dialético são um único conceito,

---

61 O conceito de função na obra do autor, a partir daí, perde seu cunho "funcionalista", de contribuição para um equilíbrio geral ou reiteração de dinâmica sistêmica, para adquirir cunho existencial, "em termos de sentido, de acordo com a intencionalidade que possui numa estrutura referencial" (Ramos, 1996, p.87).

GUERREIRO RAMOS E A REDENÇÃO SOCIOLÓGICA   155

que muitas vezes confere uma aparência circular (ou talvez espiral) ao raciocínio.

Uma sociologia nacional no Brasil, até aquele momento, não teria sido possível por causa da situação colonial,[62] da heteronomia da vida colonial que levaria a um condicionamento mental por fatores externos e secundariamente internos, ou seja, à alienação. As ideias, como os objetos, não poderiam ser transpostas sem consequências, sob pena de serem os importadores envolvidos pela intencionalidade da qual aquelas seriam portadoras. Como Roland Corbisier (1960), também para Guerreiro Ramos, tudo seria colonial na colônia. O colonialismo como sistema cultural (e além dos franceses, Guerreiro recorre agora aos africanos como Cheik Anta Diop, Aimé Césaire e Abdoulaye Ly) adquire, sob o arsenal existencialista, peso ontológico – ontologia um tanto capenga, vez que ela na colônia se impõe de modo imperfeito (determinando o ser social quase unilateralmente, pois os fatores internos não se impõem em momento algum aos externos) e conforme pressupostos imediatamente econômicos dos quais derivam também imediatamente formas culturais. Se na colônia tudo é colonial, também o é a ontologia, manca e superficial, "subdesenvolvida".

A redução sociológica e a proposta de uma sociologia nacional refletiam num plano teórico-metodológico as vicissitudes da interpretação nacionalista da sociedade brasileira – num contexto de dominação imperialista – e de um projeto de capitalismo nacional e autônomo. O colonialismo cultural, conforme disposto aqui, guarda inegáveis similaridades com as análises do atraso e do subdesenvolvimento. A dominação econômica encontra na cultura seu espelhamento quase "natural": ambas são frutos da mesma visão de mundo que, naquele momento, tinha na produção isebiana uma fortaleza e, na obra de Guerreiro Ramos, a principal formulação.

---

62 Aqui referida (pela influência de Sartre e Balandier, entre outros) como sistema de dominação político-cultural (e existencial) e não como forma de organização da produção de mercadorias. Forma conceitual que logo depois, no início dos anos 1960, seria particularmente desenvolvida por Frantz Fanon (1979).

156 EDISON BARIANI JUNIOR

O "efeito de prestígio", o mau hábito das elites de importar tanto ideias quanto mercadorias industrializadas (ou simplesmente de luxo), condenado sociologicamente por Guerreiro Ramos utilizando-se da teoria da imitação de G. Tarde, tinha como seu correspondente o "efeito de demonstração" de J. S. Duesenberry, usado pelos economistas – e esmeravam-se nisso os cepalinos –[63] na crítica ao modelo econômico capitalista em voga nos países periféricos. A repulsa à exportação de matérias-primas e à importação de bens industrializados, de maior uso tecnológico e agregação de valor, encontra sua correlação na redução sociológica e suas propostas de valorização da realidade nacional e privilégio da peculiaridade para "uso" próprio como matéria-prima de uma produção sociológica de "capital" intensivo, tecnologicamente aparelhada e não como simples "enteléquias" – configuradas no diletantismo, nostálgico e retórico, dos beletristas sociais. Alberto Torres, muito prezado por Guerreiro Ramos, é daí em diante também criticado por advogar uma "vocação agrícola" do país, quando o imperativo prático deveria ser o desenvolvimento tecnológico.[64]

As vantagens comparativas da "vocação agrícola" eram vistas agora como "desvantagens reiterativas" (Furtado, 1975, 1983), elemento de ocorrência da desigualdade (em desfavor dos países periféricos) dos termos internacionais de troca. A ordem era substituir a importação de bens acabados – nos quais se incluiriam os métodos, teorias e conceitos – pela importação de tecnologia que, devidamente assimilada e aplicada (daí um dos usos da redução), nos capacitaria à produção de bens finais, em larga escala, com técnica apurada e gerando produtos genuinamente nacionais: não é fortuita a comparação que faz Guerreiro Ramos entre a depuração de ideias

---

63 Uma das influências aqui é Raúl Prebisch, que alertava para os hábitos de consumo ostentatório e imitativo da elite como forma de dispêndio do excedente econômico.

64 À época, tais termos eram considerados contraditórios, pois o setor rural era identificado com o atraso, ao passo que o urbano-industrial significaria o moderno, dualidade que, sem uma consequente análise de classes, mostrou-se insuficiente como explicação para o "atraso" dos países periféricos.

e de minérios. A industrialização aparece assim como o processo por excelência do desenvolvimento ou, revertendo a ironia guerreiriana, como o "abridor de latas" do desenvolvimento. Talvez mesmo, anseia Ramos, fosse possível iniciar uma exportação de nossas ideias como bens finais, o que o leva a imediatamente reivindicar mercados para tais produtos:

> Articulando o seu pensamento com a prática social, o sociólogo, que deixou de ser mentalmente colonizado, passa de consumidor passivo de ideias importadas a instrumentador e até mesmo a produtor de novas ideias destinadas à exportação. Provavelmente, em breve, será despertada a atenção dos estudiosos para o fato de que temos, hoje, no Brasil, uma teoria sociológica geral mais penetrante e avançada do que a norte-americana, capaz inclusive de envolvê-la e explicá-la. (1996, p.126)

As fronteiras entre o cientista e o representante comercial – naqueles anos, melhor seria caixeiro-viajante – diluem-se sob a ação corrosiva do engajamento temerário e afoito. A intrincada construção teórica da redução sociológica, com todos os seus porquês e senões historicistas, culturalistas e existenciais perde muito de seu gume no afã de produzir resultados imediatos – o que não a inviabiliza teoricamente.[65]

Há na redução um esforço teórico – e profícuo – de interpretar e assimilar criticamente as ideias, de não tratá-las como algo etéreo e só remotamente social e histórico, mas como construções, representações carregadas de significação e remetendo-se a realidades próprias – ainda que não absolutamente exclusivas – e em inter-relação com sujeitos e coisas, o que não pode ser simplesmente desconsiderado. Determinados equívocos da recusa intransigente em conceder generalidade às ideias sem perder de vista a

---

65 A redução continua a figurar entre os poucos trabalhos brasileiros que enfrentaram as questões da teoria sociológica e suas bases, bem como entre os raros que promoveram uma reavaliação crítica do uso indiscriminado de instrumentos teóricos na análise dos fenômenos da sociedade brasileira.

158 EDISON BARIANI JUNIOR

particularidade ou mesmo a singularidade não autorizam a extrapolação inconsequente das ideias – seus usos e referenciais – que, atadas a qualquer circunstância, perdem o poder mesmo da significação numa ânsia de cosmopolitismo (abstrato). A banalização alegórica das ideias não receita ou permite a banalização conceitual.

No fundo, nota-se que persistiam na elaboração teórico--metodológica de Guerreiro Ramos os mesmos equívocos de sua interpretação da sociedade brasileira naquela conjuntura. Pretendia, segundo ele próprio, fundar (antes que refundar) a sociologia brasileira, agora nacional, desprezando – embora suas referências a uma "corrente crítica da sociologia brasileira" (Silvio Romero, Euclides da Cunha, Alberto Torres etc.) o desmintam – o então existente, fazendo quase *tabula rasa* de uma incipiente (porém promissora) cultura e tradição, uma vez que o resultado dessa colheita seria irrisório e a ação daninha do colonialismo cultural teria inviabilizado várias safras e gerações.

Não estaria o próprio Guerreiro Ramos retirando com uma mão o que tentava (re)colocar com a outra, quando desconsidera justamente uma frágil herança cultural brasileira como até mesmo "espúria", "residual" e, ao mesmo tempo, empreende renhida luta pelo reconhecimento e fidelidade à realidade nacional? E se apesar do colonialismo – tão inexorável em sua determinação – fosse realmente e somente aquela, naquelas condições, a nossa realidade brasileira? E se fosse, ao fundo e a contragosto, tal "miséria cultural" a nossa verdadeira "alma"? A nossa única herança e nossa circunstancial forma de ser?

Todas essas questões ficaram sem resposta, já que a contrariedade à miséria nacional tinha como contraface a amputação dos nossos males pela raiz. Desconsiderar o existente na construção de uma sociologia nacional também era desconsiderar os condicionantes internos de produção dessa realidade; o peso do colonialismo, do domínio dos países centrais, retirava o foco sobre as circunstâncias internas de criação da miséria brasileira e, por conseguinte, dos sujeitos ocasionalmente ou mesmo diretamente beneficiários da situação. O nacionalismo ainda persistia em realizar o capitalismo

GUERREIRO RAMOS E A REDENÇÃO SOCIOLÓGICA   159

nacional e autônomo esclarecendo as elites e poupando as classes dominantes – mormente a burguesia industrial – de um exame mais rigoroso de sua condição, atuação e perspectivas.

O intelectual (e o sociólogo), mesmo com um olho na rua, ainda se comportava como demiurgo, guardando para si uma tarefa hercúlea: "Nesses países periféricos, a sociedade não está fundada segundo critérios próprios, é algo a fundar, e, por isso, a assunção, o engajamento, abre, para o intelectual, um horizonte de infinitas possibilidades" (ibidem, p.111-2). As possibilidades abertas naquela fase histórica permitiriam, segundo o autor, aspirar à fundação não só de uma sociologia, mas, concomitantemente, da própria sociedade em bases nacionais. Desse modo, vislumbrava uma transformação em curso. Entretanto, havia certa miopia em relação aos transformadores: a *intelligentsia* persistia em monopolizar as prerrogativas da mudança ou o povo estava atrasado para a tarefa?

O povo, para o sociólogo, estaria vivendo a "nova etapa do seu processo histórico-social". Ainda estaria "configurando[-se] entre nós a categoria de verdadeiro povo, todavia, incrementar-se-ia sua consciência política e já estaria empenhado na realização de projetos" (ibidem, p.53), ou seja, de momento, seria imaturo para o vulto do trabalho. Surgia para a *intelligentsia* – até então ungida pela demiurgia – uma nova vocação, cujos antecedentes remotos teriam nos jesuítas seu fundamento, mas que agora, em meados do século XX, havia encontrado em educadores e militantes da esquerda nacional um "novo" começo: a vocação de "pedagoga". Eis então o novo papel do intelectual: educar o povo em vez de tutelá-lo, levá-lo à maioridade de sua condição, sob seus auspícios.[66]

---

66 No início dos anos 1960, seria essa – guardadas certas diferenças – a tônica das atuações de parte do PCB, dos Centros Populares de Cultura (CPCs) da União Nacional dos Estudantes (UNE), do Iseb, do Movimento de Cultura Popular (MCP) com Paulo Freire – autor para o qual as formulações de Guerreiro Ramos, mormente a redução sociológica, tiveram grande influência (Paiva, 1986) –, do Movimento de Educação de Base (MEB) por iniciativa da Igreja progressista e militante, artistas, intelectuais, jovens idealistas etc. (Pécaut, 1989).

160   EDISON BARIANI JUNIOR

Somente no início dos anos 1960, após sua experiência isebiana, num contexto de maior conflituosidade política e lutas de classe, Guerreiro Ramos diagnosticaria a emergência do povo como novo e privilegiado ator no cenário político. A partir daí a transformação da realidade social não será apanágio da elite cultural reformada, do intelectual, do sociólogo. Em 1963, no prefácio à segunda edição de *A redução*..., afirma:

> A sociologia não é especialização, ofício profissional, senão na fase da evolução histórica em que nos encontramos, em que ainda perduram as barreiras sociais que vedam o acesso da maioria dos indivíduos ao saber. *A vocação da sociologia é resgatar o homem ao homem*, permitir-lhe ingresso num plano de existência autoconsciente. É, no mais autêntico sentido da palavra, tornar-se um *saber de salvação*. (ibidem, p.10-1, grifos nossos)[67]

E, retomando a questão por novo ângulo, conforme outro significado da redução (intentado em *Mito e verdade da revolução brasileira*, de 1963), alega que a sociologia teria como vício de origem o comprometimento com a ordem burguesa – daí, segundo ele, os sociólogos evitarem o tema da revolução – e deveria, entretanto, como "crítica

---

67 O termo também foi usado por Helio Jaguaribe (1979a) num sentido cristão de saber revelado. Augusto Comte já havia usado a expressão (Simon, 19[?], p.274). Entretanto, Max Scheler (1986, p.52) parece ser a fonte do conceito, pois em 1925 já se referia "[...] ao devir do *mundo* e ao devir intemporal do *próprio princípio* supremo ao seu modo de ser e existência, que atingem a 'determinação' do seu próprio devir somente no nosso saber humano ou em qualquer saber possível, ou pelo menos atingem algo sem o que não poderiam alcançar esta determinação. Chamemos esse saber, que tem por fim a divindade [...] 'saber de salvação ou de redenção' [...] que o nosso núcleo pessoal busca conquistar a participação no *próprio* ser e no princípio supremo das coisas, respectivamente onde esta participação lhe é concedida pelo próprio princípio supremo; ou então: é o saber onde o princípio supremo das coisas, enquanto se 'sabe' a si mesmo e 'sabe' o mundo em nós e por nós, alcança ele *próprio* seu objetivo intemporal, como ensinavam primeiro Spinoza, depois Hegel e Eduard Von Hartmann; ele consegue uma espécie de *unificação* consigo mesmo, a libertação de uma 'tensão' e de uma 'oposição originária' que nele residiam".

GUERREIRO RAMOS E A REDENÇÃO SOCIOLÓGICA 161

da organização",[68] ter como objetivo "submeter a existência social à reflexão, fundamentar-se na atitude parentética".[69] Ou seja, submeter à crítica incessante as condições sociais dadas e o próprio conhecimento que se quer hábil para fazê-lo. Assim, assumindo seu caráter de "saber de salvação", a sociologia possibilitaria também aos leigos um posicionamento crítico no mundo, capacitando à interpretação da realidade da existência, promovendo agora o encontro entre a consciência crítica e sociologia autêntica: "A 'promessa' da Sociologia é a de constituir-se num saber liberador, consistente em possibilitar ao cidadão comum, e não apenas aos especialistas, a qualidade mental que [Wright] Mills chama de 'imaginação sociológica'" (Ramos, 1963, p.152).

Em busca do povo, Guerreiro Ramos e a sociologia continuavam presos a certo messianismo, agora popular e salvador. O projeto de uma sociologia nacional ruirá com o golpe de 1964; já a redução sociológica, malgrado sua imbricação com dado projeto, está para ser

---

68 O conceito de *organização* tem duplo significado na obra do autor. De início utiliza o conceito do mesmo modo que Alberto Torres (1982a), com o significado de estruturação racional da sociedade. Mais tarde, usa também o termo de modo aproximado ao da sociologia contemporânea – embora sem abolir uso da primeira forma – acrescentando certo cunho libertário no sentido de identificar a organização com o domínio férreo (por vezes burocrático) da vida social, mormente por meio das rotinas, sejam elas institucionais ou simplesmente cotidianas. Neste último sentido, quando Guerreiro Ramos define o termo, embora não o faça sistematicamente, limita-se a afirmar que a organização é "[...] o segredo da servidão humana. É para os seres humanos o que a espécie é para os animais inferiores. Uniformiza as condutas, subordinando-as mecânica e dogmaticamente, reduz e até anula a liberdade"; sendo "[...] pressuposto oculto da existência humana. É o veneno do cotidiano, cujos efeitos lesivos passam ordinariamente desapercebidos. Somente quando se examina a existência humana do ponto de vista sistemático da organização, é que se pode perceber o quanto nela é patológico disfarçado em normalidade" (Ramos, 1963, p.147 e 149 respect.). Aproxima-se então das chamadas "teorias da organização".

69 Em sua definição: "A atitude parentética transcende a organização é uma característica destreza da vida culta, de existência superior, ciosa de liberdade, que defende o ser humano contra o embrutecimento, a rotinização mental, a alienação" (Ramos, 1963, p.149).

162 EDISON BARIANI JUNIOR

revista como proposta metodológica, vez que se suas proposições de sentido cripto-nacionalista guardam o bolor do seu tempo, muitos dos problemas contra os quais investia ainda guardam incômoda atualidade. Fica talvez a lição de que o enraizamento social da sociologia – a busca de uma profunda imbricação entre os problemas, os sujeitos, o arsenal conceitual-metodológico e a práxis – não passa necessariamente pela recusa/aceitação das ideias "importadas" nem pela assepsia da herança cultural, ainda que suspeita de contágio. O nacional não pode se estabelecer por depuração, muito menos por promulgação.

Uma batalha: Guerreiro Ramos versus Florestan Fernandes

A contenda entre Florestan Fernandes e Guerreiro Ramos foi um momento no qual dois sociólogos brasileiros de peso expuseram suas ideias e ideais, trataram do assunto com grande acuidade e evitaram durante o debate lançar argumentos de sentido moral ou acusatório – embora Ramos fosse mordaz em algumas colocações. Com o tempo, ficou claro que a disputa não envolvia apenas dois sociólogos em franca ascensão intelectual, nem dois acadêmicos, mas distintas formas de institucionalização das ciências sociais (em São Paulo e no Rio de Janeiro), de socialização e formação intelectual (teórica, política e ideológica), de conceber a sociologia e o papel do sociólogo, diferentes interpretações da sociedade brasileira, visões de mundo, projetos para as ciências sociais e, no limite, para o Brasil.

A polêmica teve início a partir do II Congresso Latino-Americano de Sociologia, realizado no Rio de Janeiro e em São Paulo (em 1953), no qual Guerreiro Ramos – presidente da Comissão de Estruturas Nacionais e Regionais – apresentou algumas propostas (Ramos, 1957b, p.77-8). [70]

---

70 Ver apêndice p.338-9.

GUERREIRO RAMOS E A REDENÇÃO SOCIOLÓGICA   163

As recomendações foram rejeitadas no congresso (a votação acusou a derrota por 22 votos contra nove), mas o assunto repercutiu e os ataques às propostas logo se fizeram sentir, embora às vezes, de modo obtuso. Ramos reagiu em artigos publicados no *Diário de notícias* (do Rio de Janeiro) e teve apoio de alguns – dentre eles Nelson Werneck Sodré, seu futuro colega no Ibesp e no Iseb.

Não obstante, por que algumas recomendações apreciadas em um congresso – e derrotadas em votação! – repercutiram tanto? Basicamente porque não eram simples menções e sim um "projeto", um modo de encarar a sociologia e o país.

Guerreiro Ramos prosseguiu na defesa de suas posições e na *Cartilha brasileira do aprendiz de sociólogo*, publicada em 1954, e voltou à carga, argumentando em favor de cada item.[71] O autor iniciava sua proposta criticando a "transplantação literal de medidas adotadas em países plenamente desenvolvidos" e o uso (e abuso) do arsenal teórico – sobretudo conceitual – elaborado nos países dominantes. A sociologia brasileira, segundo ele, ao fazer uso indiscriminado daquele, tornar-se-ia uma "sociologia consular" e "enlatada" (ibidem, p.78-80).

Para o autor, a realidade nacional seria irredutível em sua especificidade, produto do desenvolvimento histórico-social determinado que engendraria seus próprios problemas e, logo, demandaria um instrumental teórico apropriado para analisá-la. Mesmo considerando que "a sociologia, como ciência, seja uma só" (ibidem, p.82), haveria de proceder a uma assimilação crítica das produções teóricas vindas dos países desenvolvidos, sob pena de não se fazer "uso sociológico da sociologia" (ibidem, p.90) e recair na alienação.

No que se refere ao futuro da sociologia como ciência, preocupava-lhe a viabilidade das pesquisas nas condições econômico-sociais do Brasil. Seria mister adequar as pesquisas às "disponibilidades da renda nacional" (item 3 da proposta), aos recursos econômicos e de pessoal técnico e ao nível cultural "genérico" da população (item

---

71 Mais tarde, publicada novamente em *Introdução crítica à sociologia*, em 1957, edição aqui utilizada.

164 EDISON BARIANI JUNIOR

7). Na ausência de pleno desenvolvimento, haveria de coadunar as possibilidades de investigação à capacidade de investimento, tendo como parâmetros a disposição cultural e as prioridades de investigação. Primaz seria então a "formulação de interpretações genéricas dos aspectos global e parciais das estruturas nacionais e regionais" (item 4), que contribuiriam decisivamente para promover o conhecimento da estrutura social, capacitando a implementação de políticas de caráter planificador que melhor nos conduziriam à industrialização e ao desenvolvimento, pois estaria "a melhoria das condições de vida das populações [...] condicionada ao desenvolvimento industrial das estruturas nacionais e regionais" (item 5) (ibidem, p.78).

Dada a prioridade, há um evidente repúdio aos estudos sobre "minudências da vida social" (item 4), isto é, estudos basicamente empiricistas, à maneira da sociologia estadunidense e seus estudos de caso, que focalizariam pequenos grupos e comunidades – um exemplo seria a obra de Emílio Willems, *Cunha: tradição e transição em uma cultura rural do Brasil* (1947). Em contrapartida, deveriam ser prestigiados os estudos dedicados à compreensão da nação e que explicitassem os rumos possíveis para o desenvolvimento, seja em explicações de caráter geral e sintético (como as elaboradas por Alberto Torres, Oliveira Vianna, Azevedo Amaral, Caio Prado Jr.), seja iluminando aspectos parciais relevantes da realidade brasileira, tais como *Geografia da fome*, de Josué de Castro, e *A vida privada e a organização política nacional*, de Nestor Duarte (ibidem, p.106-7).[72]

Ademais, essas pesquisas sobre minudências implicitamente contribuiriam para a persistência de "estilos de comportamento de caráter pré-letrado", fazendo apologia do isolamento e da ignorância, em vez de propiciar o conhecimento dos mecanismos de integração de populações marginalizadas na sociedade brasileira (indígenas e afro-americanas). Elas seriam perniciosas não só por gastarem improdutivamente os raros recursos que poderiam ser

---

72 Na Europa, a bandeira da defesa da elaboração de obras gerais, de síntese, já havia sido levantada pelo filósofo/historiador alemão Oswald Spengler, preocupado então com o predomínio das monografias na historiografia europeia do começo do século XX (cf. Febvre, 1992, p.133).

GUERREIRO RAMOS E A REDENÇÃO SOCIOLÓGICA **165**

destinados à pesquisa comprometida com a nação, mas por – direta ou indiretamente – focalizarem a questão dessas populações como problemas, desvios, resíduos. Daí também o receio, da parte de Ramos, quanto à sociologia sobre o negro no Brasil, na qual se postularia "o problema do negro" – como se o negro fosse o próprio problema – e não o preconceito, cuja origem emanaria da "patologia social do 'branco' brasileiro", este sim portador de um comportamento anormal (ibidem, p.171-93; idem, 1979).

A questão do ensino da sociologia como disciplina na instrução geral da população (ensino secundário) também foi assunto premente do debate. Como reivindicação, refletia sobretudo uma preocupação muito presente na época: a sociologia era encarada como uma espécie de conscientização social e/ou de modernização de mentalidade – Fernando de Azevedo, Costa Pinto, Antonio Cândido, Emílio Willems, Oracy Nogueira e outros também se ocuparam da matéria.[73] Sob o ponto de vista de Guerreiro Ramos, o ensino da sociologia na escola seria não uma simples forma de vulgarização de informações, mas um modo de difundir uma consciência crítica dos problemas nacionais e promover certa emancipação em relação ao colonialismo cultural; seria outro *front* de combate aos males da transplantação, referida agora ao cotidiano, ao senso comum, à percepção da realidade brasileira que possuíam os não especialistas, o nascente "povo". A sociologia (mesmo como disciplina escolar) serviria a um propósito libertário e conscientizador, um saber que suprimiria a ingenuidade alienada (Anais do II Congresso Latino-Americano de Sociologia, 1953).

Por seu turno, Florestan Fernandes, em 1958, fez um balanço da atividade científica no Brasil em *A etnologia e a sociologia no Brasil*. O capítulo 5 dessa obra – já publicado no mesmo ano como

---

73 Tal questão, embora não esteja contemplada nos principais textos dos autores quando do início da polêmica – as teses de Guerreiro Ramos e o artigo *O padrão de trabalho científico dos sociólogos brasileiros* de Florestan Fernandes –, nem seja considerada pelos comentadores, consta dos debates do II Congresso Latino-Americano de Sociologia e do I Congresso Brasileiro de Sociologia e está inextricavelmente ligada às outras questões.

166   EDISON BARIANI JUNIOR

artigo na *Revista brasileira de estudos políticos* – [74] intitulava-se "O padrão de trabalho científico dos sociólogos brasileiros". Nele, o autor critica alguns pontos da comunicação de Guerreiro Ramos no II Congresso Latino-Americano de Sociologia, de 1953.[75] As observações referem-se basicamente aos itens 4 e 7 da proposta de Guerreiro, "entre recomendações que mereciam maior atenção e acolhida favorável" (Fernandes, 1977, p.67).[76] O sentido da crítica dirige-se ao caráter do trabalho científico e seus vínculos. Florestan censura a "falácia" que seria

> [...] considerar impositivas as obrigações do sociólogo em relação ao sistema de interesses e de valores da nação a que deve lealdade, e, ao mesmo tempo, negligenciar as obrigações dele, relacionadas com o sistema de normas e de valores do saber científico. (ibidem, p.68)

O cientista, para ele, só poderia pôr a ciência a serviço da comunidade se observasse rigorosamente os requisitos do saber científico. Caso contrário, correria o risco de produzir uma "pseudociência". Logo, a recomendação de Guerreiro Ramos sobre evitar os estudos de minudências seria uma imposição ideológica em face

---

74 Mais tarde, o autor voltaria a publicá-lo, desta feita em *A sociologia no Brasil* (1977). Todos os trechos aqui citados foram extraídos dessa edição.

75 Uma dúvida aqui persiste: por que Florestan Fernandes atacaria cinco anos depois algumas teses apresentadas e derrotadas em congresso? Não obstante a crítica de Florestan encontra-se inserida na moldura de um balanço das ciências sociais no país (*A etnologia no Brasil e a sociologia no Brasil*), talvez em 1958 as "teses" de 1953 já não lhe parecessem tão inofensivas, vez que, a partir de então, tomaram corpo – e repercutiram – no balanço de Guerreiro Ramos sobre a sociologia no Brasil (*O processo da sociologia no Brasil*, de 1953), nos trabalhos deste sobre o negro (tema que Florestan pesquisava, em outra direção, juntamente com Roger Bastide), nos *livros Cartilha brasileira do aprendiz de sociólogo* (1957) e *Introdução crítica à sociologia brasileira* (1957) e institucionalizava-se na fundação do Ibesp (1953) e do Iseb (1955). Diante de tais circunstâncias e os rumos que a conjuntura político-social do país tomava, ao que parece, Guerreiro Ramos agora se fazia valer como adversário intelectual.

76 Embora critique os pontos aos quais é contrário, Florestan Fernandes não explicita com os quais concorda integral ou parcialmente. Tal estudo (inédito) ainda está para ser feito.

das necessidades do trabalho científico. Num país como o Brasil, demasiado heterogêneo, a forma de garantir um conhecimento seguro da estrutura social nacional e regional seria elaborar estudos de particularidades, pois somente a partir destas, dentro do rigor científico, poder-se-ia generalizar os resultados. Relegar tais estudos seria desprezar "todo o progresso alcançado pelos desenvolvimentos empírico-indutivos da investigação sociológica, nos últimos 75 anos" (ibidem, p.69). Além disso, o uso de recursos em pesquisas de "detalhes" sociais não se faria em detrimento da aplicação em "bens de produção"; ao contrário, tais estudos serviriam à melhor utilização de fatores de produção, já que "o controle de tensões sociais depende, muitas vezes, do conhecimento positivo de unidades de investigações dessa magnitude" (ibidem, p.70).

O padrão do trabalho científico não poderia ser decorrente do estágio de desenvolvimento da estrutura social e sim dos "critérios de explicação científica na sociologia". As exigências não se deveriam pautar pelos recursos disponíveis e pelo "nível cultural genérico das populações"; em vez disso, mesmo consideradas as dificuldades da investigação científica num país como o Brasil, dever-se-ia levar em conta os padrões mais rigorosos. Para tanto, caberia uma estratégia que contemplasse:

1) a seleção de problemas relevantes para a análise sociológica, quase sempre perturbada pelo impacto de influências extracientíficas; 2) a capacidade de promover a necessária adequação de noções e categorias abstratas, construídas pelos sociólogos através da observação e da interpretação de fenômenos similares em países que reproduzem, de forma mais completa, o mesmo tipo de ordem social. (ibidem, p.70)

No que se refere à questão da implantação do ensino regular de sociologia na escola, Florestan Fernandes – em comunicação no I Congresso Brasileiro de Sociologia, realizado em São Paulo (em 1954) – mostrava-se um tanto cético em relação às possibilidades de êxito do ensino da disciplina dentro do sistema educacional brasileiro

168 EDISON BARIANI JUNIOR

de então. Seriam necessárias mudanças para viabilizar o empreendimento; porém, se assim fosse dirigido, ele poderia "contribuir para preparar as gerações novas para manipular técnicas racionais de tratamento dos problemas econômicos, políticos, administrativos e sociais, as quais dentro de pouco tempo, presumivelmente, terão de ser exploradas em larga escala no país" (Anais do I Congresso Brasileiro de Sociologia, 1955, p.105).[77]

Guerreiro Ramos, presente ao congresso quando dos debates,[78] de modo diverso, também mostrava certo ceticismo e objetou que, mesmo sendo ideal o ensino de sociologia, a sociedade brasileira não

---

77 Denominava-se a comunicação *O ensino da sociologia na escola secundária brasileira*. Prossegue Florestan: "A difusão dos conhecimentos sociológicos poderá ter importância para o ulterior desenvolvimento da sociologia. Mas, o que entra em linha de conta, no raciocínio dos especialistas, não é esse aspecto pragmático. Salienta-se, ao contrário, que a transmissão de conhecimentos sociológicos se liga à necessidade de ampliar a esfera dos ajustamentos e controles sociais conscientes, na presente fase de transição das sociedades ocidentais para novas técnicas de organização do comportamento humano. As implicações desse ponto de vista foram condensadas por Mannheim sob a epígrafe *do costume às ciências sociais* e formuladas de uma maneira vigorosa, com as seguintes palavras: 'Enquanto o costume e a tradição operam, a ciência social é desnecessária. A ciência da sociedade emerge quando e onde o funcionamento automático da sociedade deixa de proporcionar ajustamento. A análise consciente e a coordenação consciente dos processos sociais então se tornam necessárias'. O ensino das ciências sociais no curso secundário seria então uma condição natural para a formação de atitudes capazes de orientar o comportamento humano no sentido de aumentar a eficiência e a harmonia de atividades baseadas em uma compreensão racional das relações entre os meios e os fins, em qualquer setor da vida social" (Anais do I Congresso Brasileiro de Sociologia, 1955, p.90, grifos do autor). E ainda "[...] alterando-se as condições atuais do sistema educacional brasileiro, em sua estrutura, em seu funcionamento e na mentalidade pedagógica dominante: com fundamento na conveniência prática de reforçar os processos de socialização operantes na sociedade brasileira. Esta seria a solução ideal, tendo-se em vista que o ensino das ciências sociais na escola secundária brasileira se justifica como um fator consciente ou racional de progresso social" (ibidem, p.104).

78 Na ocasião, apresentou também o trabalho (incluído nos anais) "Esforços de teorização da realidade brasileira, politicamente orientados, de 1870 a nossos dias", balanço do pensamento político-social brasileiro no período mais tarde publicado em *Introdução crítica à sociologia brasileira*, de 1957 (Ramos, 1957b).

GUERREIRO RAMOS E A REDENÇÃO SOCIOLÓGICA 169

estaria aparelhada para tal, já que persistia na sociologia uma visão alienada da realidade do país, ocupando-se de problemas efetivos em outros países. Além disso, a falta de profissionais especializados para a docência dificultaria um ensino satisfatório (ibidem, p.319-20).

Florestan redarguiu que uma formulação adequada dos problemas da sociedade não poderia garantir uma autoconsciência racional da realidade brasileira, ao que Guerreiro Ramos respondeu que a sua própria posição e as dos demais presentes no congresso eram irredutíveis: enquanto os outros seriam acadêmicos, ele se considerava um pragmático e isso faria toda a diferença na análise das questões (ibidem, p.342).

Não obstante os comentaristas aterem-se – quando abordam a polêmica – somente ao episódio das teses de Guerreiro Ramos e à crítica de Florestan Fernandes em "O padrão de trabalho científico dos sociólogos brasileiros", seguiram-se outros *rounds*, embora as referências – explícitas por parte de Guerreiro e veladas de Florestan – por vezes, não fossem imediatamente identificáveis.[79] Ao reeditar *A redução sociológica* (em 1965), Guerreiro Ramos escreve outro prefácio no qual – defendendo-se das críticas do autor no citado capítulo – argumenta que Florestan Fernandes

1) confunde a ciência sociológica em hábito com a ciência sociológica em ato.[80] O autor não ultrapassou a área informacional da sociologia. Por isso, o trabalho em pauta reflete uma ideologia

---

79 Aqui nos limitaremos a abordar as referências mais diretas que se seguiram até meados dos anos 1960, já que em trabalho anterior (Bariani, 2003a) persistimos na trajetória dos dois autores até seus trabalhos finais.

80 Inspirado em Jacques Maritain (autor católico cuja influência Guerreiro Ramos prezava) – que por sua vez retomou a antiga noção escolástica de *habitus* – Guerreiro diferenciava entre *sociologia* (e *saber*) *em hábito*, exercida por treinamento específico, por vezes livresco e repetitivo, e *sociologia em ato*, efetivada por meio da capacitação e comprometimento como saber criador e de intervenção. E acrescentaria mais tarde: "sempre houve ciência social no Brasil, entendida como saber em ato" (Ramos, 1983a, p.540). Mais tarde, o conceito de *habitus* voltaria à berlinda na sociologia, então pelas mãos – principalmente – de Norbert Elias e Pierre Bourdieu.

170 EDISON BARIANI JUNIOR

de professor de sociologia, antes que atitude científica de caráter sociológico diante da realidade; 2) a crítica em apreço ilustra como algo mais do que a informação e a erudição, é necessário para habilitar ao estudioso a fazer uso sociológico dos conhecimentos sociológicos ou, em outras palavras, para a prática da redução sociológica; 3) pressupõe a referida crítica falsa noção das relações entre teoria e prática no domínio do trabalho científico, e assim tende a hipostasiar a disciplina sociológica, tornando-a um conhecimento superprivilegiado. (Ramos, 1996, p.16)[81]

Ainda comentando o referido artigo de Florestan, áspero, Guerreiro Ramos qualifica-o como "documento de ideologia de professor de sociologia no Brasil" e aponta os principais traços dessa ideologia: o provincianismo e o bovarismo. Provincianismo, pois como "típico sociólogo convencional" procuraria garantir uma pureza do trabalho sociológico e livrá-lo de "deformações 'filosóficas'",[82] tornando a sociologia uma "disciplina de escoteiros", já que os critérios da ciência não poderiam ser "livrescos ou institucionais", mas teriam "de ser procurados na estreita relação entre teoria e prática". Tal pureza seria manifestação de um "solip-

---

81 Refere-se ao opúsculo (O padrão...) como "a mais qualificada crítica que um representante ilustre de nossa sociologia convencional escreveu contra nossa orientação" (Ramos, 1996, p.15). Também vale lembrar que em O processo da sociologia no Brasil (de 1953) afirma: "Florestan é bem representativo da experiência universitária paulista, seu símbolo vivo, visto que fruto do que proporcionou de melhor. Sua carreira é a que tem transcorrido dentro dos trâmites universitários mais rigorosos. Seria monstruoso distraí-lo do seu esforço de criação teórica, plano em que certamente o Brasil dará com ele, o seu primeiro clássico universal, no campo da antropologia (Ramos, 1953, p.30, grifos nossos). Lúcia Lippi de Oliveira (1995) assinala que não é fortuito o fato de Guerreiro Ramos situá-lo "no campo da antropologia" e não no da sociologia. Todavia, é preciso lembrar – a despeito da ironia guerreiriana – que até aquele momento os trabalhos de maior ressonância de Florestan Fernandes eram os sobre os tupinambá, tidos como "antropológicos".
82 Termo usado por Florestan quando da crítica da sociologia professada por Guerreiro Ramos.

GUERREIRO RAMOS E A REDENÇÃO SOCIOLÓGICA 171

sismo sociológico [que] só atende interesses extracientíficos da burocracia parasitária, gerada pela prematura institucionalização do ensino da sociologia". Já o bovarismo consistiria em "extremar a distância entre o mundo dos sociólogos e dos 'leigos', ao ponto de considerá-los cindidos", levando à radical distinção entre "cientistas e leigos" e fazendo da sociologia um proselitismo, quando a vocação desta seria tornar-se um "saber vulgarizado" (ibidem, p.26-9). Para Ramos, a sociologia deveria destituir-se de qualquer caráter elitista e constituir-se em uma forma de consciência, sobretudo de autoconsciência social, requisito para a superação dos limites que impediriam o desenvolvimento.

Por sua vez, num texto publicado em 1968, *Sociedade de classes e subdesenvolvimento*, Florestan Fernandes volta à carga contra Guerreiro Ramos e afirma que o equívoco central das considerações deste se localizaria na própria concepção de sociologia que, ao pleitear um vínculo estrito com dada sociedade e uma irredutível especificidade histórico-social, acreditaria "que a própria natureza dos problemas sociológicos, a serem investigados, exige recursos conceptuais metodológicos e teóricos específicos e *exclusivos*". Essa posição converteria "o sociólogo em ideólogo e leva-o a ignorar ou a subestimar os requisitos da explicação científica e, até, o que torna o conhecimento científico verdadeiramente útil". Assim, é "a própria Sociologia que é posta em questão, pois ela seria, no fundo, a fonte de falsos problemas e de explicações mistificadoras" (Fernandes, 1972b, p.16). Observa, ao final, que mesmo considerando-se a sociologia um produto orgânico de uma cultura – como de certo modo o fez Hans Freyer – seria possível extrapolar e construir métodos e técnicas de uso universal. Desse modo, Florestan salva uma herança que também lhe seria própria e cerra fogo em Guerreiro Ramos (ibidem, p.17, grifos do autor).

Naquele mesmo mencionado prefácio de *A redução sociológica*, Guerreiro Ramos (1996, p.29) chama a atenção para alterações no trabalho de Florestan:

172 EDISON BARIANI JUNIOR

[...] o escrito [de Florestan Fernandes, "O padrão de trabalho científico dos sociólogos brasileiros"] ainda tem muito de esoterismo, mas ao terminá-lo o autor escreve páginas que nos inspiram a convicção de que o professor paulista está em processo de autocrítica. Diz ele [Florestan Fernandes]: 'o sociólogo, como homem da sociedade de seu tempo, não pode omitir-se diante do dever de por os conhecimentos sociológicos a serviço das tendências de reconstrução social' (*A sociologia...*, p.39). Quem conhece os escritos do professor paulista se dará conta de que essa frase é, nele, indicativa de uma revolução interior. O Sr. Florestan Fernandes já escreve sobre a sociologia militante. Temos a esperança de que se torne, em breve, um sociólogo militante. Só então se eliminará sua resistência à redução sociológica.

Guerreiro Ramos refere-se ao texto *A sociologia como afirmação* – publicado inicialmente na *Revista brasileira de ciências sociais*, em 1962, e reeditado em *A sociologia numa era de revolução social*, também em 1962 – e com perspicácia percebe o acento mannheimiano que adquire a produção do sociólogo paulista, a ponto de vaticinar um desfecho militante à sociologia deste. Ironicamente, é Guerreiro Ramos quem primeiro vislumbra o sociólogo e militante que Florestan Fernandes viria a se tornar.

Na visão dos comentadores – que em geral se resumem ao primeiro *round* da disputa – o debate entre os dois sociólogos teria diversos significados e motivações: Iseb *versus* USP, São Paulo *versus* Rio de Janeiro, "sociologia carioca" *versus* "sociologia paulista", mertonianos *versus* mannheimianos etc.[83] Todos esses recortes

---

83 Cabem aqui algumas advertências. Quando da divulgação das teses iniciais de Guerreiro Ramos, em 1954, o Iseb ainda não existia: só viria a ser fundado em 1955. A existência de uma "escola paulista de sociologia" – donde derivaria uma "sociologia paulista" – é peremptoriamente negada por Florestan Fernandes (1977, p.140). Quanto ao significado do debate, alguns chegam a abordar o enfrentamento entre Florestan Fernandes e Guerreiro Ramos como uma disputa entre, respectivamente, a ciência e a política, o conhecimento e a intervenção, o saber e a ideologia, o rigor e a volúpia etc., recortes estes muito

GUERREIRO RAMOS E A REDENÇÃO SOCIOLÓGICA 173

guardam algo de verossímil e especulativo, todos podem acrescentar algo à compreensão daquele momento de efusão intelectual e das trajetórias dos autores. Entretanto, considerando-se a amplitude da discussão entre eles e a originalidade dos contendores, é equívoco tanto resumi-los à condição de figurantes quanto alçá-los à posição de encarnação de tais debates.[84]

Sempre polêmico,[85] Guerreiro Ramos perseguia obsessivamente o enraizamento da sociologia na realidade brasileira, importava torná-la um saber genuinamente comprometido com o país e sua peculiaridade. A transplantação de conceitos e teorias seria assim um entrave, pois propagaria um saber desvinculado de seu objeto, desenredado das relações sociais específicas de determinada sociedade. Cumpria efetivar uma sociologia compromissada com o país em sua realidade nacional e, logo, com as necessidades de transformação desta, daí suas tarefas como instrumento de conscientização e intervenção no sentido do desenvolvimento (e da industrialização), bem como a integração de populações marginalizadas na vida nacional: indígenas e afro-americanas.

A pesquisa sociológica, para Ramos, deveria se coadunar com tal realidade também no sentido de se adequar às possibilidades (de recursos técnicos, humanos e mesmo de certo "nível cultural genérico"). Métodos, objetivos (e objetos) teriam de estar sintonizados com a interpretação e aplicação desse saber (de modo integral, totalizante) como autoconsciência e autodeterminação da nação – daí dar prioridade aos estudos gerais e evitar os de caso. A sociologia deveria relegar seu caráter "profissional", "esotérico" e postar-se ao alcance da população (dos leigos), reunir numa práxis ampliada uma forma

---

presentes, direta ou indiretamente, em vários autores – malgrado o evidente equívoco na abordagem da questão.

84 Algumas análises da contenda estão em Arruda (1989), Ortiz (1990), Oliveira, L. (1995), Cohn (1995) e Vianna, L. (1997). Um balanço dessas análises está esboçado em Bariani (2003a).

85 O estigma de "polêmico" – como bem o qualificou Soares (1993) – é marca indelével de Guerreiro, coincidentemente, até mesmo no nome: polêmico, do grego *polemikós*, significa "guerreiro". Ver Holanda (1986).

174 EDISON BARIANI JUNIOR

de explicação racional e efetivamente transformadora, consequente com os valores e aspirações nacionais. Assim, o ensino escolar de sociologia, a despeito desta ainda não ter se depurado da alienação em relação à realidade do país e ainda não possuir profissionais capazes, seria uma forma de tornar acessível esse saber ao senso comum, tornar-se efetivamente um "saber de salvação".

Já para Florestan Fernandes a nação (e obrigações para com esta) não era por si um valor primordial, ao menos não superior às obrigações para com a ciência; a sociologia – para servir efetivamente à transformação social – deveria ser primeiramente científica e depois (circunstancialmente) nacional. O padrão de trabalho científico deveria ser o mais rigoroso possível, só assim seria também útil à intervenção racional nos problemas sociais. Como ciência (universal), baseada na indução, a sociologia procuraria uma generalização a partir de estudos particulares, aproveitaria as noções e categorias abstratas elaboradas em países nos quais a ordem social competitiva estivesse "mais completa", fornecendo subsídios para pensar uma ordem na qual haveria ainda incipiente desenvolvimento dessa característica. Seria, portanto, um saber cuja cientificidade se faria em detrimento do senso comum, como algo especializado, e o ensino escolar da disciplina serviria somente à "manipulação de técnicas racionais", à atualização da mentalidade em preparação para o progresso social, não como consciência social dos efetivos problemas do país, pois uma formulação adequada – logo, científica – não garantiria autoconsciência social.

Defrontavam-se duas sociologias: uma que se pretendia um saber socialmente difusor de autoconsciência e autodeterminação, visando ao desenvolvimento e à autonomia nacional (Guerreiro Ramos), e outra que se queria universalizada (em método e procedimentos), zelava pelos padrões de excelência do trabalho científico e não tomava tais resultados como imediatamente indicados para conduzir ações políticas (Florestan Fernandes).[86] Opunham-se o

---

86 Para Florestan Fernandes, a sociologia seria ciência universal no sentido de que seus fundamentos teóricos seriam os mesmos para todos os investigadores

GUERREIRO RAMOS E A REDENÇÃO SOCIOLÓGICA   175

empenho na construção de um capitalismo autônomo e nacional (Guerreiro Ramos) e a ênfase na generalização e aprofundamento da ordem social competitiva como portadora das possibilidades e limites (próprios) das oportunidades de modernidade (Florestan Fernandes).

O contencioso que reuniu/opôs Florestan Fernandes e Guerreiro Ramos foi seguramente mais que uma querela intelectual, foi o enfrentamento de dois sujeitos e projetos intelectuais.[87]

De um lado, Florestan Fernandes e uma visão advinda do centro nacional de maior desenvolvimento do capitalismo e fulcro da modernização burguesa calcada na transformação voraz e vontade de fazer *tabula rasa* das circunstâncias – e das consequências – de uma pesada herança;[88] certo "bandeirismo" (paulista) que abominava o passado incômodo que lembrava suas raízes e débitos com o "Antigo Regime". Trazia por certo um desconforto com o *status quo*, mas cria inicialmente no estabelecimento da ordem social competitiva e na organicidade da sociedade, que traria no seu bojo a democracia e o desenvolvimento. Com o tempo – e o atraso dos fatos – acrescentou certa dose de intervenção social, seja como engenharia social, como

---

em quaisquer lugares; o nacional, o situado, seria um modo particular no qual os problemas sociais se apresentariam e deveriam ser enfrentados conforme uma adaptação do arsenal teórico geral. Guerreiro Ramos também admitia a universalidade da sociologia. Entretanto, tal universalidade só se daria por meio dos particulares, das várias realidades situacionais (nacionais) que teriam relativa autonomia de problemas e larga margem para reelaboração do arsenal teórico para enfrentá-los. De um lado, o indutivismo (sintético) que veria no particular momento do universal (Florestan Fernandes); de outro (Guerreiro Ramos), certa microcosmologia que tomaria o particular como contendo em essência o universal – entretanto, este não conteria totalmente os particulares em sua riqueza infinita. Ao final, de modo diverso, ambos tinham consciência da universalidade da sociologia como ciência e da necessidade de adequação de seu instrumental teórico às diferentes situações.

87 Em momento algum defendemos que o sujeito intelectual, como indivíduo, seja – em última instância – construtor (por si) de projetos. Sua participação (decisiva) é dar forma aos fluxos de consciência e experiência vivencial (na medida das possibilidades) presentes nos grupos sociais em determinado momento histórico, conforme determinadas condições sociais.

88 Escravista, patrimonialista, antimoderna ou, para alguns, "ibérica".

176   EDISON BARIANI JUNIOR

incremento político dos rituais institucionais e como formação educacional dos indivíduos. Preocupada com o "lugar" que lhe seria destinado na infalível estrutura mundial, orientava-se pelas funções que lhe cabiam na engrenagem inviolável: o Ocidente próximo não seria somente donde emanavam as necessárias influências de nossa formação, seria também o horizonte possível de nossa existência. A ciência era caracterizada como o código supremo que, adquirido, guindar-nos-ia à maioridade. Imitar os mestres era elevar-se ao conhecimento, e a sociologia, em tenra idade, era o fruto mais viçoso, porém verde, dessa colheita.[89]

O terreno de atuação eram sem dúvida a sociedade civil e seus interesses. Todavia, o que era tão moderno, burguês e racional subitamente se reencontrava com o passado hostil; a história já não se movia infalivelmente adiante; o arcaico, o escuso, autoritário e irracional voltavam à cena pelas mãos da mesma burguesia – e com anuência ou complacência de grande parte de sua "ilustração".

---

89 Florestan Fernandes é um dos iniciadores – assim como Donald Pierson (1972) – dessa posição de crítica à "sociologia", às ideias sociais dos não sociólogos. Ele distinguia "três épocas de desenvolvimento da reflexão sociológica na sociedade brasileira": a primeira em que a sociologia "é explorada como um recurso parcial e uma perspectiva dependente de interpretação", a segunda caracterizada "pelo uso do pensamento racional como forma de consciência e de explicação das condições histórico-sociais de existência na sociedade brasileira", e a terceira singularizada "pela preocupação dominante de subordinar o labor intelectual, no estudo dos fenômenos sociais, aos padrões de trabalho científico sistemático" – trecho do artigo *Desenvolvimento histórico-social da sociologia no Brasil*, publicado inicialmente nas revistas *Sociologicus* (v. 6, n.2, 1956) e *Anhembi* (v. 7, n.75 e 76, fev./mar. 1957), e posteriormente em *A etnologia e a sociologia no Brasil* (cap.IV, 1958) e em *A sociologia no Brasil* (capítulo 2, 1977). Aqui utilizamo-nos de Fernandes (1958, p.190). Tal posição, que remotamente lembra a classificação de Comte das fases intelectuais (teológica, metafísica e positiva) pelas quais a civilização havia passado, é precursora de uma forma de análise que, radicalizada, tornou-se hegemônica na "sociologia paulista", principalmente uspiana, cujo principal fruto é *Ideologia da cultura brasileira (1933-1974)*, de Carlos Guilherme Mota (1980), no qual critica os "explicadores" do Brasil e localiza a fundação da ciência social – conforme padrões científicos, não ideológicos – na trajetória da USP e da "escola paulista". Posições semelhantes estão em Ianni (1989c), Ortiz (2001) e Miceli (1989b).

GUERREIRO RAMOS E A REDENÇÃO SOCIOLÓGICA   **177**

Restava então (a partir dos anos 1970) a revolta, o clamor pelo anjo vingador da revolução, que varreria do país a miséria que atormentava o mundo dos "de baixo" e a mente dos "atraiçoados". A ciência – e a sociologia em particular – era agora a arte dos mandarins, engodo dos refinados magos da ilusão espiritual, memória desagradável da crença no progresso e na democracia social com a qual os "de cima" haviam permitido sonhar, apenas sonhar.

De outro lado (Guerreiro Ramos), uma visão apaixonada de seu espaço vital, de seu lugar no mundo, como fonte não só do que era, mas do que lhe seria permitido ser, vez que ali brotavam as aspirações – algo românticas, senão diante do mundo ao menos perante os céticos. Haveria um passado de opressão colonial, sobre o qual seria possível fundar uma nova sociedade, construir um futuro do qual poderia se orgulhar. A dinâmica mundial lhe parecia um tanto opressora, mas haveria um lugar reservado para ser essencialmente brasileiro. A sociologia seria a consciência – e a crença – desse ser e a promessa de poder mais, muito mais; uma sociologia, ou melhor, *a* sociologia: construída com instrumentos próprios, refuncionalizados às vezes, mas definitivamente própria, nacional, única, adaptada aos seres únicos em sua existência peculiar. Ela nos redimiria e realizaria a promessa da modernidade, pelas mãos do povo iluminado pela *intelligentsia* e sob os auspícios do Estado. Irrealizada a promessa, restou (a partir dos anos 1970) a melancolia e o amaldiçoar de toda a modernidade (Ramos, 1989).

De certo modo, ilustravam os autores um contraste – que não deve ser exacerbado – entre São Paulo e o Rio de Janeiro, seus distintos ambientes e formas (econômicas, culturais, políticas), institucionalização e constituição universitária, acadêmica e intelectual; dois "microcosmos" que cada qual a seu modo enfrentaram os obstáculos da construção da sociologia brasileira e forjaram diferentes soluções para implementar e operacionalizar tal conhecimento.

Essa controvérsia teve como personagens dois sociólogos, plebeus, criados por mães lutadoras (e sem a presença da figura paterna), de origem pobre, que perseguiram seus objetivos, venceram a desigualdade de oportunidades e chegaram à Universidade,

178 EDISON BARIANI JUNIOR

magistério e admiração; dois precursores da sociologia de batismo acadêmico que seguiram rumos divergentes, "caminhos cruzados" (Oliveira, L., 1995): Guerreiro Ramos do intenso engajamento e intervenção políticos ao distanciamento (senão indiferença) consubstanciado numa sociologia institucional; Florestan Fernandes da sociologia acadêmica à defesa ideológica do revolucionarismo popular (Bariani, 2003a).

Eruditos, intelectuais públicos, de brilho incomum; oponentes e talvez mesmo complementares, senão paradigmáticos ao menos significativamente únicos. Dois weberianos e mannheimianos particulares,[90] ecléticos na aparência, de uma originalidade sem preconceitos; ambos exilados, engajados e eleitos deputados: dois inconformistas, radicais – cada qual a seu modo. A sociologia – para eles – era muito mais que uma disciplina: a ela dedicaram suas vidas, mas ambos os projetos "fracassaram": nem autonomia, nem revolução, nem paixão, nem sociologia nacional; o que os sucedeu foi a tecnologia de controle social como profissionalização do saber, nem como intervenção racional e rebeldia política, nem como forma por excelência de autoconsciência social, e sim como ocupação universitária e modo de inserção institucional.

A sociologia *brasileira* (para Guerreiro Ramos) ou a sociologia *no* Brasil (Florestan Fernandes), em busca de um passado e em fuga para o futuro,[91] viveu com Florestan Fernandes e Guerreiro Ramos o seu momento "heroico", quando as oportunidades sur-

---

90 Influências já foram apontadas por Luiz Werneck Vianna (1997), assim como as relações com o Estado e a sociedade civil. Quanto ao marxismo, Florestan inicialmente preocupou-se com as possibilidades empíricas do materialismo histórico e com a estruturação das relações sociais, depois com as consequências revolucionárias da práxis política. Já Guerreiro era seduzido pelo jovem Marx e seus usos da dialética e da ontologia.

91 Tal sociologia ergueu-se por meio de uma ambígua dialética (noção obviamente devedora da construção guerreiriana de "dialética da ambiguidade"): negando seu passado e invejando um futuro (europeu, norte-americano) que lhe era estranho, até porque estrangeiro, imitando os mestres e combatendo a transplantação de ideias. Uma dialética fortemente tensionada, mas sem síntese.

GUERREIRO RAMOS E A REDENÇÃO SOCIOLÓGICA 179

giam – poucas e promissoras – e a competição, embora dura, não congregava grandes contingentes de postulantes. Plebeus, saíram "de baixo" e ascenderam socialmente graças ao prestígio social que gozavam os intelectuais – numa conjuntura de consolidação da classe trabalhadora, embates desta com a burguesia e ascensão de setores intermediários.

Florestan,[92] orgulhoso de sua origem plebeia – lumpemproletária, segundo ele (Fernandes, 1977) –, ascendeu à classe média e procurou sempre manter um vínculo com os "de baixo", com as classes subalternas, ainda que tal vínculo, mediado pela conflituosa relação ciência-militância, por vezes apresentasse um aspecto puramente ético. Branco, respeitado e gozando de grande prestígio resistiu à cooptação pela classe dominante. Entretanto, incomodava-lhe a culpa da ascensão social e, de certo, radicalizava algumas posições à esquerda para manter certa independência de espírito e paz de consciência. Seu revolucionarismo, além da solidariedade com os oprimidos, é também de revolta e reação ao destino que teve, amado e admirado por aqueles que deveria combater, pela classe dominante. Já Guerreiro Ramos, mulato, rejeitado pela Universidade brasileira, politicamente incompreendido (e sentindo-se perseguido), buscou aceitação. Sua opção pelo nacionalismo é – também – um modo de buscar a integração (na comunidade imaginada) e a autonomia (como assenhoreamento do destino) que não desfrutava socialmente. Ele encarnava assim os ideais da classe média e sua busca por segurança e independência e cria nesses ideais como somente um convertido poderia crer, pois já conhecia e ainda se sentia ameaçado pelas agruras da vida dos "de baixo".

---

92 Sobre a vida de Florestan Fernandes, ver Cerqueira (2004) e Sereza (2005).

3
A ARTE DA GUERRA

A maior humilhação que pode sofrer um
intelectual consiste em se surpreender abaixo das
virtualidades de seu tempo e de sua circunstância.
Sou revolucionário por orgulho. Por uma questão
de ética, de ética intelectual. A vocação da
inteligência é a verdade. Se a vida intelectual tem
de ser um experimento da verdade, no Brasil de
hoje é compelida a tornar-se revolucionária.
A verdade do Brasil de hoje é a revolução.

Guerreiro Ramos

Por acreditar estar vivendo um momento crucial da história do país, Guerreiro Ramos, ao final dos anos 1950, lançou-se obstinado ao enfrentamento com o que cria serem os pungentes problemas do Brasil. Nem por isso abandonou a reflexão teórico-metodológica sobre a sociologia; ao contrário, aprofundou suas inquietações e pôs à prova a capacidade da sociologia como *saber urgente*, instrumento de entendimento e capacitação para agir: interessava-lhe coroá-la como práxis.

O problema nacional do Brasil, livro do autor publicado em 1960,[1] é um marco dessa atitude. Seu título é uma clara alusão ao livro de

---

1 Com esse livro Guerreiro Ramos inicia uma abordagem mais direta das questões da política brasileira, os artigos que o compõem foram escritos entre

182   EDISON BARIANI JUNIOR

Torres, *O problema nacional brasileiro*, de 1914. "O presente livro, como o de Alberto Torres, é uma tentativa de *utilizar a ciência social como instrumento de organização da sociedade brasileira*" (Ramos, 1960, p.13-4, grifos nossos). Nessa obra, o sociólogo reconsidera o papel do povo na história do país, conferindo-lhe autonomia e capacidade de ação, contrariamente a Alberto Torres (1982, p.105), que em seu livro afirmava: "esta obra não é uma obra de educação: é uma obra de direção política. Nenhum povo tem a educação necessária para dirigir seus interesses gerais".

Nesse processo, Ramos põe em curso uma revisão dos argumentos de certa herança teórica que lhe era cara, reafirma o papel da sociologia como organizadora social e principia por pensar tal organização agora em outro sentido: de baixo para cima, relegando o elitismo daquela herança.

Ícone daquela tradição, Alberto Torres configura-se como interlocutor privilegiado dessa revisão crítica. Guerreiro Ramos entendia que a solução do problema organizacional do Brasil não poderia mais ser concebida como iniciativa individual de um pensador ou de uma elite, mas fruto da experiência e participação ativa dos grupos sociais. Se em 1957, com *Introdução crítica à sociologia brasileira* (1957b, p.32) já reprovava Torres por advogar a "vocação agrícola" do país, por não entender o condicionamento econômico da gênese da nação e pretender formá-la a partir do alto (com a tutela do povo pelas elites nacionalistas), em 1960, com o citado *O problema nacional brasileiro* ele propõe uma nova forma de organização da nação e, finalmente, em 1961, com *A crise do poder no Brasil* (idem, 1961), afirmará que aquele incide "no erro fundamental de pensar que

---

1955-1959 e, inicialmente, foram apresentados como conferências proferidas no Iseb, na Faculdade Nacional de Filosofia, no Ministério da Educação e na Federação das Indústrias do Estado de São Paulo (Fiesp) – um dos artigos foi elaborado para publicação no jornal *O Semanário*. Não é fortuito que o público escolhido fosse de estudantes, militares, pessoas ligadas ao Estado e Governo, empresários brasileiros etc.: é nítida a intenção de intervenção política por meio da influência intelectual.

a organização do país pudesse ser outorgada de cima para baixo" (ibidem, p.86).

Mais próximo da política, o autor também se inquietava com a necessidade de rever suas posições sem abandonar seus princípios, de fazer aliados sem conceder ao oportunismo, de promover o convencimento e aglutinar forças a partir da constatação da existência da sociedade civil, na qual brotavam as classes e se fortalecia um novo sujeito: o povo. Não competiria mais – do mesmo modo – organizar a nação à revelia do povo, era preciso dar-lhe voz e educá-lo para exercer a soberania.

Povo, desenvolvimento e industrialização

O caminho de Guerreiro Ramos para uma ação mais efetiva foi também uma ida ao povo; o "nascimento do povo" parecia-lhe uma novidade radical, que constituiria a principal transformação em curso na realidade brasileira e daria novos rumos à história do país. *"O povo é a categoria cardinal da história contemporânea do Brasil"* (idem, 1960, p.229, grifos nossos).

Embora houvesse corroborado o diagnóstico de Alberto Torres, de Silvio Romero, Tobias Barreto, Euclides da Cunha, Gilberto Amado e outros, a respeito da inexistência ou a incipiência do povo no Brasil, vislumbrava agora a ascensão das massas como elemento ativo, sujeito político autônomo. O povo surge então "como protagonista eminente do processo político", pois "na história contemporânea do Brasil, exerce a função de dirigente por excelência do processo histórico-social. De elemento subsidiário, passou à categoria de agente principal dos acontecimentos" (ibidem, p.42).

Definido como "o conjunto de núcleos populacionais articulados entre si pela divisão social do trabalho, participantes de uma mesma tradição e afetados de uma mesma consciência coletiva de ideais e de fins", o *povo*, a partir de 1930, configurar-se-ia organicamente no Brasil por meio da densidade e complexificação da estrutura social,

184 EDISON BARIANI JUNIOR

estando desde então vocacionado a revolucionar o panorama político brasileiro. (ibidem, p.228)

Um tardio aparecimento do povo como categoria central da dinâmica sociopolítica dever-se-ia a que, na "fase capitalista" do desenvolvimento econômico-social, os povos só se constituiriam com a estruturação de um mercado interno ("seu substrato material"), tornando-se assim "conjunto de pessoas integradas num mercado próprio" – o que exatamente teria faltado ao Brasil no passado para que pudesse ter verdadeiramente um povo (ibidem, p.228).

O economicismo da assertiva de Guerreiro Ramos reitera um problema recorrente – assim como em escritos de seus pares ibespianos/isebianos – e acentuado nesse momento da obra do autor: a articulação entre os aspectos econômicos, de um lado, e sociais, políticos e culturais, de outro, é precariamente definida.[2] A preocupação com certa determinação econômica e sua reflexão no todo da vida social é frequentemente construída de modo parcial ou falho. Há um evidente exagero em relação à influência econômica na vida social e faltam as mediações necessárias quando considera seus efeitos. Entretanto, quando do avanço da elaboração teórica, a análise acaba por conquistar certo desprendimento que, às vezes discrepante, outras contraditório mesmo, privilegia outros aspectos e dá evidente riqueza ao tratamento das questões, ainda que negue alguns supostos anteriores.

Em geral, na definição dos conceitos, o autor carrega nas tintas do aspecto econômico. Todavia, ao utilizar-se dos conceitos em articulação e movimento, ressalta outros aspectos (como exemplo,

---

2 Por vezes, Guerreiro Ramos refere-se às relações entre uma estrutura e uma superestrutura social, sem, entretanto, definir rigorosamente suas constituições e relações. Provavelmente, a estrutura remeteria às bases "materiais" e a superestrutura às construções ideológicas – remetendo remotamente a certo marxismo, menos de filiação teórico-conceitual que disseminado na cultura sociológica do período. Nesse período, esporadicamente, o autor refere-se também a "forças produtivas" e "relações de produção".

veremos, podemos citar os conceitos de desenvolvimento, industrialização, povo). Tal ocorrência não deve ser atribuída simplesmente ao ecletismo mal concatenado ou às deficiências lógicas do autor: equívoco razoavelmente comum, é sinal dos tempos em que – em parte por causa da influência da economia e do marxismo vulgar – o aspecto econômico era tido como alicerce das proposições científicas da sociologia.

O aparecimento do povo, segundo o autor, traria consigo importantes consequências, pois lhe atribuía os seguintes princípios básicos:

1) *O povo é o principal empresário do processo econômico brasileiro.* Pelo seu trabalho, criam-se as riquezas, combinam-se os fatores e se os transformam em bens e serviços. Exerce o principal papel na realização das atividades produtoras, cabendo-lhes, portanto, o controle ideológico da programação global da economia; 2) *O povo é uma realidade social englobante que ultrapassa o âmbito exclusivo de toda classe.* É constituído majoritariamente de trabalhadores, mas se compõe também de elementos oriundos de outras classes e categorias; 3) *O povo é o dirigente político do processo histórico-social.* Exerce esta função, extraordinariamente, de modo direto; normalmente, de modo indireto, por intermédio de sua vanguarda; 4) *O povo é o verdadeiro gênio da cultura nacional.* Só existem cultura e ciência nacionais, do ponto de vista do povo. (ibidem, p.244, grifos nossos)

Mesmo como agente político primordial, o povo, ordinariamente, lançaria mão de sua vanguarda, sua "consciência militante", formada em sua maioria por trabalhadores e contando também com empresários, quadros técnicos profissionais e elementos da pequena burguesia, militares, estudantes e intelectuais. Essa vanguarda, partindo da experiência concreta do povo, elaboraria uma "visão conjunta" das necessidades sociais e seria o elemento dirigente na defesa dos interesses do povo. Superficialmente (podemos supor),

186 EDISON BARIANI JUNIOR

a vanguarda seria um grupo de atuação política, de identificação de anseios, promoção de valores e de condução das aspirações do povo. Em discordância com algumas leituras – particularmente Carvalho (2003c), que supõe o povo formado por um corte horizontal na estrutura de classes –, parece haver no conceito guerreiriano um viés de subalternidade na constituição do povo: a presença de elementos de classe média, intelectuais e até empresários dar-se-ia num setor particular e nitidamente contrastante no interior de um grupamento superior (vanguarda) e, mesmo assim, como presença individual e não como categoria, camada ou classe. O empresariado enquanto classe social (assim como outros grupos) não seria parte integrante do povo, mas – no limite – haveria elementos desse grupo que se afinariam politicamente (ou cujos "projetos" convergiriam) com os anseios populares. Embora Guerreiro Ramos assinale que o povo ultrapassa o "âmbito exclusivo de toda classe", afirma também que é composto de trabalhadores e *"elementos oriundos* de outras classes e categorias" (grifos nossos), indivíduos (e não propriamente parcelas ou frações de grupos sociais) que teriam originalmente suas raízes em outras classes, que se reconheceriam na luta do povo.[3]

A entrada em cena do povo lançaria as bases da nação que, para Ramos, como

[...] unidade histórica dotada de sentido ou como campo inteligível, nada mais é do que a forma particular de uma configuração espaço--temporal que surge onde quer que um agrupamento humano se alce da *existência bruta à existência significativa, da condição puramente natural à condição histórica, de um modo de ser inferior a outro superior.* (ibidem, p.29, grifos nossos)

---

3 Carvalho (2003c) ainda faz referência à presença de camponeses na constituição do povo, termo que aparece raramente e de modo colateral em escritos menores (como panfleto de uma campanha eleitoral) na produção de Guerreiro Ramos. Algumas poucas vezes, refere-se a um proletariado rural. Note-se ainda que Guerreiro Ramos não identificava o grupo social com o exercício de funções restritas à produção econômica.

O efetivar dessa elevação – da supressão da situação colonial, de dependência e destituição da circunstância de "proletariado externo do mundo ocidental" (termo tomado a Arnold Toynbee) – não seria uma ocasião "natural" e sim uma busca, uma opção, uma "escolha de caráter axiológico" (ibidem, p.30), que possibilitaria um destino histórico independente ("não reflexo"). Assim "1822 é a data da independência de um território e não de uma nação" (idem, 1957b, p.86).[4] Como parte dessa busca pela maioridade, seria imperativo incrementar a produção e o mercado interno, reverter o sentido do circuito econômico (de externo para interno) e desencadear o processo de autonomização do capitalismo brasileiro, isto é, ocasionar "uma promoção mediante a qual as regiões e nações passam de uma estrutura a outra superior" (idem, 1996, p.140), ou seja, provocar o desenvolvimento, entendido como

[...] elevação da produtividade dos fatores (notadamente mão de obra) disponíveis num sistema econômico, seja por meio da divisão social do trabalho (especialização de funções), seja mediante a substituição da energia muscular pela energia mecânica. (ibidem, p.113)

Não seria o desenvolvimento, entretanto, processo estritamente econômico; sua plenitude estaria condicionada ao fato de as decisões econômicas e os benefícios advindos das mudanças serem coletivamente socializados. Só haveria desenvolvimento, afirma o

---

4 A situação colonial – na berlinda teórica com os trabalhos de Sartre, Balandier (e mais tarde Fanon) – passaria então pela questão da dependência, caracterizada como um dos traços da psicologia coletiva engendrada por aquela situação e definida como "[...] certo bilinguismo, a duplicidade psicológica, condições que tornam limitadíssima a possibilidade de uma identificação da personalidade do colonizado com a sua circunstância histórico-natural imediata" (Ramos, 1957b, p.18). Guerreiro Ramos releva a questão da dependência por meio de um instrumental psicológico-existencial que privilegia o peso do estorvo ao autorreconhecimento em vez da submissão econômica, em geral entre os teóricos da dependência.

188 EDISON BARIANI JUNIOR

autor, "quando em determinada sociedade a população participa de transformações mediante as quais adquire melhores condições de existência", pois seria o "homem a medida do desenvolvimento" (ibidem, p.109). Os instrumentos para essa missão (planejamento, racionalidade e programação econômica, aproveitamento de recursos abundantes etc.), notadamente tomados à influência cepalina, só atingiriam o efeito perseguido se mobilizados com "capacidade política" por meio de um projeto nacional: "não há programação nacional sem ideologia nacional" (ibidem, p.192). O próprio desenvolvimento econômico seria, ao final, um "problema político" (ibidem, p.181).

O problema político, no entanto, dá lugar a certo automatismo quando Guerreiro Ramos afirma que "no desenvolvimento há uma causação circular; o excedente de produção e o modo de utilizá-lo determinam o progresso técnico, mas são também por ele determinados" (ibidem, p.142). No rastro de Keynes, o autor inverte as formulações de Myrdal e Nurske – que havia utilizado para entender o círculo vicioso da pobreza – e menciona um "círculo virtuoso" do desenvolvimento.

O papel do Estado na promoção do desenvolvimento seria primordial. Dele poderia emanar a racionalidade e coordenação para planejar e executar uma ótima disposição e uso dos fatores de produção. Guerreiro tinha para si, porém, que somente nos governos socialistas o Estado poderia se arvorar em administrador geral da sociedade, atuando ampla e profundamente no sentido de evitar as inconsistências e arbitrariedades privadas no trato dos negócios públicos. Todavia, naquele contexto de capitalismo dependente e divisão de classes, estaria limitado o escopo de iniciativa política por parte do Estado, restando assim um papel shumpeteriano aos "capitais privados": empreender – já que, por sua natureza, comportar-se-iam conforme outra lógica que não a do desenvolvimento "racionalmente organizado". Para ele, se "o tempo do Estado, como organizador da comunidade, não é o mesmo do capital privado" (ibidem, p.69), cumpriria ao poder público intervir para programar e organizar a produção nacional; contudo, sendo algo essencial para provocar o desenvolvimento, não o era de modo cabal, fazendo-se necessário, mas não suficiente para garanti-lo. Haveria ainda que mobilizar o povo como "empresário", propiciando "à comunidade nacional o controle de direito da programação do desenvolvimento" (ibidem, p.220).

Afluía da parte do autor uma desconfiança com relação à capacidade e disposição do empresariado na promoção do desenvolvimento. O Estado ainda era um ator privilegiado, embora penetrável à representação.[5]

Diferentemente de grande parte dos intelectuais do período, Guerreiro Ramos não encarava o desenvolvimento como fenômeno "em geral" (abstrato), mas percebia nesse processo interesses distintos e mesmo, em última instância, contraditórios.

O desenvolvimento, se quiserem o desenvolvimentismo, foi uma tese dos nacionalistas ou ainda o é daqueles mais retardatários. Todavia a lição última dos fatos da vida brasileira pode ser assim resumida: o desenvolvimento abstrato é entreguismo. Do ponto de vista da emancipação nacional, e da continuidade do desenvolvimento, não importa simplesmente que a renda contabilizada do país cresça a uma taxa alta, mas é necessário que as camadas populares participem desse crescimento, a fim de que o mercado possa acompanhar a expansão da capacidade produtiva. (idem, 1961, p.120)

Como processo social, o desenvolvimento deveria propiciar um relativo bem-estar ao povo, melhorando suas condições de vida e, por meio da participação (inclusive na renda), abrindo possibilidades de influência nas decisões; deveria dar suporte às necessidades materiais e aos anseios políticos do povo. Desenvolver o país significaria

---

5 O Estado, nesse momento das elaborações do autor, geralmente aparece como dotado de uma dupla dimensão: de arena política de embate de forças (permeável à influência e comando dos sujeitos políticos) e de ator político. Caracterizamo-lo como *ator* – e não *sujeito* – em virtude do caráter de sua atuação, circunscrita ao cumprimento de determinados papéis políticos e não de "livre" (aberta) deliberação conforme anseios e interesses "próprios".

190 EDISON BARIANI JUNIOR

também "democratizá-lo", ainda que o Estado persistisse como uma espécie de tutor do processo.[6]

Ao diagnosticar a situação do país na conjuntura mundial e estabelecer comparações com outros países, o autor deduz que "*todo desenvolvimento se realiza necessariamente pela industrialização*" (idem, 1960, p.113, grifos do autor) e endossa tal caminho. Alavanca do desenvolvimento, a *industrialização* seria processo modernizador por excelência: incrementaria a produção, propiciaria ganho tecnológico, autonomia de consumo e potencialização de fatores. Não obstante as realizações em termos de avanço das forças produtivas, ela atualizaria também as relações de produção, gerando consequências na consciência coletiva:

> A industrialização deve ser entendida como categoria sociológica. Em tal acepção é um *processo civilizatório*, que se propaga por todos os setores da atividade econômica e não apenas pelo setor restrito do que normalmente se chama de indústrias. (ibidem, p.126, grifos nossos)

Referida industrialização teria reflexos na existência social dos indivíduos e na vida política do país, atuaria como fator de modernização da mentalidade coletiva, propiciando novas condições sociais e formas de sociabilidade, forjando os limites e a consciência dos grupos sociais e, em última instância, possibilitando uma compreensão ampliada da vivência social. Engendraria assim um verdadeiro "processo civilizatório", e uma vez imbuída do *status* de "categoria sociológica" – de forma de relação entre sociedade e natureza em razão da substituição das forças humanas pelas mecânicas, "libertação dos determinismos cósmicos pelo domínio" social (idem, 1957b, p.111) – adquiriria caráter ontológico.

---

6 O termo "democracia" não é de uso recorrente do autor. Entretanto, assim nos reportamos por causa do sentido de participação política e integração social qualificada.

Em relação à questão agrária, o autor é lacônico ao afirmar que só o desenvolvimento e a industrialização poderiam – ao espraiar seus efeitos – transformar a vida do homem do campo. Medidas como organização de comunidades, educação sanitária, assistência social e outras desse gênero seriam inócuas, já que partiriam de princípios equivocados, como o que pressuporia que a sociedade rural fosse um "sistema fechado". A melhoria da qualidade de vida no campo dever-se-ia primeiramente à transformação tecnológica e, por consequência, ao incremento da produtividade do trabalho rural. Assim, caberia rever a "questão da fixação do homem no campo": ele migraria para as cidades não apenas por voluntarismo, mas porque não conseguiria integração econômica na estrutura regional. Tal êxodo, aliás, não seria um mal em si, e sim um dos efeitos inevitáveis do desenvolvimento econômico: a transferência de mão de obra do setor primário para o secundário e terciário – os países desenvolvidos seriam prova disso (ibidem, p.110).

O autor nutria certa aversão pelo Brasil rural e suas contingências, que identificava com o atraso e o reacionarismo, ao passo que o urbano seria, em regra, o moderno e progressista. Não deixou, entretanto, a partir de 1962, de defender uma reforma agrária no Brasil; em seu panfleto de campanha para deputado federal propunha a realização dessa reforma por meio da "emancipação dos camponeses" e resolvendo "os dois problemas gêmeos da agricultura brasileira", a saber, "a superprodução de café e de outros produtos de exportação" e a "escassez e carestia dos produtos de amplo consumo popular, especialmente gêneros alimentícios" (apud Azevedo, 2006, p.229). Em sua atuação parlamentar, em 1963, discursou algumas vezes em favor da reforma agrária, alegando necessidades estruturais de resolução da questão para alavancar o desenvolvimento, mormente em sua etapa de industrialização.

Quando da defesa pelo autor de uma reforma agrária (sem especificá-la), fê-la sempre em termos gerais e circunstâncias fugazes (panfleto de campanha e discurso parlamentar). Em seus livros não há grandes referências à questão agrária e tampouco defesa da reforma agrária nos termos de uma divisão de terras

192   EDISON BARIANI JUNIOR

e fixação do homem no campo como objetivos "em si". Ao que parece, enquanto parte da questão agrária, a reforma seria para ele uma forma de eliminar alguns obstáculos ao desenvolvimento econômico e seu carro-chefe, a industrialização. Possivelmente ele tomava a realização da reforma agrária como modo de diversificar e aumentar a produção rural de bens (alimentícios em particular) por parte dos trabalhadores rurais, o que lhes possibilitaria meios de sobrevivência digna e certa autonomia (ao fundo política) para se libertarem do jugo da dependência em relação aos latifundiários. Desse modo, forneceriam no mercado interno matéria-prima à indústria e meios de subsistência ao proletariado, baixando os custos de produção e proporcionando melhores condições de vida também aos trabalhadores urbanos. Haveria, sobretudo, uma preocupação em desobstruir o processo de desenvolvimento e industrialização, fortalecer o mercado interno e elevar o nível de consciência das massas rurais para impedir a instrumentalização política pelo setor atrasado e reacionário do país. A preocupação com o êxodo rural e consequentemente o excesso de oferta de mão de obra e a queda do nível (nominal) de salários, comum em alguns autores do período, não parece ter grande relevância para Guerreiro Ramos; ao contrário, esse "processo de abertura do complexo rural, que permite a migração de fatores (mão de obra e capitais) do campo para as cidades, ainda hoje é uma importante referência dinâmica da economia brasileira" (1957b, p.44).

Um problema então em pauta, o das desigualdades e desequilíbrios regionais no Brasil, é definido pelo autor como eminentemente político e recebe uma atenção particular. Ele assinala que as regiões Norte e Nordeste não seriam prejudicadas pelo desenvolvimento econômico do "Sul" do país – ao contrário, seriam mesmo beneficiadas – e o próprio ritmo e a forma "normal" de evolução do processo dar-se-iam por meio da integração entre um centro dinâmico (representado pelo "Sul") e a periferia (outros estados). Nessas condições, com o tempo, o polo de dinamismo tenderia a deslocar-se para dentro do país (e não para o exterior) – movimento

GUERREIRO RAMOS E A REDENÇÃO SOCIOLÓGICA   **193**

impulsionado pelas atividades reivindicatórias e pressões políticas exercidas pelas massas.[7] A conclusão, para uma análise que se queria preocupada com o aspecto político, soa por demais confiante na funcionalidade e na diminuta margem de irracionalidade do processo econômico capitalista sem um planejamento superior e/ou na ação política racionalizadora (geralmente difusa) das exigências das massas. Curiosamente, o Estado, até então presente nas formulações do autor como encarnação da racionalidade e planejamento, nesse caso, limitar-se-ia a proporcionar condições de atuação dos interesses legítimos. Lançando mão das teorias da Cepal a respeito do desenvolvimento possível de G. Myrdal para explicar a causação circular que até ali beneficiaria o "Sul" do país, de R. Nurske para elucidar o "efeito demonstração" (concebido inicialmente por J. S. Duesenberry)[8] que assolaria os países subdesenvolvidos e prejudicaria a formação de capitais, e de Shumpeter, P. Baran e P. Sweezy para entender o desenvolvimento como questão não somente econômica (mas sobretudo política), Guerreiro Ramos, sem perder de vista o "caráter subsidiário" da produção estrangeira (que afirmou em *A redução sociológica*), utiliza os argumentos dos autores reconsiderando sua funcionalidade nacional: "Uma coisa é a teoria geral do desenvolvimento. Outra é a teoria do desenvolvimento nacional de

---

7   "Nas condições capitalistas, não há outra maneira de um espaço continental como o Brasil desenvolver-se globalmente senão em termos de diferenciação entre centro e periferia. Esta diferenciação é a condição mesma para que as regiões periféricas possam ingressar num processo de transformação de sua estrutura" (Ramos, 1960, p.152). Guerreiro Ramos aplicava internamente as elaborações cepalinas da relação centro-periferia (mundial), embora destituída de seus conflitos. Vale lembrar que o termo "Sul", no período, abrangeria ambas as regiões hoje conhecidas como Sul e Sudeste, assim como todo o restante do país era vulgarmente chamado de "Norte".

8   Grosso modo, definido como o processo social pelo qual grupos superiores em sociedades periféricas imitariam a pauta de consumo de grupos congêneres das sociedades cêntricas (desenvolvidas), geralmente em termos de produtos sofisticados ou de luxo não produzidos localmente, o que causaria evasão de receitas para formação de capital.

194   EDISON BARIANI JUNIOR

cada país" (1960, p.193). O Brasil seria um caso único e a percepção dessa originalidade deveria nortear a práxis dos sociólogos. Daí afirmar mais tarde a necessidade de "salvar o fenômeno nacional" (idem, 1983a, p.543).

Pouco citado, mas muito presente nas formulações do autor, é Ignácio Rangel, com quem conviveu na Assessoria de Vargas, no Ibesp, no Iseb e com quem compartilhava muitas ideias.[9] Em prefácio ao livro seminal de Rangel – *Dualidade básica da economia brasileira*, editado pelo Iseb em 1957 – Guerreiro Ramos alerta para a centralidade da categoria de dualidade elaborada por Rangel.[10] "De há muito a sociologia brasileira procurava explicar a falta de correspondência entre os dois planos de vida do país: o superficial e o profundo, o externo e o interno, o explícito e o implícito" (idem, 1957a, p.10). Pleiteia, então, extrapolar tal categoria para o entendimento do conjunto da vida social nacional: "A dualidade não é apenas uma lei de nossa economia, mas da sociedade brasileira em geral [...] a categoria de dualidade tornou obsoleta a teoria sociológica da transplantação, vigente no Brasil até bem pouco tempo" (ibidem, p.12).

Com isso, Guerreiro apontava para a conclusão de que não haveria mais que pensar a sociedade brasileira e seus fenômenos como efeitos da transposição (a partir do exterior) de ideias e instituições,

---

9 Assim como Rangel, o sociólogo privilegiava as peculiaridades históricas do Brasil e suas possibilidades de desenvolvimento explorando a situação específica do país, o planejamento econômico, o uso de recursos ociosos e a análise dos efeitos positivos da inflação. Guerreiro Ramos menciona superficialmente o caráter político da inflação e seus possíveis efeitos positivos. Já Ignácio Rangel – no seu livro *A inflação brasileira* (de 1963) – analisa detidamente o fenômeno inflacionário e reconhece que um efeito positivo (antirrecessivo) desse fenômeno no Brasil seria o fato de, numa situação inflacionária, os agentes econômicos evitarem adquirir ativos monetários, preferindo o investimento e aumentando assim a taxa de imobilização, o que favoreceria o aquecimento da economia. Ver ainda Bielschowsky (2004).

10 Rangel definiu a *dualidade* do seguinte modo: "A economia brasileira se rege basicamente, em todos os níveis, por duas ordens de leis tendenciais que imperam respectivamente no campo das relações internas de produção e no das relações externas de produção" (1957, p.32).

GUERREIRO RAMOS E A REDENÇÃO SOCIOLÓGICA   195

dado que já existiria consolidado na realidade brasileira certo arranjo de condições que disseminava suas próprias determinações, uma espécie de "interiorização" da situação de transplantação, que se traduziria agora em heteronomia.

O conceito de *dualidade* – relacionado à coexistência de dois tipos de sociabilidade numa mesma formação social, em termos de um setor moderno em contraposição a outro tradicional – fundamentou muitas das interpretações sobre a sociedade brasileira nas décadas de 1950 e 1960. Afastadas as sutilezas e matizes, o conceito propunha a análise da situação brasileira como marcada pelo conflito/contradição entre moderno e tradicional, no sentido de que o primeiro representaria o novo, o moderno, a evolução do capitalismo, e o segundo, o arcaico, atrasado, as sobrevivências não capitalistas (fossem feudais, escravistas, formas primárias de produção de subsistência etc.). Em geral, crentes no desenvolvimento capitalista e presos a interpretações relativamente evolucionistas e baseadas nas leituras das formas "clássicas" dessa evolução nos países de capitalismo central (mormente França e Inglaterra), os autores brasileiros, em sua maioria, tendiam a perceber a superação de tal impasse dualista como o avanço (mais ou menos inexorável) do processo de absorção (ou solapamento) do setor arcaico pelo novo – o que, obviamente, mostrou-se mais tarde como algo ingênuo.[11]

---

11 A origem do conceito de "dualismo" (ou sociedade dual) estaria em Boeke (em *Dualisticke Ökonomie*, de 1930) e posteriormente em Furnival (*Netherlands Indias: a study of plural economy*, de 1944). Mais tarde, teve usos em George Balandier (*Sociologie des brazzavilles noires*, de 1955, e *Afrique ambigue*, 1957) e Wilbert Moore (*Industrialization and labor*, de 1951). No Brasil, um dos pioneiros no uso do conceitual foi Jacques Lambert com *Le Brésil: structure social et instituitons politiques* (1953), cuja versão (ampliada) foi aqui publicada em 1959 sob a denominação de *Os dois Brasis* (Lambert, 1973) – (cf. Pinto, 1978, p.106-7). Sem recorrer necessariamente ao termo "dualismo", outra face da discussão – mormente entre os autores filiados ao marxismo – encontra-se nos debates sobre a existência ou predominância do feudalismo (ou pré-capitalismo) e do capitalismo nas origens da formação social brasileira (Dória, 1998).

196 EDISON BARIANI JUNIOR

Na visão de Guerreiro Ramos da evolução socioeconômica do país, não obstante a crença no lastro "civilizatório", as transformações pretendidas não seriam, ainda assim, processos imanentes. Haveria de se superar os obstáculos e agir politicamente para instaurar as melhorias que esses processos poderiam acarretar; mais que isso, virtualmente possíveis, os efeitos benéficos não seriam inexoravelmente garantidos, sendo necessário o domínio das mudanças para que se lhes imprimisse a direção devida, o que seria claramente um problema político. Desenvolvimento e industrialização não seriam garantias inerentes de ingresso na modernidade, vide as preocupações – expostas anteriormente – do autor quanto às necessidades de real geração de melhoria de renda (e de vida) e de participação à população em geral.

Em suma, desenvolver e industrializar o país, para o autor, não equivaleria a equacionar todos os seus problemas; traria sim (possíveis) ganhos econômico-sociais e na atualização na consciência nacional, mas não há na sua concepção relação causal ou de determinação necessária – que comumente se arbitrava – entre desenvolvimento e aperfeiçoamento das instituições, ampliação das condições efetivas de participação política e, no limite, promoção/consolidação da democracia. Não que admitisse uma via de desenvolvimento não democrática; ao contrário, pensava o pleno desenvolvimento como um processo eminentemente democrático, o que não significa que possuísse uma visão ingênua do processo político e considerasse a democracia como processo orgânico, consequência natural do desenvolvimento. Industrialização e desenvolvimento poderiam promover substantiva modificação na condição econômica e sociopolítica do país se coadunados com outro processo (acentuadamente político) – mais rico, amplo e complexo – que efetuaria profundas transformações na sociedade brasileira: a revolução.[12]

---

12 A relação entre o desenvolvimento (e a industrialização) e a revolução brasileira não é nítida nas formulações do autor. Seria o desenvolvimento um processo potencializador da revolução? Um requisito para a eclosão dessa? Ou seria essa que desencadearia o desenvolvimento, removendo os obstáculos à sua promoção?

A revolução *brasileira*

Guerreiro Ramos descartava o conceito de "mudança social", segundo ele influência da sociologia formalista e estática norte-americana que importamos (como outros produtos), pois teria um cunho conservador e nutriria a pretensão de dar valor heurístico ao dinamismo (característica essencial do acontecer social) em contraposição à estagnação, considerada assim como estado normal da sociedade. À grande transformação que aspirava para a sociedade brasileira, chamou *revolução*:[13] "revolução brasileira" que, em suma, seria "nacional".[14] Não *nacional* no sentido que lhe foi atribuído por alguns comunistas e socialistas (como etapa do desenvolvimento do capitalismo e para a revolução socialista), ou como ascensão de uma burguesia local ao poder, ou processo de expansão democrática, ou mesmo afirmação do interesse interno apenas, mas nacional como só a revolução brasileira poderia sê-lo. A revolução nacional não seria "brasileira" porque aqui se desenrolaria, seria nacional justamente por ser *brasileira*, por ser fundada na originalidade do país, enraizada nesta realidade.[15]

Analisando a questão em *A crise do poder no Brasil*,[16] assevera:

---

13 Definia formalmente *revolução* como "[...] *um movimento, subjetivo e objetivo, em que uma classe ou coalização de classes, em nome dos interesses gerais, segundo as possibilidades concretas de cada momento, modifica ou suprime a situação presente, determinando mudança de atitude no exercício do poder pelos atuais titulares e/ou impondo o advento de novos mandatários"* (Ramos, 1963, p.30, grifos do autor).

14 Como explicitamente traz o subtítulo de *A crise do poder no Brasil: problemas da revolução nacional brasileira*, de 1961.

15 A ênfase na terminologia comumente denota o sentido da caracterização pretendida: Florestan Fernandes chamou-a "A Revolução Burguesa no Brasil"; Caio Prado, Nelson Werneck Sodré – e Guerreiro Ramos – chamaram-na "Revolução Brasileira". Há ainda os casos de Sérgio Buarque de Holanda, que a nomeou "nossa revolução" (ou, às vezes, "revolução brasileira") sem explicitar a caracterização "burguesa", e Octavio Ianni, que comumente menciona a "revolução burguesa", sem atribuir-lhe caracterização "nacional".

16 *A crise do poder no Brasil*, afora alguns ensaios sobre o pensamento social no Brasil (escritos entre 1955 e 1957), é um livro escrito no calor da hora. Seus

198   EDISON BARIANI JUNIOR

Criadas se encontram no Brasil as condições objetivas da revolução nacional. Falta criarem-se as subjetivas. É provável que no presente quinquênio do Presidente Jânio Quadros surja momento de intensa fermentação revolucionária. É necessário que, na oportunidade, estejam organizados os quadros capazes de merecer esse momento. Então deverá ser cortado o nó górdio do processo brasileiro, ato que, de uma vez por todas, divorciará a nação da antinação. *O modelo da revolução brasileira será necessariamente inédito.* Foge assim de domesticações à distância. Não será soviético. Não será chinês. Não será cubano. Em toda sua História, o Brasil tem sido original na América e no mundo. Eis porque o quadro da revolução nacional brasileira será necessariamente independente em relação a qualquer espécie de internacional. (idem, 1961, p.17, grifos nossos)

Nessa revolução inédita defrontar-se-iam nação e antinação,[17] que representariam, respectivamente, as forças sociais engajadas na luta entre libertar-se do caráter reflexo da vivência história brasileira, apoderar-se dos seus instrumentos decisórios e destino político e, ainda, pretender manter o estado de coisas no sentido de perpetuar o alheamento do país em relação às suas possibilidades de autonomia. Ou como Ramos (1960, p.85, grifos nossos) dinamicamente definiu: "O aspecto fundamental da problemática do nosso país consiste em aguda tensão entre *forças centrípetas* e *forças centrífugas* nele atuantes".

---

capítulos de análise política foram escritos em 1960 e publicados em 1961. Neles o autor enfrenta as grandes questões do momento, aventura-se na análise da conjuntura (então tão rica e desafiadora) e também lança bases conceituais para posteriores estudos sobre o período, como o uso aplicado à realidade brasileira das noções de bonapartismo e populismo, a encruzilhada que se avizinhava, a crise do poder, de direção, dos partidos etc.

17 "Antinação" é expressão tomada a Gilberto Amado, que a definiu como "o conjunto de interesses que se representam ao revés dos interesses gerais permanentes, profundos, do país" (apud Ramos, 1961, p.7). Benito Mussolini já havia usado tal contraposição (nação *versus* antinação) em seus discursos, mas não é certo que Gilberto Amado conhecesse a menção anterior. Guerreiro Ramos – ao que consta – não a conhecia.

GUERREIRO RAMOS E A REDENÇÃO SOCIOLÓGICA 199

Todavia, quais seriam a forma e o sentido dessa revolução?

A revolução nacional, esclareça-se logo, não está necessariamente associada aos eventos dramáticos que constituem o cortejo habitual das insurreições e quarteladas. Tecnicamente, e nesse sentido é que usamos a expressão, *consiste na mudança qualitativa que se opera numa coletividade humana, quando passa de uma fase histórica para outra superior*. Em nossos dias, todos os países que realizaram sua revolução nacional esforçam-se em fazer de sua política externa um campo tático de promoção do seu desenvolvimento. Sua *maioridade histórica exibe-se na aptidão que revelam para libertar-se de posições caudatárias*. A firmeza de tal conduta supõe uma perfeita *articulação das instâncias de poder com as massas populares*. (ibidem, p.37, grifos nossos)

Quanto ao caráter da revolução, o diagnóstico do autor é cabal: o Brasil ainda estava localizado em determinada fase histórica – embora numa posição de transição e coexistência de tempos (contemporaneidade do não coetâneo) – na qual a revolução revestir-se-ia de um caráter capitalista, vez que, por causa da falta de condições objetivas (e também subjetivas, veremos), o país ainda não estaria apto a almejar o socialismo.[18] Quais seriam então os sujeitos da revolução e como se apresentariam?

Os autores isebianos, por vezes, foram criticados por não proceder sistemática e profundamente a uma análise das classes sociais no Brasil. Não obstante outros poucos autores o terem feito seriamente, há sem dúvida nas concepções dos isebianos – e já havia no Ibesp – análises relativamente detalhadas a respeito da configuração das classes sociais no Brasil e suas posições no espectro de luta.[19]

---

18 Guerreiro Ramos admitia que nas formações sociais capitalistas – e o caso brasileiro não seria diferente – subsistiriam (de modo residual) formações pré--capitalistas (Ramos, 1996, p.143). Nem por isso as considerava como feudais.

19 Uma análise desse aspecto nos autores Helio Jaguaribe e Nelson Werneck Sodré está em Oliveira Filho (1999).

200 EDISON BARIANI JUNIOR

Se já havia dado anteriormente indicativos quanto a essa questão (idem, 1957b), o sociólogo explicitamente o faz em *O problema nacional do Brasil*. Afirma que haveria uma peculiaridade brasileira na questão da gênese das classes sociais, a saber, a aliança entre os grandes proprietários rurais e os comerciantes. Se na Europa existiria uma contradição entre eles, no Brasil – no qual vigoraria o latifúndio, que internamente lembraria de modo remoto uma forma de enfeudação e externamente uma empresa comercial moderna (numa óbvia aplicação da lei da dualidade como definida por Ignácio Rangel) – muitas vezes teriam encarnado a mesma personagem. Essa composição social teria emancipado a colônia, dado ao país uma organização nacional e continuaria uma sólida expressão consciente de interesses.[20]

Com o desenrolar desse processo, parte significativa da burguesia industrial no Brasil teria se formado em estreita relação com os próprios latifundiários e comerciantes, configurando uma relação de "ambiguidade dialética" antes que de contradição (ibidem). Assim, com o avanço (tardio) da revolução industrial, quando as burguesias dos países centrais já se teriam lançado à conquista do setor industrial nos países periféricos, teria havido uma diminuição das oportunidades e um arrefecimento dos ânimos dessa burguesia industrial nativa (brasileira), que passaria então a ser assediada para a colaboração técnica e financeira com aquelas burguesias, nublando sua consciência social e nacional e intimidando-a como classe empreendedora.

Paradoxalmente, Guerreiro Ramos nutria certas esperanças quanto ao desempenho econômico da burguesia – mormente a

---

20 Para uma comparação com Florestan Fernandes – em *A revolução burguesa no Brasil* (1974) – vejamos: "Na verdade, várias burguesias (ou ilhas burguesas), que se formaram em torno da plantação e das cidades, mais se justapõem do que se fundem, e o comércio vem a ser o seu ponto de encontro e a área dentro da qual definem seus interesses comuns" (Fernandes, 1987, p.204). Há, entre os autores, uma aproximação quanto ao diagnóstico do caráter conciliador na gênese da relação entre as classes e também um paralelo analítico entre os termos "composição de interesses" (em Guerreiro Ramos) e "padrão compósito de dominação" (Florestan Fernandes).

GUERREIRO RAMOS E A REDENÇÃO SOCIOLÓGICA **201**

industrial – [21] e, no entanto, duvidava da disposição e capacidade política dessa classe para dirigir o processo histórico:

> *Um grande papel, no quadro que delineamos, é reservado aos setores do meio empresarial.* Embora incluam a agricultura e o comércio, *é à indústria que, na fase atual do processo brasileiro, cabe liderar as reivindicações do nosso nascente capitalismo.* A revolução brasileira em marcha em nossos dias é eminentemente uma revolução burguesa, de que está resultando nova classe de empresários, distinta daquela que, até cerca de 1930, era dominante no Brasil, a classe dos fazendeiros. *Esta classe nova não apresenta, contudo, em sua conduta global, um mínimo de coerência quanto aos objetivos que persegue.* (1960, p.215, grifos nossos)

Entretanto...

> *Tudo parece mostrar que, no Brasil, não se está formando uma burguesia capaz de ter iniciativa de uma revolução nacional.* Ao contrário do que se registrou no Ocidente Europeu e nos Estados Unidos, nossa burguesia não está apta para levar a efeito esse cometimento. *É antes o povo que conduzirá a revolução nacional brasileira.* (ibidem, p.237, grifos nossos)

---

21 Não é fortuito que o autor não se refira sistematicamente a uma "burguesia nacional" – uma das raras menções é quando aborda o Estado Novo como "uma ditadura da *híbrida* burguesia nacional" (Ramos, 1957b, p.49, grifos nossos), mas sempre a tarefas "nacionais" que deveriam constar da agenda burguesa, cuja responsabilidade acabava recaindo sobre a mencionada "burguesia industrial", identificada com os anseios de desenvolvimento, industrialização e proteção à economia nacional por pretensamente ter interesses (profundos, objetivos) conflituosos com os da indústria estrangeira e dos setores ligados à agricultura e ao comércio (cuja orientação econômica seria, em jargão cepalino, "para fora"): "No nível da burguesia, aguçam-se os conflitos de interesse entre o setor agrário tradicional e o industrial inovador, este último à diferença do que ocorria nas décadas anteriores, agora suficientemente expressivo como força econômica e, portanto, apto a fazer valer esta força em termos de poder" (idem, 1960, p.33). Haveria assim uma posição política nacional, mas não necessariamente uma classe burguesa ontologicamente nacional.

202 EDISON BARIANI JUNIOR

Com um importante papel político reservado para si, essa burguesia industrial, todavia, não o exerceria. Seu caráter vacilante – quanto às suas "tarefas históricas" – também geraria um impasse na resolução do processo político brasileiro, que o autor chamou de "situação dramática".

> [...] há, hoje, no Brasil, *uma nova classe dominante, que ainda não se tornou classe dirigente* por carecer da consciência das necessidades orgânicas da sociedade brasileira em sua fase atual. Quer isso dizer que a força política e o poder econômico estão nas mãos de pessoas jurídicas e físicas que, em larga escala, não têm consciência sistemática do projeto pressuposto por sua condição. (ibidem, p.26, grifos nossos).

Essa tensa coexistência na base do poder seria algo paralisante, que emperraria o desenvolvimento, postergaria as tarefas, minaria a ação renovadora que porventura uma nova burguesia pudesse ter e mesmo nublaria a consciência de sua situação: "A lógica do atual processo brasileiro confere à nova classe dominante um poder que ela subexerce e subutiliza, por isso que ainda não é dirigente" (ibidem, p.27). Aparentemente, o sociólogo cria na capacidade dessa fração de classe em impulsionar uma revolução *burguesa*, mas não *nacional*. Os esforços e horizonte ideológico poderiam conduzi-la à afirmação econômica, cujos objetivos e interesses sua consciência permitiria vislumbrar. Todavia, uma radical transformação das condições sociais de existência estaria distante de seu alcance.

Em agravo ao quadro, ao defrontar-se com um proletariado urbano já "institucionalizado", "portador de estatuto legal" e da mais poderosa consciência de interesses entre todas as classes, a burguesia ver-se-ia em competição pelos mesmos papéis históricos que os trabalhadores, intimidando-se por receio de perder terreno nas vantagens materiais que desfrutava.[22] Já o proletariado rural,

---

22 O peso da conjuntura política faz-se sentir nas formulações do autor que, pouco antes, afirmava que ainda não haveria no Brasil um "verdadeiro proletariado",

GUERREIRO RAMOS E A REDENÇÃO SOCIOLÓGICA   203

apesar dos avanços sociais e em termos de consciência coletiva, ainda seria por vezes instrumentalizado pelos interesses políticos dos setores capitalistas mais atrasados, funcionando como contrapeso às lutas trabalhistas urbanas. Distanciando-se de grande parte das análises da época, o autor menciona um proletariado rural e não um campesinato,[23] o que deixa entrever que não compartilhava das concepções que identificavam uma formação feudal no Brasil (passada ou existente de modo residual). O latifúndio, ainda dominante na estrutura agrária, guardaria semelhanças, no seu aspecto "interno", mas não seria definitivamente uma instituição feudal (ibidem, p.237-8).

Quanto à classe média, "espécie de vanguarda de todos os movimentos revolucionários durante a fase colonial" (1500-1822), também de modo peculiar no Brasil, não se teria formado no incremento de funções técnicas e qualificadas do sistema produtivo. Em geral, seria de extração pequeno-burguesa e abrigar-se-ia em postos no Estado (em situações parasitárias), que criava ocupações em virtude da falta de empregos na produção e para – no limite – acomodar ou cooptar elementos que poderiam vir a desencadear possíveis dissensões. De papel progressista na República até 1930, estaria então, naquele fim dos anos 1950, pressionada pela crescente politização da burguesia industrial e do proletariado, adotando posições à direita (idem, 1957b, p.46). Todavia, além de um setor dela ter mantido continuamente estreitas relações com o povo, outro setor (moderno) da classe média, que estaria se formando em razão das qualificações técnicas engendradas pela industrialização, tenderia a aliar-se ao povo e efetuar "papel relevante na *vanguarda das lutas sociais*" (idem, 1960, p.239, grifos nossos).[24]

---

  já que formado a partir da massa de escravos e da plebe rural seriam ainda ex-campônios carecendo de consciência de classe e trabalhando em pequenos empreendimentos nos quais as relações de classe não ficariam evidentes (Ramos, 1957b, p.45-6).

23 Somente o faz, como já mencionado, raras vezes em pronunciamentos de ocasião.

24 Não há explicitamente uma distinção entre classe média e pequena-burguesia na obra do autor, há indicativos, no entanto, de que Guerreiro Ramos labora com um conceito histórico-relativo de classe média, tendo um sentido lato

204 EDISON BARIANI JUNIOR

A revolução brasileira, ao que tudo indica, seria para o autor prerrogativa do povo, sujeito social de inquestionável aptidão para a tarefa, formado basicamente pelos trabalhadores (proletariado urbano/rural) e contando também com "elementos" (indivíduos) progressistas provenientes de outras classes, compondo uma frente com os setores (avançados) de classe que teriam interesse na transformação e se afinariam com tal projeto (burguesia industrial e setor esclarecido da classe média). Tal vocação do povo para a transformação da realidade brasileira não tem suas bases explicitadas imediatamente pelo autor. Ao que parece, sua condição de subalternidade, de descompromisso com os interesses arcaicos e mesquinhos que se perpetuavam na sociedade brasileira e sua posição socialmente contestadora dos privilégios, além de seus interesses econômicos prementes, conferia-lhe essa condição – afora o fato de ser, como maioria excluída das decisões, o principal impulsionador da expansão da sociedade política e, logo, da democracia.

A democracia não é objeto de atenção especial por parte de Guerreiro Ramos (e grande parte dos autores do período). Não há em sua obra uma definição conceitual ou análise sistemática da democracia e sua condição na sociedade brasileira. Depreende-se que seria subsidiária e impulsionadora do desenvolvimento autônomo e nacional, bem como teria como ingredientes a ausência de preconceito de cor, relativa igualdade social em termos de ausência de grandes disparidades econômicas (níveis de renda) e de *status* social (tratamento equitativo), expansão da sociedade política, garantias de participação e representação, manutenção de rotinas de decisão e circulação no poder e exercício da soberania nacional. Para ele seria implausível conceber como democrática uma

---

de segmento intermediário e outro, restrito, de classe com posição específica na estrutura social. Assim, a pequena-burguesia – classe média em sentido lato – seria algo historicamente anterior e formada por pequenos negociantes, profissionais liberais, funcionários públicos, militares, intelectuais etc.; já a classe média – em sentido restrito – conteria, naquela contemporaneidade histórica, a remanescente pequena-burguesia e grupos sociais que afluíram com a modernização capitalista (técnicos, funcionários qualificados etc.).

GUERREIRO RAMOS E A REDENÇÃO SOCIOLÓGICA   205

sociedade que estivesse refém de injunções externas. Definida em termos substantivos, a democracia consistiria numa ordem social que propiciasse soberania, cidadania, relativa igualdade (inclusive de tratamento), condições dignas de sobrevivência material e "livre" exercício político.

Nacionalismo: ideologia revolucionária e ciência

O nacionalismo é apresentando pelo autor como a forma autêntica, naquela fase histórica, de vivenciar a realidade brasileira. Como, entretanto, o autor define conceitual e metodologicamente a realidade brasileira? Obviamente, se a tomasse (como era de seu feitio) como algo dinâmico, relacional, histórico e em constante mutação, não poderia ser definida de modo simplesmente descritivo. Porém, defini-la formalmente seria cair na própria armadilha para a qual alertava: dissipar a especificidade complexa que justificaria a necessidade do conceito.

O esforço do sociólogo (ibidem, p.85) principia por considerar "a realidade brasileira como fenômeno total, na acepção de Mauss, isto é, com um todo cujos caracteres se apresentam, não só no conjunto, como em cada uma de suas partes, variando apenas de escala, de uma para outra".[25]

Ele afirma que ao investigar os fatos da vida social dever-se-ia ter em vista que "a coleta de fatos não tem sentido se não for orientada pelo *ponto de vista da totalidade*, por um *a priori*" (ibidem, p.82, grifos nossos), pois os caracteres impressos nas variadas partes só adquiririam sentido quando relacionados com o todo.

---

25 Embora na ocasião mencione somente Marcel Mauss, Guerreiro Ramos busca fundamentar tal concepção também na sociologia de orientação fenomenológica (Jules Monerot, Georges Gurvitch etc.), bem como nas anteriores elaborações monográficas organicistas de F. Le Play (filtrado pelas influências de Silvio Romero e Oliveira Vianna), para o qual o corpo social (tomado como organismo) teria, inscritos em suas "células", os caracteres gerais da sociedade (Rodríguez, 2006).

Sem a noção anterior do todo, as diferentes partes seriam esvaziadas do sentido completo que conteriam em gérmen – nas palavras do autor, "em escala". Assim, afirma que *"a teoria global de uma sociedade é o requisito prévio para a compreensão de suas partes"* (ibidem, p.83).

Ele se precipita então na contramão da posição hegemônica na sociologia brasileira do período (e daí em diante), que afirma a necessidade de estudos empíricos (particulares) como subsídios para uma análise mais generalizante da sociedade brasileira, compondo o todo por meio de um mosaico de partes relativamente avulsas. A posição guerreiriana – nítida em suas propostas apresentadas ao II Congresso Latino-Americano de Sociologia (1953) – pleiteia uma dialética entre as partes (e entre estas e o todo), cujo princípio se funda em tomar as próprias partes como emanações do todo. Tais unidades não teriam, primariamente, conteúdo e forma autônomos, isolados em si; sua própria existência parcial já acusaria a influência da totalidade, que teria posição preponderante. Desse modo, a dialética não avançaria simplesmente do particular ao geral, da análise à síntese, do empírico à construção abstrata mais complexa; ela demandaria uma noção "anterior" do geral que orientaria a própria apreensão dos aspectos particulares, culminando numa generalização mais elaborada, numa totalidade "superior".

Com essa "totalidade *a priori*" seria possível não somente ir às partes com certo respaldo teórico, mas também a partir dela poder-se-ia delimitar uma perspectiva como ponto de partida, já que a assunção de um lugar social delimitado histórica e socialmente seria essencial para atingir a compreensão profunda do todo, e nem todos os lugares sociais – tomados como pontos de vista – seriam adequados para alcançar uma visão abrangente.

Nessa ordem de ideias, isto é, partindo de um *sum* (sou brasileiro), *procuraremos empreender um esforço tendente a contribuir para a compreensão global de nossa sociedade. Essa tarefa tem prioridade sobre qualquer outra, no domínio das ciências sociais em nosso país.* Não deveríamos partir para estudos de pormenor antes de termos

GUERREIRO RAMOS E A REDENÇÃO SOCIOLÓGICA   207

consciência crítica da realidade social do país. *Aqui também é a visão do todo que condiciona a compreensão das partes.* (ibidem, p.85, grifos nossos)[26]

Resta saber se uma "consciência crítica da realidade social do país" poderia ser alcançada a partir de uma noção apriorística da totalidade. Além disso, os principais empecilhos teóricos para a compreensão geral da realidade nacional seriam o "empirismo", que insistiria em privilegiar a parte em detrimento do todo, e o "dogmatismo", que afirmaria aspectos estáticos contra a fluidez do fenômeno e promoveria ainda "a interpretação da realidade social em termos da preponderância sistemática de um determinado fator, seja a raça, seja o clima, ou outra condição geográfica, seja a economia, seja a cultura, seja a alma ou o caráter nacional, ou de outro qualquer fato" (ibidem, p.83).[27]

Apresentado o método, persiste o problema, como dar conteúdo à forma da "realidade nacional"?

Guerreiro Ramos utiliza um expediente curioso: identificando um "cisma" na vida brasileira, a existência de duas sociedades – "uma velha, com todos os seus compromissos com o passado, outra recente, implicando novo estilo de vida ainda por criar ou apenas ensaiado em círculos de vanguarda" (ibidem, p.87) – e procede à definição da velha sociedade em função da nova, numa atitude de negação. Justifica-se: "Nessas condições, a descrição sumária a

---

26 Esse *"sum"* (sou brasileiro), essa determinação do "eu sou" como assunção do sujeito em suas circunstâncias existenciais e a partir de uma perspectiva própria na sociedade, Guerreiro também o utiliza como recurso metodológico ao abordar a existência do negro com base num *"niger sum"*, na aceitação e orgulho da condição de negro. Ver *O problema do negro na sociologia brasileira* (Ramos, 1979). O engajamento configura-se como um ponto de vista privilegiado na investigação dos problemas sociais.

27 Georges Gurvitch (1953), forte influência sobre as formulações teóricas de Guerreiro Ramos, já havia se insurgido contra esse tipo de procedimento "dogmático", de um determinismo monocausal. Todavia, outro autor caro a Guerreiro, Silvio Romero, já havia empreendido – muito antes – tal crítica.

208 EDISON BARIANI JUNIOR

que vou proceder, embora se caracterize pelo que nega, postula o seu contrário. Esse contrário é o nosso projeto, em função do qual avaliamos a presente circunstância brasileira" (ibidem, p.88).[28] O descritivo, o analítico, o sintético e o normativo se articulam como recursos epistemologicamente complementares.

Ele expõe então um estudo "tipológico" no qual figuram as seguintes "categorias compreensivas" que representariam a espinha dorsal da velha sociedade:

1) *Dualidade*: a coexistência inevitável numa mesma fase cultural de diferentes tempos históricos e consequentemente de diferentes formas de existência numa mesma realidade.

2) *Heteronomia*: incapacidade de induzir critérios da realidade nacional, submetendo-se a um processo mimético de adesão a valores e condutas de centros culturais e tecnológicos de maior prestígio.

3) *Alienação*: antônimo de autodeterminação, fenômeno pelo qual a sociedade é "induzida a ver-se conforme uma ótica que não lhe é própria, modelando-se conforme uma imagem de que não é o sujeito".

4) *Amorfismo*: falta de formas que organizem a vivência social, que lhe deem "antecedentes e consequentes", evoluindo assim a sociedade não "pela mediação de forma a forma, mas por improvisos, em que tudo começa sem antecedentes".

5) *Inautenticidade*: existência social falsificada ou perdida em mera aparência, que não reflete a apropriação pelo sujeito do próprio ser social (ibidem, p.88-97).

A apreensão da realidade brasileira estaria condicionada pelo nacionalismo, de conteúdo "revolucionário", cuja ideologia mobilizaria

---

28 A referência aqui é notoriamente a obra de Alberto Torres, pelo qual nutria imensa admiração. O livro de Guerreiro (*O problema nacional do Brasil*) alude a *O problema nacional brasileiro*, de Torres (1982b), no qual este, de modo semelhante, define a realidade nacional de modo "negativo", pelo que lhe falta, pelo que deveria tornar-se e não pelo que era naquele momento.

GUERREIRO RAMOS E A REDENÇÃO SOCIOLÓGICA   209

para a revolução brasileira. Todavia, como se caracterizaria o próprio nacionalismo?

O nacionalismo é a ideologia dos povos que, na presente época, lutam por libertar-se da condição colonial. Eles adquiriram a consciência de sua restrita capacidade autodeterminativa e pretendem exercê-la em plenitude. Mas a capacidade autodeterminativa, ou a soberania, não é atributo inato, dom da natureza, nem se obtém à maneira de dádiva de um poder munificente. A efetiva soberania é atributo histórico adquirido pelas coletividades, mediante luta, audácia e iniciativa. (ibidem, p.225)

E mais: "O nacionalismo é mais do que amor à terra e a lealdade aos símbolos que a representam. É tudo isso e o projeto de elevar uma comunidade à apropriação total de si mesma, isto é, de torná-la o que a filosofia da existência chama um 'ser para si'" (ibidem, p.32).[29]

---

29 Anteriormente, assim se referia: "O nacionalismo, na fase atual da vida brasileira, se me permitem, é algo ontológico, é um verdadeiro processo, é um princípio que permeia a vida do povo, é, em suma, expressão da emergência do ser nacional" (Ramos, 1957b, p.32). Entretanto, o caráter ontológico do nacionalismo é relativamente relegado por Guerreiro Ramos a partir do início dos anos 1960. Coincidentemente ou não, em 1960 dá-se a publicação de *Consciência e realidade nacional*, de Álvaro Vieira Pinto, seu antigo colega de Iseb. Os equívocos de uma visão que priorizava absolutamente a autonomia e determinação ontológica da nação (a nação como "universal concreto", nas palavras de Vieira Pinto) preocuparam Guerreiro que – também em virtude das comparações (e aproximações) com sua obra *A redução sociológica* (de 1958) – reagiu violentamente, como era de seu feitio, produzindo uma peça crítica de virulência ímpar, na qual denuncia o caráter burguês, reacionário e fascistoide do livro de Vieira Pinto – *A filosofia do guerreiro sem senso de humor* (Ramos, 1963, p.193-216). Guerreiro Ramos não chegou a negar o que havia afirmado antes. Aparentemente, deu-se conta da delicadeza da questão e da tênue linha que separava a concepção da nação (e do nacionalismo) como afluência de formas de consciência mais efetivas a respeito da realidade social e a consideração da nação como configuradora do ser social, forma por excelência de organização da experiência social e ontologicamente fundante.

210 EDISON BARIANI JUNIOR

Como projeto político, o nacionalismo seria a ideia-força que poderia conduzir os povos periféricos – alijados de sua soberania – a alcançar a maioridade política, econômica, social e cultural. Só afirmando sua nacionalidade elevar-se-iam à condição de arbitrarem os próprios destinos e postarem-se internacionalmente como sujeitos políticos. E assinala o autor: embora naquele momento vigessem as tarefas nacionais para o país (que emergia do colonialismo), o nacionalismo não se converteria em realidade última, mas estágio para o alcance das referidas aspirações.

O nacionalismo como ideologia só adquiriria força por causa da participação popular; jamais poderia – afirma Guerreiro Ramos – ter outro enraizamento: "O nacionalismo é essencialmente uma ideologia popular e só poderá ser formulada induzindo-se da prática do povo os seus verdadeiros princípios", sob pena de incidir nas várias modalidades equívocas de nacionalismo (ibidem, p.230):

1) *Nacionalismo ingênuo*: consistiria "numa reação elementar de autoexaltação do grupo", algo próximo do etnocentrismo.
2) *Nacionalismo utópico*: caracterizar-se-ia "pela cegueira à lógica material das situações constituídas".
3) *Nacionalismo de cúpula*: teria como propagadoras figuras (bem ou mal-intencionadas) expressivas da classe dominante em busca do favor popular.
4) *Nacionalismo de cátedra*: consistiria "numa posição assumida apenas no plano verbal". É o nacionalismo de professores e intelectuais que não estão dispostos a assumir os riscos implícitos na orientação que dizem adotar.
5) *Nacionalismo de circunstância*: seria o oportunismo, a procura por tirar vantagens da ocasião (ibidem, p.248-52).

"Ideologia revolucionária", o nacionalismo teria para com a construção da nação uma dinâmica e complexa articulação: depois de determinada fase de consolidação de condições básicas (certa infraestrutura material e densidade social) para se cogitar efetivamente a existência de uma forma autônoma de capitalismo, estabelecer-se-iam condições para a existência plena da nação (primordialmente, o nascimento do povo) e floresceria o nacionalismo como modo de mobilização e organização político-social, visando desencadear as forças necessárias para atingir o ponto de mutação que transformaria qualitativa e cabalmente o país, consolidando o capitalismo nacional e a nação.

> [...] a nação não se dá independentemente da existência de um mercado interno, de um sistema de transportes e comunicações suscetível de interligar todos os recantos do território [...] a nação brasileira só poderia verificar-se, em toda sua plenitude, com o surgimento de um capitalismo brasileiro. (idem, 1957b, p.32)

Por ser uma ideologia, uma ideia motriz, uma aspiração viva – popular e mobilizadora –, o nacionalismo não se esgotaria ou formataria em um amontoado de axiomas com salvaguarda científica. Segundo Ramos as ideologias não poderiam ser formuladas cientificamente:

> [...] a ciência se define por um esforço de transcender a ideologia, embora se admita seu insuperável condicionamento histórico--social. Portanto, elaborar ou defender uma ideologia é confessar um propósito mistificador [...] a defesa de uma ideologia não é bem tarefa do homem de ciência como tal. É tarefa do homem de partido. A tarefa do homem de ciência é formular a teoria. (idem, 1963, p.210)

A *ideologia* emergiria como aspiração social e não como algo tramado, teria como função a mobilização política e sua efetividade diante dos desafios históricos só poderia ser avaliada após os acontecimentos – *post festum*, como gostava de expressar o autor. Não seria, portanto, tarefa do sociólogo enquanto cientista formular ideologias, até porque, segundo Ramos (alfinetando o Iseb após sua saída), "ideólogo que se preza não é professor de ideologia nacionalista" (ibidem, p.210).

212 EDISON BARIANI JUNIOR

Nunca houve, na história da inteligência, quem quer que seja minimamente categorizado para o trato das coisas do saber, que concebesse a ideia de formular uma ideologia. Só as ideologias mortas podem ser narradas. As ideologias vivas, como o nacionalismo em nossa terra, são inenarráveis como sistema. (ibidem, p.209)

Essa forma de conceber a ideologia é comum também a Helio Jaguaribe, e caudatária das posições de Weber e Mannheim: não haveria posições científicas para os anseios políticos, a ciência só poderia ser instrumentalizada para o agir no sentido de racionalizar a ação, de saber se há correspondência entre as pretensões e os objetivos, se por meio de tais formulações se pode efetivamente alcançar os alvos, nunca para deduzir cientificamente metas políticas e valores sociais (Weber, 1982). No entanto, a ideologia (em seu sentido total) é vista como estrutura mental de grupos, aspiração social e visão de mundo, logo, impossível de ser deliberadamente arquitetada e implementada conforme meios articulados afins (Mannheim, 1972).

No entanto, se Guerreiro Ramos (1960, p.254) se recusava a dar um conteúdo dogmático ao nacionalismo ou identificar ciência e ideologia, acabava por considerá-lo uma *ciência*: "ciência do ponto de vista dos povos proletários".

É fácil compreender que, mais do que os povos desenvolvidos, os atuais povos periféricos são portadores do ponto de vista da comunidade humana universal. A ciência é atividade realizada à luz desta perspectiva. O máximo de consciência universal está hoje naturalmente à disposição dos povos periféricos e, por isso, podem ter uma ciência mais avançada do que a dos povos metropolitanos. O nacionalismo, como ideologia básica desses povos, adquire assim atributos de verdadeira ciência. A ciência é praticada em cada época segundo as possibilidades históricas existentes. Sua universalidade é sempre relativa. *Não há uma ciência universal absoluta, indene às condições históricas. Alcançam necessariamente a universalidade possível em cada época os que contemplam os fatos como essencialmente provisórios em sua determinação concreta. Ora, somente os*

GUERREIRO RAMOS E A REDENÇÃO SOCIOLÓGICA   213

povos proletários estão naturalmente voltados e dispostos a este modo de ver, pois só o futuro lhes promete a realização de seus ideais, que se transmutam, por imperativo de sua condição, em ideais universais. (ibidem, p.254, grifos nossos)

O nacionalismo, em sua ânsia de superação das condições atuais, propiciaria uma ampliação do horizonte histórico dos povos oprimidos, bem como uma noção historicamente condicionada do devir, o que legaria a esses povos um potencial de vislumbre do dinamismo da situação histórica, de consciência, enfim, um lastro "científico". A perspectiva privilegiada dos povos periféricos seria o fundamento do nacionalismo como ciência: por meio dela abrir-se-iam possibilidades de entrever o precário, o historicamente relativo, o particular, em contraposição a uma visão universalmente abstrata, estática e formalista que acometeria os povos desenvolvidos, atingidos pelo conformismo e desejo íntimo de conservação de uma posição superior. "O nacionalismo é o único modo possível de serem hoje universalistas os povos periféricos" (ibidem, p.226).

Esfumam-se assim as fronteiras entre ciência e ideologia: a ciência adquire um caráter histórico-relativo, fortemente condicionado pelas circunstâncias, perspectivas e mesmo anseios dos sujeitos; por seu turno, a ideologia transfigura-se em visão de mundo e condiciona a perspectiva cognoscente, mobilizando aspirações sociais e atitudes políticas. De forma análoga (e irônica), a afirmação de certo privilégio cognoscente por parte da "classe proletária", mormente na época de influência do stalinismo, foi alvo de amplas e duras críticas, também por parte de Guerreiro Ramos (1963).

Adverte o autor, porém, que a instrumentalização científica do nacionalismo demandaria uma atitude deliberada, metódica, racionalmente organizada e sistematizada conforme uma intencionalidade:

É certo que em sua expressão espontânea, o ponto de vista dos povos periféricos não atinge o plano da ciência. Para chegar até aí, é necessário lhe sejam dados suportes teóricos sistemáticos, o que

214 EDISON BARIANI JUNIOR

demanda trabalho de absorção da herança humanística legada pelo passado e seu ajustamento positivo e dinâmico a novas exigências [...] Como ciência, o nacionalismo só pode ser expresso à guisa de conjunto de princípios gerais de uma atitude metódica destinada a habilitar, a transpor conhecimentos e fatos de uma perspectiva para outra, a relativizar o adquirido, a bombardear com perguntas e arguições todo produto da ação humana. (idem, 1960, p.255)

Tal concepção – já exposta teoricamente sem tal acentuação política em *A redução sociológica* – é fundamental para a projeção de uma "sociologia nacional", como o sociólogo pretendia, isto é, utilizar-se da perspectiva nacional como mirante privilegiado para uma real compreensão dos problemas conforme a especificidade do país, nunca como princípio geral de interpretação "crítica".

Entre as possibilidades do nacionalismo revolucionário estaria também a solidificação de uma cultura nacional, superando os males da importação e alienação que assolavam a produção cultural brasileira. "O Brasil já possui ingrediente bruto de uma cultura nacional" (ibidem, p.241). Esse ingrediente seria a existência do povo, vez que "não há cultura nacional onde não existe povo" e "a cultura nacional não se elabora à maneira de peripécia de intelectuais [...] É essencialmente produzida pelo povo e subsidiariamente pelos intelectuais, que realizam tarefa por excelência estilizadora" (ibidem, p.243). A existência do povo possibilitaria tal realização, pois a transformação qualitativa da produção cultural não seria uma questão de caráter estético, mas eminentemente política: "Somente quando se modificar o modo de sua articulação à história universal poderá ser transformado o caráter de sua cultura [do Brasil]" (ibidem, p.242).

Explicitamente, que transformação marcaria a cabal existência de uma cultura nacional? Em que isso mudaria significativamente o eixo da respectiva visão de mundo? Ao definir o conceito de cultura, o autor dá-nos indicativos:

GUERREIRO RAMOS E A REDENÇÃO SOCIOLÓGICA **215**

Cultura é o conjunto de produtos materiais e não materiais resultantes da atividade transformadora dos povos, mediante os quais se exprime uma ideia interpretativa do homem e do mundo. Não há povo que não possua ideia interpretativa do homem e do mundo e que não a exprima em tudo aquilo que faz. A cultura é produto da prática social. (ibidem, p.241-2)

Além disso...

A cultura de um povo é o seu ponto de vista. Falar, portanto, da cultura brasileira é falar do ponto de vista brasileiro. Nunca tivemos propriamente um ponto de vista, porque não constituíamos uma personalidade histórica, isto é, não tínhamos condições reais que nos permitissem o comando pleno do curso de nossa existência [...] Víamos a nossa realidade através de interpretações importadas. E o hábito secular de consumir ideias e interpretações pré-fabricadas viciou o espírito de nossas camadas instruídas – o que torna o esforço de elaboração da cultura nacional extremamente penoso, em virtude da inércia mental contra que tem de chocar-se. (ibidem, p.243)

Assim, a cultura, sob o impacto do projeto político, adquire um núcleo histórico-pragmático e militante. Já o intelectual, organizador da nação (e guardião da consciência social), tem aí suas atribuições, suas pautas e seu compromisso relacionado ao povo: exerce agora sua função como um mandato popular.

O nacionalismo na obra de Guerreiro Ramos insinua-se como ideologia e ciência, politicamente revolucionário e pragmático, perspectiva sócio-histórica e posicionamento ético, forma de autonomia e de engajamento, cultura autêntica e ponto de vista, consciência popular e missão intelectual... Tais paradoxos, muito presentes no pensamento nacional daqueles anos de 1950 (e do autor em particular), podem ser sintetizados na pretensa função – atribuída pelo autor – de, organicamente, ser aquele nacionalismo instrumento de consolidação do capitalismo e, ao mesmo tempo, afirmação de um destino histórico autônomo, os quais, para

216 EDISON BARIANI JUNIOR

Ramos, seriam processos convergentes, sinérgicos. Tal posicionamento, imediatamente plausível, configurará uma armadilha para as esquerdas no pré-1964.

Crise do poder, instituições e representação

Com apenas 15 anos de existência – de eleições "livres" e competição política – a 4ª República (1945-1964),[30] no entender de Guerreiro Ramos, já acusava uma séria crise, não só econômica e social, mas sobretudo uma crise do poder.

Nas considerações de Ramos (1961, p.22-3) – inspirado em Hermann Heller – [31] o poder se concretizaria em termos "antagônicos", não existindo poder onde não houvesse oposição aos que o exercem, e implicaria uma "relação em permanente mudança entre: 1) uma minoria que o exerce, 2) os que o apoiam e 3) os que se lhe opõem embora o reconheçam e consintam no seu mandato". Tal conjunto de camadas forma o que o autor chama de sociedade política.[32]

No Brasil, a sociedade política, segundo o autor, teria sido extremamente restrita e o círculo de dirigentes, mais ainda. Entretanto, desde as primeiras eleições presidenciais no final do século XIX

---

30 Tomamos tal designação a Carone (1985).

31 Hermann Heller (1891-1933), jurista e teórico político austro-alemão, ativo na ala não marxista do Partido Social-Democrata Alemão (SPD) durante a República de Weimar, formulou as bases teóricas para as relações da social-democracia com o Estado e o nacionalismo. Sua principal obra, escrita em 1934, é *Teoria do Estado* (1947).

32 Embora não haja uma definição mais rigorosa do conceito por parte do autor, depreende-se que fariam parte da *sociedade política* somente os indivíduos e grupos contemplados institucionalmente com a possibilidade de exercer efetiva participação política nos rituais decisórios (como eleitores, postulantes, mandatários etc.). Em termos dinâmicos, observa ainda que: "Quando a terceira camada [da oposição que legitima o poder] nega esse reconhecimento e consentimento [à minoria que exerce o poder] surge uma situação revolucionária" (Ramos, 1961, p.23).

GUERREIRO RAMOS E A REDENÇÃO SOCIOLÓGICA   217

ela viria regularmente crescendo de forma proporcional e absoluta, incorporando maiores contingentes e participação.[33] Avaliava também o sociólogo que um dos principais grupos sociais no combate pela expansão da sociedade política teria sido a classe média que, desde o século XIX, apresentar-se-ia à frente de alguns dos movimentos reivindicatórios mais avançados, como o folhetim *Opinião liberal* (em 1866), o Manifesto do Partido Republicano (1870), a Sociedade Positivista (1878) e a Proclamação da República (1889) – a qual teria alçado ao poder, momentaneamente, quadros pequeno-burgueses (militares).[34] Apesar do predomínio da antiga classe dominante na República Velha, a classe média voltaria à carga na Campanha Civilista (de Rui Barbosa, em 1910), fato que teria representado "o projeto revolucionário" dessa classe. O Tenentismo, as revoltas de 1922 e 1924

---

33 Se na República Velha – para Carone (1973) a Primeira República (1898-1930) – é quase imperceptível esse crescimento, a partir de 1945, passa a ser significativo. Para uma comparação, por meio da relação percentual votantes/população, nas primeiras eleições para a Presidência da República (em 1894) 2,21% da população compareceu para votar, sendo eleito Prudente de Morais. Esse percentual oscilaria em pouco mais ou menos de um ponto percentual até a eleição de Washington Luís (1926), quando foi de 2,27%. Já na eleição de Júlio Prestes (1930) foram 5,65% os eleitores em relação à população, na de Dutra (1945) 13,42%, Vargas (1950) 15,88%, Juscelino (1955) 15,56% e na de Jânio (1960) já eram 19,14%. Curiosamente, o presidente da República Velha que se elegeu com maior percentual de participação da população (Júlio Prestes) foi deposto, entre outros motivos (como fraude), sob alegação de falta de representatividade. Simultaneamente, o percentual de votos do eleito decaía proporcionalmente ao aumento da participação: Prudente de Morais elegeu-se com 84,29% dos votos. Já Juscelino Kubitschek com 33,83% e Jânio Quadros com 44,78%; Rodrigues Alves chegou a ser eleito com nada menos que 99,06% dos votos. Fontes: Diário do Congresso Nacional, Anuário Estatístico do Brasil e Secretaria do Tribunal Superior Eleitoral (apud Ramos, 1961, p.32). Embora esses números deem uma visão preliminar razoável do problema, uma análise mais cuidadosa da questão implicaria também considerar o percentual e o tipo de crescimento demográfico do período, bem como as mudanças na definição legal da aptidão eleitoral, além, é claro, da lisura e bom andamento dos pleitos.

34 O movimento abolicionista, estranhamente, não é mencionado pelo autor, talvez no intuito de não ofuscar um papel ativo – que supunha – dos negros escravos ou libertos na abolição (Ramos, 1979).

218 EDISON BARIANI JUNIOR

e a Coluna Prestes também seriam manifestações de liderança e ideal pequeno-burgueses, assim como a Revolução de 1930 seria "o último elo da revolução da classe média" (ibidem, p.27).

O Estado Novo marcaria o período no qual a classe média teria tido maior participação no poder em nossa história, só que a partir de 1945 a situação se modificaria: o candidato presidencial identificado com a classe média (Eduardo Gomes, da UDN) é derrotado por Eurico Gaspar Dutra (do PSD) que, embora de um partido de raízes oligárquicas, sagra-se vitorioso com o voto popular – recomendado por Vargas. Já as eleições de Vargas (em 1950) e de Juscelino Kubitschek (em 1955) representariam momentos de modificação na estrutura social e ensejariam reflexos políticos, indicando agora a ascensão das massas e o declínio do poder da classe média.

Não obstante, é com a eleição de Jânio Quadros (em 1960) que o quadro se delinearia; com essa eleição teria se explicitado o descompasso entre as instituições representativas e os anseios do novo e preponderante sujeito do processo político: o povo.

As lições disso, segundo o autor, seriam que:

1) em 1960, significativa parcela do eleitorado não votou partidariamente, mas segundo a sua própria decisão;
2) a diluição do significado social dos grandes partidos [...] nossos três grandes partidos [PSD, PTB e UDN],[35] já não controlam mais a situação política do país;
3) as proporções da vitória eleitoral do Sr. Jânio Quadros lhe conferiram considerável *quantum* de poder específico em relação às forças que lançaram a sua candidatura. (ibidem, p.35-6)[36]

---

35 Respectivamente, Partido Social Democrático, Partido Trabalhista Brasileiro e União Democrática Nacional.

36 Demagogo, personalista e moralista, nutrindo certo desprezo pelas instituições, Jânio teve uma carreira política singular e meteórica: elegeu-se vereador (suplente) na cidade de São Paulo em 1947, deputado estadual do Estado de São Paulo em 1950, prefeito de São Paulo em 1953, governador do Estado de São Paulo em 1954 (PSB/PTN), deputado federal em 1958 (PTB

GUERREIRO RAMOS E A REDENÇÃO SOCIOLÓGICA   219

Se para o autor na política externa Jânio teria encaminhado iniciativas interessantes, como certo neutralismo e a abertura das relações
exteriores, que teriam respaldo político nos anseios do povo, internamente ele desdenharia os apoios institucionais que seriam cruciais
para a sustentação de seu governo e possibilidades de realização.[37]

do Paraná) e presidente da República em 1960 pela legenda do PDC, com
o apoio da UDN, PTN, PS e da Frente Democrática Gaúcha (PSD/UDN/
PL) – historicamente adversária do PTB e do PSD getulista (Benevides, 1981,
p.110). Ainda candidato a presidente esnobou o apoio recebido, inclusive
chegando a renunciar em dezembro de 1959 à candidatura presidencial por
terem ambos os partidos (PDC e UDN) o escolhido candidato – assim como
pelo Movimento Popular Jânio Quadros (MPJQ) e pelo PTN em 1958
(Hippolito, 1985, p.176) –, mas indicando vices diferentes (Milton Campos
pela UDN e Fernando Ferrari pelo PDC), só reassumindo a candidatura após
os partidos anunciarem publicamente que Jânio não estava comprometido
com nenhum dos dois partidos (Skidmore, 1976, p.235). Contou ainda com a
força dos comitês Jan-Jan – Jânio para Presidente e Jango para Vice-Presidente
–, uma vez que as eleições eram desvinculadas, podendo-se votar em um
candidato de uma chapa para Presidente e outro, de outra chapa, para vice –
mecanismo esse que alguns avaliam ter sido fator causador de instabilidade
política na 4ª República. Derrotou no pleito os partidos que compunham a
aliança no poder – elegendo os vários presidentes desde 1945 – PTB e PSD,
causando uma ruptura na linha de continuidade no poder. Por fim, compôs
arbitrariamente o Ministério com: três ministros da UDN, três do PTB, um
do PSD, um do PSB, um do PR e um do PSP – afora os ministros militares,
considerados sem partido (Hippolito, 1985, p.298-9). No Governo, desprezou
os partidos e consagrou uma forma de mando tanto personalista e excêntrica
quanto desastrosa.

37 Havia naquele momento a pretensão a uma "política externa independente"
(Vizentini, 2004), uma "terceira posição" (compartilhada por países como
Egito, Iugoslávia, Índia etc.), a saber, de não apoiar unilateralmente os
Estados Unidos ou a União Soviética. Naquele mesmo ano (1961), cinco anos
após os países asiáticos reunirem-se na *Conferência de Bandung* (Indonésia,
1955), foi realizada em Belgrado (Iugoslávia) a I Conferência dos Países Não-
-Alinhados. Em seu governo, Jânio, pretendendo mostrar independência,
recebeu rudemente o embaixador norte-americano no Brasil (Adolf Berle) e
lhe disse categoricamente que não apoiaria qualquer movimento que visasse
pressionar Cuba, pois era contra a interferência nos assuntos internos dos
países. Provocativamente, frente às pressões americanas para que o Brasil
apoiasse o boicote a Cuba, visitou a ilha e, no Brasil, condecorou – com a
Ordem do Cruzeiro do Sul – ninguém menos que Ernesto "Che" Guevara,
condecoração essa posteriormente "cassada" no regime ditatorial (pós-1964).

220   EDISON BARIANI JUNIOR

A efetivação das melhores potencialidades do Governo Jânio Quadros depende de um dispositivo político-partidário que, por sua idoneidade ideológica e, por isso mesmo, pelo seu poder de massa, seja capaz de dar ao Sr. Jânio Quadros a base de que precisará para levar a efeito reformas de grande envergadura, sem as quais a ordem no país só poderá ser mantida pela força. (ibidem, p.95)

Ao confiar em certo cacife político-eleitoral, Jânio não teria atentado para a necessidade de se apoiar solidamente.

O maior erro que poderia perpetrar o Sr. Jânio Quadros consistiria em não compreender o problema da representação política e social que o momento brasileiro lhe apresenta e que lhe incumbe resolver [...] Não se governa duradouramente sem suportes sociais organizados. (ibidem, p.100)

Estimulado pela conjuntura política que o teria levado ao poder, de ampla vitória praticamente à revelia dos grandes partidos, Jânio Quadros postar-se-ia como único mandatário legítimo, desconsiderando as instituições representativas e dirigindo-se diretamente ao povo. Para entender tal quadro, Guerreiro Ramos lançou mão do conceito de bonapartismo.[38]

Além disso, firmou acordos comerciais com países do então chamado Bloco Socialista, como Bulgária, Hungria, Romênia, Iugoslávia e Albânia; revalidou passaportes para a União Soviética e outros países do Leste europeu, China Tibete, Mongólia e Coréia do Norte, bem como criou embaixadas em Dacar, Gana, Nigéria e outros países do Terceiro Mundo (Ferreira, 2006, p.72; Vizentini, 2004).

38 No exame da situação brasileira desse período (1930-64), Guerreiro Ramos foi um dos precursores das análises baseadas no bonapartismo. Mais tarde tal abordagem se tornaria notória nos trabalhos de, entre outros, Rui Mauro Marini e Francisco Weffort – ainda que este último empreenda uma abordagem desse tipo, mas não use o termo, "para evitar comparações históricas entre distintas formações capitalistas", preferindo referir-se a um "Estado de Compromisso que é ao mesmo tempo um Estado de Massas" (Wefort, 1989, p.70).

GUERREIRO RAMOS E A REDENÇÃO SOCIOLÓGICA 221

Tecnicamente, quando um Governo se põe *acima* da sociedade política, considerando-se livre de vinculações partidárias, verifica-se o quadro do bonapartismo. O bonapartismo suspende a força política das classes sociais e as transforma por assim dizer em suplicantes diante do Estado. Então o povo, partidariamente desorganizado, passa a ser aparente sustentáculo do poder. O chefe bonapartista, por cima das classes, por cima dos partidos, busca o apoio direto do povo. (ibidem, p.37, grifo do autor)

As análises de K. Marx (em *O 18 brumário de Luís Bonaparte*), fonte teórica do conceito, embora fossem de domínio do autor, não eram sua influência imediata, e sim Robert Michels (mormente em *Os partidos políticos*).[39] Assim, quando "o Sr. Jânio Quadros passou a colocar-se *acima* da sociedade política" (ibidem, p.37, grifo do autor), o bonapartismo teria se tornado uma possibilidade (frágil, por sinal). Sendo "fenômeno passageiro", sua ocorrência dependeria do comportamento das classes e do nível de reivindicação que empreendessem, principalmente, na questão da inflação como "problema político", palco de disputas por participação na renda. Arriscando-se a uma predição, Guerreiro Ramos afirma que "as contradições entre o setor tradicional e o de vanguarda de nossa economia chegaram hoje a tal agudeza que não é possível o bonapartismo, ou seja,

---

39 Michels definiu o bonapartismo como "a teoria da dominação individual baseada na vontade coletiva e tendente a emancipar-se desta para tornar-se soberana [...] que encontra em seu passado democrático um refúgio contra os perigos que o podem ameaçar em seu presente antidemocrático". Seria assim uma "síntese entre [...] democracia e autocracia". O governante escolhido pelas massas elevar-se-ia acima delas e a soberania da escolha popular tornar-se-ia uma arma contra o próprio povo: "o poder do chefe do Estado apoia-se exclusivamente na vontade da nação [...] não reconhece elos intermediários". Além disso, no modo bonapartista de exercer o poder na administração, "o corpo de funcionários públicos deve ser mantido na mais estrita dependência da autoridade central, a qual, por sua vez, depende do povo. A menor manifestação de liberdade por parte da burocracia equivaleria a uma rebelião contra a soberania dos cidadãos" (19-, p.123).

222 EDISON BARIANI JUNIOR

não é possível um governo neutro, acima das classes sociais" (ibidem, p.40).

E adverte:

> Se o Governo pretende corrigir a inflação sem afetar os níveis de renda do setor estacionário da economia, terá de recorrer à política de força, a um regime ditatorial e, portanto, colocará os empresários de vanguarda e os assalariados diante de um desafio que terá de ser conjurado pela revolução, a menos que busque em tempo útil os seus suportes sociais nessas últimas categorias. (ibidem, p.40-1)

O bonapartismo não seria algo inédito na política brasileira: segundo Ramos, o próprio Estado Novo "preparou meticulosamente a implantação do que temos chamado de bonapartismo *estado-novista*" (1963, p.34), e as circunstâncias abriam novamente essa possibilidade. Porém, a realidade econômica e social do país não favoreceria um bonapartismo duradouro; as disputas econômicas – principalmente em relação ao ônus da inflação e à decorrente disputa política por renda – davam um tom de radicalidade à conjuntura e, ao longo do tempo, inviabilizariam a existência de tal estilo de governo. Sem apoio dos partidos e de outras instituições da sociedade civil seria inócuo o apelo direto ao povo – este, quando desorganizado politicamente, seria apenas uma abstração.

A posição 'olímpica' do Governo Jânio seria assim o equilíbrio no gume da navalha. Ademais, não seria o pretenso gênio maquiavélico de Jânio que propiciaria essa situação: "as veleidades bonapartistas do atual governo não são fortuitas. Explicam-na a perda de representatividade dos partidos, dos aparelhos partidários" (idem, 1961, p.41). As pretensões do governante de elevar-se único por sobre a sociedade política dever-se-ia à fragilidade das outras instituições, mediadoras entre o poder central e o povo.

Haveria assim uma forte incongruência entre o exercício do poder e a realidade social do país, uma crise do poder, por causa da falta de alicerces institucionais que garantissem legitimidade e sustentação duradouras. À expansão da sociedade política e à emergência de

GUERREIRO RAMOS E A REDENÇÃO SOCIOLÓGICA   223

novos sujeitos, não haveria uma proporcional correspondência em termos de representatividade, institucionalidade e consolidação de formas políticas mais avançadas.[40] Diante de tais desafios, Guerreiro Ramos ocupou-se com o entendimento do processo político brasileiro e a evolução das formas de organização e procedimento na defesa de interesses e suas diferentes modalidades, às quais o autor se refere como "tipos 'ideais' de política". Mesmo havendo uma evidente sucessão entre elas, senão absoluta ao menos na predominância em dado momento, não seriam rigorosamente "realidades históricas", podendo mesclar-se, combinar-se com outras e/ou ocupar espaços restritos – mais distantes ou menos importantes (ibidem, p.49-62). Seriam elas:

1) *Política de clã*: dominante no Brasil colonial, configurar-se-ia nos clãs (como os definiu Oliveira Vianna), em comunidades com laços de parentesco e dependência pessoal; o poder privado dominaria, não havendo nem mesmo noção do que era o público; a autoridade do senhor territorial seria incontestável.

2) *Política de oligarquia*: apareceria sob a forma de clã eleitoral (como também o definiu Oliveira Vianna) quando do aparecimento do Estado-nação e predominaria até aproximadamente o final da República Velha nas várias ordens de governo (municipal, provincial-estadual e geral-nacional); reconheceria juridicamente a coisa pública, mas utilizá-la-ia como coisa privada e auferiria obediência por meio do compadrismo e familiarismo, empregando nos serviços do Estado somente os apaniguados.

3) *Política populista*: iniciada no pós-45, marcaria um momento particular da evolução histórico-política do Brasil, no qual

---

40 No início daqueles anos 1960 (em obras publicadas em 1963 e 1965, respect.), José Honório Rodrigues fazia diagnóstico semelhante ao detectar um "divórcio entre Poder e Sociedade" como a principal fonte de instabilidade política no Brasil (Rodrigues, 1970, 1982).

224 EDISON BARIANI JUNIOR

predominariam líderes ligados por laços de lealdade a categorias sociais.

4) *Política de grupos de pressão*: disseminar-se-ia onde houvesse relativa complexidade da estrutura econômica e social; reconheceria o fundamento público do poder e a ele apelaria (especificamente junto às autoridades do Executivo, Legislativo e Judiciário), procurando condicionar-lhe favoravelmente as decisões em detrimento do interesse geral. Por serem organizados, esses grupos exerceriam verdadeiro monopólio dos meios de comunicação e de círculos do mundo econômico e financeiro.

5) *Política ideológica*: seria "exigência fundamental" daquela fase do Brasil na qual já estariam constituídas as classes sociais; seria "exercida do ponto de vista sistemático, de classes ou de categorias sociais, que supõe o povo eleitoralmente livre, em que a adesão dos eleitores tem de ser conquistada pela representatividade dos candidatos e dos partidos" (ibidem, p.60). Sendo a ideologia forma de justificação de interesses, cada grupo seria "compelido a procurar influenciar o aparelho estatal e mesmo a controlá-lo, proclamando a racionalidade de suas pretensões, a vantagem coletiva do prevalecimento de seu ideário no exercício do poder" (ibidem, p.62).

O tipo populista de política, segundo o autor, predominante no pós-1945, apareceria concomitantemente a noções como de "espírito público", de "respeito à opinião", e pressuporia ao menos um mínimo de probidade nas eleições; não apelaria a relações de parentesco ou familiarismo, sendo o chefe político (no caso) um delegado de interesses, do qual se esperariam vantagens para a categoria social: cargos, favores e facilidades por meio da manipulação de órgãos do Estado. Para conseguir obediência, o chefe apelaria a uma vaga solidariedade social e ligar-se-ia aos liderados por uma espécie de confiança pessoal, por meio da qual conseguiria sensibilizar politicamente realizando "algo pela categoria" (ibidem, p.55).

GUERREIRO RAMOS E A REDENÇÃO SOCIOLÓGICA 225

As figuras exemplares dessa política seriam Getúlio Vargas, João Goulart, Ademar de Barros, Jânio Quadros e Tenório Cavalcanti, entre outros.[41] Como política, o populismo seria um avanço em relação à política de clãs e oligarquias, mas seus quadros seriam incapazes de atingir um nível de política ideológica e estabelecer uma "coerente concepção militante a serviço de camadas sociais definidas" (ibidem, p. 57). Assinala Guerreiro que, historicamente,

> O populismo é uma ideologia pequeno-burguesa que polariza a massa obreira nos períodos iniciais da industrialização, em que as diferentes classes ainda não se configuraram e apenas despontam, de maneira rudimentar. Em tais condições, a debilidade relativa do incipiente sistema produtivo não permite que as categorias dos trabalhadores tomem parte nas lutas políticas em obediência a programas próprios ou diferenciados. Ao contrário, justapõem-se num agregado sincrético, que pode ser considerado como o povo em estado embrionário. Esses contingentes recém-egressos dos campos ainda não dominaram o idioma ideológico. Seu escasso ou nulo enquadramento e treino partidário, sua tímida consciência de direitos, eis o que os torna incapazes de exercer influência pedagógica em seus líderes, os quais por isso mesmo, não precisam ir além de um libertarismo superficial em suas maneiras e ação. (ibidem, p. 56-7)[42]

---

41 Logo se vê que seria algo independente de partidos e ideologias, pois Jango foi do PTB, Tenório Cavalcanti da UDN e Jânio circulou por alguns (PTB, PDC etc.), mas, como Vargas (que foi do PTB), sempre evitou ser identificado com qualquer partido.

42 No artigo *O que é ademarismo* – publicado nos *Cadernos de nosso tempo* n.2, editado pelo Ibesp em 1954 – Helio Jaguaribe (1979, p.26) já havia analisado o estilo de política do ex-governador paulista Ademar de Barros (PSP) como "expressão brasileira do populismo", visto que já se conferia o uso do conceito em outros países e circunstâncias, como na Rússia e, a partir dos anos 1950, na América Latina. Sob a influência de Ortega y Gasset (1933), Jaguaribe define populismo como "manifestação política das massas que persistiram como tais, por não terem seus membros logrado atingir a consciência e o sentimento de

226 EDISON BARIANI JUNIOR

As transformações pelas quais estaria passando o país – de emergência do povo, de um estilo de política ideológica, de fortes e frequentes demandas sociais, de crise do poder – inquietaram Guerreiro Ramos a ponto de refletir sobre a estrutura institucional e verificar um desajuste, um descompasso com relação à dinâmica sociopolítica da sociedade brasileira. Se havia já há algum tempo diagnosticado o "disparate" (termo tomado a Silvio Romero) da transplantação de ideias e instituições, depois a importação disfuncional de conceitos para o contexto brasileiro, agora vislumbrava uma crise das instituições.[43] Dentre as instituições em crise estaria o Estado brasileiro. Se de um lado o autor mantinha evidente confiança no potencial racionalizador, planejador, do Estado como entidade superior e guardião da coisa pública, de outro detectava em determinadas práticas arraigadas o mau uso da máquina e deformações de gestão no sentido de privilegiar interesses privados, setoriais e parasitários. Percebia que grassava o clientelismo e o privatismo como formas de instrumentalização do estatal em benefício de interesses particularistas. De igual modo, reprovava a atuação do Estado como instrumento de amortização de conflitos, inchando a máquina estatal com contratações acima das necessidades reais (em parte em virtude da falta de ocupações no setor produtivo privado), empregando principalmente a classe média tradicional (muitas vezes, sem preparo para desempenhar tais funções) e fazendo funcionar assim

---

classe e por tender a se generalizar, como protótipo da comunidade, o tipo psicossocial do homem-massa". Mais tarde viriam as análises de Weffort (1989) e Ianni (1989, 1994), que apontariam em outra direção.

43 Advertimos que o autor em momento algum menciona a expressão (crise das instituições), que é de nossa responsabilidade. Há, sim, na elaboração de Guerreiro análises esparsas e não sistemáticas sobre instituições específicas. Entretanto, o intuito de apresentar uma síntese da teorização do autor sobre a sociedade brasileira – naquele contexto – encorajou-nos a formular a questão deste modo e utilizar tal expressão. Uma expressão de significado próximo utilizada pelo autor é "crise de desenquadramento institucional", usada quando se refere à circunstância política de falta de eco à opinião popular.

GUERREIRO RAMOS E A REDENÇÃO SOCIOLÓGICA   227

um mecanismo de cooptação para dirimir tensões resultantes da possível insatisfação social.[44]

Também no Brasil a Universidade (e os órgãos oficiais para educação, ciência e cultura) estaria assolada pela "cartorialização", pelo "clientelismo na distribuição de auxílios, de funções e cargos", pelo privilégio a pessoas sem qualificação ou capacidade reconhecida. O Brasil não teria "política" com respeito à ciência e à cultura: essa lacuna não se deveria ao governo – que se esforçaria em formulá--la – e sim à resistência e à inércia dos que, entrincheirados em seus privilégios, comprometeriam o êxito das mudanças. Junte-se a isso a insistente crítica que fazia ao mau uso dos recursos, em pesquisas alheias às reais demandas da sociedade brasileira e por "outras razões mais graves", que não declina (idem, 1960, p.206).[45] Depreende-se que, para o autor, a comunidade universitária brasileira estaria também refugiada institucionalmente num passado de elitismo, escolasticismo, impermeabilidade às legítimas demandas sociais e autoisenção de responsabilidades quanto ao seu papel. Embora à época de criação recentíssima, para o sociólogo, a Universidade brasileira seria profundamente arcaica.

---

44 Essa formulação aproxima-se muito da noção de "Estado cartorial", confeccionada por Helio Jaguaribe. Algo que as distingue é que, para Jaguaribe, esse mecanismo tinha como importante função costurar o clientelismo que garantiria um saldo político-eleitoral aos dirigentes. Assim, imediatamente, Jaguaribe estaria mais preocupado com o uso político da máquina estatal em benefício de interesses arcaicos e mesquinhos, já Guerreiro Ramos atribuía importância maior à subversão da racionalidade administrativa do Estado – o que não significa que os aspectos político e administrativo do Estado estariam separados, ou que os autores ignorassem essas e outras faces da questão. Quanto à função do Estado na estratégia de cooptação das classes médias, ver ainda Ramos (1960, passim; 1971, p.65). Guerreiro Ramos chega a mencionar o conceito de *cartorialismo*. Ademais, percebe-se que embora razoavelmente implícito nesse, não há mais por parte do autor a referência ao conceito de patrimonialismo (apreendido de Max Weber), ao qual fazia menção nos anos 1940.

45 Já no início dos anos 1950 atacava as pesquisas sobre "minudências da vida social", clamava pelo esforço em teorizações mais amplas (de "verdadeira importância para a realidade brasileira") e pelo uso escrupuloso dos investimentos em pesquisa (Ramos, 1957b).

228 EDISON BARIANI JUNIOR

Nem todas as instituições eram reprovadas no crivo tão severo de Ramos. Havia uma que considerava sensível às novas tarefas e ao eco das ruas: o Exército, que se conduziria "de maneira lógica", pois

> [...] essa instituição, de raízes tão profundas no seio do povo, sai invariavelmente de sua posição discreta, toda vez que a comunidade brasileira, por incapacidade temporária das instituições civis, fica exposta a um desvio em sua evolução. As peculiaridades sociais da formação do Exército no curso de nossa história fizeram-no uma instituição diretamente aberta às autênticas tendências políticas da coletividade. A sensibilidade política do Exército é uma virtude saudável da estrutura do país. Por isso o grau de politização que o Exército atualmente manifesta dá a medida da crise de desenquadramento institucional em que se encontra a opinião popular. Essa crise só poderá ser conjurada quando o Congresso coincidir ideologicamente com o mandato que o instaurou e os partidos, o aparelho sindical e demais instrumentos de expressão da vontade do povo se penetrarem do novo sentido da evolução brasileira. (ibidem, p.24-5)[46]

A própria inquietação do Exército dever-se-ia à inaptidão das instituições civis, ou seja, o ônus da crise deveria ser pago pelas instituições mais "abertas" e/ou de caráter representativo e, se Ramos não clama pela intervenção dos militares para dar "lisura" e "organização" aos procedimentos, também não atribui a devida parcela de responsabilidade da crise aos militares – pelas constantes

---

46 Lembremos que tais palavras – frutos da conferência "Ideologias e Segurança nacional", proferida no Iseb em agosto de 1957 – tinham como contexto recente a recusa de boa parte do Exército em evitar a posse de Juscelino Kubitschek e a consequente garantia, por parte do marechal Lott, para que assumisse a presidência, em testemunho de respeito ao pleito eleitoral. Embora o Marechal (em 1954) tivesse assinado manifesto pela deposição de Vargas. Já na Aeronáutica (e também na Marinha), na qual a influência da UDN era grande também por causa das duas candidaturas presidenciais do Brigadeiro Eduardo Gomes pela legenda, havia certo apelo golpista. Havia também, como fica claro no texto da conferência de Guerreiro, uma deliberada ação do autor no sentido de influenciar ideologicamente os militares,

GUERREIRO RAMOS E A REDENÇÃO SOCIOLÓGICA   229

interrupções do processo de constituição de representação política e consolidação de rituais democráticos. O apelo ao Exército (e não às Forças Armadas!) como "sensível" guardião da normalidade política denotava a confiança ingênua do autor num setor nacionalista aparentemente predominante naquela instituição. O ano de 1964 deixaria claro o equívoco dessa posição do autor.

Aos sindicatos, todavia, é dada "sua" parcela de responsabilidade na referida crise: a crítica vem avassaladora, condenando toda a estrutura sindical que na época era um dos sustentáculos do poder – e o seria mais fortemente ainda no governo Jango:

> [...] a estrutura sindical vigente, [é] toda ela marcada por um vício de origem: o de ter sido outorgada pelo Estado, implantada de cima para baixo, propiciando a formação de uma burocracia sindical parasitária, de que o peleguismo é a consequência mais notória. Tudo isso impede a representação autêntica das aspirações do proletariado. (ibidem, p.24)

Embora afirmasse que sem o peleguismo talvez as massas trabalhadoras ainda estivessem entregues a formas incipientes de luta, como o espontaneísmo (idem, 1961, p.92) o autor vislumbrava a possibilidade de outra evolução para o movimento sindical:

> Quem quer que estude a história das lutas sindicais no Brasil verá que na década de 1920 já existia consistente agitação nos

---

buscando trazê-los para o campo do nacionalismo como defesa do capitalismo autônomo: "No Brasil de hoje, o ponto de vista básico da segurança nacional é o do capitalismo brasileiro. Incumbe-lhe participar da política geral que o defenda contra a ação adversa de fatores internos e externos [...] se é inevitável que a segurança nacional tenha uma ideologia, essa ideologia só pode ser a da revolução industrial brasileira em processo" (Ramos, 1960, p.61). Acrescente-se a isso o indelével costume político brasileiro desde a República de fazer romarias aos quartéis e rapapés aos militares, ao qual certamente os intelectuais não são imunes. E, segundo D'Araújo (1996, p.116), "O PTB [partido ao qual Guerreiro Ramos se juntaria] nada ficava devendo à UDN no que toca à corrida à caserna".

230 EDISON BARIANI JUNIOR

meios operários. A legislação trabalhista que se implantou depois da Revolução de 1930 atendeu a uma pressão de massa. E não seria temerário afirmar que o golpe de 10 de novembro de 1937 [instauração do Estado Novo] teve muito do que chamamos de revolução assumida. (idem, 1963, p.60)

O pensamento do autor nitidamente encampava a radicalização do período, insinuava-se à esquerda e, nesse processo, também efetuava certa revisão da história do Brasil, vislumbrando outras possibilidades do acontecer histórico.[47] As circunstâncias daquele presente – efervescência política, sindicalismo na berlinda, peleguismo, constante disputa por hegemonia entre setores sindicais de variadas orientações ideológicas etc. – levaram-no a questionar a herança sindical corporativa e estatizante e aventar outra evolução do movimento sindical no Brasil, bem como as condições que propiciariam a efetivação da autonomia sindical.

Destarte, quem mais intensamente recebeu críticas da parte de Guerreiro Ramos foram, sem dúvida, os partidos políticos – daí depreende-se também a importância que atribuía a essa instituição (o partido) como organizadora e mediadora racional de conflitos e interesses. A crítica não se dirige a tais ou quais partidos ou à atuação circunstancial desses, mas à própria instituição em sua conformação e existência histórica: "a crise não é, portanto, bem de partidos isolados, é da organização partidária do país" (idem, 1961, p.97).

Os partidos no Brasil já haviam sido definidos pelo autor, de modo similar a Oliveira Vianna, como "ganglionares": ajuntamento de interesses privados, instrumento de exclusão e de manutenção do poder por uns poucos que os manobravam. "Podemos assim resumir a história dos partidos desde a Independência até quase os nossos dias na fórmula: foram instrumentos institucionais a serviço da circulação de elites. E não podiam ter sido outra coisa" (idem, 1950, p.71).

---

47 Nesse sentido, Guerreiro Ramos já prenunciava as análises que afirmarão a existência de um consequente movimento operário na Primeira República, e o Movimento de 1930 e a instituição da legislação trabalhista como formas de contenção das reivindicações mais ousadas.

GUERREIRO RAMOS E A REDENÇÃO SOCIOLÓGICA   231

Somava agora ele aos vícios de origem a profunda crise que assolava os partidos naquela conjuntura. Fato marcante da crise teria sido o pleito eleitoral para presidente da República (em 1960), no qual um candidato (Jânio Quadros) teria sido eleito mantendo uma postura alheia aos partidos – e mesmo manifestando-se contra eles. Para Guerreiro, num momento em que o país estaria "politicamente vertebrado" (idem, 1961, p.98) e o Congresso nunca teria tido tanto poder no Brasil (ibidem, p.214), a crise mostrava-se-lhe como algo extremamente sério. Vide o dramático diagnóstico que fazia:

> Desarticulados das correntes de opinião e das categorias sociais, descaracterizados perante o público, viciados no jogo de vantagens sem verdadeiro alcance social, os partidos não foram capazes de apresentar os termos da última sucessão [eleição presidencial de 1960] de modo que refletissem a radicalidade que marca hoje os projetos das diferentes categorias sociais. (ibidem, p.41)[48]

Naquele desafiador momento da sociedade brasileira, no qual segundo o autor o povo emergia para cobrar seu papel fundamental de sujeito político, quando a política evoluía para uma forma "ideológica" e decaíam as modalidades políticas exclusivistas e arcaicas, o fulcro da crise seria a perda da capacidade de interpretar os anseios da sociedade política e dar vazão às demandas na forma de reivindicações legítimas e participação, ou seja, seria uma crise de representatividade:

> A crise de representatividade não pode ser mais explicada pela ausência do povo, mas essencialmente pela inadequação dos institutos partidários à nova realidade social e econômica do país. Nas condições anteriores, o que se verificava na esfera decisória do país era simples circulação de elites, isto é, mero rodízio de ocupantes eventuais das posições de mando, sem alteração significativa do

---

48 Significativamente, o eleitorado (em 1960), num contexto de polarização entre esquerda e direita, nacionalismo e entreguismo, democracia e golpismo, optou por um candidato que não assumia necessariamente nenhum dos termos, e esquivava-se por entre as definições.

232 EDISON BARIANI JUNIOR

estatuto econômico e social. Hoje, entretanto, trata-se de organizar uma sociedade funcional, em cujo Estado se afirma o poder das camadas sociais *na proporção do que contribuem para o enriquecimento da nação*. Suficientemente dotadas de consciência desse imperativo, as diferentes categorias do eleitorado brasileiro não mais aceitam comandos partidários munificentes. (ibidem, p.44)

A falta de representatividade dos partidos adviria de um "descompasso entre o grau de consciência política das diferentes camadas da população e a representação partidária" (idem, 1960, p.217). Não bastasse, os partidos desdenhariam do eleitorado e, sem ouvi-lo, as cúpulas partidárias indicariam candidatos que não teriam respaldo político (e nem ao menos se afinariam com o partido), apenas por esses indivíduos possuírem recursos financeiros pessoais, em detrimento dos postulantes mais qualificados, mas com uma condição econômica ínfima (ibidem, p.218). Assim, alheios às transformações, os partidos perdiam de vista a evolução política dos eleitores.

A crise dos partidos em nossos dias resulta de que ainda continuam em grande escala viciados pelas superadas práticas oligárquicas e populistas, sem se darem conta da mudança qualitativa ocorrida nos últimos anos na psicologia coletiva do eleitorado. Este se orienta cada vez mais por critérios ideológicos e, assim, perdeu o temor reverencial pelos grandes nomes que, em outros tempos, mantinham-se indefinidamente nas posições de mando, graças à docilidade de eleitores cativos. (idem, 1961, p.60)

Os partidos estariam tornando-se "ficções institucionais" (ibidem, p.97); seria mister que se reestruturassem, visando à qualificação para expressar a vontade dos eleitores de modo ideologicamente coerente. A solução para essa crise de representatividade, segundo o autor, seria a organização, "organização que os habilite à prática da democracia interna e do trabalho de massa em caráter sistemático e permanente" (ibidem, p.45).

GUERREIRO RAMOS E A REDENÇÃO SOCIOLÓGICA **233**

Outro instrumento válido seria a "luta interna" dos partidos como forma de dinamizar sua atuação e lapidá-los ideologicamente, mecanismo que – nesse aspecto, embora o autor não comente – a radicalização política do momento estava fazendo surgir "instintivamente" neles: a UDN reunia o grupo reacionário da Banda de Música e o conservadorismo renovado da Bossa Nova; o PSD tinha em seus quadros experimentados oligarcas e, como contestadores dos antigos modos, a Ala Moça; no PTB, adesistas e pelegos coexistiam com o reformismo do Grupo Compacto; e o PCB, com a turbulência causada pela "desestalinização" e suas consequências (a partir das denúncias de Khrushev no XX Congresso do Partido Comunista da União Soviética, em 1956), punha em pauta a questão democrática (*Declaração de Março*, 1958), entrava em ebulição política e, em 1962, cindia-se dando origem ao PC do B (além disso, enfrentava lutas internas ocasionadas pela divergência de projetos e estratégias que amadureciam no interior do partido) (Segatto, 1981). Não obstante, nasciam grupos organizados que não se constituíam oficialmente como partidos – Política Operária (Polop), Ação Popular (AP), Ligas Camponesas etc. –, mas funcionavam como tal.

Nítida, a fragilidade dos partidos na conjuntura daquele início dos anos 1960 ficava patente na organização – principalmente parlamentar – de frentes que ultrapassavam em muito o âmbito dos partidos e das alianças mais imediatas. A polarização esquerda *versus* direita expressava-se no enfrentamento entre Frente Parlamentar Nacionalista (à esquerda) e Ação Democrática Parlamentar (à direita), extrapolava o comando partidário e estabelecia um corte ideológico que transpassava os partidos conforme a afinidade política com uma das frentes, atingindo assim a maior parte das agremiações.[49] Se por um lado a ADP era formada por variados elementos e setores tradicionalmente identificados com o conservadorismo e a reação, de outro a FPN, mais heterogênea ainda,

---

49 Além delas, mais à esquerda – com um programa anti-imperialista e antilatifundiário e formada por setores mais amplos (estudantis, sindicais e movimentos populares), contudo, sem contestar a FPN (de caráter parlamentar) –, havia a Frente de Mobilização Popular, reunindo a União Nacional dos Estudantes

234   EDISON BARIANI JUNIOR

tinha em seus quadros certa maioria de petebistas (29 membros), mas também parlamentares da UDN (10), do PSD (12) e de outros partidos (9) – PCR, PR, PSP, PSB, PCB[50] (Delgado, 1989, p.208). Interna ou externamente, perpassando seus âmbitos ou extravasando-os, os partidos, na leitura de Guerreiro, esvaziar-se-iam como vetores das forças sociais em litígio. A polarização ideológica e as dificuldades em expressar/representar os anseios políticos dos grupos sociais relegá-los-iam a certa debilidade institucional, abrindo canais de contestação da ordem.

Tal situação nos reconduz ao suposto estratagema de Jânio (e o momento bonapartista) e as advertências de Guerreiro Ramos: como poderia Jânio se apoiar nas instituições de representação política, dentre as quais seriam privilegiados os partidos, se esses se mostravam tão fragilizados? Mesmo assim lhe dariam sustentação política? Referida sustentação seria suficiente? Essa relação traria prudência e consequência ao governante e renovação aos partidos (em termos de adequação às demandas e expressão ideológica)? Ou ambos seriam reféns da crise? Tais questões foram elididas na análise feita pelo autor.

A crise dos partidos, como não poderia deixar de ser, também teria afetado, segundo o próprio Guerreiro, o partido (PTB) e a facção (Grupo Compacto) ao qual estava ligado. Além dos motivos que afligiriam as outras organizações partidárias, o Partido Trabalhista Brasileiro sofreria também de males peculiares: teria pretensões a ser o legítimo representante dos trabalhadores, mas ainda não estaria à altura do papel.[51]

(UNE), o Comando Geral dos Trabalhadores (CGT), o Pacto de Unidade e Ação (PUA), o movimento dos sargentos, as Ligas Camponesas, AP, Polop, setores de extrema-esquerda do PCB, o Grupo Compacto do PTB, boa parte da própria FPN etc. (Toledo, 1983; Ferreira, 2005).

50 Embora o partido estivesse na ilegalidade, havia pecebistas que se elegiam por outras legendas.

51 Guerreiro Ramos ingressou no PTB em 1959, no ano seguinte à sua saída do Iseb. Alegou na época – em entrevista ao jornal *Última hora* – ingressar no partido "para elevar o nível científico de minha [sua] produção sociológica" e

GUERREIRO RAMOS E A REDENÇÃO SOCIOLÓGICA 235

Na análise do autor o ciclo inicial do trabalhismo no Brasil teria se esgotado, a presença da liderança paternalista de Jango seria já algo nocivo e a eleição de Almino Afonso – assim como Guerreiro, membro do Grupo Compacto do PTB e opositor interno àquela modalidade de atitude política – para a liderança da bancada no Congresso seria o indicativo do aumento das tensões internas.[52]

Ao criticar as deficiências do partido, Ramos esboçou um quadro (1961, p.90-3) do que chamou de "doenças do trabalhismo", a saber:

1) *Varguismo*: culto de Vargas, "resíduo emocional" que incitaria a crença popular na bondade intrínseca do carismático líder.[53]

2) *Janguismo*: "legado político do varguismo" (Jango seria continuador de Vargas), que pecaria por não renovar seus métodos, pois isso faria declinar sua influência.

3) *Peleguismo*: "subproduto do varguismo", "irmão siamês do janguismo", consistiria na ação de sindicalistas burocratas que agiriam como conciliadores entre trabalhadores e governo, impedindo a concretização de um movimento obreiro forte e decidido, ainda que, sem ele, possivelmente as massas ainda estivessem relegadas a formas voluntaristas ingênuas de organização.

4) *Expertismo*: tentativa de fazer-se teórico do partido "de cima para baixo", desrespeitando as experiências das lutas.

---

passar a "negar a sociologia de gabinete, fora do gabinete", uma vez que já a havia negado "dentro do gabinete" (apud Azevedo, 2006, p.226).

52 Segundo o relato de T. Skidmore (1976, p.481): "Havia um pequeno grupo de parlamentares do PTB (Grupo Compacto) que tentava imprimir ao partido uma diretriz mais agressiva de esquerda e ideologicamente mais coerente depois de 1961. Porém, mesmo esses esquerdistas no seio do PTB estavam divididos. Um deles, Guerreiro Ramos, fez uma interessante crítica do trabalhismo de Getúlio Vargas e da necessidade de sua atualização".

53 A importância conferida por Guerreiro Ramos a Vargas desponta na dedicatória de *Mito e verdade da revolução brasileira* (1963): "Ao saudoso Presidente Vargas, mestre do realismo político, fundador do trabalhismo brasileiro". Tal indicação deve-se à advertência perspicaz de Ariston Azevedo, que despertou nossa atenção para o fato.

236 EDISON BARIANI JUNIOR

Dentro do PTB, Guerreiro posicionava-se como uma espécie de "teórico" (de tendência à esquerda) do Grupo Compacto, cujos integrantes principais (em sua maioria do Rio de Janeiro e da Guanabara) eram Sérgio Magalhães, Almino Affonso, Luiz Fernando Bocaiúva Cunha, Fernando Santana, Armando Temperani Pereira, Clidenor Freitas e Doutel de Andrade. O grupo lutava por uma política "ideológica" – contra o que identificavam como "populismo" – e exigia uma posição nacionalista agressiva do Governo Federal: limitação do capital estrangeiro, incentivo à indústria nacional e compromisso com as reformas de base (agrária, urbana, bancária, tributária e universitária).[54] Seus parlamentares integravam a Frente Parlamentar Nacionalista e, após os acontecimentos de 1964, pagaram caro por suas posições (Delgado, 1989, p.206).[55]

Os embates políticos de Guerreiro Ramos acirravam-se não somente no âmbito do partido. Em 1961, escreve um manifesto chamado *Trabalhismo e marxismo-leninismo* – redigido pelo autor a pedido de membros da Executiva do PTB (seção da Guanabara) –, que se constitui de uma declaração de princípios, na qual procurou definir as posições do partido, conforme a ótica de seu grupo, e fustigar os adversários de esquerda (particularmente o PCB). O teor é o seguinte:

1) o Partido Trabalhista Brasileiro [...] tem como objetivo principal a emancipação econômica, social e política do povo brasileiro, mediante o *desenvolvimento independente da nação*

---

54 Outras reformas, menos mencionadas, também eram reivindicadas: administrativa, da empresa, fiscal tributária, cambial, educacional, da consciência nacional etc. (Brum, 1983).

55 Para Guerreiro, ainda que defensor da luta interna como forma de aperfeiçoamento dos partidos, a convivência no PTB não era fácil. Além do "fisiologismo" de alguns parlamentares "sensíveis" ao apelo governista – e que seguiram apoiando inclusive o governo golpista de 1964 e ficaram conhecidos como "bigorrilhos" – e do sindicalismo burocratizado e atrelado ao Estado, o partido sofria forte controle por parte dos "caciques" (e Jango era o maior deles). Além disso, as dissensões internas eram punidas, visto o PTB ter sido o que mais expulsou membros dentre os partidos da 4ª República (D'Araujo, 1996).

GUERREIRO RAMOS E A REDENÇÃO SOCIOLÓGICA   237

e a instauração no país de um Poder a serviço exclusivo dos interesses da coletividade brasileira;

2) o PTB *só defende soluções brasileiras para os problemas brasileiros*, repudia diretivas estranhas à realidade nacional, o comando ideológico externo das lutas sociais dos trabalhadores brasileiros, e não reconhece validade objetiva no marxismo-leninismo, doutrina que, historicamente sob o disfarce de ciência, tem sido instrumento de direção monopolística, em escala mundial, de movimentos políticos e agitações de massa;

3) o PTB na defesa dos interesses das massas obreiras *proclama a sua vocação socialista*, mas não admite nenhum figurino pré--fabricado de socialismo, o qual só poderá vingar no Brasil, na medida em que for gerado pelas condições particulares da história do nosso povo;

4) o PTB [...] *conclama todas as forças populares à união*, a fim de [...] elegerem aos postos parlamentares candidatos autenticamente nacionalistas;

5) o PTB está aberto a alianças que, sem prejuízo de seus princípios, contribuam para a *constituição de sólida frente popular contra os inimigos das causas dos trabalhadores*. (Ramos, 1963, p.217-8, grifos nossos)

Tal envolvimento levou-o a pleitear uma cadeira parlamentar.[56] Candidato a deputado federal pelo PTB da Guanabara (em 1962),

---

56 Entre suas propostas de campanha, coligidas em panfleto, estavam: "por uma política externa independente", "por uma política interna independente", "pela obrigatoriedade constitucional do desenvolvimento programado", "pelo compulsório reajustamento permanente dos salários ao custo de vida (escala móvel de salários)", "pela maior participação dos trabalhadores na programação e nos resultados do desenvolvimento", "pela reforma agrária, pela emancipação econômica, social e política dos camponeses e contra a prepotência e a usura dos latifundiários", "pela organização do mercado nacional de capitais", "pela nacionalização imediata das concessionárias estrangeiras de serviços públicos", "por leis eficientes contra os abusos do capital estrangeiro", "pela regulamentação imediata do direito de greve", "por moradia digna ao alcance

238 EDISON BARIANI JUNIOR

não foi eleito pela falta de aproximadamente novecentos votos; tornado suplente, assumiu o mandato em agosto de 1963 e atuou até 18 de abril de 1964, quando foi cassado pela ditadura militar – seu nome foi incluído numa das primeiras listas de cassação.

Durante seu curtíssimo mandato teve intensa atuação parlamentar, manifestando-se na grande maioria das sessões e apresentando vários projetos, entre eles um sobre as patentes industriais no Brasil,[57] outros pela regulamentação do exercício da profissão de técnico de administração,[58] reclassificação das carreiras do

---

de todos", "pelo ensino gratuito em todos os níveis", "contra a corrupção e a incompetência", "pelos interesses da Guanabara no plano federal" (apud Azevedo, 2006, p.226-8). Azevedo (idem, p.228) nota com agudez que nas propostas não aparecia em destaque a "questão do negro".

57 Guerreiro Ramos havia sido, em 1960, delegado do Brasil à XVI Assembleia Geral das Nações Unidas. Na ocasião, discursou e apresentou como projeto o texto "O papel das patentes na transferência da tecnologia para países subdesenvolvidos" que, segundo ele, viria a se transformar na Resolução n. 1713 daquela assembleia. No documento, denuncia a ação, no uso das patentes, dos monopólios e oligopólios que, adquirindo exclusividade de uso, não industrializariam os produtos ou exigiriam condições injustas para dar licença à indústria nacional para fazê-lo, prejudicando assim o desenvolvimento dessa (Ramos, 1996, p.247-54). Em outra participação (em 1962) – segundo ele indicado por San Tiago Dantas, que já o havia indicado nos anos 1940 para o Departamento Nacional da Criança (Oliveira, 1995) – como delegado brasileiro na III Comissão, analisou o *Relatório de 1961 do Conselho Econômico e Social sobre a situação social do mundo* e proferiu comunicação a respeito, chamando a atenção para o fato de que nas análises deveria ser considerado o bem-estar das populações e não apenas a riqueza em geral produzida. Somente em 1990 o Programa das Nações Unidas Para o Desenvolvimento (PNUD) institucionalizará o Índice de Desenvolvimento Humano (IDH), criado pelo economista paquistanês Mahbub ul Haq, tendo como variáveis renda, longevidade e instrução. Criticando duramente o relatório, Guerreiro Ramos também tocou numa questão espinhosa e não devidamente equacionada: o fato de as estatísticas dos países capitalistas desenvolvidos considerarem – os outros (países "socialistas") não o faziam – no "cômputo da renda" (na soma do valor agregado) as atividades do setor terciário, pois haveria nesse setor distorções graves (atividades que não seriam produtivas, subemprego) e que, se não equacionadas, inseririam distorções graves no processo de planejamento e alocação de recursos. Ver "Análise do Relatório das Nações Unidas sobre a situação social do mundo" (Ramos, 1996, p.257-73).

58 Essa foi a primeira iniciativa no sentido de reconhecer a profissão. Em 1964 o Senado Federal apresentará outro projeto dispondo sobre a matéria e, em 1965,

GUERREIRO RAMOS E A REDENÇÃO SOCIOLÓGICA 239

serviço público e pela obrigatoriedade de apresentação de um Plano Quinquenal até 180 dias após a posse por parte dos presidentes da República eleitos. Nas suas comunicações em plenário, defendeu o aumento salarial e a adoção da escala-móvel de salários, aumento salarial para os funcionários públicos, o direito de resposta nos órgãos de imprensa, as reformas de base (e a reforma agrária em particular), a Lei de Remessa de Lucros, o controle do câmbio e a Instrução 263 da Sumoc,[59] a neutralidade como política externa, o restabelecimento de relações comerciais e políticas com a China, a legalização do PCB, o apoio ao Panamá na questão contra os Estados Unidos etc.

Em debates no plenário, manifestou-se da seguinte forma: defendeu Jesus Soares Pereira[60] da "acusação" de ser comunista, pediu esclarecimentos sobre a possível influência e financiamento norte-americano em órgãos planejadores do governo, defendeu uma posição nacionalista de esquerda e denunciou o "falso dilema" – interno e externo – de uma escolha radical entre "esquerda" e "direita", "ianques" e cubanos/chineses/soviéticos; criticou o PCB (como partido "burguês"), o marxismo-leninismo e Carlos Lacerda,[61] e defendeu o socialismo.

---

o Presidente Castelo Branco sancionará a lei 4.769, regulamentando a profissão (Soares, 2005).

59 A Lei de Remessa de Lucros limitava o valor dos envios de divisas ao exterior. Ela sofreu forte oposição, mas foi aprovada. Para Darcy Ribeiro, "foi essa lei que provocou a intervenção norte-americana" e tal intervenção foi fundamental para a eclosão do Golpe de 1964 (depoimento em Moraes, 1989, p.297). Já a *Instrução 263* da Superintendência da Moeda e do Crédito (SUMOC) era uma espécie de reforma cambial que, para os setores furiosamente nacionalistas, representava uma concessão à política do Fundo Monetário Internacional (FMI).

60 Jesus Soares Pereira (1910-1974) foi destacado funcionário federal e um dos principais assessores econômicos do Governo Vargas (1950-1954), um dos responsáveis pela implementação de projetos nacionalistas de política econômica daquele governo – como os da Petrobras, da Eletrobrás etc. (Lima, 1975).

61 Então Governador da Guanabara pela UDN e um dos principais incentivadores do golpismo.

240 EDISON BARIANI JUNIOR

Às vésperas do golpe – a 3 de março de 1964 – apelou para que as forças políticas nacionais abandonassem as posições radicais e procurassem um denominador comum que as conduzisse à solução dos problemas nacionais e, em 23 de março de 1964, fez uma análise do "fenômeno Goulart", afirmando que

> os decretos baixados pelo chefe do Executivo – quando do comício do dia 13 do corrente [março de 1964] – [62] caracterizam a gestação da forma do movimento revolucionário brasileiro, necessitando, agora, da reforma do poder, com a alteração radical de sua composição. (Departamento de Taquigrafia, Revisão e Redação da Câmara dos Deputados, 1983, p.173-4 e passim)

A crítica em combate

As incursões críticas de Guerreiro Ramos, em imbricação às batalhas políticas, dirigiram-se a autores, organismos, concepções e modalidades de ação, ou seja, a todo tipo de reflexão e prática socialmente significativa que pretendesse uma intervenção social, já que toda prática suporia uma teoria e vice-versa – argumentava. Longe de apreciar estilos, proceder a exegeses de textos ou avaliar ideias conforme instrumentos formalistas relacionados a cânones, ele pretendia uma análise que considerasse as ideias, ações, os sujeitos, o contexto e as intencionalidades envolvidas.[63] Adicionado o tempero – acre – de sua verve.

---

62 O comício do dia 13 de março (sexta-feira), na Guanabara, conhecido como Comício das Reformas – ao qual outros deveriam se seguir pelo país caso o golpe não abortasse o processo – reuniu 200 mil pessoas e contou com discursos inflamados de Miguel Arraes, Leonel Brizola e do Presidente João Goulart, que anunciou a desapropriação das terras com mais de cem hectares situadas ao redor das rodovias e a nacionalização das refinarias de petróleo particulares (Toledo, 1983).

63 Essa forma de análise, aplicada à abordagem do pensamento social no Brasil, prima por considerar as elaborações teóricas fora das amarras de uma linhagem evolutivo-institucional, como contribuições para interpretação de um presente

GUERREIRO RAMOS E A REDENÇÃO SOCIOLÓGICA 241

O autor elegeu como interlocutores (e adversários) várias personalidades e instituições, dentre as quais alguns ícones da esquerda: o Iseb, o PCB e o marxismo-leninismo. Segundo Guerreiro Ramos, em 1961, logo após sua saída, o Iseb teria se tornado "o Santo Ofício do nacionalismo" e funcionaria como "agência doutrinária", cujos líderes "do antigo 'aparelho' nacionalista chegaram a propor para o cargo de diretor um professor de lá que era revendedor da Shell e funcionário do serviço jurídico da Light" (1961, p.121).[64] Teria ainda se transformado numa "agência eleitoreira, e ultimamente, numa escola de marxismo-leninismo, com honrosa exclusão talvez de alguma dissidência, devidamente neutralizada" (idem, 1963, p.10). Para ele, o Iseb teria sido um dos comitês em prol da candidatura presidencial, em 1960, do marechal Lott e tornado-se um "botequim eleitoreiro" (idem, 1961, p.110).[65]

---

específico, sem relegá-las como formas de "ensaísmo" ou especulação. Um autor definiu tal matriz crítica como "ideológica", acrescentando que por essa "entende-se a preocupação de analisar os textos brasileiros de reflexão social com o objetivo explícito de buscar sua caracterização conceitual própria, independentemente dos azares conjunturais da empiria. Não se trata de afirmar que a empiria histórica é irrelevante para a formação do pensamento social, nem que esse mesmo pensamento não se refira em algum momento ao transcurso histórico. Apenas se reivindica a diferenciação e análise conceitual como procedimentos legítimos e necessários na apropriação adequada dos determinantes estritamente conceituais do presente" (Santos, 1978, p.31).

64 Refere-se a Cândido Mendes de Almeida, proposto como diretor, segundo Guerreiro Ramos, por ter bom relacionamento com o presidente eleito Jânio Quadros (do qual era assessor), podendo assim assegurar a sobrevivência da instituição. Há que se recordar que no primeiro ano de mandato de Jânio, do Orçamento da União – elaborado no Governo JK – foi expurgada a rubrica "Iseb", deixando a instituição sem um centavo de verba (Sodré, 1992, p.194; 1978). Sobre Cândido Mendes, ainda dispara: "especial fenômeno humano, a merecer exame à parte, o trêfego conde papal Cândido Antonio Mendes de Almeida, espécie de Sebastião Pagano em edição novíssima, multifacetado, via síntese de contradições, pois, ao que parece, consegue ser homem de confiança da Light, da Cúria, da Shell, do Iseb e do PCB" (Ramos, 1961, p.141-2).

65 Ramos, propositor da candidatura malograda de Osvaldo Aranha, declarou aos jornais que seria "uma insensatez transformar o nacionalismo num comitê Lott" e que a escolha entre Jânio e Lott era um "um medíocre dilema", mas, vencido, apoiaria Lott como "mal menor", já que lhe ocorria – quase

242 EDISON BARIANI JUNIOR

Anos depois, em 1980, sentenciou:

[...] jamais me identifiquei com os intelectuais que transformaram a sigla [Iseb] do que erroneamente muitos acreditavam ser legítima institucionalização da redução sociológica numa bandeira de proselitismo. Em retrospecto, contemplo os curtos três anos de minha associação com eles, como circunstância de que não me lembro sem constrangimento. (idem, 1983a, p.541)

O nacionalismo isebiano, segundo ele, teria se perdido em taticismos e hipocrisia, abandonando a tarefa maior de elevar-se como *intelligentsia* (no sentido mannheimiano) – daí talvez sua preferência pelo Ibesp (Oliveira, 1995, p.154).[66]

No final dos anos 1950 e começo dos 1960, quando Guerreiro Ramos se lança às questões políticas mais iminentes, o PCB torna-se um importante interlocutor. Defensor da legalização do partido (proscrito desde 1947, no governo Dutra), referia-se constantemente a ele na condição de opositor, mas também de um possível aliado,

---

premonitoriamente – que "o Marechal [ao contrário de Jânio] não parece ser homem capaz de expor o país a surpresas desastrosas ou a jogadas intempestivas" (Ramos, 1961, p.127). Assim como o Iseb, o PCB também apoiou Lott.

66 Sobre a ruptura com o Iseb – nas palavras de Nelson Werneck Sodré (1992) – Guerreiro Ramos, "talentoso, culto, imensamente vaidoso e decidido a empregar todos os meios para a destruição de seu antagonista – suponho que assim tratado apenas porque lhe fazia sombra" (ibidem, p.27), teria levado o livro de Helio Jaguaribe [*O nacionalismo na atualidade brasileira*] à UNE e denunciado-o como uma traição, mas "derrotado, abandonou o Iseb, na suposição de que, com a sua saída, a instituição desaparecesse" (ibidem, p.50). Tentou então, segundo Sodré, "carregar outros elementos, particularmente Álvaro Vieira Pinto, que o acompanhara na luta contra Helio Jaguaribe, com a maior boa fé, cruzado de guerra santa em defesa do nacionalismo. Como não conseguiu, irritou-se e, pouco depois, inclui em livro verrina contra o mestre de Filosofia" (ibidem, p.50), a saber, "A filosofia do guerreiro sem senso de humor", publicada em *Mito e verdade da revolução brasileira* (Ramos, 1963). Anos antes, em entrevista à revista Marco (n.4, 1954), Guerreiro Ramos declarava ter como projeto pessoal escrever – além da "história secreta de Abdias Nascimento" – a biografia de Helio Jaguaribe, manifestando assim sua admiração por aquele que se tornaria um seu desafeto (idem, 1957b, p.215).

desde que migrasse para o campo nacional, abandonando as "diretrizes soviéticas".

Nas considerações do sociólogo, o PCB teria entre seus quadros "considerável parte da fina flor da inteligência brasileira" e, frequentemente, levaria a esquerda a reboque, pois seria a única organização partidária de esquerda no Brasil com imprensa e quadros de militância organizados e disciplinados (Ramos, 1961, p.106-7). Um excelente aliado na luta política que, todavia, quando na direção do processo político, efetuaria lances temerários – como o apoio à candidatura do marechal Lott.

Guerreiro Ramos caracterizava o PCB como "essencialmente agência pequeno-burguesa, de débeis raízes no proletariado" (ibidem, p.107) e apoiava a luta renovadora da facção interna que pretendia se distanciar da influência de Moscou e encontrar novos caminhos para a revolução no Brasil. Nutria, assim, simpatia pelos membros do PCB que discordavam das posições "oficiais", pois mesmo havendo em curso na direção do partido um processo de desestalinização e desconfiança quanto às diretrizes soviéticas, via nisso uma continuidade, uma revisão a partir de dentro para manter o *status quo*.[67] Ao mesmo tempo, golpeava também os tradicionais adversários do stalinismo: "O trotskista é um desses socialistas idílicos, que não compreendem, como já se assinalou, que os ideais só se realizam pervertendo-se" (ibidem, p.115).

No fundo, sua grande desavença com o PCB era o que considerava ser a adoção pelo partido do *marxismo-leninismo*, que reputava ser para o Brasil – como para nações como Cuba, Guiné, Gana, Argélia – um prejuízo, "uma ideologia restrita do campo soviético, que só tem valor subsidiário" (ibidem, p.109) – ou seja, uma ideia importada, fora de contexto, logo, disfuncional quanto aos objetivos políticos.

---

67 Em 1960/1961, visitou a China, a Iugoslávia e a União Soviética a convite do PCB. Entretanto, de volta ao Brasil, manifestou-se criticamente nos jornais a respeito de tais países "socialistas", o que lhe trouxe a malquerença de muitos pecebistas.

244 EDISON BARIANI JUNIOR

Em *Mito e verdade da revolução brasileira*, de 1963,[68] livro no qual pretende fazer a "crítica revolucionária da revolução brasileira" (idem, 1963, p.9), investe decididamente contra a visão da esquerda – particularmente contra o que interpretava ser a visão predominante na política do PCB – do que seria a revolução brasileira. Discute ali demoradamente a revolução, estratégia, tática, limites, princípios, condições objetivas e subjetivas etc. condenando o que entendia por marxismo-leninismo: uma corruptela da filosofia, ideológica e positivista, criação burocrática dos sucessores de Lênin e fruto do autoritarismo bolchevista.[69] Acercou-se de autores como Trotski, Kautsky, Rosa Luxemburgo, Lukács, Henri Lefebvre, Karl Korsch, G. Nagy, Sultan Galiev, B. Brecht etc. e procurou caracterizar o marxismo-leninismo como uma perversão do pensamento de Marx, Engels e mesmo de Lênin – embora não o poupe na questão do modelo de partido, considerado como uma apologia da organização (no sentido de dominação da vida social). Infidelidade à práxis e desrespeito à realidade brasileira, eis os problemas cruciais do marxismo-leninismo como ideologia da revolução.

Pouco tempo antes, em artigo publicado na revista *Estudos sociais* (*Correntes sociológicas no Brasil*, n.3-4, de set./dez. 1958), Jacob

---

68 Guerreiro pretendia chamá-lo – mas foi disso demovido pelo editor – *Os rinocerontes e a revolução brasileira*, já que todo o livro é pontuado por epígrafes extraídas do texto da peça *O rinoceronte*, de Eugène Ionesco (1995). Produto do que foi chamado "teatro do absurdo", a peça de Ionesco retrata a convivência num local onde aparece um rinoceronte e, de início, todos se surpreendem, mas com o tempo tornam-se igualmente rinocerontes – apenas o herói Bèrenger recusa-se a isso. A peça pode ser considerada uma metáfora do totalitarismo e de como ele se alastra pela sociedade, contaminando muitos e oprimindo os que se opõem e insistem em ser independentes, tornando-se inimigos todos os que se encontram fora da comunidade de ideias.

69 O bolchevismo e o marxismo russo teriam sua explicação na gênese da *intelligentsia* russa, na sua obsessão ocidental, sua intolerância e seu sentido missionário e salvacionista. Tal análise é devedora dos estudos sobre a *intelligentsia* e o comunismo russos feitos por Nicolau Berdiaev, autor muito caro a Guerreiro Ramos (ver Berdiaev, 1963).

GUERREIRO RAMOS E A REDENÇÃO SOCIOLÓGICA 245

Gorender, então militante do PCB, referia-se às análises do livro de
Ramos (*A redução sociológica*, 1958), afirmando que

> Nós comunistas, consideramos, e já o dissemos numa Declaração
> [de Março de 1958] que esta contradição [nação *x* antinação, iden-
> tificada por Guerreiro Ramos] se tornou a principal, a dominante
> da sociedade brasileira, no atual período de sua vida. Trata-se de
> uma contradição que polariza a nação em desenvolvimento, com as
> suas forças progressistas e revolucionárias em expansão (dentro de
> marcos capitalistas, únicos possíveis no momento), em oposição ao
> imperialismo norte-americano e aos círculos econômicos e sociais,
> que o apoiam internamente [...] O sr. Guerreiro Ramos chegou à
> essência do processo histórico [...]. (Gorender, 1996, p.207-8)[70]

Porém, para o crítico, Guerreiro Ramos não o teria feito
"sem padecer de estreiteza específica". Gorender condena-lhe o
"ecletismo" e a recorrência às filosofias "burguesas" (como a fenomenologia, o existencialismo) e a autores como Husserl, Heidegger,
Jaspers e Mannheim; reprova ainda a concepção de uma "ideologia
do desenvolvimento" (cujo formulador seria o Iseb), de uma "sociologia nacional" e o que entendia ser uma tentativa de submeter as
massas à ideologia burguesa por meio da dissimulação das contradições de classe. E arremata: "Limitamo-nos a assinalar este fenômeno
bem brasileiro: ideólogos da burguesia de um país subdesenvolvido, a
qual ainda tem um papel progressista a desempenhar, aceitam como
padrão espiritual a filosofia decadente da burguesia imperialista"
(ibidem, p.216).

Guerreiro, que naquele momento experimentara de seu próprio
veneno, defendeu-se (em prefácio escrito em 1963 para a segunda
edição de *A redução sociológica*, de 1965) alegando que Gorender
recusava Husserl, Heidegger, a fenomenologia, o existencialismo

---

70 O texto de Gorender aqui citado consta da segunda edição (de 1965 e reeditada
em 1996) de *A redução sociológica*, tendo sido incluído pelo próprio Guerreiro
Ramos que o considerou "o mais eminente documento crítico que um militante
do Partido Comunista já produziu no Brasil" (Ramos, 1996, p.29).

246 EDISON BARIANI JUNIOR

e o "isebianismo" – do qual não se considerava herdeiro – [71] e não propriamente as formulações dele, Guerreiro. Esclareceu então sua relação (e influências) com tais autores e filosofias, e acrescentou que Gorender deveria ler mais detidamente seus livros (principalmente *O problema nacional do Brasil*, *A crise de poder no Brasil* e *Mito e verdade da revolução brasileira*, todos posteriores ao artigo de Gorender), nos quais encontraria as referências ao ponto de vista proletário, à totalidade e à comunidade humana universal. E, finalmente, contrariando os adeptos do "marxismo institucional", sentenciou que a questão não passaria mais por juras de ortodoxia, uma vez que "não somos nem marxistas, nem antimarxistas. Somos pós-marxistas" (Ramos, 1996, p.35).

Ainda que Guerreiro Ramos muito se concentrasse em cerrar fogo nas posições da esquerda, a direita não foi poupada: teceu críticas às ideologias conservadoras, buscando entender tais práticas em correspondência com as respectivas origens sociais e concepções de mundo. A vida intelectual, para ele, poderia ser abordada em termos de "famílias", grupos de pensadores aproximados por suas afinidades conforme uma "morfologia social do espírito ou da inteligência" (idem, 1960, p.141). Três dessas famílias são analisadas pelo autor, e duas delas se enquadram no que se pode nomear como pensamento conservador (Mannheim, 1959) ou "de direita": a defesa da ordem e da reação.

No ensaio *A ideologia da ordem*, presente em *A crise do poder no Brasil* (1961), o sociólogo aborda as ideias de um grupo intelectual católico brasileiro – óbvio que nem todos os pensadores católicos de então compartilhavam das ideias dessa estirpe – [72] formado por Jackson de Figueiredo, Hamilton Nogueira, Alceu Amoroso Lima, Alcebíades Delamare, Durval de Morais, Perilo

---

71 "Ao contrário do que pensa o sr. Gorender, não temos, nunca tivemos nada de comum com os 'isebianos' de que fala em sua crítica. Jamais levei a sério as elucubrações cerebrinas de certos intelectuais menores, pivetes do 'desenvolvimentismo' burguês" (Ramos, 1996, p.36).

72 Guerreiro Ramos fazia exceção – por razões diversas – aos padres Fernando Bastos de Ávila, Henrique Vaz e Júlio Maria, e a Cândido Mendes de Almeida.

Gomes, padre Assis Memória, cardeal D. Jaime Câmara, arcebispo D. Helder Câmara, Gustavo Corção, Gladstone Chaves de Melo, Juarez Távora, Eduardo Gomes, Fernando Carneiro, Carlos Lacerda, José Artur Rios e outros, que primariam pela defesa daquela ideologia.

Nota-se a menção a pessoas dedicadas integralmente ao ofício intelectual, "homens de ação", políticos etc. indicando que Guerreiro Ramos não considerava o pensamento social como algo contemplativo ou profissional, nem media a validez do estatuto teórico pela condição canônica, erudita, rigorosa ou sistemática, mas pela confecção de ideias que representassem uma perspectiva socialmente significativa. Inspirado em Jacques Maritain,[73] que por sua vez retomou a antiga noção escolástica de *habitus*, Guerreiro Ramos diferenciava entre sociologia (e saber) em hábito e sociologia em ato. Assim, a sociologia em ato já seria algo presente no Brasil, antes mesmo de sua institucionalização acadêmica.

Na gênese daquela "ideologia da ordem" estaria o integrismo, concepção cujo excessivo compromisso temporal tenderia a identificar o catolicismo com a defesa da organização econômica em voga e a "civilização ocidental", aferrando-se a isso como valores e distanciando-se das camadas populares. Sua expressão máxima seria o pensamento de Jackson de Figueiredo. Este último, fundador do Centro Dom Vital e da revista *A ordem*, teria como influências os conservadores de extração católica Joseph de Maistre, Louis de Bonald e Charles Maurras; politicamente, seria um fervoroso conservador, defensor da ordem, do direito divino, da monarquia e de uma teoria aristocrática e antipopular da sociedade. Na sua concepção a política teria um fundamento moral, daí considerar a revolução como algo diabólico. Sua posição seria – como ele próprio admitia

---

73 Maritain, autor francês cristão e neotomista, muito caro a Guerreiro Ramos, teve relativa influência sobre os pensadores cristãos e católicos no Brasil, seja à direita ou – algo menor – à esquerda (cristãs). Isso posto, as críticas de Guerreiro Ramos não deixam de ser um episódio da luta por certa herança de Maritain. A respeito dos debates no Brasil e na América Latina em torno das ideias políticas do filósofo francês, ver Chacon (1980).

248   EDISON BARIANI JUNIOR

– "reacionária". O integrismo católico de Jackson de Figueiredo e outros[74] teria dado origem intelectual ao integralismo como movimento ideológico.

Já a posterior intelectualidade católica no Brasil, segundo Guerreiro, ainda não teria superado satisfatoriamente as posições de "ideologia da ordem", movendo-se ainda num anti-humanismo e num maniqueísmo político, que satanizaria a revolução e perceberia a política como uma eterna luta entre o Bem e o Mal. As questões sociais reduzir-se-iam a problemas morais cuja solução adviria do esclarecimento dos espíritos ou da purgação dos erros dos culpados, e o máximo ao qual chegariam esses intelectuais – em termos de renovação – seria o reformismo, esboçado nas propostas de distributivismo econômico (de Alceu Amoroso Lima, "Tristão de Ataíde") e de participação nos lucros (de Juarez Távora).[75] Não obstante a caducidade dessas concepções, a "ideologia da ordem", adverte Ramos (1961, p.151), estaria, naquele momento, a dominar num grande estado do Brasil (Rio de Janeiro) e na Guanabara, onde Carlos Lacerda havia sido eleito governador.

Já em A ideologia da 'Jeunesse Dorée'[76] outra "família" que abominava a revolução é estudada. O sociólogo sonda ali os limites da visão de mundo (inclusive os caracteres psicológicos) de alguns "bem-nascidos" intelectuais – daí a designação – que não teriam conhecido as agruras da dificuldade material e que, pela sua condição, seriam "induzidos a um certo esteticismo diante de si mesmos e da vida, tentando a perfeição interior pela autoanálise, pelo esclarecimento, pelo exercício do domínio da vontade e, além disso, pela concep-

---

74 Outro autor analisado é Hamilton Nogueira, homem de inspiração maurrasiana que preconizava a pena de morte como direito de defesa da sociedade – e mais tarde viria a renegar algumas de suas posições.

75 Guerreiro Ramos relega o fato de que vários representantes da inteligência católica – Francisco Karam, Valdemar Falcão, Moacir Veloso Cardoso de Oliveira, advogados católicos discípulos de Alceu Amoroso Lima e Rego Monteiro, reunidos na assessoria de Oliveira Vianna – tiveram papel de destaque na instauração da legislação trabalhista no Brasil (Villaça, 1975, p.160).

76 Publicado originalmente nos Cadernos de nosso tempo n.4 (em 1955) e depois reeditado em A crise de poder no Brasil (1961).

GUERREIRO RAMOS E A REDENÇÃO SOCIOLÓGICA **249**

ção do homem e da sociedade em termos preponderantemente psicológicos" (ibidem, p.153).

Esses autores, perante os acontecimentos da Revolução de 1930, teriam sido tomados pela angústia, temores, pessimismo e nostalgia ao perceberem que a classe média e o proletariado avançavam no campo das decisões políticas, daí o viés do protagonismo exclusivista (veriam a história em termos de acaso e heroísmo), o racismo e o horror aos mestiços e "desqualificados" e o elitismo (defendiam que o poder deveria ser entregue aos intelectuais, aos iluminados). A análise que fizeram da sociedade brasileira seria calcada numa "psicologia nacional" – predominando conceitos dogmáticos como *ethos*, alma nacional, caráter nacional – e na abordagem das relações sociais como "relações racionais", atribuindo ao aspecto intelectual um fator modelador da sociedade, de onde surgiria a ideia do papel salvador das elites. Dentre os anseios desses autores, estariam a monarquia, a recristianização e a elevação moral da política.

Tais autores seriam Alceu Amoroso Lima, Octávio de Faria e Afonso Arinos de Melo Franco e, segundo Guerreiro Ramos, o sentido essencial de suas obras poderia ser assim resumido: "*A estrutura econômica e social, na qual a classe dirigente era constituída de grandes proprietários de terras, devia conservar-se imutável, sendo imorais e satânicas as tendências que laboravam por sua transformação qualitativa*" (ibidem, p.167, grifos do autor).

Haveria também uma terceira "família" de autores, de importância cabal para o entendimento do processo histórico pós-1930, considerada progressista e tida em alta conta por Guerreiro Ramos, cuja herança intelectual reivindicava: Caio Prado Júnior, José Maria dos Santos, Oliveira Vianna, Martins de Almeida, Virgínio Santa Rosa, Azevedo Amaral. Todavia, a contribuição de vários desses autores – que constituiriam "elo da ciência brasileira, da teoria social brasileira que se vem formando, por acumulação, através de João Ribeiro, Silvio Romero, Euclides da Cunha, Alberto Torres" (ibidem, p.169) – estaria sendo diminuída por outros que se colocariam como encarnação de uma nova postura, "científica" em rigor e método.

250 EDISON BARIANI JUNIOR

Nos últimos vinte anos adquiriram prestígio, aos olhos do público, certos estudos que se rotulam de "sociológicos" e "antropológicos". Os autores desses estudos timbraram sempre em exibir muita erudição e um conhecimento de técnicas de pesquisa que diziam constituir a última palavra em ciência social. Então passaram a, aberta ou indiretamente, empequenecer as contribuições dos estudiosos dos problemas brasileiros que os tinham precedido. Além disso, afirmando serem a "Sociologia" e a "Antropologia" ciências cuja prática exigia treino especialíssimo, desestimularam muitas pessoas pudicas e, entretanto, capazes de contribuir para o esclarecimento de nossas questões. Resultou de tudo isto que ficaram sem merecida atenção numerosas obras de valia, só porque seus autores não se diziam nem "sociólogos", nem "antropólogos". (ibidem, 168)[77]

É nesse ensaio, *O inconsciente sociológico*,[78] que Guerreiro – em contrapartida àqueles críticos – analisa algumas das colaborações dessa "família", especificamente as de Martins de Almeida (em *Brasil errado*, de 1932), Virgínio Santa Rosa (em *O sentido do Tenentismo*, de 1933) e Azevedo Amaral (*O Brasil na crise atual*, de 1934, e *A aventura política do Brasil*, de 1935). Observa que teriam cometido erros, como não conseguir ficar distantes da "ciência oficial", incorrer num psicologismo e não construir uma teoria social orgânica. Contudo, realça-lhes o vigor e a acuidade de análise – seriam exemplos da sociologia como "saber em ato".

---

77 E desdenha das contribuições desses *experts* (principalmente de Gilberto Freyre), afirmando desconhecer qualquer uma delas que fosse produtiva, pois se resumiriam a "glosas de temas tratados no estrangeiro ou de livros para divertimento e 'sorriso da sociedade' (expressão tomada a Afrânio Peixoto, com a qual definiu o fenômeno literário), como *Casa grande e senzala*, *Sobrados e mocambos* e outros" (Ramos, 1961, p.169).

78 Com o subtítulo "Estudos sobre a crise política no Brasil na década de 1930", foi publicado originalmente nos *Cadernos de nosso tempo* n.5 (em 1956) e, posteriormente, em *A crise do poder no Brasil* (1961).

GUERREIRO RAMOS E A REDENÇÃO SOCIOLÓGICA **251**

Certa perplexidade e estranheza – à primeira vista – rondam o título do ensaio. A explicação advém de uma passagem, selecionada por Guerreiro Ramos, de *Brasil errado*, de Martins de Almeida:

"Em lugar de pensarmos os nossos pensamentos, são os nossos pensamentos que nos pensam", diz [...] Martins de Almeida, que, não tendo as categorias técnicas para descrever o desenvolvimento objetivo e necessário da sociedade brasileira se reporta ao que chama de *inconsciente sociológico*. Ele percebe que existem "forças ocultas" que dirigem inexoravelmente o processo histórico-social e que os pensamentos, as ideias, são fatores componentes integrantes e não determinantes das situações sociais. (ibidem, p.169-70, grifos nossos)

Martins de Almeida referia-se em *Brasil errado*, segundo Guerreiro Ramos, a duas formas diferentes de organização da produção em embate naquele momento da sociedade brasileira, uma persistente e outra emergente, e aos entraves à forma emergente, de cuja tensão resultaria um desconforto social.

Sentimos que o país precisa sair desse estado de retenção material, de continência nas relações de produção. Da insatisfação de nossas necessidades concretas resulta um mal-estar generalizado. Freudismo do nosso inconsciente sociológico pelos recalcamentos de ordem material. (Martins de Almeida apud ibidem, p.170)[79]

Ao encampar mais um debate e abrir polêmica contra os novos "sociólogos" e "antropólogos", Guerreiro Ramos procurava dar

---

79 Apesar de citar Freud de modo paradoxal (estende ao social análises concebidas para o entendimento do indivíduo), Martins de Almeida acusava uma singular percepção de fenômenos cuja detecção teórica é em muito devida a Marx: a contradição entre diferentes modos de organização da produção da vida material (e social), o enraizamento histórico-social das ideias e como estas se põem nas circunstâncias que as requerem. Lembremos Marx: "Uma formação social nunca perece antes que estejam desenvolvidas todas as forças produtivas para as quais ela é suficientemente desenvolvida, e novas relações de produção mais

252 EDISON BARIANI JUNIOR

continuidade à sua luta para retomar certa herança crítica do pensamento social no Brasil, afirmar determinada visão do desenrolar pós-1930 que valorizava positivamente o papel do Estado e da classe média contra as oligarquias, atacar posições liberais e relevar o papel de uma deliberada intervenção racional como construtora institucional, isto é, como forma superior de organização da vida social. E, principalmente, defender o posicionamento e o compromisso político dos intelectuais com a realidade brasileira.

Nesses ensaios, o sociólogo demonstra seu desapego a fórmulas e certa amplitude na análise do pensamento social, mantém-se fiel a uma abordagem crítica conforme determinada tensão contextual, considera a permanência e influência das ideias nas posteriores construções intelectuais (em *A ideologia da ordem*), a presença de caracteres psicológicos na formação de uma particular visão de mundo (*A ideologia da "Jeunesse Dorée"*) e a importância de certa sensibilidade social – ainda que formulada teoricamente de modo precário ou excessivamente generalizador – no tratamento de questões submetidas ao saber sociológico.

Um papel destacado no processo social brasileiro é atribuído pelo autor à atuação da inteligência brasileira, ou seja, do

[...] conjunto de pessoas que têm exercido em vários papéis, um magistério público orientado para interpretar e configurar o processo de formação do país. Como em outros períodos, na década de 1930 fazem parte dela, ao lado de escritores propriamente, como por exemplo: Oliveira Vianna, Azevedo Amaral, Martins de Almeida, Alceu Amoroso Lima, Octávio de Faria, Plínio Salgado, indivíduos como Getúlio Vargas, Osvaldo Aranha, João Neves de Fontoura, Góis Monteiro, Luís Carlos Prestes, Juarez Távora,

---

adiantadas jamais tomarão o lugar, antes que suas condições materiais de existência tenham sido geradas no seio mesmo da velha sociedade. É por isso que a humanidade só se propõe as tarefas que pode resolver, pois, se se considera mais atentamente, se chegará à conclusão de que a própria tarefa só aparece onde as condições materiais de sua solução já existem, ou pelo menos, são captadas no processo de seu devir" (Marx, 1978, p.130).

GUERREIRO RAMOS E A REDENÇÃO SOCIOLÓGICA   253

Newton Estillac Leal, que, quando muito, são escritores *ad hoc* ou de ocasião. (idem, 1983a, p.529)[80]

A inteligência teria uma conformação calcada na peculiaridade brasileira e no exercício da reflexão voltada à intervenção pública, o que implicaria divulgar ideias, esboçar projetos e terçar armas para influir decisivamente nos destinos do país. O exercício intelectual efetuado por essa inteligência não seria, portanto, uma profissão, um ofício, aproximar-se-ia mais de uma missão, um "magistério público" – menos identificado com uma "função" que com uma profunda imbricação "espiritual" com a nação. O compromisso, o envolvimento, definiria a inteligência.

Segundo o autor, estaria nascendo também no Brasil, em razão da afluência do povo, uma *intelligentsia*, uma intelectualidade tanto desvinculada (com relação aos interesses imediatos, primários) quanto comprometida com os ideais políticos do povo, à qual competiria "organizar um Estado Nacional, ou seja, configurar politicamente o povo brasileiro" (idem, 1961, p.190). O compromisso dessa *intelligentsia* não poderia ser estético, mas, naquele momento, basicamente político.[81]

---

80 A respeito desse período (pós-1930), ainda classificaria os intelectuais quanto à temática e estilo de abordagem – parafraseando Miceli (2001) a respeito dos "anatolianos" – em carlylianos, bonaldianos e gorkianos; e quanto às posições políticas em cêntricos, periféricos e fronteiriços (Ramos, 1983a, p.532). Não nos deteremos na explanação desses tipos, pois consideramos uma construção circunstancial do autor, de ocasião, esboçada ao final de sua carreira (em 1980) em um texto para comunicação – em seminário sobre a Revolução de 1930 – e sem eco ou forte respaldo em seus demais trabalhos.

81 Advertimos que Guerreiro Ramos utiliza o mesmo termo (*intelligentsia*) para referir-se a dois "objetos" distintos: certa intelectualidade russa e o conceito mannheimiano, o que não implica que desconhecesse ou desconsiderasse a distinção. Usualmente, utilizava o termo acrescentando comentários e explicações num ou noutro sentido. Acreditamos que o uso de termos diferentes pode ser mais produtivo, uma vez que permite distinguir claramente entre a referência a um grupo intelectual socialmente determinado e pretensamente desvinculado que se propõe tarefa de amalgamar interesses e sistematizar ideias na sociedade – na acepção de Mannheim e talvez de Alfred Weber – (*intelligentsia*), e o fenômeno russo, de certo romantismo contestador e radical,

254 EDISON BARIANI JUNIOR

Ramos, seguindo as lições de Mannheim, afirma que a *intelligentsia* teria como característica fundamental o "pensar independente", o esforço para libertar-se do ponto de vista de uma classe, aspirando a uma condição de possibilidade de síntese. Afirma, também, que não haveria posição imune ao condicionamento social. Entretanto, a consciência crítica militante alcançaria "maior objetividade que o desserviço da autorreflexão" (ibidem, p.186), uma vez que a perspectiva social localizada (porém de amplitude privilegiada) seria mais efetiva que o "livre-pensar" ou a flutuação descompromissada, inconscientemente caudatária de posições dadas (ibidem, p.186-7).

A aridez do terreno para a contestação seria outra particularidade do processo social brasileiro, em sua relação com a atuação intelectual: "Os intelectuais de origem modesta raramente escapam ao processo cooptativo que, ou os assimila inteiramente, ou os acomoda ao sistema social prevalecente. Por isso jamais se formou no Brasil uma *intelligentsia* no sentido russo" (idem, 1983a, p.531).

Não bastasse isso, ainda vigeria no país uma entronizada concepção que pregaria o "saudável" distanciamento do intelectual em relação aos problemas políticos,[82] persistindo em distraí-lo de suas tarefas. Entretanto, Guerreiro Ramos vislumbrava outro destino para a *intelligentsia* no Brasil.

[...] formou-se no Brasil uma concepção segundo a qual a vida da inteligência é incompatível com a política [...] Ao contrário, num país como o Brasil, *o intelectual que viva profundamente a ética da*

---

que é historicamente singular (*intelligentsia* russa). Tal distinção permite-nos afastar uma concepção formalista (e genérica) do conceito. No curso deste livro, utilizaremo-nos desta terminologia distintiva – respeitando, todavia, as construções do autor.

82 Alberto Torres já havia notado o fenômeno: "Intelectuais [...] e, em geral, homens de letras, estão longe de ocupar a posição que lhes compete na sociedade brasileira. Não formam, até hoje, uma força social. A intelectualidade brasileira levou ao último extremo essa atitude de impassibilidade perante a coisa pública a que a absorção do espírito em estudos especulativos e o desinteresse pela vida e pela realidade habituou filósofos e cultores da arte" (Torres, 1982b, p.105-6).

GUERREIRO RAMOS E A REDENÇÃO SOCIOLÓGICA   255

*inteligência, reconhecerá que o seu magistério terá de ser delibera-
damente, intencionalmente político*. Não é inteligente ser de outra
maneira. Há na sociedade brasileira, atualmente, um oco a preen-
cher, que decorre da perda de exemplaridade das ideias, por meio
das quais justificava sua dominação uma classe há duas décadas em
processo de aposentadoria histórica. *Está diante de nós a tarefa de
organizar um Estado Nacional, ou seja de configurar politicamente
o povo brasileiro*. Para o intelectual, assumir essa tarefa não corresponde a ser adminículo de uma classe particular. Nas condições
atuais da sociedade brasileira, está aberta ao intelectual, pela primeira vez entre nós, a oportunidade de valor por si, na proporção
do teor concreto das ideias que exprime. Tais condições necessariamente politizam o trabalho intelectual orientado por um propósito
substitutivo. E a *intelligentsia* não é esteticista. Pretende sempre a
fundação de algo e o exercício de tarefa pedagógica. (idem, 1961,
p.190, grifos nossos)

A essa *intelligentsia*, cuja presença propiciaria a possibilidade de
existência de um pensar emancipado em relação às classes dominantes, caberia como tarefa primordial educar o povo, sem tutelá-lo.

Ordinariamente se considera o povo como conjunto de cidadãos
em menoridade. Esta concepção é falsa hoje no Brasil. O povo,
coletivamente, é o principal titular de capacidade econômica, social,
política e cultural. Corresponde a um retrocesso a pretensão de
tutelá-lo. (ibidem, p.230).

Programa, estratégia e tática na revolução brasileira

A revolução brasileira, conforme os indicativos de Guerreiro
Ramos, deveria ser eminentemente nacional e iminentemente
burguesa, afirmar a nação em detrimento da antinação, reforçar o
movimento das forças centrípetas e destituir de seu eixo as forças

256 EDISON BARIANI JUNIOR

centrífugas, deslocar o centro decisório para o âmago do país, elevar a nacionalidade à posição de elemento aglutinador/conscientizador da vida social e relevar a realidade brasileira como espaço vital da existência social plena e autêntica. Economicamente, efetivaria a industrialização, promoveria o desenvolvimento e construiria as bases do capitalismo no Brasil como circuito econômico nacional e autônomo, como capitalismo nacional, cuja existência se concretizaria

> [...] quando se forma, em determinado país, um aparelho de produção orientado prioritariamente para atender ao consumo interno e quando o dinamismo dos recursos aplicados na instalação desse aparelho, sejam de propriedade de nacionais ou de estrangeiros, obedece a um *processo endógeno de acumulação de capital.* (idem, 1960, p.62, grifos nossos)

Esse processo econômico renderia frutos não só à burguesia (industrial): haveria uma disseminação de seus benefícios, o que tornaria os trabalhadores interessados diretos no processo. Como assinala o autor, os brasileiros teriam, "como povo, um empreendimento capitalista próprio a realizar" (ibidem, p.61), já que "o nosso capitalismo realiza-se, basicamente, na forma de um processo de industrialização e seus beneficiários não são apenas os donos de bens de produção, mas o povo brasileiro em geral" (ibidem, p.60).

No campo dos que (supostamente) perderiam – e conscientes desse processo se oporiam à revolução –, haveria os grandes proprietários de terra, a burguesia comercial ligada aos interesses estrangeiros, bem como o setor da classe média beneficiária de posições parasitárias, detentora de privilégios ancorados no Estado.

Os setores sociais mais avançados – incluso o segmento esclarecido da classe média (técnicos, militares, intelectuais) – seriam potenciais aliados, já que haveria no país, nas palavras de Guerreiro, "possibilidades reais que permitem unificar numa frente a burguesia industrial e a massa dos trabalhadores" (idem, 1963, p.60). Existiria aí então uma sobreposição dos interesses nacionais aos interesses de classe? Os trabalhadores, o proletariado, deveria abdicar da condição de classe oponente à burguesia em favor dos "interesses nacionais"? A dinâmica política dos grupos não se conduziria pela luta de classes, mas pela luta entre nação e antinação? Em cáustica crítica ao livro *Consciência e realidade nacional* (1960), de seu ex-companheiro de Iseb Álvaro Vieira Pinto, Ramos assevera:

> Proclama-se aí [em *Consciência e realidade nacional*] incompatibilidade entre a "concepção de luta de classes" e o reconhecimento eventual de existência de uma contradição principal. Não sabe o Sr. AVP [Álvaro Vieira Pinto] que essa conceituação tem caráter metodológico. É procedimento metodológico que serve para aclarar as relações sociais vigentes em qualquer fase, no passado, no presente, no futuro. *A classe operária jamais poderia deixar de lado esta concepção, em favor do ponto de vista da nação, porque, deste modo, se exporia à mistificação e postergação de seus interesses. Ademais, é à luz da concepção de luta de classes, que a classe operária pode determinar, segundo suas conveniências, os termos da união com setores da classe dominante, em prol da libertação nacional* [grifos nossos]. O Sr. AVP, situando-se no ponto de vista da ideologia burguesa, prega a suspensão do critério metodológico de luta de classes, sem compreender que existe uma relação dialética entre união nacional e luta de classes. Para a classe operária, a união nacional contra o imperialismo é uma *união com luta de classes* [grifos do autor]. Somente para o nacionalismo burguês é concebível tal união nacional sem luta de classes. (ibidem, p.206-7) [83]

Ou seja: "A nação pode ser válida, enquanto referência do pensar, mas como modalidade particular, episódica, efêmera, subalterna, da *comunidade universal* ou da *totalidade*" (ibidem, p.214, grifos nossos). No longo prazo, o nacionalismo seria algo circunscrito, historicamente

---

83 Para uma leitura da obra de Guerreiro Ramos como operadora de um método dialético, ver Garcia (1983).

258 EDISON BARIANI JUNIOR

relativo. Assim, segundo o autor, embora as tarefas do momento fossem necessariamente nacionais, no horizonte estaria o ponto de vista da comunidade humana universal, ou seja, o socialismo.

Não obstante, o sociólogo afirmara que a "polaridade fundamental" que definia "o presente momento da vida brasileira" era a "luta entre a nação e a antinação": "duas categorias chaves, à luz das quais se explica a contradição mais saliente em nosso país" (idem, p.13). Naquele contexto, para o autor, a luta nacional seria uma posição tática do proletariado no processo revolucionário brasileiro e cumpriria aos trabalhadores – como episódio de sua luta, como passo a caminho do objetivo estratégico (o socialismo) – a criação/consolidação da nação e do capitalismo nacional. Daí a aliança, circunstancial, com o setor mais "avançado" da burguesia, sem abandonar, todavia, a luta de classes.

Ainda, como tarefa urgente, agendava o sociólogo o estabelecimento de uma particular transformação democrática do país:

> No domínio prático, *a posição revolucionária brasileira implica tarefa organizatória das massas. É necessário tomemos consciência sistemática da necessidade urgente de institucionalizar esta posição,* a fim de que os problemas do poder nacional, que se vão colocar, recebam as soluções justas, consentâneas com as aspirações do povo brasileiro. (idem, 1961, p.109-10, grifos nossos)

"A revolução está madura hoje no Brasil", "o poder está aberto a revolucionários" (idem, 1963, p.183-4). Desse modo, Guerreiro Ramos caracterizava a situação em 1963. A máxima orteguiana (reinterpretada) da "rebelião das massas" tomava corpo, assinalava ele, na inquietação, no mandato das massas que se avizinhava. Entretanto, faltava a concretização de um aspecto:

> Estão faltando condições subjetivas. A inconsistente liderança do atual movimento emancipador contribui para postergar a revolução brasileira. Na medida em que assim permaneça tal liderança, a revolução, que se proclama inevitável, pode ocorrer, de fato, contudo

não de modo orgânico e adulto, mas como expressão impulsiva, mero protesto indistinto e sem força configuradora da nova ordem. (ibidem, p.184)

Mesmo havendo, no entender do autor, um enorme "capital político" para utilização revolucionária naquela conjuntura, haveria, contudo, "ausência de liderança competente e realista" (ibidem, p.184) que conduzisse seriamente a revolução, já que a vanguarda do povo se desapercebia de seus objetivos, as organizações não superavam suas limitações e crescia o risco de o ato de maioridade da nação e independência do povo tornar-se novamente uma jornada de otários.[84]

À crise de direção política e ao consequente impasse, somar-se-ia a carência de um centro de poder (configurador), levando o país a uma situação de sociedade exposta, que se caracterizaria

Quando a minoria dominante, por circunstâncias várias que não convém referir, perde a capacidade de resguardar o caráter secreto dos meios que utiliza, na manutenção de sua posição privilegiada, notadamente em virtude do ingresso de indivíduos na área esotérica do poder, contra a vontade dos poderosos.

[...]

Desfazem-se as fronteiras entre o palácio e a rua, e os governantes e candidatos a governantes são levados à desmedida na busca frenética do favor popular. Em tais circunstâncias, a reserva é impossível, as autoridades falam demais e, por isso mesmo, deixam de ser autoridades, pois o exercício do poder é incompatível com a incontinência verbal. (idem, 1963, p.180)

---

84 O termo, usado por Guerreiro, remete imediatamente a Teófilo Otoni (1807-1969) quando da definição da tentativa de depor D. Pedro I, por meio de uma revolta, em 7 de abril de 1831, ocasião na qual aquele veio a abdicar do trono em favor de seu filho. Otoni referiu-se ao fato como uma *journèe des dupes* (uma jornada de otários), expressão tomada aos franceses que assim definem o 11 de novembro de 1630, quando os inimigos de Richelieu (1585-1642) tentaram – em vão – apeá-lo do poder.

260 EDISON BARIANI JUNIOR

A crise seria também "de cultura política", cumpriria processar as demandas de modo compatível com as condições e possibilidades de ação: "A revolução está madura no Brasil, e a nação precisa digeri-la, segundo o seu metabolismo próprio" (ibidem, p.186), caso contrário, "a revolução no Brasil corre o risco de transformar-se em metafísica" (ibidem, p.188).

A revolução deixa de ser séria quando se transforma numa corrida inconsequente de palavras, de declarações carbonárias não apenas dos que têm razões vitais para fazê-las, mas também e sobretudo dos que, a partir dos escalões do governo, tão só perseguem o benefício da promoção política. (ibidem, p.181)

Em meio ao que considerava volúpia "revolucionária", inconsequente, Guerreiro Ramos pinta um lúcido retrato do governo Jango em seus últimos dias e apela à razão em meio ao destempero que vigeria:[85]

A revolução brasileira será mistificada, se e enquanto os que pretendem representá-la e servi-la não se desvencilharem de fetiches verbais. A revolução brasileira hoje está diante do dilema: mito ou verdade. Aos otários – o mito. Façamos a revolução – segundo a verdade da história nacional. (ibidem, p.191)

Reeditava-se, segundo o autor, o risco de tornar a revolução uma jornada de otários. Mas quem seriam os otários de então? Os petardos tomavam a direção do governo, dos demagogos, dos políticos "populistas", de setores da esquerda, do PCB etc.

Podemos responder que [otários] são todos os que estão falando demais, falando mais do que podem, aventureiros e literatos que, por

---

85 São notórias na ocasião as declarações bombásticas e intempestivas de personalidades políticas como Leonel Brizola, Luís Carlos Prestes, Miguel Arraes, Francisco Julião e outros.

GUERREIRO RAMOS E A REDENÇÃO SOCIOLÓGICA   261

erro de perspectiva ou por gosto, se vão especializando na desmedida, compelindo muitos a segui-los, por temor de parecerem não revolucionários, ou inimigos das causas populares. Otários são os que, ingenuamente, se deixam manipular e conduzir pelos corretores da revolução. Otários são todos os que imaginam que a revolução brasileira só poderá efetivar-se mediante a internacionalização do país. (ibidem, p.186)

Otários, à época, para ele, seriam quase todos.[86]

---

86 Em 1980, o autor via sua previsão confirmada ao afirmar: "O movimento reformista que agitou o Brasil em 1963 e nos primeiros meses de 1964 constitui a mais espetacular jornada de otários que se registra em nossa história político-partidária. Por força de sua proposta inarticulável, estava fadado à frustração e a provocar a substituição daquela vanguarda civil pela guarda militar" (Ramos, 1983a, p.538).

4
A UTOPIA DESARMADA

*A ciência social e, portanto, também a ciência
administrativa nada significam sem um
engajamento com valores humanísticos.*

Guerreiro Ramos

Após o golpe de 1964, Guerreiro Ramos teve seu mandato de deputado federal e os direitos políticos cassados.[1] Perseguido, foi abrigado por Luiz Simões Lopes (ex-presidente do Dasp), então presidente da Fundação Getúlio Vargas, na qual – com o financiamento de uma bolsa da Fundação Ford – trabalhou e escreveu *Administração e estratégia do desenvolvimento* (publicado em 1966). Interrompido seu envolvimento com a política nacional, que se intensificava desde 1953 (quando trabalhou na Assessoria de Vargas), encontrou a proteção econômica e institucional no lugar que o havia acolhido quando – naqueles difíceis momentos após sua saída da Universidade do Brasil (nos anos 1940) – foi

---

1 Conforme o Ato n.4, de 9 de abril de 1964, expedido pelo Comando Supremo da Revolução, que resolvia (no seu Art. 10) suspender, pelo prazo de dez anos, os direitos políticos de dezenas de cidadãos, dentre eles Alberto Guerreiro Ramos e Nelson Werneck Sodré.

264 EDISON BARIANI JUNIOR

preterido na carreira universitária, acusado de colaboração com o integralismo: na administração pública. O tecnicismo e a proteção corporativa ressurgiam como tábua de salvação para as tormentas da política. Imediatamente, é como se Guerreiro Ramos recuasse aos anos 1940, retomando temas e questões há muito relegadas e tratando dos problemas com certo distanciamento técnico que já não lhe era peculiar. As condições exigiam-no, entretanto. *Administração e estratégia do desenvolvimento* seria, daí em diante, para sempre um filho malquisto.[2] Nele, Guerreiro Ramos esboça uma sociologia especial da administração e volta-se para temas como burocracia, estratégia, formalismo etc. Não fosse a profundidade de abordagem de certos temas, a erudição e o enciclopédico conhecimento do autor a respeito do tema, poder-se-ia tomá-lo – por causa da forma do texto, à quantidade de autores relacionados e ao didatismo da argumentação – como um manual. Não o é, malgrado o desapreço do autor pela obra. É sim um livro que acerta algumas contas com o passado e retoma uma temática anterior de maneira nova, dando início a outro momento de sua produção, agora voltado à teorização a respeito da administração e das políticas públicas, mais técnico, menos intensamente político, privilegiando a teoria em desfavor do pragmatismo nacionalmente engajado. O peso do contexto não permitia grandes manobras.

Na obra, uma questão adquire circunstancial importância: "a burocracia pode ser agente ativo de mudanças sociais?" (Ramos, 1966, p.245). De início, o sociólogo repõe a questão em outra base teórica, alertando para o fato de que a *"burocracia não tem natureza, tem história.* Conferir-lhe atributos fixos e imutáveis é incidir num erro de perspectiva histórica" (ibidem, p.264, grifos nossos). Ou seja, seria equivocado dotá-la de predicados inerentes, julgá-la por si mesma positiva ou negativa, autônoma ou submetida, conservadora ou progressista. O que não o impede de analisar-lhe o papel e *status*,

---

2 O livro seria publicado posteriormente com o título *Administração e contexto brasileiro.*

GUERREIRO RAMOS E A REDENÇÃO SOCIOLÓGICA **265**

demarcando (como setor) os limites de sua posição e possibilidades de atuação na estrutura social:

> A burocracia é agrupamento que, por força de seu lugar na estrutura social, jamais logra impor suas próprias diretivas à sociedade em geral. Isso não quer dizer que a burocracia não possa exercer um papel modernizante. Na verdade, pode, e a história tem dado prova disso. Mas o seu papel modernizante apresenta-se-lhe sempre como uma chance, um "acidente estatístico" da história, da conjuntura de poder. (ibidem, p.274)

Se a burocracia não desfruta de estatuto político que a capacite à universalidade de empreendimento como portadora de um projeto, entretanto, em determinadas conjunturas, poderia adquirir certa "autonomia" política e motivação que, nessas condições, seria direcionada num dado sentido. O resultado, porém, seria nocivo:

> Quando a burocracia adquire orientação política autônoma, debilita-se a estrutura social, "aristocratizando-se", e tende à "exploração parasítica" dos recursos econômicos. É dizer, *na história decorrida e em curso, a política espontânea da burocracia tem sido essencialmente predatória e conservadora e jamais modernizante.* (ibidem, p.275, grifos do autor)[3]

No mais, a atuação da burocracia estaria sempre submetida às diretrizes de um grupo superior – capaz de construir um projeto – que legaria àquela a possibilidade de ação. "*A execução direta de*

---

3 A referência a Michels (19-, p.242 e passim), à crítica da burocracia e à formulação da "lei de bronze da oligarquia" é notória. Segundo esse: "É uma lei social inevitável que todo órgão da coletividade, nascido da divisão do trabalho, crie a partir do momento em que se consolide, um interesse especial, um interesse que existe em si por si. Mas os interesses especiais não podem existir dentro do organismo coletivo sem colocar-se em imediata oposição com o interesse geral. Mais do que isso: as camadas sociais que desempenham funções diferentes tendem a se isolar, a criar órgãos aptos a defender seus interesses particulares e a se transformar, finalmente, em classes distintas".

266 EDISON BARIANI JUNIOR

toda estratégia administrativa modernizante é sempre tarefa de elite, nas condições atuais de nossa época" (ibidem, p.280, grifos do autor).

Cabalmente, para ele: "A burocracia como agrupamento social jamais se torna sujeito do poder político [...] Não existe burocracia dirigente" (ibidem, p.328).

Adverte, todavia, que se por um lado a burocracia poderia exercer efetivamente uma função modernizadora e colaborar decisivamente para a superação de obstáculos ao desenvolvimento, embora não como protagonista principal da mudança, por outro, as

> características de uma burocracia que, alguma vez, desempenhou funções modernizantes, *são sempre a posteriori, post festum, e, por isso, têm escasso valor normativo ou estratégico.* As normas da autêntica estratégia administrativa são coetâneas às ações e ao desempenho administrativo. (ibidem, p.299, grifos nossos)

As constatações anteriores não lastreariam "cientificamente" uma deliberada intervenção modernizadora, já que só a experiência adquirida daqueles fatos, em contextos determinados, poderia indicar o papel modernizador da burocracia; antecipadamente, não haveria como detectá-lo. Ademais, o escopo das ações da burocracia reduzir-se-ia a realizações circunstanciais e operacionais da rotina administrativa, não de efetiva direção política – tarefa, novamente, de elites.

Se todo experimento sociopolítico só se consolida na prática e não há resultado *a priori*, os efeitos só poderiam ser significativamente entendidos com a efetivação. Todo progressismo ou conservadorismo só se definiria realmente na ação num dado contexto (e em certa perspectiva), nunca discursivamente, "em abstrato". Todavia, seria ainda possível uma prospecção racional a respeito das potencialidades e implicações dos projetos. A elaboração de Guerreiro Ramos trata não somente da dificuldade de intelecção da eficácia da ação e do projeto, mas também da incapacidade – por parte da burocracia – de indicar rumos precisos e determinados aos processos modernizadores.

GUERREIRO RAMOS E A REDENÇÃO SOCIOLÓGICA   267

A burocracia estaria circunscrita ao âmbito da racionalidade (Weber, 1982), dos negócios rotineiros do Estado (Schäflle apud Mannheim, 1972) e alijada da esfera da criação, da política, do irracional (Mannheim, 1972).

Na insegurança do período (pós-1964), com a perplexidade, a busca de "culpados" pelo acontecido, o advento das previsões catastrofistas de estagnação econômica e retrocesso político (cf. Furtado, 1979)[4] emergem, para Ramos, as incertezas em relação ao regime, ao momento histórico (e à própria vida do autor) e suas possibilidades. Pelas frestas do incerto vem à tona o desânimo com as forças políticas consideradas progressistas, com o potencial transformador desses sujeitos políticos e até mesmo uma incômoda suspeita: aquele regime pós-1964 (e sua tecnocracia) que se instaurava (autoritário, excludente e conservador), *a posteriori*, poderia mostrar-se modernizante, isto é, já não parecia seguro que as mudanças na sociedade brasileira teriam necessariamente como herdeiras as forças progressistas, outro tipo de mudança que não a sonhada revolução brasileira poderia ser possível e o capitalismo consolidar-se-ia no Brasil por outros meios que não o autônomo e nacional – como outros viriam a indicar em 1969 (Cardoso; Falleto, 1975).

Essa modernização configurar-se-ia mais tarde como o fôlego do regime e a esfinge para a esquerda, modernização essa muito peculiar (conservadora, pelo alto), que desafiava uma geração de intelectuais que se acostumou a pensar o desenvolvimento e a modernização capitalista como processo relativamente inexorável, evolutivo, e a face mais visível da democracia, cidadania e soberania – ilusão que o tempo se encarregaria de destruir.

Para Guerreiro Ramos, razão e modernização já não eram convergentes. O desenvolvimento mostrava suas outras faces (algumas perversas) e contradições. A política continuava uma amante infiel. Assim, em virtude das desilusões – do servidor com a impotência e o amesquinhamento privatista da burocracia, do sociólogo com o descompromisso da Inteligência com o país, do estudioso com a falta

---

4 Editado originalmente em 1967.

268 EDISON BARIANI JUNIOR

de oportunidades acadêmicas e do político com a baixeza do jogo do poder – Guerreiro Ramos exilar-se-á, distanciando-se da política e pondo em causa a razão (instrumental) e sua aptidão para uma transformação positiva, não mais pensada em termos de modernização, mas sim de humanização (Ramos, 1989).

A partir daí, o autor deixa em segundo plano o processo político do desenvolvimento nacional e passa a ocupar-se da *modernização* como "modalidade de mudança social menos espontânea do que deliberada", cuja teoria teria por objeto "um fenômeno dotado de especial carga volitiva" (idem, 1966, 140-1).[5] A ênfase na ação devia-se à tentativa de diferenciar-se dos teóricos da modernização, então na berlinda, os quais não desprezava, mas incomodava-o o caráter prescritivo e a-histórico da maioria das análises, além de certa preocupação normativa (ou de receituário, às vezes). Também enfatizando a ação, o autor penitenciava-se do forçado distanciamento político, dando vigor a uma retórica que só demonstrava a fraqueza da práxis.

A modernização, como processo (escassamente definido) de ingresso na modernidade, ostenta a partir daí, nas formulações do autor, um caráter mais geral, mundializado e não nacional. Em artigo escrito em 1967 (*A modernização em nova perspectiva*), já no exílio nos Estados Unidos, como professor visitante da Universidade do Sul da Califórnia, o autor, após afastar-se do conceito de fase, esboça uma noção de etapa como período histórico-comparativo e não como realidade empírica, um tipo-ideal, no sentido weberiano (idem, 1967, p.136-7). Usa-o no sentido de instrumentalizar outra abordagem da história, agora em termos de uma concepção típico-ideal baseada na possibilidade objetiva (Teoria P), em contraposição a uma concepção baseada na necessidade (Teoria N). Conforme a opção que faz pela primeira, a evolução histórica e seus condicionantes estariam postos de acordo com as possibilidades

---

5 A falta de uma definição mais precisa do conceito de modernização fortalece ainda mais as suspeitas de certo formalismo conceitual, esvaziado de processos políticos e sociais concretos, que, entretanto, não seria algo peculiar ao autor, mas – em maior ou menor medida – dos teóricos da modernização.

(objetivas) de realização histórica. Assim, a caracterização básica relativa à modernização:

> 1) pressupõe que a "modernidade" não está localizada em qualquer lugar do mundo precisamente; que o processo de modernização não se deve orientar segundo qualquer arquétipo platônico; e, 2) sustenta que toda nação, qualquer que seja sua configuração presente, terá sempre possibilidades próprias de modernização, cuja efetivação pode ser perturbada pela sobreposição de um modelo normativo rígido, alheio àquelas possibilidades. (ibidem, p.9)

Desse modo, faz considerações que recolocam alguns problemas em novas bases, a saber: 1) seria errôneo nessas condições utilizar termos como países "desenvolvidos" e "subdesenvolvidos", ou "pioneiros" e "seguidores", sendo mais correta a distinção entre nações hegemônicas e periféricas; 2) todas as nações seriam influenciadas por um supersistema, a economia mundial ou a sociedade mundial, cuja dinâmica seria superposta à de qualquer sistema nacional isolado; 3) a modernidade, sendo algo "ecumênico e universal", não estaria segregada geograficamente no mundo, daí que "do ponto de vista político, qualquer forma de provincialismo ou nacionalismo, hegemônico ou periférico, representa, em última análise, um obstáculo à modernização"; 4) a modernização seria uma preocupação constante para os cientistas sociais e deveria ser por esses não somente compreendida, mas conduzida. Para tanto, deveriam ocupar-se mais de conceitos operacionais do que de prescrições, esforçando-se no sentido de uma estratégia da modernização (ibidem, p.39-42).

Empreende, assim, uma crítica das teorias que enfocam a mudança social com base numa linearidade histórica pretendida por algumas teorias da modernização, que identificariam o alcance da modernidade como o trilhar determinado percurso que levaria à posição dos países "desenvolvidos". Em contrapartida, Guerreiro Ramos afirma o destino histórico "aberto" e próprio de cada país, por meio de uma teoria que aborda a transformação como horizonte

270   EDISON BARIANI JUNIOR

de possibilidades (objetivas). A esperança na peculiaridade e na construção de rumos históricos próprios não se alicerça mais no culturalismo de Danilevski, mas em Weber e na leitura deste por alguns teóricos norte-americanos. Resgata, ademais, a categoria de "mundo", porém relativamente esvaziada de seu conteúdo existencial e definida agora em termos de uma abordagem sistêmica.

Os novos ares já influenciam Guerreiro Ramos: o nacionalismo é subjugado às determinações do sistema mundial e torna-se mesmo obstáculo à modernização; a transformação social perde sua imanência histórica e adquire aspecto de estruturação, de controle de variáveis; a política perde espaço para a técnica; a teoria distancia-se um pouco da prática e é agora menos revelação histórico-existencial de problemas e mais organização conceitual estrito senso. Por fim, os intelectuais, antes postos a reelaborar como projeto os anseios do povo, são chamados novamente, agora em novo contexto, a tomar decisões como dirigentes e não como *intelligentsia*. Entretanto, não são mais os organizadores da nação ou vanguarda do povo, estão mais próximos de uma tecnocracia. A revolução e o povo saem de cena, dando lugar aos libelos da crítica em termos de tecnologia social.

Manifesta-se, então, a respeito da conturbada relação entre intelectuais e Estado:

> No Brasil – e em outros países latino-americanos – a extrema rigidez da estrutura social, e sua capacidade para absorver os setores médios, precisa ser considerada quando se tenta explicar a hipertrofia dos quadros burocráticos. Tal hipertrofia é o resultado necessário de certa cooptação inconsciente exercida pelo sistema social brasileiro no sentido de acomodar aqueles que porventura ameacem sua estabilidade, alienando-os completamente.
> [...]
> Aqueles bacharéis que não encontram emprego no setor privado da economia exercem pressão sobre o governo na busca de ocupações e meios de subsistência. O governo, em todos os níveis, é forçado a prover os serviços públicos com pessoal além de suas

GUERREIRO RAMOS E A REDENÇÃO SOCIOLÓGICA **271**

reais necessidades, sacrificando então sua eficiência, mas ao mesmo tempo evitando uma situação na qual as pressões poderiam alcançar um ponto crítico. (idem, 1971, p.65)[6]

O intelectual compromissado denunciava a cooptação não simplesmente em defesa da integridade da Inteligência, nem pelo ponto de vista da sociedade civil – numa eventual condenação à falta de independência ou à proximidade com o Estado –, mas indignando-se com o clientelismo, o parasitismo exercido por aqueles que buscavam "colocações". O vértice desse ponto de vista não é a função do intelectual, nem mesmo a moralidade ou o cinismo: é, paradoxalmente, ainda o próprio Estado e sua racionalidade.

Embora Guerreiro Ramos só se refira aos equívocos dos governantes e militantes políticos, os acontecimentos de 1964 e o que se seguiu ao Golpe estremeceram-lhe a fé no povo como sujeito político. Também a irrealização de possíveis tarefas históricas o faz duvidar da própria existência de uma sociedade civil e de "verdadeiras" classes sociais nos países latino-americanos:

[...] a existência de verdadeiras classes sociais – classe dominante, burguesia industrial, burguesia dos campos, proletariado, classe média – é muito discutível. Autores rigidamente presos a esse enfoque apresentam situações quiméricas como se fora a *realidade dos países latino-americanos*. Os entes políticos latino-americanos parecem permitir melhor compreensão se explicados em termos de, por exemplo, *aspirantes ao poder, atores*, do que em termos de classes estratificadas. Da mesma forma, muito autores dão por suposto que os países latino-americanos já são verdadeiras sociedades, ou, em outras palavras, que em todo país latino-americano existe a dicotomia Estado *versus* sociedade, tal como se verifica nos países cêntricos. (idem, 1983b, p.59, grifos do autor)

---

6 No original em inglês, tradução nossa.

272 EDISON BARIANI JUNIOR

Antes central, a questão da transplantação também se modifica: os acentos nacionais e políticos, de construção da nação e realidade existencial são afastados, e passa a ser tratada conforme a adequação lógica e funcional a contextos teóricos. O autor refere-se a "transferência de conceitos", para "os casos nos quais é pertinente e adequada a tentativa de examinar o problema segundo um modelo tomado de empréstimo de uma situação diferente, porque ambos possuem realmente características análogas", e "uso inadequado de conceitos", para os casos nos quais um modelo é tomado de empréstimo, sem observar a indisponibilidade do uso (idem, 1973, p.6).

Se a nação já não é uma categoria central e estaria mesmo "rapidamente se tornando inviável como categoria de análise" (idem, 1983b, p.51), a transplantação no sentido anteriormente atribuído, a saber, de deslocamento de ideias para uma realidade nacional alheia, é agora destituída de sentido. Para Guerreiro Ramos, diante da vigência de um sistema único, "faz-se mister uma ciência social global" (ibidem, p.51). Desse modo, soterra qualquer resquício de realização de uma sociologia nacional.

Outro aspecto da transplantação, a importação de instituições e condutas despregadas do devido contexto, aplicados conforme uma concepção formal, passa a ser tratada como uma questão autônoma, que denomina formalismo. Desde *Administração e estratégia do desenvolvimento* e, principalmente, em *Latent functions of formalism in Brazil*,[7] o autor investiga as várias facetas do fenômeno do formalismo no Brasil, que se configuraria em estratégias: para lidar com o conflito social, de ascendência social conforme uma mobilidade vertical, de construção da nação e de articulação da sociedade periférica com o resto do mundo (idem, 1971, p.80).

Assim, o formalismo identificado nas relações e instituições sociais brasileiras seria, em seu sentido principal, não uma característica bizarra, nem um traço de patologia social nas sociedades periféricas, mas uma reação "normal", que refletiria a estratégia global conforme a qual sociedades tentam emergir de seu atual estágio

---

7 Artigo publicado em 1971, na revista *Sociology and Social Research*.

GUERREIRO RAMOS E A REDENÇÃO SOCIOLÓGICA **273**

de desenvolvimento. Isto posto, seria, nas sociedades periféricas, "uma estratégia de mudança social, imposta pelo caráter dual de suas formações históricas e pelo modo particular como essas sociedades se articulam com o resto do mundo" (ibidem, p.62).

O formalismo, que anteriormente no nível nacional aparecia como uma forma de alheamento, de inautenticidade, de importação de formas, desta feita, num contexto de sistema mundial, torna-se uma legítima manobra "atraso", isto é, da diferença (comparativa) de estágio de desenvolvimento no interior de um mundo que já estaria organizado como sistema ("único e completo") em razão dos efeitos da tecnologia (idem, 1983b, p.36).[8]

A partir da década de 1970, advém como questões centrais para o autor a crítica da centralidade social do mercado como instituição estruturante da sociabilidade em geral e destituída de controles políticos, tendo na razão organizacional a sua legitimação funcional. Tais preocupações refletem-se em alguns artigos (cf. Ramos, 1982, 1984), mas sua peça principal é seu último livro, escrito nos Estados Unidos e custosamente publicado no Canadá e no Brasil. Em busca da superação da ciência social contemporânea, *A nova ciência das organizações* – livro esboçado desde 1973 e só publicado em 1981 – liga-se à agenda de pesquisas norte-americana do período. Todavia, se por um lado assume seus temas e problemas, por outro contraria severamente a abordagem, as referências teóricas e os argumentos mais aceitos pelo *mainstream* acadêmico.[9]

---

8 Nesse aspecto, Guerreiro Ramos já mobilizava categorias – agora em voga – de alcance global, análogas às de globalização, mundialização, sistema-mundo etc.

9 Talvez o motivo principal da dificuldade em publicar o livro – recusado por várias editoras – nos Estados Unidos. Guerreiro Ramos tinha consciência disso, pois afirmou: "este livro [...] é contra toda ciência [norte] americana" (Oliveira, L., 1995, p.159). Atualmente, nos Estados Unidos e Canadá, Guerreiro Ramos está sendo revisitado, máxime em virtude deste livro (cf. Ventriss; Candler, 2005). Também no Brasil alguns trabalhos resgatam a obra do autor, traçando interessantes comparações com autores atuais, como J. Habermas (Andrews, 2001), F. Capra (Boeira, 2002) e Z. Bauman (Rezende, 2005), ou abordando novos aspectos, como com respeito à ética na produção (Serafim, 2001) e, de modo mais ousado, promovendo uma retomada totalizante do pensamento de

274 EDISON BARIANI JUNIOR

Inicia a árdua tarefa apoiando raízes na distinção entre racionalidade formal ou instrumental e racionalidade substantiva. A razão formal ou instrumental seria aquela baseada no "cálculo utilitário de consequências", na relação exclusiva entre meios e fins, caudatária da imposição funcional do mercado; a substantiva ou de valores resgataria a "razão como categoria ética" (Escola de Frankfurt), independentemente de cálculos utilitários e expectativas de êxito (Weber), e revelaria percepções inteligentes das inter-relações de acontecimentos numa situação determinada (Mannheim), propiciando a existência da boa sociedade (Eric Voegelin).[10] Segundo Ramos, "a racionalidade substantiva sustenta que o lugar adequado à razão é a psique humana [...] [que] deve ser considerada o ponto de referência para a ordenação da vida social, tanto quanto para a conceituação da ciência social em geral" (1989, p.23).

Guerreiro censura agora Weber e Mannheim – ambos por não terem levado adiante a distinção crítica entre as formas de racionalidade (ibidem, p.4-7) – e passa a buscar subsídios para a tarefa também em outros autores (Escola de Frankfurt, Hanna Arendt, Eric Voegelin etc.). A partir da crítica da razão, investe contra a ciência social estabelecida, que se assentaria na racionalidade instrumental – característica do sistema de mercado – e teria estendido à cognição as formas de sociabilidade organizadas por esse sistema.[11]

A ciência social moderna foi articulada com o propósito de liberar o mercado das peias que, através da história da humanidade e até o advento da revolução comercial e industrial, o mantiveram dentro de limites definidos [...] A moderna ciência social deveria, portanto, ser reconhecida pelo que é: um credo, e não verdadeira ciência. (ibidem, p.22)

Guerreiro Ramos como sistema – uma "sociologia antropocêntrica" (Azevedo, 2006).

10 Tais referências são fornecidas pelo próprio Guerreiro Ramos.

11 Um exemplo disso, podemos acrescentar, seriam as teorias que propagam o interesse imediato (seja o *homo economicus*, seja o maximizador de benefícios, o fazedor de escolhas etc.) como motivação humana/social essencial.

GUERREIRO RAMOS E A REDENÇÃO SOCIOLÓGICA **275**

Essa ciência seria uma "ideologia serialista", isto é, difundiria a "noção de que a história revela seu significado através de uma série de estágios empírico-temporais" (ibidem, p.39). Tal concepção seria comum a liberais, marxistas, neomarxistas etc., mas não seria mesmo aplicável à concepção faseológica da história que Guerreiro Ramos havia esposado?

A ciência social então em voga, segundo o autor, seria também uma "ciência cientística", partiria "da premissa de que a correta compreensão da realidade só pode ser articulada segundo o modelo da linguagem técnica da ciência natural. Sob esse enfoque, a realidade é reduzida apenas àquilo que pode ser operacionalmente verificado" (ibidem, p.42). Desse modo, os aspectos se conjugam: "a própria ciência social cientística é produto de uma posição serialista em relação à realidade". E mais, retomando posições anteriores (e potencializando-as), cerra fogo contra o puritanismo científico, ao afirmar que "método e técnica não são padrões de verdade e de adequado conhecimento científico" (ibidem, p.42).[12]

Empreende, assim, uma crítica generalizante, concluindo que

a despeito de suas reivindicações isentas de conceitos de valor, a ciência social contemporaneamente é *normativa*, à medida que, na teoria e na prática, nada mais é do que um corpo de critérios de análise e planejamento de sistemas sociais induzidos a partir de uma configuração histórica particular. (ibidem, p.195, grifos do autor) [...] a saber, a de alguns poucos países do Ocidente e a trajetória que eles tomaram. Guerreiro Ramos ainda respondia às críticas feitas à sociologia que praticava apontando a falsa objetividade que os adversários cultuariam.

Adverte, então, que a deliberada distinção entre uma ciência social baseada na razão instrumental ou na razão substantiva

---

12 Guerreiro Ramos reaviva a crítica, retirando lições de sua polêmica com Florestan Fernandes e a defesa deste dos padrões científicos.

276 EDISON BARIANI JUNIOR

[...] não deveria ser considerada um exercício didático: propõe um dilema existencial a quem quer que escolha ser um cientista social. Na verdade, em geral, a opção por uma ou outra das pontas do dilema não é consciente, mas é feita para os indivíduos através de sua socialização em meios acadêmicos, que por sua vez operam no contexto dos parâmetros institucionais que prevalecem no Ocidente. (ibidem, p.194)

Aqui aflora o sentido da crítica da terceira modalidade da redução sociológica: "a superação da ciência social nos moldes institucionais e universitários em que se encontra" (ibidem, p.XVI). A nova ciência, baseada na razão substantiva, deveria ter como pressuposto fundamental "que a produção é, ao mesmo tempo, uma questão técnica e uma questão moral" (ibidem, p.199)[13] e, daí "*libertar-se de sua obsessão com o desenvolvimento*, e começar a compreender que cada sociedade contemporânea está potencialmente apta a se transformar numa boa sociedade, se escolher se despojar da visão linearista da história" (ibidem, p.196, grifos nossos).

Cumpriria fundar uma ciência multicêntrica e não focada no sistema de mercado, embora advirta que o modelo alternativo de ciência proposto não seria "antimercado", vez que não estaria proposta "a eliminação do mercado como sistema social funcional" (ibidem, p.195). Essa nova ciência englobaria uma preocupação com o aspecto moral e não somente técnico da produção, com a produção intensiva e industrialização descontroladas, com a questão ecológica e a sanidade psicológica dos indivíduos. Como paradigma para uma nova ciência livre dos vícios indicados, propõe um modelo multidimensional, a "teoria da delimitação dos sistemas sociais".[14] Era o

---

13 Daí a aproximação do autor com Keynes (Ramos, 1982).

14 Nesse modelo, composto de eixos que representariam a multicentralidade social, o autor tenta organizar conceitos como "orientação individual e comunitária", "prescrição e ausência de normas", e categorias delimitadoras como "anomia" e "motim", "economia", "isonomia", "fenonomia" e "isolado" (Ramos, 1989). Ali, Guerreiro Ramos já apresenta algumas construções que se antecipam às de Giddens (1991).

GUERREIRO RAMOS E A REDENÇÃO SOCIOLÓGICA   277

derradeiro fim da febre desenvolvimentista e o início da "utopia" humanista. A crítica culminava em autocrítica.

E o Brasil? Guerreiro Ramos, outrora um analista tão apaixonado, teria riscado o país de sua agenda de pesquisas? Absolutamente não, em textos circunstanciais e entrevista, bem como num breve período que esteve como professor da Universidade Federal de Santa Catarina, abordou a situação do país, não sem certa mágoa.

Por ocasião de um seminário internacional sobre os acontecimentos de 1930 no Brasil, o autor voltou às críticas que caracterizaram desde a década de 1950 sua leitura da produção teórica brasileira e seus sujeitos, passou em revista o pensamento social no Brasil com base na diferenciação entre a hipercorreção e o pragmatismo e sentenciou que a história da cultura no Brasil seria ainda uma sucessão de importações, seríamos mesmo a essa altura apenas consumidores de ciência importada e estaríamos ao sabor dos ventos da última moda. Os intelectuais no Brasil, em regra, estariam sempre sob o signo da cooptação; jamais na história brasileira os intelectuais teriam se sentido excluídos, daí o fato, segundo ele, de que também nunca teria havido uma verdadeira *intelligentsia* contestadora no Brasil. Mais ainda, o próprio projeto de modernização no Brasil deu-se sob o signo da *decadência*, como atrelamento do país à decadente sociedade ocidental. A própria modernidade seria uma "ideologia da decadência" (1983a). Em seu último artigo, escrito em 1982 ("Curtição ou reinvenção do Brasil"), reclama da dificuldade em "distinguir entre aparência e realidade" no Brasil, alerta para o aspecto "trágico" da situação do país e reafirma que este "nunca deixou de ser um país colonial" (idem, 1986, p.3).[15]

Finalmente, em entrevista em 1982, pouco antes de sua morte, afirmou: "é preciso reinventar a civilização brasileira, em termos de elementos permanentes, não de elementos modernos", livrar-se do estigma da decadência já que a sociedade industrial teria sido um

---

15 Significativamente, nessa interpretação do Brasil, Guerreiro Ramos reutiliza-se de conceitos que há muito havia deixado de lado em seus escritos "do exílio", como se estivesse – apesar do tempo passado – a retomar o fio da meada perdido no "longínquo" 1964.

278 EDISON BARIANI JUNIOR

"fiasco". Também os intelectuais, constituintes que seriam de uma "oligarquia", não escapam da ferocidade do autor, que lhes ressalta o arrivismo e a submissão (Oliveira, L., 1995, p.180). As referências à condição do negro escasseiam nesse período. Ainda denunciava o preconceito no Brasil, mas, curiosamente, dizia sentir-se aceito nos Estados Unidos, onde desfrutaria, segundo ele, de uma condição privilegiada, "incolor", e teria o reconhecimento que aqui lhe negavam (ibidem, p.176).

Dilacerado entre a mágoa pelo não reconhecimento intelectual e acadêmico e o aborto de suas convicções políticas de um lado, e o amor pelo país de outro, ao final chegou ao limite de desabafar: "este país é uma merda!"[16] Entretanto, reconsiderou:

> Não nascemos no Brasil por deliberação. Mas isso não é escusa para escolher o rumo da capitulação. Mais inteligente é aceitá-lo como destino e com espírito de grandeza, posicionamento sem o qual seria impossível o sucesso de qualquer tentativa de salvar o fenômeno brasileiro. (Ramos, 1983a, p.547)

Frustrada a redenção só restaria a resignação, um tanto indignada, mas ainda a resignação.

---

16 Perguntado sobre qual o sentido de suas palavras, respondeu que era uma "ironia": "Afinal, eu nasci nesta merda, então vamos salvar esta merda! Porque eu não vou negar que nasci nesta merda, não é? Isto é parte da minha história, parte do meu ser. Mas que isto é uma merda, é uma merda!" (Oliveira, L., 1995, p.158). Restaria perguntar: ironia do autor ou do destino para com o autor?

5
O SABER (RE)VELADO

Vivo dialeticamente.

Guerreiro Ramos

Quando estudamos a polêmica entre Florestan Fernandes e Guerreiro Ramos, procuramos caracterizar tal enfrentamento não apenas nos termos de uma querela intelectual: interessava-nos também a dimensão de *projetos* que adquiriram as formulações dos autores; Nesse rumo, ao final, impunha-se uma questão que veio a se tornar hipótese deste livro, a saber:

> A aspiração à construção de um saber social (e sociológico) original, radicalmente enraizado nesta formação social é não somente contemporâneo ou paralelo mas, sobretudo, convergente com as aspirações e projetos de construção de um capitalismo autônomo e nacional no Brasil do século XX, seus sonhos de autonomia e desenvolvimento são comuns, suas frustrações também. (Bariani, 2003a, p.97)

Guerreiro Ramos foi quem melhor encarnou essa voracidade pelo original, essa busca frenética pelo enraizamento social

280 EDISON BARIANI JUNIOR

(nacional) da sociologia. Seguindo agora a sua trajetória, ocupamo-
-nos em tentar – usando as próprias palavras do autor – "fixar um
momento importante da evolução cultural do Brasil, quando uma
vida humana se faz matéria em que um determinado "tempo" histórico impregna o seu sentido" (Ramos, 1957b, p.216).[1]

A trajetória de Guerreiro Ramos (a totalidade tensa e dinâmica
de sua vida, obra, práxis) representa – senão de modo exemplar,
ao menos de forma original e fecunda –, significativamente, um
momento um tanto controvertido e complexo da sociedade brasileira, que buscamos interpretar conforme os marcos históricos e o
horizonte de perspectivas dos sujeitos, já que – nas próprias palavras
do autor, que remetem a Lucien Goldmann – "se não há esperança
de um aprisionamento definitivo da realidade social, num sistema,
há sempre, em cada época, um máximo de consciência possível da
realidade, que se pode atingir" (idem, 1996, p.183). Esse máximo
de consciência possível[2] não denota aqui uma exigência e sim um
parâmetro, uma medida (limítrofe) para lidar com a temporalidade
histórico-social e a consciência, pois a história não é um tribunal, e
analisar o pensamento social não é levar um sujeito intelectual ao
banco dos réus, ao altar ou ao panteão.

A primeira metade do século XX no Brasil marcou a formação
do proletariado e a ascensão da burguesia como classe dominante,
embora alguns (entre eles o sociólogo) criam que esta não fosse
propriamente "dirigente", já que não possuiria a representatividade
ideológica e o pleno controle do processo político.[3] O ano de 1930

---

1 Assim se expressou quando mencionou o desejo de escrever a biografia de
Helio Jaguaribe. Aqui, neste trabalho, pretendemos descentralizar a questão
biográfica e utilizá-la como subsídio para a análise.

2 O conceito é entendido como uma ampla apreensão da situação social de grupo
(classe social) em termos de possibilidades (objetivas), num horizonte histórico
de determinada estrutura social (Goldman, 1976a, 1976b, 1979).

3 Também Octavio Ianni (1986, p.29) – referindo-se às características da
revolução burguesa na América Latina – menciona uma "dominação sem
hegemonia", diagnóstico que nos parece equivocado, pois essa modalidade
de dominação exigia exatamente tal forma de articulação das classes que,
obviamente, custaria algum "quinhão" do poder. A dominação burguesa não

marca não só o efetivo domínio burguês, o reconhecimento dos oponentes proletários e as preocupações com as tensões geradas – marca também a ascensão de setores sociais intermediários como sujeitos políticos, circunstancialmente qualificados por suas posições relativamente estratégicas para garantir alguma estabilidade no delicado equilíbrio na balança do poder.[4]

A influência desses setores intermediários não provinha decisivamente da pequena burguesia que, embora contando com um setor relativamente moderno e destacados personagens políticos desde o século XIX, sempre foi economicamente débil e pouco expressiva politicamente enquanto classe, por causa das características do desenvolvimento do capitalismo no Brasil, dentre elas, a escassa importância dos pequenos negócios (pequena produção e pequeno comércio) na estrutura econômica, desde logo dominada pelos grandes negócios monopolistas e oligopolistas (Saes, 1986, p.449).[5]

No geral, essa pequena burguesia asseverava posições conservadoras, dada sua submissão ao padrão burguês de dominação: excludente, elitista, antidemocrático e defensor ferrenho de uma concepção da propriedade privada como forma de afirmação perante a sociedade civil e o Estado, derivado da herança escravista e discriminatória, calcada na necessidade de renda (e propriedade) para a efetiva participação política. Alguns desses quadros pequeno-burgueses mais modernos (profissionais liberais, mormente), que contavam com seus instrumentos de produção, mas eram destituídos de propriedade de meios de produção empregáveis como capital, alinharam-se à classe média.

---

era incompleta, não dirigente, mas adequada ao seu papel no bloco histórico no poder; é, desse modo, menos um alijamento do poder que um acordo tácito com outros grupos.

4 Daí, em parte, a promulgação das leis de proteção social e a criação de uma estrutura sindical que, primordialmente, funcionava como amortecedor das lutas de classe, e que proporcionou garantias econômicas e sociais para a existência de uma classe média que auferia sua renda por meio de salários, fato pouco explorado pelos estudiosos do tema.

5 Seria equívoco – cremos – considerar o pequeno proprietário rural no Brasil parte da pequena burguesia.

282 EDISON BARIANI JUNIOR

Formada na primeira metade do século XX e consolidada socialmente nos anos 1950, a classe média, grupo social urbano ligado aos setores mais avançados da produção (indústria e novos serviços), ocupações técnicas, administrativas, militares, funcionários públicos etc. não estava obrigatoriamente ligada à defesa da propriedade privada e dos privilégios "estamentais". Sua existência e experiência eram produto (ainda que recente) da modernização – e das contradições desse processo. Nutria, sem dúvida, anseios de ascensão social, mas as rígidas e "estamentais" condições anteriores à emergência do "mercado de oportunidades" para tal mobilidade (compromissos com as classes dominantes, clientelismo, fisiologismo, apadrinhamento, favorecimento) já não eram tão férreas. Adquirindo formas conjunturais e localizadas, tais relações arcaicas já estavam combinadas com outras mais modernas (impessoalidade, competência, competição e demais relações advindas da racionalização e do mercado de trabalho em formação). Se por um lado havia relações de dependência pessoal para colocações profissionais, busca de melhoria de nível de vida e participação política (localizadas), por outro, essas circunstâncias já não eram determinantes quanto à sobrevivência social dos indivíduos pertencentes a essa classe média. Não eram mais agregados; estavam configuradas algumas formas de inserção tecnicamente qualificadas na produção social. Além disso, emergia um tipo de Estado que já se pautava por padrões burocrático-racionais ainda incipientes e admitia e ampliava espaços públicos e oportunidades de emprego, garantindo-lhes, assim, certa "autonomia" e margem de manobra.

Possuía já essa classe média, em seus primórdios, um histórico de posicionamento político, fosse nos fatos relacionados ao Tenentismo, ao Movimento de 1930 e ao Estado Novo, fosse na militância integralista ou comunista. Agora, no início da segunda metade do século XX, tentava ganhar espaço social e político consignando apoio ao setor burguês que considerava progressista (o industrial), contra as oligarquias e outros setores da burguesia tidos como conservadores (comercial, bancário). Tinha a frágil percepção de que seus interesses seriam locupletados com o

GUERREIRO RAMOS E A REDENÇÃO SOCIOLÓGICA   283

pleno domínio por parte da burguesia industrial e "nacional", a saber, aumento e complexificação do setor produtivo (indústria e novos serviços), ampliação de oportunidades, qualificação de emprego nos setores privado e estatal, promessas de reforma agrária – que supostamente frearia o êxodo dos trabalhadores do campo, considerado ameaça aos seus empregos, salários, acesso a bens e condição geral de vida. Cria, outrossim, que sua efetiva participação política poderia se ampliar e ganhar qualificação se organizasse e intensificasse sua presença e intervenção nas instituições políticas públicas. Desse modo, a defesa do Estado e da nação confundia-se com a busca de prestígio e defesa de privilégios e oportunidades no funcionalismo público.

Carregava consigo a herança elitista do orgulho da ocupação intelectual (e suas promessas de oportunidade) e a aversão ao trabalho manual (resíduo escravista), daí sua preocupação com a educação – particularmente a pública, à qual lhe era facilitado o acesso, não só em termos de qualificação profissional e intelectual, mas, também, como forma de distinção social. Havia, concomitantemente aos anseios de ascensão social, o medo da proletarização e da perda de *status* numa sociedade na qual a pirâmide social sempre teve uma base amplíssima e um topo de agudíssimo ângulo – particularidade de uma modernização tardia, cujos processos de mobilidade social (ascendente e descendente) ocorriam de modo simultâneo e socialmente difuso. Por vezes, encarava a classe trabalhadora como o inimigo oculto, denotando forte preconceito moralista;[6] porém, acreditava que o alargamento de sua influência derivaria também da ampliação da sociedade política e, consequentemente, de certa democratização das formas de decisão,

---

6 Não raras vezes o moralismo se traduziu em atitude antipopular e mesmo anticomunista, daí certa rejeição ao comunismo no Brasil ter se expressado (nessa classe) em termos de acusações morais: dissolução dos bons costumes e das instituições tradicionais (religião, família, casamento), devassidão, crueldade etc. – assim como o movimento anticomunista, por vezes, ter sido capitaneado por grupos de classe média, em defesa da família e da estabilidade social.

284   EDISON BARIANI JUNIOR

o que tornava os proletários possíveis aliados – se circunstanciais e tutelados – nessa jornada.[7] Os aliados potenciais seriam, assim, a burguesia industrial e o proletariado de extração urbana. Os trabalhadores do campo – profissionalmente desqualificados para novas formas de ocupação, alijados de uma educação mínima, politicamente submetidos ou manipulados, negligenciados pela cobertura e efetiva aplicação das leis trabalhistas e formas de proteção social – não ofereciam suficiente atrativo como aliados e, não bastasse, ainda pairavam ameaçadores sobre a classe média (e sua interpretação eivada de preconceitos), que os tomava por sua história política de subjugação e estertores de violência e fanatismo, inabilidade de "participação" política, composição "racial" demasiado heterogênea e hábitos migratórios em direção às cidades quando da inviabilização da vida no campo. Eram identificados com o atraso, com o Brasil que queriam deixar para trás.

Todavia, o medo da proletarização e perda de *status*[8] levavam a classe média a evitar ser confundida com os "de baixo" e a pleitear, juntamente com outras reivindicações de caráter mais geral, concepções e formas de intervenção elitistas e hierárquicas: tratamento político diferenciado, favorecimento na representação institucional, espaço na organização partidária elitizada, privilégio de formação

---

7 Nesse aspecto, pode-se notar no período a presença de partidos políticos de esquerda e centro-esquerda ligados à classe média. Carone (1985, p.170) menciona a Ação Popular (AP), a Organização Popular Marxista (Polop), o Partido Socialista Brasileiro (PSB) e o Partido Democrata Cristão (PDC). Já o Partido Trabalhista Brasileiro (PTB), formado a partir da burocracia sindical e com ampla e diversa base, congregava boa parte da classe média, mormente em seus grupos mais à esquerda, como o Grupo Compacto. Aliás, essa é uma característica do trabalhismo no Brasil: a defesa dos direitos dos trabalhadores a partir de um ponto de vista da burocracia sindical e da classe média.

8 Há que se advertir que, naquele período, a proletarização não representava necessariamente a perda de renda ou piora das condições materiais de existência. Ao contrário, por vezes, dependendo da inserção em setores industriais "de ponta", representava melhoria dessas condições. O medo da proletarização estava, em grande medida, relacionado à perda de *status* e decorrentes privilégios de posição.

GUERREIRO RAMOS E A REDENÇÃO SOCIOLÓGICA 285

como quadros técnicos e burocráticos e, até mesmo, reivindicar primazia no assunção do papel de *intelligentsia*.

Heterogênea, permeada por contradições, pressionada por cima e por baixo, a classe média oscilava politicamente – às vezes de modo abrupto – entre a esquerda e a direita, reivindicando por um lado a distinção, a defesa de privilégios, a representação e, por outro, a ampliação das oportunidades de participação política e na distribuição da renda, abrindo espaço, inadvertidamente, também para alguns setores subalternos.

Não havia, então, dois campos políticos internos claros, mas uma polarização volátil entre posições, conforme a conjuntura política e o peso político das classes antagônicas (burguesia e proletariado). Daí suas variações de rumo: avanços sociais e democratizantes, defesa de privilégios e conservadorismo. Daí, também, sua aversão às posições políticas radicais ou polarizadas – que apontariam no sentido do esfacelamento de sua influência ou, no limite, da ameaça à sua sobrevivência – e suas atitudes de não apoiar majoritária e resolutamente o socialismo nem a contrarrevolução burguesa, nem se unir decisivamente às classes subalternas (e aceitar a hegemonia do proletariado no processo de contestação), e nem se juntar organicamente à reação burguesa.[9]

Externamente, também se via pressionada a tomar posições. Opunha-se ao domínio do capital "externo" e à intromissão dos países centrais, mantinha considerável distância do imperialismo e do comunismo, e comungava uma pretensa terceira posição, em conformidade com sua autoimagem no contexto social do país e com a ponderação predominante na herança diplomática

---

9 Embora boa parte das análises a respeito dê como certa a adesão da classe média a momentos de reação burguesa, particularmente em 1964, tais condutas circunstanciais parecem, malgrado a singularidade dos acontecimentos, terem sido mais motivadas pelo horror à transformação profunda e ao radicalismo que as circunstâncias prometiam que propriamente uma opção pela organização direitista e reacionária da sociedade brasileira. Haja vista o engajamento de indivíduos da classe na luta contra a ditadura, desde a campanha armada até pela democracia.

286 EDISON BARIANI JUNIOR

brasileira: o neutralismo – como recusa aos Estados Unidos e à União Soviética – seria a forma de expressar essa posição.

Uma das formas que a classe média no Brasil encontrou para participar politicamente – de modo qualificado e elitista, sem confundir-se com a massa, longe do trabalho manual, próximo dos centros decisórios (mormente o Estado) e sem radicalização política – foi a postulação do papel político da *intelligentsia*: caracterizada sempre por proposições e não por atitudes severas contra o poder, seu modo de atuação era o de um ator privilegiado, com consciência do processo político e organizador de interesses diversos em busca de uma síntese (ou uma conciliação), malgrado o descontentamento de determinados setores ("arcaicos"), cujos interesses seriam absolutamente incompatíveis com o avanço.

A proeminência do nacionalismo desse período – [10] como ideologia e projeto político – é em muito devedora de uma visão de mundo cujas raízes remontam a essa classe média.[11] Não que tenha sido apanágio exclusivo dessa classe, sem dúvida teve manifestações particulares em outros grupos. No entanto, a forma do nacionalismo que prevaleceu no Brasil, no transcorrer do século XX, mormente naqueles anos 1950 até o ponto de viragem de 1964, foi eminentemente de classe média. Um nacionalismo menos xenófobo que de proteção contra as inseguranças geradas pela exteriorização de algumas formas decisórias, cuja dinâmica implicava na "salvação" da classe média – proteção contra os inconciliáveis tormentos gerados tanto pelo avanço do capitalismo monopolista mundial quanto do internacionalismo proletário. Proteção não contra o inimigo externo e sim contra a insegurança da transformação abrangente que tais sujeitos e ideologias externos representavam, haja vista o

---

10 A nação – e por consequência o nacionalismo – é algo sempre dinâmico, criado e recriado, refeito, provisório e contraditório, segundo Ianni (1993).

11 Segundo Goldman (1979, p.20): "Uma visão de mundo é precisamente esse conjunto de aspirações, de sentimentos e de ideias que reúne os membros de um grupo (mais frequentemente, de uma classe social) e os opõem aos outros grupos", ou seja, "é um ponto de vista *coerente* e *unitário* sobre o conjunto da realidade" (ibidem, p.73, grifos do autor).

caráter mais propriamente econômico que político que, na maioria das vezes, assumiu este nacionalismo, ao qual cumpria resguardar a sobrevivência em vez de intervir seriamente nos rumos do país no cenário mundial, avançar preservando o modo de vida e sem desfazer-se dos "atalhos" políticos de efetivação de interesses (elitismo, favoritismo, personalismo, fisiologismo, compadrismo etc.).

Havia, por parte desse nacionalismo, formas de contestação política mais ou menos intensas contra o predomínio econômico do capital estrangeiro que, sob as hostes do imperialismo, escoava recursos nacionais para fora e punha em sobressalto os que temiam pela viabilidade da modernização capitalista no Brasil, e não compreendiam que, de longa data, a associação com o capital estrangeiro foi o mote do desenvolvimento do capitalismo no país. Desenvolvimento e industrialização como processos sociais de incremento e superação, de autonomia, tornaram-se lugares comuns, palavras mágicas de conteúdo providencial que, por vezes, chegavam a reunir em coro as mais variadas forças e setores sociais... Até o primeiro passo, quando ficava evidente que os modos como as entendiam e o que pretendiam eram extremamente diferentes.

Em verdade, desenvolvimento e industrialização não eram nem a sonhada revolução social, nem a isca do imperialismo: eram formas de atualização do processo de reprodução ampliada e mundial do capital que, entrando em nova fase monopolista, abria possibilidades de mudança nas forças produtivas sem necessariamente pôr de cabeça para baixo as relações de produção. Para a temerosa classe média, era parte do sonho de incremento produtivo e estabilidade social que poderia garantir sua sustentação econômica, melhoria de vida e participação política, desde que obstaculizada a voracidade do capital "externo", que supostamente ameaçaria a indústria nacional, as oportunidades dela decorrentes e o consequente desenvolvimento capitalista nacional. Note-se que, entre outros motivos, quando da percepção da viabilidade e compatibilidade do desenvolvimento econômico capitalista no Brasil (e mesmo oferta de oportunidades) sob a influência do capital internacional, o ânimo nacionalista dessa classe média arrefeceu severamente – daí

288 EDISON BARIANI JUNIOR

a aprovação ao "milagre econômico" do início dos anos 1970 e a corrida às oportunidades de emprego na indústria multinacional.

Se por um lado também a massificação da oferta de bens sociais então escassos, como educação, saúde, postos de trabalho e infraestrutura urbana, a despeito da qualidade, favorecia diretamente a classe média, por outro a expansão "imprudente" dos benefícios infligia-lhe medo, pois poderia "explodir" a ordem social com a inclusão dos proletários e chamar a atenção dos trabalhadores rurais, pondo em risco a frágil rede de proteção social. Desse modo, a defesa nacional dos investimentos públicos é bem-vinda quando cria novos postos e melhores condições sociais para essa classe média, mas tem como limite uma "alarmante" extensão dos bens a setores marginalizados. Daí o cíclico clamor pela contenção dos gastos (e da dívida) públicos e o indefectível moralismo político − que apelava tanto à frugalidade de vida dos indivíduos, quanto à falta de parcimônia estatal −, processo, por vezes, confundido com apelo liberal da classe média. As políticas públicas e a assistência social (uma instituição ainda hoje fundamental numa sociedade desigual e excludente) funcionavam em dupla mão: como amortecedores de conflitos (e forma de cooptação) e instrumentos de submissão política. Se fruídos pela classe média (conforme sua própria visão) tornavam-se "bens", "direitos" sociais; já se tinham como beneficiários os "de baixo", os carentes, eram vistos como inspiradores de maus hábitos, assistencialismo, dilapidação do dinheiro público com os inextirpáveis vícios do caráter nacional, a preguiça e a mendicância.[12]

O campo privilegiado de atuação desse nacionalismo não foi seguramente a sociedade civil. O Estado é o lócus para onde se dirigiam os interesses e estratégias nacionalistas. Essa classe média, após 1930, estreitou laços com o Estado como forma de garantir

---

12 Talvez uma característica desse nacionalismo de classe média, sensível nas manifestações do senso comum e também protuberante nas elaborações teóricas (como em Guerreiro Ramos), é uma paradoxal relação de apego e desdém para com as características nacionais, um orgulho quase envergonhado de ser brasileiro, uma dúbia relação de carinho e desprezo − bem expresso nas diatribes de Guerreiro Ramos e sua paixão pelo país.

GUERREIRO RAMOS E A REDENÇÃO SOCIOLÓGICA   289

posições e fazer valer sua intervenção política, já que era no campo estatal que conseguia – seja por meio de suas funções técnicas e burocráticas, seja pelas rotinas legais ou pelo clientelismo – participar de decisões. Se pensou suas soluções a partir do Estado, não é em razão somente do diagnóstico de entreguismo, do antinacionalismo que desposariam outros setores da sociedade civil, que embasa tal argumento. O Estado era o grande trunfo da sobrevivência política e econômica, que deveria ser conquistado para o êxito dessa classe média. Não era algo novo, tinha aí continuidade a herança de vários pensadores brasileiros que elaboraram projetos de cunho nacional emoldurando-os nas balizas do Estado ou mesmo a partir do Estado.[13] Este encarnava também, paradoxalmente, o bastião da luta republicana contra as oligarquias, contra o clientelismo, pelos direitos sociais etc. O Estado era ainda – paradoxalmente – ator e arena privilegiados pelas forças da mudança, pela *intelligentsia*, que via neste o poderoso gigante sobre o qual, uma vez instalados no alto de seus controles, se podia dominar a liliputiana sociedade civil.[14]

A nação era identificada com a soberania, a autonomia de decisões governamentais e a internalização dessas decisões como prerrogativa do Estado; menos com a cultura, a cidadania, o sentimento do povo como pertencente a uma comunidade, e mais com a autodeterminação do Estado, sua soberania e independência com relação aos outros Estados e, no limite, à própria sociedade civil ao emergirem interesses não coadunados com os rumos nacionais

---

13 "Aparece, assim, mais uma vez, a ambiguidade da ascensão nacionalista. A um só tempo política de Estado e movimento social, ela tende a se realizar num espaço fechado. Exatamente como a atitude dos intelectuais cariocas, participando da primeira e organizando o segundo, que se voltam para a sociedade, nem sempre distinguindo se a parte da sociedade em que baseiam suas esperanças, não seria, na verdade, apenas a sombra projetada do Estado" (Pécaut, 1990, p.178).

14 Liliputianos eram os habitantes de Lilliput, cidadãos de menos de seis polegadas de altura, que se sentiam indefesos diante do "gigante" Gulliver – todos personagens do livro *Viagens de Gulliver*, escrito em 1726 por Jonathan Swift (1998).

290 EDISON BARIANI JUNIOR

delimitados – daí a demonização do "entreguismo" e a confusão do "público" com o "nacional".

Não obstante, diferentemente da concepção organizatória e construtivista da nação que predominou do início até a metade do século XX, e teve no Estado Novo seu ápice, agora nação e comunidade já não eram simplesmente sinônimos. Havia já delimitação entre os grupos sociais, o que levava a pensar a nação como comunidade numa sociedade – terreno também de conflitos, que momentaneamente tomaram a forma de nacionalismo e entreguismo, "forças centrípetas *versus* forças centrífugas", "nação *versus* antinação" (Guerreiro Ramos). Entretanto, a aceitação da existência de tais conflitos não significava – para aquele nacionalismo – a aceitação da atualidade da luta de classes: a agenda impunha formar a nação e depois pensar suas contradições internas. A comunidade nacional deveria preceder a comunidade mundial, ainda que esta, adiante e em última instância, fosse discursivamente posta como preponderante (Ramos, 1963).

A ideia de que esse nacionalismo escamoteava a luta de classes é equivocada; ela reconhecia-lhe a universalidade e importância, identificava classes e interesses distintos e mesmo contraditórios; negava-lhe, isto sim, a centralidade da luta de classes no momento histórico em questão, retirava-lhe atualidade, conferindo-lhe a tarefa nacional da internalização e publicização do centro de poder, em suma, da conquista da hegemonia pelo bloco histórico comprometido com a realização do projeto de capitalismo nacional e autônomo. Todavia, num contexto de capitalismo periférico, eram evidentes as vicissitudes desse nacionalismo para a tarefa, uma vez que faltava à classe média a capacidade de tornar-se classe hegemônica e liderar as classes subalternas num projeto nacional. Desse modo, a aposta recaiu sobre o direcionamento da burguesia industrial – por meio da direção intelectual da *intelligentsia* – para assumir suas tarefas nacionais: erro de cálculo que desconsiderou a conformação associada e dependente desse setor da burguesia aos interesses antinacionais.

Não obstante, o nacionalismo daí surgido não foi simplesmente uma farsa como querem alguns. Talvez tenha sido mesmo uma

GUERREIRO RAMOS E A REDENÇÃO SOCIOLÓGICA   291

tragédia, decorrida da derrocada das aspirações de conquistas democráticas, de cidadania, rotina de circulação no poder, rituais de escolha, conquistas trabalhistas, não alinhamento imediato no contexto da "guerra fria" etc., todas questões essenciais para a sociedade brasileira e relegadas pela revolução burguesa com as quais – bem ou mal, decisivamente ou não – esse nacionalismo defrontou-se.[15] No entanto, pelos seus erros de cálculo político e insuficiência ideológica, o nacionalismo deslocou algumas peças de resistência que poderiam ter feito diferente – senão inexistente – o 1964 e suas consequências.[16]

Ao analisar as transformações do nacionalismo, mormente na Europa entre 1870 e 1918, Eric Hobsbawn (1990, p.152-3, grifos do autor) – insuspeito como nacionalista – concluiu:

> *Primeiro*, que ainda sabemos muito pouco sobre o que significa a consciência nacional para as massas das nacionalidades envolvidas [...] mas antes disso, precisamos de um olhar frio e desmistificador dirigido à terminologia e à ideologia que cerca a "questão nacional" nesse período, particularmente em sua variante nacionalista. *Segundo*, que a aquisição de uma consciência nacional não pode ser separada da aquisição de outras formas de consciência social e política nesse período: todas estão juntas. *Terceiro*, que o desenvolvimento de uma consciência nacional (fora as classes e casos identificados com o nacionalismo integralista ou de extrema direita) não é nem linear nem feito necessariamente à custa de outros elementos da consciência social.

---

15 Para alguns, como Carpeaux (1979, p.164), "o nacionalismo político e econômico é, como se sabe, o movimento mais sério de libertação do Brasil e de estabelecimento da justiça social do país".

16 Disseminado por vários partidos, este nacionalismo teve no PTB seu principal representante. Partido da estrutura sindical e herdeiro de Vargas, teve papel destacado na rede de proteção trabalhista, bem como na correspondente maquinaria corporativa – e mesmo clientelista-estatal – que lhe dava sustentação e dela se alimentava. Volúvel, heterogêneo, ideologicamente frágil, vivia de avanços sociais e fisiologismo, caciquismo e atrito democrático, competição política e aparelhamento estatal.

A partir dessas observações – não obstante o nacionalismo ser uma categoria histórica – uma relação pode ser traçada com o caso brasileiro: há que se analisar e distinguir as formas do nacionalismo, seus projetos, suas ações, e não tomar como excludentes a aquisição de formas de consciência social e nacional (uma não é realizada na ausência, a expensas ou à revelia da outra). Essa é uma das chaves para entender o nacionalismo no Brasil: ele simplesmente não competiu com e/ou obscureceu a consciência de classe, não absolutamente disseminou ingênua ou deliberadamente a confusão quanto à fidelidade devida à classe ou à nação, ou à nação as expensas da classe. A grande maioria das críticas feitas a autores e ideias nacionalistas desse período da história brasileira remete à conciliação de classe, ao obscurecimento das contradições essenciais (de classe) presentes na sociedade brasileira, à proximidade promíscua com o Estado, ao papel doutrinário conciliador e protelatório, à subjugação das lutas sociais (mormente a sindical) etc.

Há que se identificar as raízes ideológicas desse nacionalismo para entender que era crucial à classe média – donde ele provinha – submeter as contradições de classe aos imperativos da "comunidade nacional", que foi algo tanto inerente à sua sobrevivência e objetivos políticos quanto à derrocada de seu projeto de hegemonia: ao traçar a linha que separaria o novo do arcaico fora dos estritos limites de classe, evitava sucumbir à polarização entre burguesia e proletariado, e tentava viabilizar sua imponderável liderança no processo. Todavia, ao crer em sua própria criação, idealizou as condições do terreno de sua atuação e foi politicamente dilacerada entre os polos dos interesses contraditórios que concorriam ao cenário político no ato da consolidação da revolução burguesa no Brasil.

Parte das críticas pode ser resumida sob a rubrica das querelas quanto a ser ou não marxistas, ou ser insuficientemente marxista, como se o pertencimento ou filiação teórico-ideológicos fossem categorias analíticas. Outra parte – que não exclui alguns críticos igualmente presentes na primeira – esmera-se em afirmar, apesar do esforço teórico bem articulado, uma severa condenação do nacionalismo com base na análise (superficial) dos discursos, na

GUERREIRO RAMOS E A REDENÇÃO SOCIOLÓGICA   293

desmistificação de interesses ou ainda, relevando os "erros históricos e políticos" cometidos, que saltam aos olhos quando se considera o "contexto histórico" da época, o que seria algo consequente não fosse o fato de que tais "contextos históricos" têm sempre escassa verossimilhança, pois geralmente são frutos de idealizações (de esquerda ou de direita) providencialmente convenientes para justificar situações posteriores: o passado necessário para a justificação da existência de um presente indesejado.

É iminente que um projeto político radical e consequentemente articulado com a realidade global projete – finalmente – a extrapolação dos marcos nacionais para sua realização, mas não é certo que devam se separar desde o início e por todo o percurso. Tal objetivo (de uma comunidade mundial) não invalida as conquistas sociais e políticas que se obtém nos marcos do âmbito nacional e por meio de projetos nacionais. Além disso, é perceptível que, nos países em que a questão nacional não foi devidamente[17] equacionada, subsistem problemas que se espraiam pela constituição da democracia, cidadania, soberania, direitos (civis, políticos, sociais), coexistência de etnias, limites e sanções do Estado etc.

A visão de mundo dessa classe média – em seu projeto nacionalista – [18] alimentou sonhos de um Brasil-nação grande e soberano, cuja realização passaria pelo desenvolvimento, pela industrialização e pela fundação do capitalismo nacional e autônomo e, afora as veleidades desarrazoadas do projeto, não cabe simplesmente condená-lo

---

17 Evitemos o termo "definitivamente" já que a questão nacional é um aspecto – embora histórico-relativo – do processo social sob o capitalismo e não apenas uma etapa estanque. Mesmo em épocas de "globalização", a questão nacional (sob esta denominação ou não) continua repondo problemas e questões relacionadas ao convívio e sociabilidade entre diferentes sociedades politicamente organizadas e também internamente a estas. Ou seja, o processo de mundialização não extingue simplesmente o Estado-nação, mas cria novas circunstâncias e dilemas para sua sobrevivência.

18 A classe social, segundo Goldman (1976, p.93), se define por: a) a função na produção; b) relações com os membros de outras classes; c) consciência possível que é uma visão de mundo. Ademais, são as classes sociais que "*constituem as infraestruturas das visões de mundo*" (ibidem, p.86, grifos do autor).

294 EDISON BARIANI JUNIOR

ou vetá-lo, pois além de ter desenvolvido interessantes aspectos de uma consciência nacional que forneceram subsídios para um avanço político (econômico e social), forneceu também elementos e experiências para a construção de formas mais elaboradas de consciência social e, no limite, de consciência de classe, pois o nacionalismo trouxe consigo a afirmação de uma identidade nacional acima das condições de cor, "raça" e regionalismos, uma noção de igualdade (baseada nessa identidade), uma sensibilidade social derivada da preocupação com o desenvolvimento e a acomodação de conflitos internos, uma ideia de cidadania contígua à sociabilidade numa comunidade de valores nacionais e, também, uma ideia de *povo* como sujeito político – ainda que resignado – que vinha ao encontro das aspirações políticas (primárias) das classes subalternas.

O problema do êxito ou fracasso do nacionalismo na sociedade brasileira não é um ônus a ser pago, é uma construção interrompida. O problema do *quantum* de incorporação ou da ausência de incorporação dessas conquistas à cultura política democrática e de esquerda não é de responsabilidade exclusiva do nacionalismo, mas, sobretudo, do que o sucedeu.[19]

As condições que deram vazão ao mito[20] do capitalismo autônomo, nacional, também deram ensejo aos anseios de elaboração de um pensamento social "genuinamente" brasileiro, particularmente ao mito da sociologia nacional como enraizamento histórico-social, autonomia do pensar, internalização do saber e domínio temático e metodológico sobre a produção teórica.

Ambos os mitos foram forjados pela irrupção de certo nacionalismo ligado à visão de mundo de classe média no contexto de

---

19 Ficou obscurecido na história brasileira, mormente na história intelectual, o fato de que a grande maioria dos intelectuais postava-se – com diferenças de matizes, é verdade – em alguma posição baseada na viabilidade de um projeto nacional. As raras exceções estavam mais à direita que propriamente à esquerda nessa época.

20 Entendido aqui como "sonho coletivo", aspiração social (de grupos) conforme formas legítimas e enraizadas de encaminhamento de projetos, baseado em crenças ou esperanças coletivas e a despeito da efetividade ou probabilidade de execução. Para uma visão próxima, ver Mariátegui (1975, 1982).

meados do século XX no Brasil. Seus sonhos de autonomia derivavam da volúpia em escapar do dilaceramento pelas circunstâncias de polarização interna (burguesia *versus* proletariado) e externa (países de capitalismo central *versus* bloco "socialista"). Tais anseios de independência foram prejudicados pela impossibilidade dessa classe média de elaborar um projeto que contivesse um caráter de representação "em geral" da sociedade e superasse as contradições entre os interesses dos grupos sociais, apresentando-se como classe portadora de um projeto "universal". Ela não podia sustentar um projeto hegemônico num contexto de consolidação da revolução burguesa tardia sob as hostes da evolução do capitalismo monopolista. A timidez e a desconfiança políticas e a escassa (e distante) representação de interesses das classes subalternas não lograram atrair e mobilizar os setores populares, assim como a fragilidade política e erro de cálculo dessa classe média levou-a a apelar ao sentimento nacional da burguesia e a supostas contradições de interesse entre o capital industrial brasileiro e o imperialismo. O chamamento às tarefas de uma burguesia nacional era uma pregação no deserto; só mais tarde isso ficaria claro para a grande maioria da intelectualidade desse período.

Os acontecimentos de 1964 viriam a deixar claras as opções da burguesia brasileira e seus setores considerados "progressistas". Assim, 1964 é a interrupção dessa tentativa de esboçar um projeto nacional e ao mesmo tempo o coroamento da revolução burguesa no Brasil nos termos em que estava sendo posta e reposta, isto é, conforme um padrão compósito de dominação, antinacional e antidemocrático, de associação entre grupos dominantes internos e externos. O Golpe e o que se segue são a consolidação do domínio da burguesia e o fim do sonho do capitalismo autônomo e nacional, o fim das elucubrações intelectuais sobre a existência da burguesia nacional e do feudalismo (ou seus resíduos), o corte do – até então – maior ensaio de democracia no Brasil e o início de outro modo político de contestação ao regime burguês. O Golpe é também o apagar das luzes para a *intelligentsia* como postulante à representação dos valores da nação e de síntese dos interesses "em geral" dos grupos

296 EDISON BARIANI JUNIOR

sociais e do país, bem como para o salvacionismo sociológico e a vocação missionária dos intelectuais. A sociologia já não podia ser mais instrumento de organização nacional e para dirimir conflitos, uma vez que os próprios sociólogos (e os intelectuais em geral) passavam agora definitivamente a se ver não mais conforme uma coesão que, por vezes, a classe média encamparia, mas como divididos eles próprios pelos vincos de classe, por pertencimento e opções políticas. Em tais circunstâncias e com o advento da profissionalização, não havia mais lugar para a síntese de interesses e o clássico papel da *intelligentsia* como camada intersticial.

O projeto de uma sociologia nacional (mormente na elaboração de Guerreiro Ramos) acusava interessantes mudanças na sociedade brasileira, identificava o nascimento e qualificação do povo como sujeito político das transformações e lastreava neste mesmo povo – embora como realização de uma *intelligentsia* – a tentativa de construção de um saber sociológico engajado com as questões e formas conceituais inerentes aos problemas brasileiros, combatendo as especulações estéreis e a afetação teórica que pautavam (e pautam ainda) o comportamento de certa intelectualidade descompromissada da vida brasileira e de suas questões candentes, alinhada aos padrões e valores adquiridos dos centros acadêmicos europeus e norte-americanos como forma de afirmação e conquista de prestígio por contágio com o saber dominante. Não nos referimos aqui a um "simples" resíduo elitista ou forma alienada de apreensão de ideias: o que estava em jogo eram as reais estratégias de legitimação ideológica por meio de ideias aparentemente "fora do lugar", mas funcionalmente inseridas para dar conta de interesses localizados, estes sim profundamente enraizados na sociedade brasileira.

A aspiração à construção de um pensamento radicalmente enraizado nas condições sociais da formação social que se constituiu no Brasil não é algo insano, impõe-se para qualquer elaboração intelectual que se pretenda teoricamente válida e efetivamente ancorada numa práxis consequente – ou seja, consciente quanto a com qual tipo de enraizamento, com relação a qual grupo, projeto e interesses sociais lidará. Ainda assim, a criação de uma disciplina ou

GUERREIRO RAMOS E A REDENÇÃO SOCIOLÓGICA   297

modalidade de pensamento cujos alicerces e horizontes se esgotam na "realidade nacional", que se utilize de método e conceitos única e exclusivamente construídos com base numa "realidade" específica (e circunscrita em termos da nação como centro da sociabilidade) e visando à aplicação imediata é, sem dúvida, um contrassenso, uma focalização absurda que acaba por primar pela miopia, pela desconsideração das relações gerais e universais que, no limite, condicionam as formas particulares ou específicas dos processos sociais. É forma imatura de casuísmo teórico que acomete sociedades, grupos e categorias culturalmente inseguras quanto à sua existência histórica e horizonte de perspectivas.

Os projetos de capitalismo nacional autônomo e de sociologia nacional no Brasil do século XX insurgiram-se contra a negatividade paralisante da pretensamente implacável influência dos países de capitalismo central, o que se desdobrava (à direita e à esquerda) como admiração, necessidade, domesticação, subordinação ou revolta, condenação, alienação etc. – em suma, veneração e rancor, ambas as faces do fascínio pelo dominador. Insurgiram-se também insensatamente, já que procuraram soluções nacionais para questões supranacionais e/ou afirmaram o exótico, o excêntrico ou o local como antagônico à dominação "cosmopolita" – quando na verdade é mesmo o reflexo desta, a visão alegórica e benevolente adquirida do próprio cosmopolitismo alienado (Gramsci) e abstrato (Coutinho, 2000, p.61). Dominação cultural e impostura como reação são faces do mesmo fenômeno.

Todavia, se o capitalismo e a dominação burguesa aqui se consolidaram em associação ao capital externo, também a sociologia no Brasil construiu-se em profunda imbricação com as ideias e métodos "importados" dos países centrais. Ambos se fizeram de contradições, evoluíram em tensão e negação para com as circunstâncias das quais surgiram, em atração e repulsão, colaboração e recusa, realizaram-se deturpando-se – como todo processo político-social real.

Ainda assim, tais projetos nacionais não deixaram de ser exercícios de afirmação positiva da autonomia dos periféricos, da insurgência dos satelitizados contra a organização do capitalismo mundial, de momento histórico de negação do processo de expansão e concentração do capital, de resistência cultural. Faltou aqui, entretanto, distinguir – dentre os grupos sociais na sociedade brasileira – aqueles que se solidarizavam, desejavam, sobreviviam e talvez até existiam em virtude da proximidade ou associação com o imperialismo, daqueles que não as queriam ou não as reforçavam – tarefa tardiamente realizada pela intelectualidade brasileira e negligenciada pela academia (e seu fascínio pelo dominador) e insuficientemente feita pela militância política (quase sempre despreparada e escassamente estrategista).[21]

A sociologia brasileira (ou no Brasil) – também como conhecimento elitista e mesmo alheio às classes subalternas (ao povo) – sofre fortemente a influência da dinâmica cultural dos países centrais, o que tanto areja quanto subordina esse saber. Tanto o alimenta quanto o raquitiza, tanto lhe dá virilidade quanto o castra, algo que certamente não está relacionado à simples instrumentalização dessas ideias "importadas", mas, sobretudo, à operacionalização, à imbricação funcional que lhe é dada, o que varia conforme o grupo social que se apropria e a capacidade histórica, política, social e mesmo intelectual de lidar com tais ideias e circunstâncias. E isso não é uma questão que pode ser equacionada em termos de imitação ou originalidade:

> A história da cultura brasileira, portanto, pode ser esquematicamente definida como sendo a história dessa assimilação – mecânica ou crítica, passiva ou transformadora – da cultura universal (que é certamente uma cultura altamente diferenciada) pelas várias classes e camadas sociais brasileiras. (ibidem, p.46)

É mesmo problemático considerar tal assimilação conforme as noções de alienação ou inautenticidade, uma vez que "quem diz

---

21 Segundo Florestan Fernandes (1977, p.245): "Não foi um erro confiar na democracia ou lutar pela revolução nacional. O erro foi outro – o de supor que se poderiam atingir esses fins percorrendo a estrada real dos privilégios na companhia dos privilegiados".

GUERREIRO RAMOS E A REDENÇÃO SOCIOLÓGICA **299**

cópia pensa nalgum original, que tem a precedência, está noutra parte, e do qual a primeira é o reflexo inferior" (Schwarz, 1987, p.47). Isso nada acrescenta ao processo cultural e, além disso, renega condições e dinamismo próprios da cultura nacional – desde sempre impregnada em sua formação pela cultura "exterior", "estrangeira" – em favor de uma idealização, um purismo irrealista e conservador, que só tem olhos para o postiço, quando postiça (e miscigenada, precária, recente, rica e dinâmica) é a própria realidade cultural que o circunda. O purista recusa-se a ver que:

> [...] a vida cultural tem dinamismo próprio, de que a eventual originalidade, bem como a falta dela, são elementos entre outros. A questão da cópia não é falsa, desde que tratada pragmaticamente, de um ponto de vista estético e político, e liberta da mitológica exigência da criação a partir do nada. (ibidem, p.48)

Ao pensar a fundação de uma sociologia nacional à revelia das anteriores elaborações sociológicas – mesmo ensaísticas, dedutivistas, metodologicamente frágeis – produzidas no Brasil, Guerreiro Ramos abriu mão de uma herança ainda que incipiente, uma tradição, embora não consolidada, já fornecia indicativos para pensar a sociedade brasileira a partir de algumas atitudes e marcos conceituais. Fez isso justamente ele, que identificava uma corrente crítica no pensamento social brasileiro que procuraria se desvencilhar das armadilhas da submissão intelectual e que reconhecia – inclusive enfrentando duramente os críticos – as contribuições do "inconsciente sociológico", das formas quase intuitivas de saber sociológico elaboradas por autores sem "treino" e "especialização" em sociologia. Ao agir assim, vendeu barato o que mais tinha de valor: uma herança (e sua ligação com esta), que poderia aparelhá-lo para compreender a dinâmica cultural brasileira e as formas possíveis de abordá-la com base em seu enraizamento histórico-cultural.

A trajetória de Guerreiro Ramos é uma das contribuições no sentido de trazer à consciência os dilemas do nacionalismo e da sociologia no Brasil. Sua obra foi uma radical tentativa de remissão

300 EDISON BARIANI JUNIOR

nacional do que cria serem os pecados originais da sociedade brasileira: a transplantação, o desenraizamento, a heteronomia etc.[22] Por meio de uma crítica às formas de organização e pensamento, buscou a redenção sociológica da sociedade e sociologia brasileiras, intentou reinterpretar a realidade brasileira conforme um arsenal teórico engendrado pela experiência nacional (e nacionalista) e pela assimilação crítica das ideias estrangeiras, e utilizar-se desse conhecimento para intervir decisivamente nessa realidade, promovendo a autoconsciência nacional. Difundiu uma sociologia da práxis que interpretaria seu entorno social trazendo à tona os problemas cruciais de sua existência e, nesse processo, refazendo-se como saber qualificado e autônomo, não submetido a determinações "exteriores". Tal sociologia de missão e salvação promoveria, para ele, a almejada redenção (sociológica) e nos poria nas mãos nosso próprio destino. Mas poderia a sociologia não só salvar a sociedade brasileira como a si e por si mesma?

A sociologia – mesmo imbuída de seu potencial de intervenção como forma de consciência social e indicativo de práticas – é uma ciência e não uma ideologia redentorista, seus paradigmas e resultados podem servir à instrumentação, à mobilização, à organização, à reação ou à revolução. Seus fatos não estão desvinculados de valores; entretanto, a forma, o contexto e a direção na qual a sociologia (como instrumento) pode ser utilizada não depende somente do sociólogo, uma vez que não estão asseguradas na teoria seus usos possíveis, seus fins necessários e, sobretudo, seu êxito analítico como saber. Ademais, o processo histórico em seu fluxo (volátil, contraditório, inabarcável em todos os seus aspectos, não obstante a procura da totalidade) não pode ser tomado como indelével marcha providencial dos fatos, mas apenas como devir, acontecer, cujas soluções

---

22 Neste ponto, convergem a obra de um autor (e um projeto político-social) e certa visão de mundo. Assim, as obras "são como tais expressões *individuais e sociais ao mesmo tempo*, sendo seu conteúdo determinado pelo *máximo de consciência possível* do grupo, em geral da classe social" (Goldman, 1976, p.107-8, grifos do autor).

ou estados são sempre provisórios, momentâneos, precariamente históricos e relativos.

A importância e até mesmo certo "protagonismo histórico" dado à sociologia por Guerreiro Ramos, se por um lado a eleva, por outro a desqualifica, uma vez que – na lição de Marx – são os homens, os sujeitos que "penetrados" pelas ideias (concebidas por esses mesmos sujeitos), que fazem a história, embora em dadas circunstâncias que escapam ao seu completo controle. A missão salvadora da sociologia nunca esteve ao seu próprio alcance, qualquer transformação histórica possível dependeu sempre da assunção dos homens e grupos sociais como sujeitos do processo social.

A construção de um capitalismo autônomo e uma sociologia nacional não se punham seriamente para um proletariado em amadurecimento e cuja pátria já lhe parecia menos brasileira (no sentido então posto) que internacional, ou uma burguesia que teve como forma de afirmação a articulação com o Imperialismo. Assim, tal mito só poderia ser apanágio de uma intelectualidade fortemente ligada à classe média, culturalmente distante e afetivamente próxima do povo, num país de elitismo e marginalização cultural, analfabetismo e desigualdade, no qual a cultivada menoridade da sociedade civil proporcionava ao Estado levantar-se soberano sobre todas as outras instituições e atores políticos.

A sociologia não podia se arvorar em redentora, já que, como "saber de salvação" (Ramos), era mesmo parte do problema, elemento do mesmo engano, a saber, o de hipervalorização do saber científico numa sociedade marcada pela exclusão cultural e o analfabetismo.[23]

Entretanto, Guerreiro Ramos prestou grande serviço à sociologia brasileira ao encurralá-la, ao exigir dela macular-se com as questões da sociedade brasileira, ao cobrar compromisso político e não estético dos intelectuais, ao cobrar-lhes projetos e perspectivas,

---

23 A taxa de alfabetização – segundo o Instituto Brasileiro de Geografia e Estatística (IBGE) – entre a população brasileira (de 15 anos e mais) em 1950 era de 49%, já em 1960 passava a 60% (Souza, Marcelo, 2006).

302   EDISON BARIANI JUNIOR

bradar pela urgência do saber em consonância com a responsabilidade de suas atribuições, ao tomar o saber como fardo e não como dádiva, privilegiar a práxis e não o saber ornamental. Eis que suas realizações são inseparáveis de seus equívocos e, sua coerência, seu preço a pagar. Também é meritória sua obstinação em perscrutar as profundezas do Brasil, em ressaltar a originalidade desta sociedade e, quando acuado pelo cosmopolitismo abstrato, chegou – em alguns momentos – a universalizar a singularidade (brasileira) e cometer o mesmo erro ao avesso, para relevar a fascinante complexidade do país. Nesse aspecto, seus erros são exemplares e nos poupam de repetir difíceis lições apreendidas:

> No universal que todos buscamos, a singularidade da experiência brasileira é o elemento central. Pensá-la, mesmo quando esse ato possa ser fruto de uma violência, é um dado salutar e necessário. Poder-se-á dizer, neste terreno, que é preferível errar por excesso e jamais por comedimento. (Odalia, 1997, p.14)

Sem dúvida, Guerreiro Ramos errou por excesso, o que confere o fulgor que sua trajetória ainda acusa, mesmo após tantos percalços: sua trajetória de solitário, *outsider*, apaixonado, engajado – "o *outsider* mais *insider* que já se viu", segundo Lucia Lippi de Oliveira (1993, p.8)[24] – levou-o à condição de consciência incômoda da sociologia brasileira – sempre agressivo, arredio, irônico e cáustico, metendo o dedo nas feridas (ainda abertas) dessa sociologia. Ainda segundo Lucia Lippi de Oliveira:

> Comprometimento e ceticismo são os pontos extremos entre os quais oscila a existência de Guerreiro Ramos e de vários outros brilhantes intelectuais deste país. Com um agudo senso de tragédia o que o faz sentir-se próximo dos intelectuais russos, Dostoievski

---

24 Considerava-se *in between* (Oliveira, 1995, p.134), não incluído, não pertencente a nada. Assim, não teria sido nem integralista, nem comunista, nem branco, nem negro, nem baiano, nem carioca, nem cientista, nem político, nem acadêmico, nem militante...

como exemplo significativo ou Berdiaeff, seu preferido. Guerreiro produziu solitário dentro das questões morais e sociais postas pela intelectualidade, dentro dos dilemas que ela procurou e ainda hoje procura responder. (ibidem, 1993, p.8)

Tal agudo senso de tragédia, retomando a trajetória e as próprias palavras de Ramos ("quando uma vida humana se faz matéria em que um determinado 'tempo' histórico impregna o seu sentido"), enredar-se-ia com a tragédia da construção do capitalismo autônomo e da sociologia nacional. No autor – perante esse seu sentimento trágico – a sociologia brasileira adquire ares de saber revelado, de conhecimento existencialmente percebido, que somente a profunda imbricação com a realidade social e nacional – com o espaço vital – traz à tona e pode fazer operar a redenção. Entretanto, trazida por esses meios, ela nos parece menos clara e presente do que jamais foi, escondendo-se onde nunca pensaríamos em procurar: sob os nossos olhos. A tragédia de Guerreiro Ramos talvez tenha sido viver intensamente um tempo de desengano. A tragédia da sociologia brasileira talvez tenha sido não acreditar na sua própria existência.

REFERÊNCIAS BIBLIOGRÁFICAS

ABREU, A. A. de et al. Ramos, Guerreiro. In: *Dicionário histórico-biográfico brasileiro: pós-30.* 2.ed. Rio de Janeiro: FGV, CPDOC, p.4883, v.IV, 2001.

ANAIS DO II CONGRESSO LATINO-AMERICANO DE SOCIOLOGIA. [s.l.: s.n.], 1953.

ANAIS DO I CONGRESSO BRASILEIRO DE SOCIOLOGIA. São Paulo: Sociedade Brasileira de Sociologia, 1955.

ANDRADE, M. de. *O empalhador de passarinho.* 3.ed. São Paulo: Martins; Brasília: INL, 1972.

ANDREWS, C. W. Revisiting Guerreiro Ramos' The new science of organizations through habermasian lenses: a critical tribute. *Administrative theory & praxis,* v.22, n.2, p.246-72, 2000.

ARRUDA, M. A. do N. A sociologia no Brasil: Florestan Fernandes e a "escola paulista". In: MICELI, S. (Org.). *História das ciências sociais no Brasil,* v.2. São Paulo: Sumaré, 1995. p.107-233. (Ciências sociais no Brasil, v.2).

AVELLAR, H. de A. *História administrativa e econômica do Brasil.* 2.ed. revisada e atualizada. Rio de Janeiro: Fename, 1976.

AZEVEDO, A. *A sociologia antropocêntrica de Alberto Guerreiro Ramos.* Florianópolis, 2006. Tese (Doutorado em Sociologia Política) – Universidade Federal de Santa Catarina.

BALANDIER, G. *As dinâmicas sociais:* sentido e poder. São Paulo: Difel, 1976.

BARBER, W. J. *Uma história do pensamento econômico.* Rio de Janeiro: J. Zahar, 1971.

306 EDISON BARIANI JUNIOR

BARIANI, E. *A sociologia no Brasil*: uma batalha, duas trajetórias (Florestan Fernandes e Guerreiro Ramos). Araraquara, 2003. Dissertação (Mestrado em Sociologia) – Universidade Estadual Paulista. 2003a.

_____. Intelectuais e os anos 30: missão, cooptação, compromisso... *Revista Espaço Acadêmico*, Maringá, n.29, out. 2003b. Disponível em: <http://www.espacoacademico.com.br/029/29cbariani.htm>. Acesso em: 20 abr. 2006.

_____. O Estado demiurgo: Alberto Torres e a construção nacional. *Caderno CRH*, Salvador, v.20, n.49, p.161-8, jan./abr. 2007.

BARRETTO, V.; PAIM, A. *Evolução do pensamento político brasileiro*. Belo Horizonte: Itatiaia; São Paulo: Edusp, 1989. (Reconquista do Brasil. 2ª série, v.150).

BASTIDE, R. Carta aberta a Guerreiro Ramos. *Anhembi*, São Paulo, v.12, n.36, ano III, p.521-28, nov.1953.

BENEVIDES, M. V. de M. *O governo Kubitschek*: desenvolvimento econômico e estabilidade política (1956-1961). Rio de Janeiro: Paz e Terra, 1976. (Estudos brasileiros, 8).

_____. *UDN e o udenismo*: ambigüidades do liberalismo brasileiro (1945-1965). Rio de Janeiro: Paz e Terra, 1981. (Estudos brasileiros, 51).

BERDIAEV, N. *Les sources et le sens du communisme russe*. Paris: Gallimard, 1951. (Idées).

BIELSCHOWSKY, R. *Pensamento econômico brasileiro*: o ciclo ideológico do desenvolvimentismo. 5.ed. Rio de Janeiro: Contraponto, 2004.

BOEIRA, S. L. Ecologia política: Guerreiro Ramos e Fritjof Capra. *Ambiente & sociedade*, Campinas, n.10, p.85-105, jan./jun.2002.

BOSI, A. Um testemunho do presente. In: MOTA, C. G. *Ideologia da cultura brasileira (1933-1974)*. 4.ed. São Paulo: Ática, 1980. p.I-XVII.

BRASIL. Decreto-lei n.579, de 30 de julho de 1938. In: DIAS, J. C. (Org.). *Colectanea de decretos-leis*. São Paulo: Cultura Moderna, 1938.

BRASIL. Legislação sobre os Ministérios. Disponível em: <http://www.presidencia.gov.br/Infger_07/ministerios/Ministe.htm>. Acesso em: 22 abr. 2006.

BRANDI, P. *Vargas*: da vida para a história. 2.ed. rev. Rio de Janeiro: J. Zahar, 1983.

BRESSER-PEREIRA, L. C. O conceito de desenvolvimento do ISEB rediscutido. *Dados*, Rio de Janeiro, v.47, n.1, 2004. Disponível em: <http://test.scielo.br/scielo.php?script=sci_arttext&pid=S0011-52582004000100002&lng=pt&nrm=iso&tlng=pt>. Acesso em: 18 abr. 2006.

GUERREIRO RAMOS E A REDENÇÃO SOCIOLÓGICA   307

BRUM, A., J. *O desenvolvimento econômico brasileiro*. 3.ed. Petrópolis: Vozes, 1983. (Fidene).

CANDIDO, A. Prefácio. In: CHASIN, J. *O integralismo de Plínio Salgado*: forma de regressividade no capitalismo hiper-tardio. São Paulo: Livraria Editora de Ciência Humanas, 1978. p.11-20.

_____. Prefácio. In: MICELI, S. *Intelectuais à brasileira*. São Paulo: Cia. das Letras, 2001. p.71-5.

CARDOSO, F. H.; FALLETO, E. *Dependência e desenvolvimento na América Latina*: ensaio de interpretação sociológica. Rio de Janeiro: J. Zahar, 1975.

CARONE, E. *A Primeira República*: texto e contexto (1889 – 1930). São Paulo: Difel, 1969.

_____. *A República Liberal I*: instituições e classes sociais (1945-1964). São Paulo: Difel, 1985. (Corpo e alma do Brasil).

CARPEAUX, O. M. Dialética da literatura brasileira. In: FURTADO, C. (Org.). *Brasil: tempos modernos*. 3.ed. Rio de Janeiro: Paz e Terra, 1979. p.157-67. (Estudos brasileiros, v.23).

CARVALHO, J. M. de. *Pontos e bordados*: escritos de história e política. Belo Horizonte: UFMG, 1998.

_____. *A construção da ordem*: a elite política imperial. Teatro de sombras: a política imperial. Rio de Janeiro: Civilização Brasileira, 2003a.

_____. *Cidadania no Brasil*: o longo caminho. 4.ed. Rio de Janeiro: Civilização Brasileira, 2003b.

_____. Lembrança de outro carnaval. *Folha de São Paulo*, São Paulo, 5 jan.2003c. Caderno Mais!, p.5-6.

CAVALARI, R. M. F. *Integralismo*: ideologia e organização de um partido de massa no Brasil (1932-1937). Bauru: EDUSC, 1999. (História).

CERQUEIRA, L. *Florestan Fernandes*: vida e obra. São Paulo: Expressão Popular, 2004.

CHASIN, J. *O integralismo de Plínio Salgado*: forma de regressividade no capitalismo hiper-tardio. São Paulo: Livraria Editora de Ciência Humanas, 1978.

CHACON, V. O humanismo brasileiro. São Paulo: Summus, 1980.

CHAUÍ, M. Apontamentos para uma crítica da Ação Integralista Brasileira. In: CHAUÍ, M.; FRANCO, M. S. C. *Ideologia e mobilização popular*. 2.ed. Rio de Janeiro: Paz e Terra, 1985. p.17-150

_____. Notas sobre o pensamento conservador anos 30: Plínio Salgado. In: MORAES, R.; ANTUNES, R; FERRANTE, V. B. *A inteligência brasileira*. São Paulo: Brasiliense, 1986. p.27-42.

308 EDISON BARIANI JUNIOR

CHAVES NETO, E. Resenha do livro "Introdução crítica à sociologia brasileira", de Guerreiro Ramos. *Revista brasiliense*, São Paulo, n.10, p.199-200, mar./abr. 1957.

COHN, G. Florestan Fernandes, história e histórias. *Novos Estudos Cebrap*, São Paulo, n.42, jul. 1995.

CORBISIER, R. *Formação e problema da cultura brasileira*. 3.ed. Rio de Janeiro: Iseb, 1960. (Textos brasileiros de filosofia, 3).

COSTA, E. V. da. *Da monarquia à República*: momentos decisivos. 7.ed. São Paulo: Editora da Unesp, 1999. (Biblioteca básica).

COSTA, F. L. da. Levantamento Bibliográfico. *Revista de administração pública*, Rio de Janeiro, v.17, n.2, p.155-162, abr./jun.1983.

COUTINHO, C. N. *Cultura e sociedade no Brasil*: ensaio sobre idéias e formas. 2.ed. rev.e ampl. Rio de Janeiro: DP&A, 2000.

COULON, A. *A escola de Chicago*. Campinas: Papirus, 1995.

CUNHA, E. da. *Contrastes e confrontos*. Rio de Janeiro: Record, 1975.

————. *Os sertões*: campanha de Canudos. São Paulo: Abril, 1982.

CUNHA, M. W. V. da. *O sistema administrativo brasileiro*: 1930-1950. Rio de Janeiro: CBPE, INEP, 1963.

CURSO DE INTRODUÇÃO AO PENSAMENTO POLITICO BRASILEIRO. *O Castilhismo. O trabalhismo após 30*. Escrito por Ricardo Vélez Rodrigues. Brasília: Editora da UnB, 1982. Unidade VII e VIII.

DA MATTA, R. *Carnavais, malandros e heróis*: para uma sociologia do dilema brasileiro. 5.ed. Rio de Janeiro: Guanabara, 1990.

D'ARAUJO, M. C. S. *O segundo Governo Vargas 1951-1954*: democracia, partidos e crise política. 2.ed. São Paulo: Ática, 1992. (Fundamentos, 90).

————. *Sindicatos, carisma e poder*: o PTB de 1945-65. Rio de Janeiro: Editora da FGV, 1996.

DELGADO, L. de A. N. *PTB*: do getulismo ao reformismo (1945-1964). São Paulo: Marco Zero, 1989.

DEPARTAMENTO DE TAQUIGRAFIA, REVISÃO E REDAÇÃO DA CÂMARA DOS DEPUTADOS. Notas taquigráficas. In: *Revista de administração pública*, Rio de Janeiro, v.17, n.2, p.163-76, abr./jun.1983. Apêndice.

DÓRIA, C. A. O dual, o feudal e o etapismo na teoria da revolução brasileira. In: MORAES, J. Q. de (Org.). *História do marxismo no Brasil*. Teorias. Interpretações, v.III. Campinas: Editora da Unicamp, 1998. p.201-44.

DOUGLAS, M. *Como as instituições pensam*. São Paulo: Editora da USP, 1998. (Ponta 16).

GUERREIRO RAMOS E A REDENÇÃO SOCIOLÓGICA   309

DRAIBE, S. *Rumos e metamorfoses*: um estudo sobre a constituição do Estado e as alternativas da industrialização no Brasil (1930-1960). Rio de Janeiro: Paz e Terra, 1985. (Estudos brasileiros, 84).

FANON, F. *Os condenados da terra*. 2.ed. Rio de Janeiro: Civilização Brasileira, 1979.

FAORO, R. *Os donos do poder*: formação do patronato político brasileiro. 7.ed. Rio de Janeiro: Globo, 1987. 2v.

_____. *Existe um pensamento político brasileiro?* São Paulo: Ática, 1994.

FAULKNER, W. *Luz em agosto*. Rio de Janeiro: Nova Fronteira, 1983. (Grandes romances).

FAUSTO, B. *A Revolução de 1930*: historiografia e história. 5.ed. São Paulo: Brasiliense, 1978.

FEBVRE, L. *História*. Organizado por Carlos Guilherme Mota. 2.ed. São Paulo: Ática, 1992. (Grandes cientistas sociais, 2).

FERNANDES, F. *A etnologia e a sociologia no Brasil*: ensaios sobre aspectos da formação e do desenvolvimento das ciências sociais na sociedade brasileira. São Paulo: Anhambi, 1958.

_____. O teatro negro. In: _____. *O negro no mundo dos brancos*. São Paulo: Difel, 1972a. p.192-7.

_____. *Sociedade de classes e subdesenvolvimento*. 2.ed. revisada e ampliada. Rio de Janeiro: J. Zahar, 1972b.

_____. *A sociologia no Brasil*: contribuição para o estudo de sua formação e desenvolvimento. Petrópolis: Vozes, 1977.

_____. *A revolução burguesa no Brasil*: ensaio de interpretação sociológica. 3.ed. Rio de Janeiro: Guanabara, 1987.

_____. *Sociologia*. 2.ed. Organizado por Octavio Ianni. São Paulo: Ática, 1991. (Grandes cientistas sociais, 58).

FERNANDEZ, O. L. Análise existencial da realidade brasileira. In: SCHWARTZMAN, S. (Seleção e introdução). *O pensamento nacionalista e os Cadernos de Nosso Tempo*. Brasília: UNB/Câmara dos Deputados, 1979. p.93-130. (Biblioteca do pensamento político republicano).

FERREIRA, J. *O populismo e sua história*: debate e crítica. Rio de Janeiro: Civilização Brasileira, 2001.

_____. *O imaginário trabalhista*: getulismo, PTB e cultura política popular 1945-1964. Rio de Janeiro: Civilização Brasileira, 2005.

_____. *A democracia no Brasil* (1945-1964). São Paulo: Atual, 2006. (Discutindo a história do Brasil).

FERREIRA, P. Panorama da Sociologia Brasileira. *Revista brasiliense*, São Paulo, n.15, p.43-64, parte II, 1958a.

310 EDISON BARIANI JUNIOR

_____. Panorama da Sociologia Brasileira. *Revista brasiliense*, São Paulo, n.16, p.25-49, parte III, 1958b.

FREYER, H. *Introducción a la sociología*. Madri: Aguilar, 1944.

FREYRE, G. *Casa Grande e Senzala*. 22.ed. Rio de Janeiro: J. Olympio, 1983.

FRANCO, M. S. C. O tempo das ilusões. In: CHAUÍ, M.; FRANCO, M. S. C. *Ideologia e mobilização popular*. 2.ed. Rio de Janeiro: Paz e Terra, 1985. p.151-209.

FORJAZ, M. C. S. *Tenentismo e política*: tenentismo e camadas médias urbanas na crise da primeira república. Rio de Janeiro: Paz e Terra, 1977.

FURTADO, C. *Teoria e política do desenvolvimento econômico*. 2.ed. revisada e ampliada. São Paulo: Nacional, 1975. (Biblioteca universitária. Série 2ª. Ciências sociais, v.24).

_____. (Org.). *Brasil:* tempos modernos. 3.ed. Rio de Janeiro: Paz e Terra, 1979. (Estudos brasileiros, v.23).

_____. *Economia*. Organizado por Francisco de Oliveira. São Paulo: Ática, 1983. (Grandes cientistas sociais, 33).

_____. *Formação econômica do Brasil*. 21.ed. São Paulo: Nacional, 1986.

GARCIA, R. M. A vida de um guerreiro... com sabedoria e senso de humor: uma sinopse da obra de Guerreiro Ramos. *Revista de administração pública*, Rio de Janeiro, v.17, n.1, p.107-26, jan./mar. 1983.

GEARY, P., J. *O mito das nações*: a invenção do nacionalismo. São Paulo: Conrad, 2005.

GIANOTTI, J. A. Entrevista. *Trans/form/ação*. Assis, n.1, ano I, p.25-36, 1974.

GIDDENS, A. *As conseqüências da modernidade*. 2ª reimpressão. São Paulo: Editora da UNESP, 1991. (Biblioteca básica).

GOLDMANN, L. *Ciências humanas e filosofia*: que é a sociologia? São Paulo: Difel, 1976a.

_____. *Sociologia do romance*. Rio de Janeiro: Paz e Terra, 1976b. (Literatura e teoria literária, v.7).

_____. *Dialética e cultura*. 2.ed. Rio de Janeiro: Paz e Terra, 1979.

_____. *Epistemologia e filosofia política*. Lisboa: Presença, 1984.

GORENDER, J. Correntes sociológicas no Brasil. In: RAMOS, A. G. *A redução sociológica*. 3.ed. Rio de Janeiro: Editora da UFRJ, 1996. p.203-25.

GRAHAM, L. S. *Civil service reform in Brazil*: principles versus practice. Austin: University of Texas Press, [19-].

GUIMARÃES, A. S. Alfredo. *Classes, raças e democracia*. São Paulo: 34 Letras, 2002.

GUERREIRO RAMOS E A REDENÇÃO SOCIOLÓGICA   311

GURVITCH, G. *La vocación actual de la sociología*: hacia una sociología diferencial. México: Fondo de Cultura Económica, 1953.

HEIDEGGER, M. *Conferências e escritos filosóficos*. São Paulo: Abril Cultural, 1979. (Os pensadores).

_____. *Ser e Tempo*. 3.ed. Petrópolis: Vozes, 1989. 2v.(Pensamento humano).

HELLER, H. *Teoria del Estado*. México: Fondo de Cultura Económica, 1947.

HIPPOLITO, L. *De raposas e reformistas*: o PSD e a experiência democrática brasileira 1945-64. Rio de Janeiro: Paz e Terra, 1985. (Estudos brasileiros, 85).

HISTÓRICO DOS PRESIDENTES DA FGV. Disponível em: <http://www.fgv.br/fgv/idx_presidencia.asp>. Acesso: em 20 mai. 2006.

HOBSBAWM, E. J. *Nações e nacionalismo desde 1780*: programa, mito e realidade. 2.ed. Rio de Janeiro: Paz e Terra, 1998.

HOLANDA, A. B. de. *Novo dicionário da Língua Portuguesa*. 2.ed. revisada e aumentada, 24ª impressão. Rio de Janeiro: Nova Fronteira, 1986.

HUSSERL, E. *Investigações lógicas*; sexta investigação: elementos de uma elucidação fenomenológica do conhecimento. São Paulo: Abril Cultural, 1980. (Os pensadores).

IANNI, O. *O ciclo da revolução burguesa*. 2.ed. Petrópolis: Vozes, 1985.

_____. *Classe e nação*. Petrópolis: Vozes, 1986.

_____. *A formação do estado populista na América Latina*. 2.ed. revisada e ampliada. São Paulo: Ática, 1989.

_____. *O labirinto latino-americano*. Petrópolis: Vozes, 1993.

_____. *O colapso do populismo no Brasil*. 5.ed. Rio de Janeiro: Civilização Brasileira, 1994.

_____. *Estado e planejamento econômico no Brasil*. 6.ed. revisada e atualizada. Rio de Janeiro: Civilização Brasileira, 1996.

IGLESIAS, F. Prefácio à 3ª edição. In: TORRES, A. *A organização nacional*: primeira parte, a Constituição. 4.ed. São Paulo: Editora Nacional; Brasília: Editora da UnB, 1982. p.11-31. (Temas brasileiros, 39).

_____. *Trajetória política do Brasil*: 1500-1964. 2.ed. São Paulo: Cia. das Letras, 1993.

INSTITUTO BRASILEIRO DE ECONOMIA, SOCIOLOGIA E POLÍTICA. Para uma política nacional de desenvolvimento. In: SCHWARTZMAN, S. (Seleção e introdução). *O pensamento nacionalista e os Cadernos de Nosso Tempo*. Brasília: Editora da UnB, 1979. p.171-273. (Biblioteca do pensamento político republicano).

312 EDISON BARIANI JUNIOR

IONESCO, E. *O rinoceronte*. Rio de Janeiro: Agir, 1995. (Teatro moderno).

JAGUARIBE, H. *O Nacionalismo na atualidade brasileira*. Rio de Janeiro: ISEB, 1958. (Textos Brasileiros de Política, 1).

_____. *Desenvolvimento econômico e desenvolvimento político*: uma abordagem teórica e um estudo do caso brasileiro. 2.ed. Rio de Janeiro: Paz e Terra, 1972. (Estudos sobre o Brasil e a América Latina, v.8).

_____. A crise brasileira. In: SCHWARTZMAN, S. (Seleção e introdução). *O pensamento nacionalista e os Cadernos de Nosso Tempo*. Brasília: Editora da UnB, 1979a. p.131-70. (Biblioteca do pensamento político republicano).

_____. O que é ademarismo? In: SCHWARTZMAN, S. (Seleção e introdução). *O pensamento nacionalista e os Cadernos de Nosso Tempo*. Brasília: Editora da UnB, 1979b. p.21-30. (Biblioteca do pensamento político republicano).

_____. Moralismo e alienação das classes médias. In: SCHWARTZMAN, S. (Seleção e introdução). *O pensamento nacionalista e os Cadernos de Nosso Tempo*. Brasília: Editora da UnB, 1979c. p.31-8. (Biblioteca do pensamento político republicano).

_____. ISEB, um breve depoimento e uma reapreciação crítica. *Cadernos de Opinião*, n.14, p.94-110, out./nov.1979d.

_____. O ISEB e o desenvolvimento nacional. In: TOLEDO, C. N. de (Org.). *Intelectuais e política no Brasil*: a experiência do ISEB. Rio de Janeiro: Revan, 2005. p.31-2.

JAIME, J. *História da filosofia no Brasil*. 2.ed. Petrópolis: Vozes; São Paulo: Faculdades Salesianas, 2000. 3v.

JOHNSON, J. J. *Political change in Latin América*: the emergence of the middle sectors. 2nd printing, Stanford: Stanford University, 1961.

KONDER, L. *A democracia e os comunistas no Brasil*. Rio de Janeiro: Graal, 1980. (Biblioteca de ciências sociais. Série política, v.15).

LA CAPRA, D. *Rethinking intellectual history*: texts, contexts, language. 2nd ed. Ithaca: Cornell University, 1985.

_____. *History & criticism*. 3rd. ed. Ithaca: Cornell University, 1992.

LAHUERTA, M. *Elitismo, autonomia, populismo*: os intelectuais na transição dos anos 40. Tese (Mestrado em Ciência Política) – Universidade Estadual de Campinas, Campinas, 1992.

_____. Os intelectuais e os anos 20: moderno, modernista, modernização. In: DE LORENZO, H. C.; COSTA, W. P. da (Orgs.). *A década de 20 e as origens do Brasil moderno*. São Paulo: Editora da UNESP, 1997. p.93-114.

GUERREIRO RAMOS E A REDENÇÃO SOCIOLÓGICA   313

_____. *Intelectuais e transição*: entre a política e a profissão. São Paulo, 1999. Tese (Doutorado em Ciência Política), Universidade de São Paulo.

LAMBERT, J. *Os dois Brasis*. 8.ed. São Paulo: Companhia Editora Nacional, 1973.

LAMOUNIER, B. O Iseb: notas à margem de um debate. *Discurso*, São Paulo, n.9, p.153-8, nov.1978.

LEITE, D. M. *O caráter nacional brasileiro*: história de uma ideologia. 2.ed. rev., refund. e ampliada. São Paulo: Pioneira, 1969.

LIMA, H. F. *História do pensamento econômico no Brasil*. São Paulo: Companhia Editora. Nacional, 1976. (Brasiliana, 360).

LIMA, Hermes. Significação do nacionalismo. In: SCHWARTZMAN, S. (Seleção e introdução). *O pensamento nacionalista e os Cadernos de Nosso Tempo*. Brasília: Editora da UnB, 1979. p.71-82. (Biblioteca do pensamento político republicano).

LIMA, M. (Org.). *Petróleo, energia elétrica, siderurgia*: a luta pela emancipação; um depoimento de Jesus Soares Pereira sobre a política de Vargas. Rio de Janeiro: Paz e Terra, 1975. (Estudos brasileiros, 7).

MAIO, M. C. *Uma polêmica esquecida*: Costa Pinto, Guerreiro Ramos e o tema das relações raciais. In: XX ENCONTRO ANUAL DA ASSOCIAÇÃO NACIONAL DE PESQUISA EM CIÊNCIAS SOCIAIS, 1996.

MANNHEIM, K. *Essays on sociology and social psychology*. 2nd impression, London: Routledge & Kegan Paul, 1959.

_____. *Ideologia e utopia*. 2.ed. Rio de Janeiro: J. Zahar, 1972.

_____. *Sociologia da cultura*. São Paulo: Perspectiva, 1974.

MARINHO, L. C de O. *O Iseb em seu momento histórico*. Rio de Janeiro, 1986. Dissertação (Mestrado em Filosofia) – Universidade Federal do Rio de Janeiro.

MARCUSE, H. *Razão e revolução*: Hegel e o advento da teoria social. 2.ed. Rio de Janeiro: Paz e Terra, 1978. (O mundo, hoje, 28).

MARIÁTEGUI, J. C. *Sete ensaios de interpretação da realidade peruana*. São Paulo: Alfa-Ômega, 1975.

_____. *Política*. Organizado por Manoel L. Bellotto e Anna Maria M. Corrêa. São Paulo: Ática, 1982. (Grandes cientistas sociais, 27).

MARTINS, L. A gênese de uma intelligentsia; os intelectuais e a política no Brasil: 1920 a 1940. *Revista Brasileira de Ciências Sociais*, São Paulo, v.2, n.4, p.65-87, jul./1987.

MARX, K. *Karl Marx*. 2.ed. São Paulo: Abril, 1978. (Os pensadores).

314 EDISON BARIANI JUNIOR

MASSI, F. P. Franceses e norte-americanos nas ciências sociais brasileiras: 1930-1960. In: MICELI, S. (Org.). *História das ciências sociais no Brasil*, v.1. São Paulo: Vértice, 1989. p.411-459.

MATTA, J. E. da. Alberto Guerreiro Ramos – reflexão preliminar sobre sua trajetória intelectual, em homenagem póstuma. *Revista de Administração Pública*, Rio de Janeiro, v.17, n.1, p.95-106, jan./mar. 1983.

MAURO, F. *História econômica mundial*: 1790-1970. 2.ed. Rio de Janeiro: J. Zahar, 1976.

MENESES, T. B. de. *Estudos de sociologia*. Rio de Janeiro: Instituto Nacional do Livro, 1962.

MENEZES, D. La sociología en el Brasil. In: GURVITCH, G.; MOORE, W. E. (Orgs.). *Sociología del siglo XX*. Buenos Aires: El Ateneo, 1956. p.197-225, tomo II, 2ª parte. (Estudios sociológicos en los diferentes países).

MERTON, R. K. *Sociologia*: teoria e estrutura. São Paulo: Mestre Jou, 1970.

MICELI, S. *Intelectuais à brasileira*. São Paulo: Cia. das Letras, 2001.

MICHELS, R. *Os partidos políticos*. São Paulo: Senzala, [19-].

MIGLIOLI, J. O Iseb e a encruzilhada nacional. In: TOLEDO, C. N. de (Org.). *Intelectuais e política no Brasil*: a experiência do Iseb. Rio de Janeiro: Revan, 2005. p.59-76.

MORAES, D. de. *A esquerda e o Golpe de 64*: 25 cinco anos depois, as forças populares repensam seus mitos, sonhos e ilusões. 2.ed. Rio de Janeiro: Espaço e Tempo, 1989.

MOTA, C. G. *Ideologia da cultura brasileira* (1933-1974). 4.ed. São Paulo: Ática, 1980.

MOURA, C. *Sociologia do negro brasileiro*. São Paulo: Ática, 1988. (Fundamentos, 34).

NABUCO, J. *O abolicionismo*. Rio de Janeiro: Nova Fronteira; São Paulo: Publifolha, 2000. (Grandes nomes do pensamento brasileiro).

NASCIMENTO, A. Cartaz: Guerreiro Ramos. In: QUILOMBO: vida, problemas e aspirações do negro. Ed. fac-similar do jornal dirigido por Abdias Nascimento. São Paulo: 34 Letras, 2003a. p.96.

_____. Nós. In: QUILOMBO: vida, problemas e aspirações do negro. Ed. fac-similar do jornal dirigido por Abdias Nascimento. São Paulo: 34 Letras, 2003b. p.19 e 24.

NASCIMENTO, E. L. *O sortilégio da cor*: identidade, raça e gênero no Brasil. São Paulo: Summus, 2003.

NOGUEIRA, M. A. *As possibilidades da política*: idéias para a reforma democrática do Estado. São Paulo: Paz e Terra, 1998.

GUERREIRO RAMOS E A REDENÇÃO SOCIOLÓGICA 315

NUNES, B. Consideração sobre a redução sociológica. In: RAMOS, A. G. *A redução sociológica*. 3.ed. Rio de Janeiro: Editora da UFRJ, 1996. p.189-200.

NUNES, E. *A gramática política do Brasil*: clientelismo e insulamento burocrático. 2.ed. Rio de Janeiro: J. Zahar, 1997.

ODALIA, N. *As formas do mesmo*: ensaios sobre o pensamento historiográfico e Varnhagen e Oliveira Vianna. São Paulo: Editora da Unesp, 1997.

OLIVEIRA, A. C. F. de. A "sociologia do branco": o pensamento de Álvaro Bomilcar. *Trapézio*, Campinas, n.2, p.59-84, abr. 2002.

OLIVEIRA, F. de. A navegação venturosa. In: FURTADO, C. *Economia*. Organizado por Francisco de Oliveira. São Paulo: Ática, 1983. p.7-29. (Grandes cientistas sociais, 33).

OLIVEIRA, L. L. de. Prefácio. In: SOARES, L. A. A. *A sociologia crítica de Guerreiro Ramos*: um estudo sobre um sociólogo polêmico. Rio de Janeiro: Copy & Arte, 1993. p.7-8.

_____. *A sociologia do Guerreiro*. Rio de Janeiro: Ed. da UFRJ, 1995.

OLIVEIRA FILHO, V. R. de. *Dualidade e revolução no pensamento isebiano*: as visões de Helio Jaguaribe e Nelson Werneck Sodré. Rio de Janeiro, 1999. Tese (Doutorado em Desenvolvimento, Agricultura e Sociedade) - Universidade Federal Rural do Rio de Janeiro.

ORTEGA Y GASSET, J. *A rebelião das massas*. São Paulo: Publicações Brasil, 1933.

ORTIZ, R. Notas sobre as ciências sociais no Brasil. *Novos Estudos Cebrap*, São Paulo, n.27, p.163-175, jul./1990.

_____. *Cultura brasileira e identidade nacional*. 5.ed. São Paulo: Brasiliense, 1994.

PAIVA, V. P. *Paulo Freire e o nacionalismo-desenvolvimentista*. 2.ed. Rio de Janeiro: Civilização Brasileira, 1986.

PÉCAUT, D. *Os intelectuais e a política no Brasil*: entre o povo e a nação. São Paulo: Ática, 1990.

PEIXOTO, Alexsandro. V. do A. *Getúlio Vargas, meu pai*. Porto Alegre: Globo, 1960.

PEREIRA, A. E. *O Iseb na perspectiva de seu tempo*: intelectuais, política e cultura no Brasil 1952-1964. São Paulo, 2003. Tese (Doutorado em Ciência Política) – Universidade de São Paulo.

_____. Organização, estrutura e trajetória do Iseb. In: TOLEDO, C. N. de (Org.). *Intelectuais e política no Brasil*: a experiência do Iseb. Rio de Janeiro: Revan, 2005. p.253-60.

PEREIRA, A. Posição e tarefas da inteligência. *Temas de ciências humanas*, São Paulo, n.4, p.41-67, 1978.

316 EDISON BARIANI JUNIOR

PIERSON, D. (Org.). *Estudos de ecologia humana*. São Paulo: Martins, 1948, t.I. (Biblioteca de ciências sociais, IX).

_____ (Org.). *Estudos de organização social*. São Paulo: Martins, 1970, t.II. (Biblioteca de ciências sociais, IX).

_____. *Teoria e pesquisa em sociologia*. 14.ed. São Paulo: Melhoramentos, 1972.

PINTO, L. de A. C. *Sociologia e desenvolvimento*: temas e problemas do nosso tempo. 7.ed. Rio de Janeiro: Civilização Brasileira, 1978.

PUTNAM, R. D. *Comunidade e democracia*: a experiência da Itália moderna. Participação de Robert Leondardi e Raffaella Y. Nanetti. Rio de Janeiro: Editora da FGV, 1996.

QUEIROZ, M. I. P. de. Nostalgia do outro e do alhures: a obra sociológica de Roger Bastide. In: BASTIDE, R. *Sociologia*. Organizado por Maria Isaura Pereira de Queiroz. São Paulo: Ática, 1983. p.7-75. (Grandes cientistas sociais, 37).

QUILOMBO: vida, problemas e aspirações do negro. Ed. fac-similar do jornal dirigido por Abdias Nascimento. São Paulo: 34 Letras, 2003.

RAMOS, A. G. Sentido da poesia contemporânea. *Cadernos da hora presente*, São Paulo, p.86-103, mai. 1939.

_____. Nota sobre Jacinta Passos. *Cadernos da hora presente*, São Paulo, p.149-50, jan. 1940a.

_____. Poemas cíclicos. *Cadernos da hora presente*, São Paulo, p.110-112, jul./ago. 1940b.

_____. A sociologia de Max Weber; sua importância para a teoria e a prática da Administração. *Revista do Serviço Público*, Rio de Janeiro, v.3, n.2/3, p.129-39, ago./set. 1946a.

_____. A divisão do trabalho social. *Revista do serviço público*, Rio de Janeiro, v.4, n.1/2, p.161-8, out./nov.1946b.

_____. Notas sobre a planificação social. *Revista do serviço público*, Rio de Janeiro, v.4, n.3, p.163-6, dez. 1946c.

_____. A pesquisa e os *surveys* sociais. *Revista do serviço público*. Rio de Janeiro, v.1, n.3/4, p.147-51, mar./abr. 1947.

_____. *Curso de Sociologia*. Rio de Janeiro: Dasp, 1948. Mimeografado.

_____. *Uma introdução ao histórico da organização racional do trabalho*: ensaio de sociologia do conhecimento. Tese (apresentada em 1949 ao concurso para provimento em cargo da carreira de Técnico em Administração do quadro permanente do Departamento Administrativo do Serviço Público – Dasp), Dasp, Rio de Janeiro, Departamento de Imprensa Nacional, 1950.

GUERREIRO RAMOS E A REDENÇÃO SOCIOLÓGICA 317

_____. O problema da mortalidade infantil no Brasil. *Sociologia*, São Paulo, v.13, n.3, p.1-43, 1951a.

_____. Pauperismo e medicina popular. *Sociologia*, São Paulo, v.13, n.3, p.252-73, 1951b.

_____. Nota metodológica. *Digesto econômico*, São Paulo, n.85, p.133-136, dez. 1951c.

_____. A sociologia industrial. Formação. Tendências atuais. Rio de Janeiro: [s. n.], 1952.

_____. O processo da sociologia no Brasil: esquema de uma história das idéias. Rio de Janeiro: [s.n.], 1953.

_____. Esforços de teorização da realidade brasileira politicamente orientados de 1870 a nossos dias. In: ANAIS DO I CONGRESSO BRASILEIRO DE SOCIOLOGIA (21 a 27 de junho de 1954). São Paulo: Sociedade Brasileira de Sociologia, 1955. p.275-297.

_____. Apresentação. In: RANGEL, I. *Dualidade básica da economia brasileira*. Rio de Janeiro: Iseb, 1957a, p.7-14 (Textos brasileiros de economia, 2).

_____. Introdução crítica à sociologia brasileira. Rio de Janeiro: Andes, 1957b.

_____. A redução sociológica: introdução ao estudo da razão sociológica. Rio de Janeiro: Iseb, 1958a.

_____. Estrutura atual e perspectivas da sociedade brasileira. *Revista brasiliense*, São Paulo, n.18, p.48-59, 1958b.

_____. Nacionalismo e problemas brasileiros. *Revista brasiliense*, São Paulo, n.21, p.35-50, 1959.[1]

_____. O problema nacional do Brasil. 2.ed. Rio de Janeiro: Saga, 1960.

_____. A crise do poder no Brasil: problemas da revolução nacional brasileira. Rio de Janeiro: J. Zahar, 1961.

_____. Mito e verdade da revolução brasileira. Rio de Janeiro: J. Zahar, 1963.

_____. Administração e estratégia do desenvolvimento: elementos de uma sociologia especial da administração. Rio de Janeiro: Editora da FGV, 1966.

_____. A modernização em nova perspectiva: em busca do modelo da possibilidade. *Revista de Administração Pública*, Rio de Janeiro, n.2, p.7-44, 2º sem. 1967.

_____. Latent functions of formalism in Brazil. *Sociology and Social Research*, v.56, n.1, p.62-82, out. 1971.

---

1 Artigo ao qual atribuo a autoria a Guerreiro Ramos.

_____. A teoria administrativa e a utilização inadequada de conceitos. *Revista de Administração Pública*, Rio de Janeiro, v.7, n.3, p.5-17, jul./set. 1973.

_____. O problema do negro na sociologia brasileira. In: SCHWARTZMAN, S. (Seleção e introdução). *O pensamento nacionalista e os Cadernos de Nosso Tempo*. Brasília: Editora da UnB, 1979. p.39-69. (Biblioteca do pensamento político republicano).

_____. Minha dívida a Lorde Keynes. *Revista de Administração Pública*, Rio de Janeiro, v.16, n.2, p.91-95, abr./jun.1982.

_____. A inteligência brasileira na década de 1930, à luz da perspectiva de 1980. In: A REVOLUÇÃO DE 30: seminário internacional. Rio de Janeiro: FGV; Brasília: Editora da UnB, 1983a. p.527-48. (Temas brasileiros).

_____. A nova ignorância e o futuro da administração pública na América Latina. *Revista de administração pública*, Rio de Janeiro, v.17, n.1, p.32-65, jan./mar. 1983b.

_____. Modelos de homem e teoria administrativa. *Revista de administração pública*, Rio de Janeiro, v.18, n.2, p.3-12, abr./jun.1984.

_____. Curtição ou reinvenção do Brasil. *Revista de administração pública*, Rio de Janeiro, v.20, n.1, p.3-4, jan./mar. 1986.

_____. *A nova ciência das organizações*: uma reconceituação da riqueza das nações. 2.ed. Rio de Janeiro: FGV, 1989.

_____. *Introdução crítica à sociologia brasileira*. Rio de Janeiro: Editora da UFRJ, 1995.

_____. *A redução sociológica*. 3.ed. Rio de Janeiro: Editora da UFRJ, 1996.

_____. Apresentação da grupoterapia. In: QUILOMBO: vida, problemas e aspirações do negro. Ed. fac-similar do jornal dirigido por Abdias Nascimento. São Paulo: 34 Letras, 2003a. p.64.

_____. Apresentação da negritude. QUILOMBO: vida, problemas e aspirações do negro. Ed. fac-similar do jornal dirigido por Abdias Nascimento. São Paulo: 34 Letras, 2003b. p.117.

_____. Contatos raciais no Brasil. In: QUILOMBO: vida, problemas e aspirações do negro. Ed. fac-similar do jornal dirigido por Abdias Nascimento. São Paulo: 34 Letras, 2003c. p.26.

_____. Teoria e prática do psicodrama. In: QUILOMBO: vida, problemas e aspirações do negro. Ed. fac-similar do jornal dirigido por Abdias Nascimento. São Paulo: 34 Letras, 2003d. p.76-7.

_____. Teoria e prática do sociodrama. In: QUILOMBO: vida, problemas e aspirações do negro. Ed. fac-similar do jornal dirigido por Abdias Nascimento. São Paulo: 34 Letras, 2003e. p.91.

GUERREIRO RAMOS E A REDENÇÃO SOCIOLÓGICA **319**

_____. Uma experiência de grupoterapia (Arquivo). In: QUILOMBO: vida, problemas e aspirações do negro. Ed. fac-similar do jornal dirigido por Abdias Nascimento. São Paulo: 34 Letras, 2003f. p.53.

_____; GARCIA, E. da S. *Problemas econômicos e sociais do Brasil*. Rio de Janeiro: Departamento Nacional da Criança, 1949.

_____; GARCIA, E. da S.; SILVA, G. B. O problema da escola de aprendizagem industrial no Brasil. *Estudos econômicos*, n.11 e 12, ano IV, p.133-53, set./dez. 1953.

RANGEL, I. *Dualidade básica da economia brasileira*. Rio de Janeiro: Iseb, 1957. (Textos brasileiros de economia, 2).

REVISTA DE ADMINISTRAÇÃO PÚBLICA. Rio de Janeiro, v.17, n.1 jan./mar. 1983a. (Simpósio Guerreiro Ramos: resgatando uma obra).

REVISTA DE ADMINISTRAÇÃO PÚBLICA. Rio de Janeiro, v.17, n.2, abr./jun.1983b. (Simpósio Guerreiro Ramos: resgatando uma obra).

REZENDE, M. J. de. A sociologia como forma de intervir no melhoramento da vida humana: as idéias de Costa Pinto e as de Guerreiro Ramos lidas à luz de algumas considerações sobre as ciências sociais e o mundo hoje. *Mneme*, v.7, n.14, fev./mar. 2005. Disponível em: <http://www.seol.com.br/mneme>. Acesso em: 1 abr. 2006.

RIMA, I. R. *História do pensamento econômico*. São Paulo: Atlas, 1987.

RODRIGUES, J. H. *Aspirações nacionais*: interpretação histórico-política. 4.ed. Rio de Janeiro: Civilização Brasileira, 1970. (Retratos do Brasil, 73).

_____. *Conciliação e reforma no Brasil*: um desafio histórico cultural. 2.ed. Rio de Janeiro: Nova Fronteira, 1982. (Logos).

RODRIGUES, L. M. O PCB: os dirigentes e a organização. In: FAUSTO, B. (Org.). *O Brasil republicano*: sociedade e política (1930 – 1964). 3.ed. São Paulo: Difel, 1986. p.361-442. (História geral da civilização brasileira, t.III, v.3).

RODRÍGUEZ, R. V. *O homem e a sua obra*. Disponível em: <http://www. ensayistas.org/filosofos/brasil/romero/introd.htm>. Acesso em: 28 ago. 2006.

ROSA, V. S. *O sentido do tenentismo*. Rio de Janeiro: Schmidt, 1933.

SAES, D. *Classe média e política na Primeira República brasileira (1889-1930)*. Petrópolis: Vozes, 1975. (Sociologia brasileira, 3).

_____. *Classe média e sistema político no Brasil*. São Paulo: T. A. Queiroz, 1984. (Estudos brasileiros, 6).

_____. *A formação do Estado burguês no Brasil (1888- 1891)*. Rio de Janeiro: Paz e Terra, 1985. (Estudos brasileiros, 86).

320 EDISON BARIANI JUNIOR

_____. Classe média e política no Brasil: 1930-1964. In: FAUSTO, B. (Org.). *O Brasil Republicano*: sociedade e política (1930 – 1964). 3.ed. São Paulo: Difel, 1986. p.447-506. (História geral da civilização brasileira, t.III, v.3).

SANTOS, J. R. dos. O negro como lugar. In: RAMOS, A. G. *Introdução crítica à sociologia brasileira*. Rio de Janeiro: Editora da UFRJ, 1995. p.19-29.

SANTOS, W. G. dos. *Reforma contra reforma*. Rio de Janeiro: Tempo Brasileiro, 1963.

_____. *Ordem burguesa e liberalismo político*. São Paulo: Duas Cidades, 1978. (História e sociedade).

SARTRE, J.-P. *Reflexões sobre o racismo*. São Paulo: Difel, 1960.

_____. O colonialismo é um sistema: In: *Colonialismo e neocolonialismo*: Situações, V. Rio de Janeiro: Tempo Brasileiro, 1968. p.21-40.

_____. Orpheu negro (resumo). In: QUILOMBO: vida, problemas e aspirações do negro. Ed. fac-similar do jornal dirigido por Abdias Nascimento. São Paulo: 34 Letras, 2003. p.64-5.

SCHELER, M. *Visão filosófica do mundo*. São Paulo: Perspectiva, 1986. (Debates, 191).

SCHUTZ, A. *Fenomenologia e relações sociais*. Organizado por Helmut R. Wagner. Rio de Janeiro: J. Zahar, 1979.

SCHWARCZ, L. K. Moritz. *O espetáculo das raças*: cientistas, instituições e questão racial no Brasil (1870-1930). São Paulo: Cia. das Letras, 1993.

_____. Questão racial e etnicidade. In: MICELI, S. (Org.). *O que ler na ciência social brasileira (1970 – 1995)*: antropologia. São Paulo: Sumaré, 1999. p.267-326.

SCHWARTZMAN, S. (Seleção e introdução). *O pensamento nacionalista e os Cadernos de Nosso Tempo*. Brasília: Editora da UnB, 1979. (Biblioteca do pensamento político republicano).

_____. (Org.). *Estado Novo*: um auto-retrato. Brasília: Editora da UnB, 1983. (Temas Brasileiros, 24).

_____; BOMENY, H. M. B.; COSTA, V. M. R. *Tempos de Capanema*. Rio de Janeiro: Paz e Terra, 2000.

SCHWARZ, R. *Que horas são?* Ensaios. São Paulo: Cia. das Letras, 1987.

SEGATTO, J. A. *Breve história do PCB*. São Paulo: Livraria Editora de Ciências Humanas, 1981. (A questão social no Brasil).

_____. *Reforma e revolução*: as vicissitudes políticas do PCB (1954-1964). Rio de Janeiro: Civilização Brasileira, 1995.

_____. O PCB e a revolução nacional-democrática. In: MAZZEO, A. C.; LAGOA, M. I. (Orgs.). *Corações vermelhos*: os comunistas brasileiros no século XX. São Paulo: Cortez, 2003. p.123-34.

GUERREIRO RAMOS E A REDENÇÃO SOCIOLÓGICA **321**

SEMOG, É.; NASCIMENTO, A. *Abdias Nascimento*: o griot e as muralhas. Rio de Janeiro: Pallas, 2006.

SERAFIM, M. C. *Ética no espaço de produção*: contribuições da economia de comunhão. Florianópolis, 2001. Dissertação (Mestrado em Engenharia da Produção) – Universidade Federal de Santa Catarina.

SEREZA, H. C. *Florestan*: a inteligência militante. São Paulo: Boitempo, 2005. (Paulicéia).

SILVA, H. *O golpe de 64*. São Paulo: Três, 1998. (História da República Brasileira, v.19).

———. *Vargas*: uma biografia política. Participação de Maria Cecília Ribas Carneiro. Porto Alegre: LP&M, 2004. (LP&M pocket, 375).

SIMON, P.-J.*História da sociologia*. Porto: Rés, 19[?].

SKIDMORE, T. E. *Brasil*: de Getúlio Vargas a Castelo Branco (1930-1964). 5.ed. Rio de Janeiro: Paz e Terra, 1976a.

———. *Preto no branco*: raça e nacionalidade no pensamento brasileiro. 2.ed. Rio de Janeiro: Paz e Terra, 1976b. (Estudos brasileiros, v.9).

SOARES, L. A. Alves. *A sociologia crítica de Guerreiro Ramos*: um estudo sobre um sociólogo polêmico. Rio de Janeiro: Copy & Arte, 1993.

———. Guerreiro Ramos: a trajetória de um pensamento. *Revista de administração pública*, Rio de Janeiro, v.29, n.2, p.33-50, abr./jun.1995.

———. *Guerreiro Ramos*: considerações críticas da sociedade centrada no mercado. Rio de Janeiro: CRA, 2005.

SODRÉ, N. W. *A ideologia do colonialismo*. Rio de Janeiro: Civilização Brasileira, 1961.

———. *A verdade sobre o Iseb*. Rio de Janeiro: Avenir, 1978a. (Depoimento, 4).

———. Brasil: a luta ideológica. *Temas de Ciências Humanas*, São Paulo, n.3, p.119-53, 1978b.

———. *A ofensiva reacionária*. Rio de Janeiro: Bertrand Brasil, 1992.

SOUZA, M. M. C. de S. O analfabetismo no Brasil sob enfoque demográfico. *Texto para discussão n° 639*, IPEA. Disponível em: <http://www.ipea.gov. br/pub/td/td_99/td_639.pdf>. Acesso em: 25 mai. 2006.

SOUZA, M. F. de. *A construção da concepção de desenvolvimento nacional no pensamento de Guerreiro Ramos*. Belo Horizonte, 2000. Dissertação (Mestrado em Sociologia) - Universidade Federal de Minas Gerais.

SOUZA, M. do C. C. C. de. *Estado e partidos políticos no Brasil* (1930 a 1964). São Paulo: Alfa-Omega, 1976.

SWIFT, J. *Viagens de Gulliver.* Rio de Janeiro: Ediouro, 1998.

322 EDISON BARIANI JUNIOR

SZMRECSÁNYI, T.; GRANZIERA, R. G. (Orgs.). *Getúlio Vargas e a economia contemporânea*. 2.ed. revisada e ampliada Campinas: Editora da Unicamp; São Paulo: Hucitec, 2004.

TAVARES, J. N. *Conciliação e radicalização no Brasil*: ensaios de história política. Petrópolis: Vozes, 1982.

TEOTÔNIO JÚNIOR. Resenha do livro "A redução sociológica" de Guerreiro Ramos. *Revista brasiliense*, São Paulo, n.19, p.189-195, set./ out. 1958.

TIMASHEFF, N. S. *Teoria sociológica*. 4.ed. Rio de Janeiro: J. Zahar, 1973.

TOLEDO, C. N. de. *ISEB*: fábrica de ideologias. 2.ed. São Paulo: Ática, 1982.

_____. *O governo Goulart e o golpe de 64*. 3.ed. São Paulo: Brasiliense, 1983. (Tudo é história).

_____. Teoria e ideologia na perspectiva do Iseb. In: MORAES, R.; ANTUNES, R.; FERRANTE, V. B. (Orgs.). *Inteligência brasileira*. São Paulo: Brasiliense, 1986. p.224-56.

_____. *ISEB*: fábrica de ideologias. 2.ed. Campinas: Editora da Unicamp, 1997. (Pesquisas).

_____. Intelectuais do Iseb, esquerda e marxismo. In: MORAES, J. Q. de (Org.). *História do marxismo no Brasil*. Teorias. Interpretações, v.III. Campinas: Editora da Unicamp, 1998. p.245-274.

_____ (Org.). *Intelectuais e política no Brasil*: a experiência do Iseb. Rio de Janeiro: Revan, 2005.

TORRES, A. *A organização nacional*: primeira parte, a Constituição. 4.ed. São Paulo: Editora Nacional; Brasília: Editora da UnB, 1982a. (Temas brasileiros, 39).

_____. *O problema nacional brasileiro*: introdução a um programa de organização nacional. 4.ed. São Paulo: Editora Nacional; Brasília: Editora da UnB, 1982b. (Temas brasileiros, 38).

TRINDADE, H. *Integralismo*: o fascismo brasileiro na década de 30. São Paulo: Difel; Porto Alegre: Editora da UFRGS, 1974. (Corpo e alma do Brasil, 40).

VALE, A. M. do. *O Iseb, os intelectuais e a diferença*: um diálogo teimoso na educação. São Paulo: Editora da Unesp, 2006.

VASCONCELOS, G. *A ideologia curupira*: análise do discurso integralista. São Paulo: Brasiliense, 1979.

VENTRISS, C.; CANDLER, G. G. Alberto Guerreiro Ramos, 20 years later: a new science still unrealized in an era of public cynicism and theoretical ambivalence. *Public administration review*, USA, v.65, n.3, p.347-359, may/june 2005.

GUERREIRO RAMOS E A REDENÇÃO SOCIOLÓGICA **323**

VIANNA, L. W. O moderno na política brasileira. *Presença*, São Paulo, n.5, p.37-6, jan.1985.

_____. *A revolução passiva*: iberismo e americanismo no Brasil. Rio de Janeiro: Revan, 1997.

VIANNA, O. *Problemas de política objectiva*. São Paulo: Companhia Editora Nacional, 1930.

_____. *Instituições políticas brasileiras*. Belo Horizonte: Itatiaia; São Paulo: Editora da USP; Niterói: Editora da UFF, 1987. 2 v.(Reconquista do Brasil. 2ª série, v.105 e 106).

VILLAÇA, A. C. *O pensamento católico no Brasil*. Rio de Janeiro: J. Zahar, 1975.

VIZENTINI, P. F. *Relações exteriores do Brasil* (1945-1964): o nacionalismo e a política externa independente. Petrópolis: Vozes, 2004.

WAHRLICH, B. M. de S. *Reforma administrativa na era de Vargas*. Rio de Janeiro: Editora da FGV, 1983.

WEBER, M. *Ensaios de sociologia*. Organizado por Hans Gerth e C. Wright Mills. 5ª ed. Rio de Janeiro: J. Zahar, 1982.

_____. *A ética protestante e o espírito do capitalismo*. 6.ed. São Paulo: Pioneira, 1989.

_____. *Economia y sociedade*: esbozo de sociología comprensiva. México-DF, Mexico: Fondo de Cultura Económica, 1997.

WEFFORT, F. C. *O populismo na política brasileira*. 4.ed. Rio de Janeiro: Paz e Terra, 1989.

Bibliografia consultada

ABRANCHES, A. M. O nacionalismo no pensamento de Guerreiro Ramos à luz do debate atual. *Trapézio*, Campinas, n.3/4, p.23-36, 1º sem. 2003.

_____. *Nacionalismo e democracia no pensamento de Guerreiro Ramos*. Rio de Janeiro, 2006.Tese (Doutorado em Ciência Política) – Instituto Universitário de Pesquisas do Rio de Janeiro.

AGGIO, A.; BARBOSA, A. de S.; COELHO, H. M. F. *Política e sociedade no Brasil* (1930-1964). São Paulo: Annablume, 2002.

ALBUQUERQUE, J. A. G. (Coord.). *Classes médias e política no Brasil*. Rio de Janeiro: Paz e Terra, 1977. (Estudos brasileiros, v.17).

ALMEIDA, M. H. T. de. Dilemas da institucionalização das ciências sociais no Rio de Janeiro. In: MICELI, S. (Org.). *História das ciências sociais no Brasi*, v.1. São Paulo: Vértice, 1989. p.188-216.

324 EDISON BARIANI JUNIOR

ALTER, P. *Nationalism*. London: Edward Arnold, 1991.

ANDERSON, B. *Nação e consciência nacional*. São Paulo: Ática, 1989. (Temas, 9).

ARRIGHI, G. *A ilusão do desenvolvimento*. 3.ed. Petrópolis: Vozes, 1997. (Zero à esquerda).

BARAN, P. A. *A economia política do desenvolvimento*. 2.ed. São Paulo: Nova Cultural, 1986. (Os economistas).

BARIANI, E. Recenseamento bibliográfico em torno do Iseb. In: TOLEDO, C. N. de (Org.). *Intelectuais e política no Brasil*: a experiência do Iseb. Rio de Janeiro: Revan, 2005. p.233-52.

BARREIRA, C. (Org.). *A sociologia no tempo*: memória, imaginação e utopia. São Paulo: Cortez, 2003.

BOBBIO, N. *Os intelectuais e o poder*: dúvidas e opções dos homens de cultura na sociedade contemporânea. 1ª reimpressão. São Paulo: Editora da Unesp, 1997. (Biblioteca básica).

BASBAUM, L. *História sincera da República*: de 1930 a 1960. 6.ed. São Paulo: Alfa-Omega, 1991.

BASTIDE, R. *Sociologia*. Organizado por Maria Isaura Pereira de Queiroz. São Paulo: Ática, 1983. (Grandes cientistas sociais, 37).

BASTOS, E. R.; RÊGO, W. D. L. (Orgs.). *Intelectuais e política*: a moralidade do compromisso. São Paulo: Olho D'água, 1999.

BELLO, J. M.. *História da República*: 1889 – 1954; síntese de sessenta e cinco anos de vida brasileira. 7ª ed. São Paulo: Companhia Editora Nacional, 1976.

BENEVIDES, M. V. de M. *O governo Jânio Quadros*. São Paulo: Brasiliense, 1981. (Tudo é história).

BOGARDUS, E. S. *A evolução do pensamento social*. Rio de Janeiro: Fundo de Cultura, 1965. 2 v.

BORDIEU, P. *Sociologia*. Organizado por Renato Ortiz. São Paulo: Ática, 1983. (Grandes cientistas sociais, 39).

BORNHEIM, G. A. Filosofia e realidade nacional. *Encontros com a Civilização Brasileira*, Rio de Janeiro, n.19, p.93-112, jun./dez. 1980.

CAMARGO, A. et al. *O golpe silencioso*: as origens da república corporativa. Rio de Janeiro: Rio Fundo, 1989.

CANDIDO, A. A sociologia no Brasil. *Enciclopédia Delta* Larousse. 2.ed. Rio de Janeiro, p.2107-23, v.IV, 1964.

CARDOSO, F. H. Desenvolvimento econômico e nacionalismo. *Revista brasiliense*, São Paulo, n.12, p.88-98, jul./ago. 1957.

GUERREIRO RAMOS E A REDENÇÃO SOCIOLÓGICA 325

_____. *Empresário industrial e desenvolvimento econômico no Brasil*. São Paulo: Difel, 1964.

_____. *As idéias e seu lugar*: ensaios sobre as teorias do desenvolvimento. 2.ed. Petrópolis: Vozes, 1995.

CARONE, E. *A Terceira República* (1937-1945). São Paulo: Difel, 1976. (Corpo e alma do Brasil).

CARR, E. H. *Nationalism and after*. London: Macmillan, 1945.

COELHO, J. V. et al. *San Tiago*: vinte anos depois. Rio de Janeiro: Paz e Terra, 1985. (Debates, v.1).

CÔRTES, N. *Esperança e democracia*: as idéias de Álvaro Vieira Pinto. Belo Horizonte: Editora da UFMG; Rio de Janeiro: Editora do IUPERJ, 2003. (Origem).

COSTA, J. C. *Contribuição à história das idéias no Brasil*: o desenvolvimento da filosofia no Brasil e a evolução histórica nacional. Rio de Janeiro: J. Olympio, 1956.

_____. *Pequena história da República*. 3.ed. São Paulo: Brasiliense, 1989.

CUIN, C.-H.; GRESLE, F. *História da sociologia*. 2.ed. São Paulo: Ensaio, 1994. (Cadernos ensaio. Pequeno formato, 10).

D'ARAUJO, M. C. S. (Org.). *As instituições brasileiras da Era Vargas*. Rio de Janeiro: Editora da UERJ, 1999.

DEBRUN, M. O problema da ideologia do desenvolvimento. *Revista brasileira de Ciências Sociais*, Belo Horizonte, v.II, n.2, p.236-279, jul. 1962.

_____. A compreensão ideológica da história. *Revista brasiliense*, São Paulo, n.46, p.82-100, mar./abr. 1963.

DEPOIMENTOS SOBRE O DASP. Rio de Janeiro: Serviço Nacional de Documentação, 1966.

EISENSTADT, S. N. *Modernização, protesto e mudança*: modernização de sociedades tradicionais. Rio de Janeiro: J. Zahar, 1969.

FAUSTO, B. (Org.). *O Brasil republicano*: sociedade e política (1930 – 1964). 3.ed. São Paulo: Difel, 1986. (História geral da civilização brasileira, tomo III, v.3).

FERNANDES, F. *Fundamentos empíricos da explicação sociológica*. 2.ed. São Paulo: Companhia Editora Nacional, 1967.

_____. *Ensaios de sociologia geral e aplicada*. 2.ed. São Paulo: Pioneira, 1971.

_____. *Elementos de sociologia teórica*. 2.ed. São Paulo: Editora Nacional, 1974.

_____. *Mudanças sociais no Brasil*: aspectos do desenvolvimento da sociedade brasileira. Ed. rev.e aumentada. São Paulo: Difel, 1974. (Corpo e alma do Brasil).

326 EDISON BARIANI JUNIOR

_____. Sobre o trabalho teórico. *Trans/form/ação*, Assis, n.2, p.5-86, 1975.

_____. *A sociologia numa era de revolução social*. 2.ed. reorg. e ampl. Rio de Janeiro: J. Zahar, 1976.

_____. *Circuito-fechado*: quatro ensaios sobre o "poder institucional". São Paulo: Hucitec, 1976.

_____. *Natureza sociológica da sociologia*. São Paulo: Ática, 1980.

_____. *Capitalismo dependente e classes sociais na América Latina*. 3.ed. Rio de Janeiro: J. Zahar, 1981.

GELLNER, E. *Nacionalismo e democracia*. Brasília: Editora da UnB, 1981. (Cadernos da UnB).

GOMES, A. de C. *História e historiadores*: a política cultural do Estado Novo. 2.ed. Rio de Janeiro: FGV, 1999.

GOMES, R. *Crítica da razão tupiniquim*. 12.ed. Curitiba: Criar, 2001.

GRAMSCI, A. *Os intelectuais e a organização da cultura*. 9.ed. Rio de Janeiro: Civilização Brasileira, 1995.

GUANABARA, R. *Sociologia, nacionalismo e debate intelectual no Brasil pós-45*. Dissertação (Mestrado em Ciência Política) – Instituto Universitário de Pesquisas do Rio de Janeiro, Rio de Janeiro, 1992.

GUIBERNAU I BERDUN, M. Montserrat. *Nacionalismos*: o Estado nacional e o nacionalismo no Século XX. Rio de Janeiro: J. Zahar, 1997.

HOLANDA, S. B. de. *Raízes do Brasil*. 26ª ed. São Paulo: Cia. das Letras, 1995.

IANNI, O. *Estado e capitalismo*: estrutura social e industrialização no Brasil. Rio de Janeiro: Civilização Brasileira, 1965. (Perspectivas do Homem, 5).

_____ et al. *Política e revolução social no Brasil*. Rio de Janeiro: Civilização Brasileira, 1965. (Retratos do Brasil, v.33)

_____. *Imperialismo e cultura*. Petrópolis: Vozes, 1976.

_____. *Estado e capitalismo*. 2.ed. revisada e ampliada São Paulo: Brasiliense, 1989.

_____. *Sociologia da sociologia*: o pensamento sociológico brasileiro. 3ed. Revisada e aumentada. São Paulo: Ática, 1989.

_____. *A idéia de Brasil moderno*. 2ª reimpressão. São Paulo: Brasiliense, 1996.

_____. *Pensamento social no Brasil*. Bauru: Edusc, 2004. (Coleção ciências sociais).

INSTITUTO SUPERIOR DE ESTUDOS BRASILEIROS. *Introdução aos problemas do Brasil*. Rio de Janeiro: Iseb, 1956.

JASPERS, K. *Introdução ao pensamento filosófico*. São Paulo: Cultrix, 1971.

KOHN, H. *A era do nacionalismo*. Rio de Janeiro: Fundo do Cultura, 1963.

GUERREIRO RAMOS E A REDENÇÃO SOCIOLÓGICA **327**

KONDER, L. História dos intelectuais nos anos 50. In: FREITAS, M. C. *Historiografia brasileira em perspectiva*. 3.ed. São Paulo: Contexto, 2000. p.355-74.

KORSCH, K. *Marxismo e filosofia*. Porto: Afrontamento, 1977.

KOSIK, K. *Dialética do concreto*. 2.ed. Rio de Janeiro: Paz e Terra, 1995.

LEBRUN, G. A "realidade nacional" e seus equívocos. *Revista brasiliense*, n.44, p.42-62, nov./dez. 1962.

_____. *Sociologia dos intelectuais*. São Leopoldo: Ed. da Unisinos, 2004. (Aldus, 23).

LEPENIES, W. *As três culturas*. São Paulo: Edusp, 1996.

LIMA, O. *Formação histórica da nacionalidade brasileira*. 3.ed. São Paulo: Publifolha, 2000. (Grandes nomes do pensamento brasileiro).

LÖWY, M. *Nacionalismos e internacionalismos*: da época de Marx até nossos dias. São Paulo: Xamã, 2000.

LUKÁCS, G. *História e consciência de classe*: estudos de dialética marxista. 2.ed. Rio de Janeiro: Elfos; Porto: Escorpião, 1989. (Biblioteca ciência e sociedade, 11).

MAIO, M. C.; BÔAS, G. V. (Orgs.). *Ideais de modernidade e sociologia no Brasil*: ensaios sobre Luiz Aguiar Costa Pinto. Porto Alegre: Editora da UFRGS, 1999.

MANNHEIM, K. *Libertad, poder y planificación democrática*. México: Fondo de Cultura Económica, 1953.

_____. *O homem e a sociedade*: estudos sobre a estrutura social moderna. Rio de Janeiro: J. Zahar, 1962.

_____. *Sociologia sistemática*. 2.ed. São Paulo: Pioneira, 1971.

_____. *Diagnóstico de nosso tempo*. 3.ed. Rio de Janeiro: J. Zahar, 1973.

_____. *Sociologia*. Organizado por Marialice M. Foracchi. São Paulo: Ática, 1982. (Grandes cientistas sociais, 25).

MARITAIN, J. *Elementos de Filosofia I*: introdução geral à filosofia. Rio de Janeiro: Agir, 1963.

MARTINS, L. *Industrialização, burguesia nacional e desenvolvimento* (introdução à crise brasileira). Rio de Janeiro: Saga, 1968. (Imagem do Brasil, v.7).

MELLO, J. M. C. de. *O capitalismo tardio*: contribuição à revisão crítica da formação e do desenvolvimento da economia brasileira. 10.ed. Campinas: Unicamp, 1998.

MERCADANTE, P. *A consciência conservadora no Brasil*: contribuição ao estudo da formação brasileira. Rio de Janeiro: Saga, 1965.

MICELI, S. (Org.). *História das ciências sociais no Brasil, v.1*. São Paulo: Vértice, 1989.

328 EDISON BARIANI JUNIOR

_____. (Org.). *História das ciências sociais no Brasil, v.2.* São Paulo: Sumaré, 1995.

_____. Intelectuais brasileiros. In: _____. (Org.). *O que ler na ciência social brasileira (1970-1995): sociologia.* São Paulo: Sumaré, 1999. p.109-46.

MILLS, C. W. *A imaginação sociológica.* 4.ed. Rio de Janeiro: J. Zahar, 1975.

MORAES, R. C. C. *Celso Furtado:* o subdesenvolvimento e as idéias da Cepal. São Paulo: Ática, 1995.

NAIRN, T. *The break-up of Britain:* crisis and neo-nationalism. London: Humanities Press, 1977.

OLIVEIRA, F. *A economia da dependência imperfeita.* 4.ed. Rio de Janeiro: Graal, 1984. (Biblioteca de economia).

OLIVEIRA, L. L. de; VELLOSO, M. P.; GOMES, Â. M. C. *Estado Novo:* ideologia e poder. Rio de Janeiro: J. Zahar, 1982. (Política e sociedade).

_____. *A sociologia de Guerreiro Ramos.* O PROJETO DA UNESCO: 50 ANOS DEPOIS. Salvador, 2004, organizado pelo Centro de Estudos Afro--Orientais da Universidade Federal da Bahia, 2004. Disponível em: <http://www.ceao.ufba.br/unesco/06paper-Lippi.htm>. Acesso em: 23 ago. 2005.

PAIM, A. *História das Idéias filosóficas no Brasil.* 2.ed. São Paulo: Grijalbo, 1974.

PANDOLFI, D. (Org.). *Repensando o Estado Novo.* Rio de Janeiro: Editora da FGV, 1999.

PEREIRA, L. *Estudos sobre o Brasil contemporâneo.* São Paulo: Pioneira, 1971.

PEREIRA, O. D. O Iseb. O desenvolvimento e as reformas de base. *Revista brasiliense,* São Paulo, p.23-41, mai./jun.1963.

PINTO, L. de A. C.; CARNEIRO, E. *As ciências sociais no Brasil.* Rio de Janeiro: Capes, 1955. (Série estudos e ensaios, 6).

_____; BAZZANELLA, W. *Teoria do desenvolvimento.* Rio de Janeiro: J. Zahar, 1967. (Biblioteca de ciências sociais).

_____. O entorpecimento do nacionalismo e suas conseqüências. In: FERNANDES, F. (Org.).*Comunidade e sociedade no Brasil:* leituras básicas de introdução ao estudo macro-sociológico do Brasil. 2.ed. São Paulo: Editora Nacional, 1975. p.572-87. (Biblioteca universitária. Ciências sociais, 37).

POCOCK, J. G. A. *Linguagens do ideário político.* São Paulo: Editora da USP, 2003. (Clássicos, 25).

PRADO J, C. Nacionalismo e desenvolvimento. *Revista brasiliense,* São Paulo, n.24, p.9-15, 1959.

_____. *A revolução brasileira.* 5.ed. São Paulo: Brasiliense, 1977.

GUERREIRO RAMOS E A REDENÇÃO SOCIOLÓGICA   329

_____. *Histórica econômica do Brasil*. 35.ed. São Paulo: Brasiliense, 1977.

_____. *A questão agrária*. 4.ed. São Paulo: Brasiliense, 1987.

_____. *Evolução Política do Brasil*: colônia e império. 21.ed., 1ª reimpressão. São Paulo: Brasiliense, 1999.

RIBEIRO, D. *Teoria do Brasil*. Rio de Janeiro: Paz e Terra, 1972. (Estudos sobre o Brasil e a América Latina, 21).

RIBEIRO, J. *História do Brasil*. 20.ed. Belo Horizonte: Itatiaia, 2001. (Reconquista do Brasil, 222).

RINGER, F. *O declínio dos mandarins alemães*: a comunidade acadêmica alemã, 1890 – 1933. São Paulo: Editora da USP, 2000. (Clássicos, 19).

ROMERO, S. *História da literatura brasileira*: contribuições e estudos gerais para o exato conhecimento da literatura brasileira. 5.ed. organizada e prefaciada por Nelson Romero. Rio de Janeiro: José Olympio, 1953. 5v em 3. (Documentos brasileiros, 24).

_____. *Realidade e ilusões no Brasil*. Seleção e coordenação Hildon Rocha. Petrópolis: Vozes, 1979.

_____. *Autores brasileiros:* Sílvio Romero. Organizado por Luiz Antonio Barreto. Rio de Janeiro: Imago; Aracaju: Universidade Federal de Sergipe, 2002. (Obras completas de Sílvio Romero).

SARTRE, J.-P. *Em defesa dos intelectuais*. São Paulo: Ática, 1994.

SCHWARTZMAN, S. *São Paulo e o Estado nacional*. São Paulo: Difel, 1975. (Corpo e alma do Brasil).

SCHWARZ, R. *Ao vencedor as batatas*: forma literária e processo social nos inícios do romance brasileiro. 4.ed. São Paulo: Duas Cidades, 1992.

_____. *Cultura e política*. São Paulo: Paz e Terra, 2001. (Leitura).

SILVERT, K. H. *Nacionalismo y política de desarrolo*. Buenos Aires: Paidós, 1965. (Biblioteca de psicologia social y sociologia).

SKINNER, Q. *As fundações do pensamento político moderno*. São Paulo: Cia. das Letras, 1996.

SKIDMORE, T. E. *Brasil, de Castelo a Tancredo*: 1964 - 1985. Rio de Janeiro: Paz e Terra, 1988.

SODRÉ, N. W. *Introdução à revolução brasileira*. 4.ed. São Paulo: Livraria Editora Ciências Humanas, 1978.

_____. *História da burguesia brasileira*. 4.ed. Petrópolis: Vozes, 1983.

SWEEZY, P. M. *Teoria do desenvolvimento capitalista*: princípios de economia política marxista. 2.ed. São Paulo: Nova Cultural, 1986. (Os economistas).

VALE, A. M. do. *O Iseb, os intelectuais e a diferença*: um diálogo teimoso na educação. São Paulo: Editora da Unesp, 2006.

330 EDISON BARIANI JUNIOR

VENTURA, R. *Estilo tropical*: história cultural e polêmicas literárias no Brasil. São Paulo: Cia. das Letras, 1991.

VIANNA, L. W. *Liberalismo e sindicato no Brasil*. 2.ed. Rio de Janeiro: Paz e Terra, 1978.

WHITE, H. *Trópicos do discurso*: ensaios sobre a crítica da cultura. São Paulo: Editora da USP, 1994. (Ensaios de cultura, 6).

_____. *Meta-história*: a imaginação histórica do século XIX. 2.ed. São Paulo: Editora da USP, 1995. (Ponta, 4).

WILLIAMS, R. *Cultura*. 2.ed. Rio de Janeiro: Paz e Terra, 2000.

Revistas pesquisadas

- *Anhembi*
- *Cadernos da hora presente*
- *Civilização brasileira*
- *Dados*
- *Debate e crítica*
- *Estudos Cebrap*
- *Estudos Sociais*
- *Novos Estudos Cebrap*
- *Revista de administração pública*
- *Revista brasileira de Ciências Sociais*
- *Revista brasiliense*
- *Revista do serviço público*
- *Síntese de cultura e política*
- *Sociologia*
- *Sociology and Social Research* (1966-1983)
- *Temas Ciências Humanas*
- *Estudos de Sociologia*

ANEXO
CRONOLOGIA[1]

1915 - Nasce em 13 de setembro Alberto Guerreiro Ramos, em Santo Amaro da Purificação, Bahia.

1926 - Com 11 anos consegue o primeiro emprego numa farmácia como lavador de frascos e passa depois a caixeiro.

192? - Ingressa no Colégio da Bahia no qual faz o curso secundário. Para manter-se, ajuda a mãe e serve de professor particular aos colegas mais abastados.

1932 - Colabora no jornal *O imparcial*, de Salvador.
Profere conferência sobre Rui Barbosa no Ginásio da Bahia, sua opinião extremamente crítica quase o levou ao linchamento pela plateia, fugindo com a ajuda de um professor.

1933 - Inicia militância no integralismo.

1933 (?) - É recrutado por Rômulo de Almeida para a administração de Landulfo Alves (interventor na Bahia) como assistente na Secretaria da Educação.
Ingressa no movimento católico baiano, sofre influência das ideias de Jacques Maritain e das revistas francesas *L'Ordre Noveau* e *Esprit*.

1937 - Ajuda a fundar o Centro de Cultura Católica (e sua revista *Norte*), na Bahia. Já havia estudado em colégio católico e recebido formação tomista.
Publica o livro de poemas *O drama de ser dois*.

---

1 Fontes: Matta (1983), Oliveira, L. (1995), Soares (1993; 2005), Abreu (2001), Nascimento, A. (2003a), Azevedo (2006) e outros.

332 EDISON BARIANI JUNIOR

1938 (?) - Ajuda a fundar a Faculdade de Filosofia da Bahia, sob as hostes de Isaías Alves (Secretário da Educação e irmão do interventor Landulfo Alves), tornando-se por lei "catedrático".

1939 - Publica o livro de ensaios *Introdução à cultura*.

Com bolsa de estudos do Estado da Bahia ingressa na Faculdade Nacional de Filosofia (FNFi), da Universidade do Brasil (Rio de Janeiro-RJ), no curso de Ciências Sociais.

Inicia colaboração na revista *Cadernos da hora presente*.

1942 - Torna-se bacharel em Ciências Sociais pela FNFi.

1943 - Torna-se bacharel em Direito (curso que havia iniciado na Faculdade de Filosofia da Bahia) pela FNFi.

Mesmo indicado como professor assistente das Cadeiras de Sociologia e Política por – respectivamente – Jacques Lambert e André Gros, é recusado como professor na FNFi.

Mergulha numa crise existencial, isola-se e, nesse período, destrói os originais de três livros: um sobre Rainer Maria Rilke, outro sobre Nicolau Berdiaev e outro de poesia (*Nostalgia do paraíso perdido*).

Indicado por San Tiago Dantas, começa a trabalhar no Departamento Nacional da Criança, no qual é professor da Cadeira de Problemas Econômicos e Sociais do Brasil, no curso de Puericultura e Administração dos Serviços de Amparo à Maternidade, à Infância e à Adolescência.

É nomeado técnico em administração do Departamento de Administração do Serviço Público (Dasp).

1943 (?) - Escreve sobre literatura latino-americana na revista *Cultura política*, editada pelo Departamento de Imprensa e Propaganda (DIP).

1944 - Publica vários trabalhos sobre sociologia e puericultura, dentre eles *Aspectos sociológicos da puericultura*.

1945 - Inicia colaboração com resenhas (de cuja seção era o responsável) na *Revista do serviço público*, do Dasp.

1947 - Inicia colaboração em *O jornal*, do Rio de Janeiro.

Casa-se com Clélia Calasans de Paula.

Inicia colaboração no jornal *A manhã*, do Rio de Janeiro.

1948 - Inicia colaboração no jornal *Quilombo* e militância no movimento negro.

1949 - É admitido em concurso como técnico em administração do Dasp.

Publica, com Evaldo da Silva Garcia, *Notícia sobre as pesquisas e os estudos sociológicos no Brasil (1940-1949)*, um dos primeiros balanços da produção sociológica brasileira.

GUERREIRO RAMOS E A REDENÇÃO SOCIOLÓGICA   333

Organiza (com Abdias Nascimento e Edison Carneiro) a Conferência Nacional do Negro.

Ajuda a fundar e assume a diretoria do Instituto Nacional do Negro, órgão do Teatro Experimental do Negro (TEN), fundado por Abdias Nascimento, em 1944.

Instala no Instituto Nacional do Negro o Seminário de Grupoterapia, no qual realiza experiências de psicodrama e sociodrama com os participantes, visando dirimir os efeitos do preconceito de cor.

É um dos promotores do Congresso do Negro Brasileiro (no Rio de Janeiro - RJ), juntamente com Abdias Nascimento e Edison Carneiro

Ajuda a fundar o Museu do Negro.

1950 - Publica sua tese apresentada em concurso do Dasp: *Uma introdução ao histórico da organização racional do trabalho.*

Oferece cursos no Dasp, no Conselho de Imigração e Colonização, Serviço de Obras Sociais, Universidade Rural, Centro D. Vital e Clube da Aeronáutica.

Nasce sua primeira filha, Eliana.

1951 - Com a volta de Vargas à Presidência, trabalha na Assessoria deste.

1952 - Torna-se professor de sociologia da recém-fundada Escola Brasileira de Administração Pública (Ebap).

Dirige o planejamento e a execução da Pesquisa Nacional de Padrão de Vida.

Participa das reuniões do Grupo de Itatiaia.

1953 - Publica *O processo da sociologia no Brasil.*

Colabora no jornal carioca *Diário de notícias.*

Funda o Instituto Brasileiro de Economia, Sociologia e Política (Ibesp), juntamente com outros intelectuais.

Participa do I Congresso Latino-americano de Sociologia, realizado no Rio de Janeiro e em São Paulo, no qual, como Presidente da Comissão de Estruturais Nacionais e Regionais, apresenta suas polêmicas teses.

1954 - Participa e intervém no I Congresso Brasileiro de Sociologia, em São Paulo.

Publica, no México, *Relaciones humanas del trabajo.*

Publica *Cartilha brasileira do aprendiz de sociólogo.*

1955 - Publica, no México, *Sociología de la mortalidad infantil.*

Profere conferência na Universidade de Paris.

É criado o Instituto Brasileiro de Estudos Superiores (Iseb), do qual foi um dos fundadores.

334 EDISON BARIANI JUNIOR

1955/1956 - Publica artigos nos *Cadernos de Nosso Tempo* (editados pelo Ibesp).

1956 - Torna-se professor e chefe do Departamento de Sociologia do recém--criado Iseb.

Profere conferência na Escola Superior de Guerra.

Publica artigo sobre Gilberto Freyre na revista francesa *Arguments*.

1957 - Publica *Introdução crítica à sociologia brasileira*.

1958 - Publica *A redução sociológica*.

Indispõe-se com Helio Jaguaribe em polêmica envolvendo o livro deste (*O nacionalismo na atualidade brasileira*) e deixa o Iseb.

Inicia colaboração (juntamente com Jesus Soares Pereira, Ignácio Rangel, Domar Campos) no jornal *Última hora*, na coluna "Do ponto de vista brasileiro".

1960 - Ingressa no Partido Trabalhista Brasileiro (PTB).

Publica *O problema nacional do Brasil*.

É Delegado do Brasil na XVI Assembleia Geral da ONU, em Nova York, na qual discursa e apresenta documento de sua autoria.

1960/1961 - Visita a China, a Iugoslávia e a União Soviética, a convite do Partido Comunista Brasileiro (PCB).

1961 - Publica *A crise do poder no Brasil*.

1962 - Mantém coluna no jornal *Última Hora* com outros intelectuais.

Filiado ao PTB, candidata-se a deputado federal pelo Estado da Guanabara, na legenda da Aliança Socialista Brasileira, composta também pelo Partido Socialista Brasileiro (PSB)

Convidado por San Thiago Dantas, integra novamente a delegação do Brasil na XVI Assembleia Geral das Nações Unidas.

1963 - Publica *Mito e verdade da revolução brasileira*.

Assume como suplente o mandato de deputado federal (PTB) da Guanabara.

1964 - O mandato de deputado federal e seus direitos políticos são cassados pela ditadura.

Recolhe-se na Fundação Getúlio Vargas e prepara livro-compêndio sobre administração, com bolsa da Fundação Ford.

1966 - Publica *Administração e estratégia do desenvolvimento*.

1967 - Exila-se nos Estados Unidos, torna-se professor da Universidade do Sul da Califórnia, em Los Angeles.

1970 - Apresenta estudo na Universidade do Texas, Estados Unidos.

1971 - Colabora nas revistas americanas *Sociology and Social Research* e *Journal of Human Relations*.

GUERREIRO RAMOS E A REDENÇÃO SOCIOLÓGICA 335

1972 - Inicia colaboração na revista americana *Public Administration Review.* Profere conferência na Universidade de Nova York.

1972/1973 - É professor visitante nas universidades americanas Yale e Wesleyan.

1977 - Publica artigo na revista americana *Administration & Society.*

1981 - Torna-se professor visitante na Universidade Federal de Santa Catarina. Publica no Canadá e no Brasil *A nova ciência das organizações.* Colabora no *Jornal do Brasil*, do Rio de Janeiro.

1982 - Em 6 de abril falece em Los Angeles, Califórnia, Estados Unidos, vítima de câncer.

Apêndices

Legislação e atribuições do Dasp

Legislação[1]

A Lei n.284, de 8.10.1936, instituiu o Conselho Federal do Serviço Público Civil, diretamente e imediatamente subordinado ao Presidente da República. Constituição de 10.11.1937, art. 67, prevê a existência, junto da Presidência da República, de um Departamento Administrativo. Decreto-lei n.579, de 30.07.1938, cria, junto da Presidência da República, o Departamento Administrativo do Serviço Público (Dasp). Decreto-lei n.200, de 25.02.1967, art. 212, altera a denominação para Departamento Administrativo do Pessoal Civil, mantida a sigla Dasp. Lei n.6.036, de 1.05.1974, classifica o Dasp como órgão de assessoramento imediato do Presidente da República. Lei n.6.228, de 15.07.1975, determina que o órgão volte a denominar-se Departamento Administrativo do Serviço Público. Pelo Decreto n.91.147, de 15.03.1985, o Dasp passa a ter como titular um Ministro de Estado (Ministro de Estado Extraordinário para Assuntos de Administração). Decreto n.93.211, de 03.09.1986, extingue o Dasp e cria a Secretaria de Administração Pública da Presidência da República (SEDAP), cujo titular continuará sendo o Ministro

---

1 Disponível em: <http://www.presidencia.gov.br/Infger_07/ministerios/Ministe.htm>. Acesso em: 22 abr. 2006.

338 EDISON BARIANI JUNIOR

de Estado Extraordinário para Assuntos de Administração, enquanto não for criado o cargo de Ministro Chefe (art. 27).

Atribuições: quando da criação do Dasp pelo Decreto-lei n.579, de 30 de julho de 1938[2]

a) o estudo pormenorizado das repartições, departamentos e estabelecimentos públicos, com o fim de determinar do ponto de vista da economia e eficiência, as modificações a serem feitas na organização dos serviços públicos, sua distribuição e agrupamento, dotações orçamentárias, condições e processos de trabalho, relações de um com outros e com o público;

b) organizar anualmente, de acordo com as instruções do Presidente da República, a proposta orçamentária a ser enviada por este à Câmara dos Deputados;

c) fiscalizar, por delegação do Presidente da República e na conformidade das suas instruções, a execução orçamentária;

d) selecionar os candidatos aos cargos públicos federais, excetuados os das Secretarias da Câmara dos Deputados e do Conselho Federal e os do magistério e da magistratura;

e) promover a readaptação e o aperfeiçoamento dos funcionários civis da União;

f) estudar e fixar os padrões e especificações do material para uso nos serviços públicos;

g) auxiliar o Presidente da República no exame dos projetos de lei submetidos à sanção;

h) inspecionar os serviços públicos;

i) apresentar anualmente ao Presidente da República relatório pormenorizado dos trabalhos realizados e em andamento.

Teses apresentadas por Guerreiro Ramos no II Congresso Latino-americano de Sociologia (1953)[3]

1ª - As soluções dos problemas sociais dos países latino-americanos devem ser propostas tendo em vista as condições efetivas de suas estruturas

---

2   Brasil. Decreto-lei n.579, de 30 de julho de 1938. In: Dias, 1938.
3   In: Ramos, 1957b, p.77-81.

GUERREIRO RAMOS E A REDENÇÃO SOCIOLÓGICA   339

nacionais e regionais, sendo desaconselhável a transplantação literal de medidas adotadas em países plenamente desenvolvidos;

2ª - A organização do ensino da sociologia nos países latino-americanos deve obedecer ao propósito fundamental de contribuir para a emancipação cultural dos discentes, equipando-os de instrumentos intelectuais que os capacitem a interpretar, de modo autêntico, os problemas das estruturas nacionais e regionais a que se vinculam;

3ª - No exercício de atividades de aconselhamento, os sociólogos latino--americanos não devem perder de vista as disponibilidades da renda nacional de seus países, necessárias para suportar os encargos decorrentes das medidas propostas;

4ª - No estado atual de desenvolvimento das nações latino-americanas e em face das suas necessidades cada vez maiores de investimentos em bens de produção, é desaconselhável aplicar recursos na prática de pesquisas sobre minudências da vida social, devendo-se estimular a formulação de interpretações genéricas dos aspectos global e parciais das estruturas nacionais e regionais;

5ª - O trabalho sociológico deve ter sempre em vista que a melhoria das condições de vida das populações está condicionada ao desenvolvimento industrial das estruturas nacionais e regionais;

6ª - É francamente desaconselhável que o trabalho sociológico, direta ou indiretamente, contribua para a persistência, nas nações latino--americanas, de estilos de comportamento de caráter pré-letrado. Ao contrário, no que concerne às populações indígenas ou afro-americanas, os sociólogos devem aplicar-se no estudo e na proposição de mecanismos de integração social que apressem a incorporação desses contingentes humanos na atual estrutura econômica e cultural dos países latino-americanos;

7ª - Na utilização da metodologia sociológica, os sociólogos devem ter em vista que as exigências de precisão e refinamento decorrem do nível de desenvolvimento das estruturas nacionais e regionais. Portanto, nos países latino-americanos, os métodos e processos de pesquisa devem coadunar-se com os seus recursos econômicos e de pessoal técnico e com o nível cultural genérico de suas populações.

SOBRE O LIVRO

Formato: 14 x 21 cm
Mancha: 23,7 x 42,5 paicas
Tipologia: Horley Old Style 10,5/14
Papel: Offset 75 g/m² (miolo)
Cartão Supremo 250 g/m² (capa)
1ª edição: 2011

EQUIPE DE REALIZAÇÃO

Coordenação Geral
Marcos Keith Takahashi